최병식 편저

KB021487

최병식
전공체육

체육교육과정론 체육교육학 Ⅰ

박문각 임용 동영상강의 www.pmg.co.kr 박문각

최병식
전공체육
체육교육학 I
체육교육과정론

체육과
교육과정

01 체육과 교육과정

1 교수요목기(1946~1954)

교수요목기의 교육과정이란 각급학교의 교과 편제와 시간 배당이 함께 작성된 교수요목 등을 말한다. 또한 교수요목은 교과의 지도 내용을 상세히 기술한 문서를 말한다. 그러나 당시의 교수요목은 충분한 시간을 가지고 제정하지 못하였기 때문에 각 교과별로 가르칠 주제를 열거하는 정도에 불과하였고, 교수의 목표나 지도시의 유의사항 등에 관한 언급이 없었다. 즉, 여러 가지 사회적 및 교육적 상황이 어려운 시기였으므로, 체계적인 교육과정의 모습을 갖추지 못했다. 이 시기에는 두 차례의 교수요목 제정이 있었다. 첫 번째는 1945년 조선체조연맹이 주관이 되어 미군정 과도기에 제정한 체육과 교수요목이며, 두 번째는 정부 수립 후 1948년에 교수요목기에 제정된 교수요목이다. 이 시기의 체육은 초등학교에서 고등학교까지 필수 교과였으며, 일제시대에 '체조'로 불리던 것이 초등학교에서는 '보건', 중학교에서는 '체육·보건', 고등학교에서는 '체육'으로 바뀌게 되었다.

2 제1차 교육과정기(1955~1963)

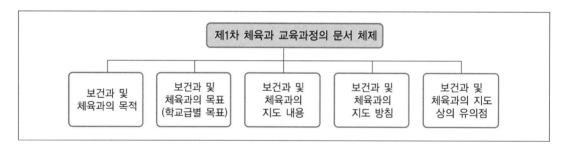

(1) 제1차 교육과정기의 체육과 명칭은 초등학교에서는 '보건', 중등학교에서는 '체육'이라고 불리어졌다. 이때 문서의 체제는 '보건과 및 체육과의 목적', '보건과 및 체육과의 목표', '보건 및 체육과의 지도 내용', '보건과 및 체육과 지도 방침', '보건과 및 체육과 지도상의 유의점'으로 구성되어 있었다.

(2) 제1차 교육과정의 보건과 및 체육과 목표는 총괄 목표에 해당하는 보건과 및 체육과의 목적이 독립된 항목으로 제시되고 있고, 보건과 및 체육과의 목표는 '학교급별 목표'로 제시되고 있다. 보건과 및 체육과의 목적은 신체적 발달의 목표와 사회적 발달의 목표, 위생 및 민주생활을 위한 3가지 목표로 구분하고 있다. 학교급별 목표는 신체적 목표, 사회적 목표, 지적·정의적

목표, 안전 지도, 레크리에이션이라는 세부 목표 영역으로 구분하여 제시하고 있다. 특히 초등학교의 경우 목표를 2개 학년씩 묶어 제시하고 있다.

(3) 제1차 교육과정의 보건과 및 체육과 내용은 체조, 스포츠, 무용, 체육이론으로 대영역이 구분되고 있음을 알 수 있다. 초등학교와 중등학교의 체육 교육 내용은 거의 유사하나, 단지 초등학교에서는 놀이중심의 교육을 강조하고자 '놀이'라는 용어를 사용하고 있고, 중등학교에서는 체육이론을 별도의 영역으로 제시하고 있음이 조금씩 다르다. 이 시기의 특이한 점은 제1차 교육과정에서는 육상과 수영이 체조와 달리 스포츠 영역으로 포함되어 있음을 알 수 있어, 이때의 체조는 스포츠의 성격보다는 다른 교육적 의미를 내포하고 있음을 간접적으로 이해할 수 있다. 또한 무용은 초등학교에서는 리듬놀이로, 보건은 위생으로 표현되고 있음을 알 수 있다. 이 시기의 가장 두드러진 특징은 중등학교에서 남녀별로 교육 내용을 달리 제시하고 있다는 점이다.

(4) 제1차 교육과정의 경우 현재의 교수·학습 방법에 해당하는 항목이 2개, 즉, '보건과 및 체육과의 지도 방침'과 '보건과 및 체육과 지도상의 유의점'이 있다. 이 부분에서는 체육과 지도에 대한 포괄적인 내용을 다루고 있고, 보건과 및 체육과 지도상의 유의점에서 평가 부분을 간략하게 언급하고 있다.

교과 교육과정
교과 교육과정이란, 교수하는 교재의 목적과 성질에 의하여 국어, 수학, 과학 등과 같은 교과로 구성되는 교육과정을 의미한다. 교과 교육과정은 지식의 체계를 중시하고 인류 문화유산의 체계화와 학습자가 수용해야 할 지식의 난이도별 논리적 조직을 중시한다. 이 교육과정의 기본 입장은 교육의 문화적 기능, 교과의 논리적 체계성, 체계적인 학습의 전개라고 볼 수 있다. 또한 이 교육과정이 가지는 특징은 교사중심의 교육과정이며, 문화유산의 전달, 설명위주의 교수법, 획일적인 교재의 제공, 수업 진행의 계획성 등이다.

항목	제1차 체육과 교육과정		
보건과 및 체육과의 목적	보건과 및 체육과는 원만한 환경 밑에 신체 활동을 통하여 신체 각 부위를 고르게 튼튼히 발달시키고, 굳세고 아름다운 정신과 건전한 사회적 성격을 기르며, 위생 생활을 습관화하여 민주적 사회 활동에 자기의 최선을 다 발휘할 수 있는 능력을 가지게 한다.		
보건과 및 체육과의 목표	초등학교 목표	중학교 목표	고등학교 목표
	신체적 목표 사회적 목표 지적, 정서적 목표 안전 지도 레크리에이션 지도	신체적 목표 사회적 목적 지적, 정서적 목표 안전 지도 레크리에이션 지도	신체적 목표 사회적 목적 지적, 정서적 목표 안전 지도 레크리에이션 지도

	초등학교(1–6학년)	중학교(1–3학년)	고등학교(1–3학년)
보건과 및 체육과의 지도 내용	• 체조놀이(맨손놀이, 재주놀이 • 놀이(달리기놀이, 넌시기놀이, 뜀뛰기놀이, 공놀이, 물놀이) • 리듬놀이(노래 맞추기, 표현놀이, 기타) • 위생	• 맨손체조(맨손체조, 기계체조, 스턴츠) • 스포츠(육상경기, 구기, 헤엄, 투기) • 무용 • 위생 • 체육 이론	• 맨손체조(맨손체조, 기계체조, 스턴츠) • 스포츠(육상경기, 구기, 헤엄, 투기) • 무용 • 위생 • 체육 이론
보건과 및 체육과의 지도 방침	지도의 방향, 지도의 원칙, 지도의 주안점, 정과 시간과 과외 지도, 지도 계획 및 방법 등		
보건과 및 체육과의 지도상의 유의점	지도상의 유의점과 평가, 학교 신체검사와 측정 결과 반영		

3 제2차 교육과정기(1963~1973)

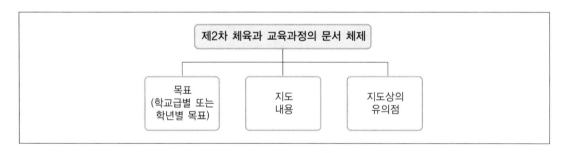

(1) 제2차 교육과정기 부터 체육과의 명칭은 '체육'으로 통일되었고, 이때 문서 체제는 '목표', '지도 내용', '지도상의 유의점'으로 구성되어 제1차 때보다 간략하게 구성되고 있음을 알 수 있다.

(2) 제2차 교육과정의 체육과 목표는 학교급에 따라 서로 다른 형식으로 제시되고 있는 것이 특징이다. 일반 초·중·고등학교에서 각기 학교급별 체육과 목표를 제시하고 있으며 특히 초등학교에서는 2개 학년군별 목표(초등 1, 2학년, 초등 3, 4학년, 초등 5, 6학년), 중학교에서는 학년별 목표가 하위목표로 제시되고 있다. 제2차 교육과정에 따른 체육과 목표의 세부 내용은 제1차 교육교과정의 목표를 요약한 형태로 제시되고 있고, 목표 영역의 항목이 누락되었으나 신체적 목표, 정서적 목표, 인지적 목표, 위생과 안전, 레크리에이션의 5가지로 구성되어 있어 제1차의 틀을 그대로 유지하고 있음을 알 수 있다.

(3) 제2차 교육과정의 체육과 내용은 제1차 때와 비교하여 크게 달라지지 않았으나, 영역명에서 약간의 변화가 있었다. 예를 들면, 초등학교의 경우 리듬놀이가 춤놀이로 개칭되었고, 초·

중·고에서 위생이 보건위생으로 바뀌었다. 내용의 가장 특징적인 것은 경험중심 교육과정의 영향을 받아, '레크리에이션'이라는 새 영역이 중등학교에서 추가되고 있음을 알 수 있다.

(4) 제2차 체육과 교육과정의 지도상의 유의점은 제1차 때와 거의 유사하며, 평가 부분에서 학습 결과 평가와 학생의 자기 평가에 대한 언급과, 30시간이라는 교과서 지도 시간을 명시하고 있는 것이 특징적이다.

경험중심 교육과정
경험중심 교육과정은 '학생이 학교의 지도하에 가지는 모든 경험'을 교육과정으로 본다. 기존의 학문이나 교과 체계가 아니고 학습자의 흥미, 관심, 욕구로부터 구성된 교육과정으로서 초등학교 저학년과 유치원 교육 등에서 흔히 많이 볼 수 있는 교육과정이다. 아동중심 교육사상과 경험주의에 뿌리를 두고 학습자의 흥미, 필요, 요구, 능력 등을 중시하고 학습자의 전인적 발달을 도모하는 특징을 가지고 있다. 이 교육과정의 기본 입장은 학습자의 흥미와 욕구 존중, 학습자의 전인적 발달 조장, 문제해결 학습 중시, 교사와 학생간의 협동 등으로 표현할 수 있다. 이 교육과정은 학생의 자발적인 학습 태도를 촉진하고 현실적인 생활의 문제 해결능력의 신장, 고등정신기능의 함양 등의 장점이 있으나, 단점으로 체계적 지식의 소홀, 계열성의 모호, 미숙한 교사의 교육 실패 가능성, 시설 설비의 비용 부담 가중 등이 있다.

항목	제2차 체육과 교육과정		
	초등학교 목표	중학교 목표	고등학교 목표
목표	• 여러 가지 운동을 통하여 기초적 운동 능력을 조장하여, 신체의 모든 기관을 고르게 발달하도록 한다. • 놀이를 통하여 명랑한 성격과 공정하고 협동하는 태도를 길러, 자기 책임을 성실히 이행하는 사회성을 기르도록 한다. • 놀이와 건강 생활에 대한 기초적 지식을 알게 하며, 합리적인 신체 활동을 함으로써 정서를 순화하고 생활을 풍부하게 한다.	• 운동의 기술과 기능을 발달 조장시켜 신체 각 부위의 생리적 성장 및 조화적 발달을 꾀한다. • 스포츠를 통하여 극기하며 타인과 협력할 수 있는 사회성을 길러 페어플레이하는 정신을 기른다. • 건강 생활과 각종 스포츠의 개요를 알려 감정과 의지의 통일 작용을 수련시키고, 미적인 표현, 창작, 감상력을 통하여 정서를 순화한다.	• 운동의 기능과 기술을 숙달시켜 신체 각부를 균형있게 발달시키고 건강 증진에 힘쓰도록 한다. • 스포츠를 통하여 명랑 성실한 성격과 페어플레이의 태도를 지니게 하여 솔선 실행하는 사회적 성격을 기른다. • 각종 스포츠와 신체적 표현의 개요를 알려, 강인한 의지와 판단력을 기르며, 정서를 순화하도록 한다.
	• 보건 위생과 안전한 생활 방법을 알려서, 위급 상태에 대처할 수 있는 능력을 기른다. • 레크리에이션 활동에 참가하여 여가를 즐길 수 있게 하며, 생활을 윤택하게 하도록 한다.	• 보건과 안전에 대한 지식과 기능을 길러 사회 안전 훈련에 협력하도록 한다. • 레크리에이션 활동을 계획하고 창작하여 윤택한 민주 생활을 하도록 한다.	• 건강과 안전에 대한 지식, 습관, 태도를 길러 사회 안전에 이바지하도록 한다. • 레크리에이션 활동을 계획하고 참가 지도할 수 있게 하여 윤택한 민주 생활을 추진하도록 한다.

	<1, 2학년 학년군별 목표> <3, 4학년 학년군별 목표> <5, 6학년 학년군별 목표>	<1학년 학년 목표> <2학년 학년 목표> <3학년 학년 목표>	
	초등학교(1−6학년)	중학교(1−3학년)	고등학교(1−3학년)
지도 내용	• 체조놀이(맨손체조, 재주놀이) • 놀이(달리기놀이, 던지기놀이, 뜀뛰기놀이, 공놀이, 물놀이) • 춤놀이(노래 맞추기, 표현놀이, 기타) • 보건·위생	• 체조(맨손체조, 기계체조, 스턴츠) • 스포츠(육상경기, 구기, 헤엄, 투기) • 무용 • 레크리에이션 • 보건·위생 • 체육 이론	• 체조(맨손체조, 기계체조, 스턴츠) • 스포츠(육상경기, 구기, 헤엄, 투기) • 무용 • 레크리에이션 • 보건·위생 • 체육 이론
지도상의 유의점	지도상의 강조점(내용, 방향성, 평가의 방향 등), 교재 사용의 유의점(교과서의 지도는 약 30시간 충당)		

4 제3차 교육과정기(1973∼1981)

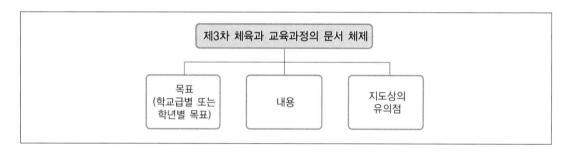

(1) 제3차 교육과정에서는 학문중심 교육과정의 특징인 나선형 교육과정의 조직 형태를 취하고 있는데, 나선형 교육과정이란 학문의 기본개념과 원리를 토대로 하여 학년이 올라갈수록 심화·확대해 나가는 조직 형태를 말한다. 제3차 교육과정기의 문서 체제는 제2차 때의 '지도 내용'이 '내용'으로 명칭만 바뀌었을 뿐 문서체제의 변화는 거의 없었다.

(2) 제3차 교육과정의 체육과 목표는 '일반 목표', '학년별 목표'(초등학교와 중학교)를 제시하고 있음을 알 수 있다. 제3차 교육과정의 목표는 운동을 통한 체력 향상과 운동 기능 습득, 경기 규칙과 질서 준수, 협동과 페어플레이 정신 함양, 보건 및 체육 활동에 대한 기초 지식과 실천을 통한 안전한 생활 능력과 태도 함양, 운동의 생활화를 통한 여가선용과 정서 순화를 강조하고 있다.

(3) 제3차 교육과정의 체육과 내용은 제2차 때와 비교하여 내용 영역이 초등학교의 경우 4개 영역에서 7개 영역으로, 중학교의 경우 6개 영역에서 10개 영역으로, 고등학교의 경우 6개 영역에

서 9개 영역으로 보다 세분화되었음을 알 수 있다. 특히 초등학교의 경우 각 영역에 '놀이'라는 용어대신 '운동'이라는 용어를 사용함으로써 교육과정 내용 체계의 진술방법에서 내용의 수준을 높이고자 하는 의도가 담겨 있다. 또한 초·중·고등학교에서 순환운동과, 초·중학교의 질서 운동이 새로운 영역으로 유입되고 있음을 알 수 있다. 이는 당시 우리나라의 시대적 상황을 반영하고 있는 것으로 이해할 수 있다. 이 시기의 체육과 교육과정 내용은 제3차 교육과정 내용에서도 남녀별로 교육 내용을 달리 제시하고 있음을 알 수 있는데, 예를 들면 초등학교에서는 씨름의 일부 내용, 중·고등학교에서는 축구와 투기는 남학생들에게만, 무용은 여학생들에게만, 체조는 남자 종목과 여자 종목을 구분하여 명시하고 있다.

(4) 제3차 체육과교육과정의 지도상의 유의점에서는 내용 영역별 지도상의 유의점이 제시되고 있고, 특히 고등학교에서는 실기 내용의 필수 종목과 선택 종목의 남녀의 비율을 제시하고 있는 것이 특징적이다. 또한 평가의 방향을 제시하고 있는데, 주관적 평가의 지양과 합리성, 신뢰도 높은 객관성 있는 방법의 평가 실시를 제시하고 있다.

학문중심 교육과정

학문중심 교육과정은 지육을 위한 교육과정으로써 학문의 구조를 강조한다. 따라서 학생 각자의 탐구심과 이해력을 키우고 지적 우수성과 학업의 탁월성의 형성, 즉 최적의 지적 발달을 기대한다. 이 교육과정의 기본 입장은 학생의 생활, 경험, 흥미, 요구 등에 기초를 두는 것이 아니라, 학문의 논리에 따라 계통적으로 편성되는 것을 중요시한다. 즉 교육이 학생의 발달을 따라가는 것이 아니라 발달을 선도하고 촉진하는 것이 되어야 함을 강조한다. 이 교육과정에서는 학문의 실제적 구조에 근거한 교과 내용 또는 교재가 계획, 편성, 조직되고 탐구학습, 발견학습 등의 수업방식이 선호된다.

항목	제3차 체육과 교육과정		
	초등학교 목표	중학교 목표	고등학교 목표
목표	• 여러 가지 운동을 통하여 강한 체력과 강인한 의지력을 길러서, 왕성한 활동력과 실행력을 가진 새 국민으로 자라게 한다. • 운동 경기를 통하여 규칙과 질서를 지키며 주어진 부서에서 책임을 다하고 서로 힘을 모아 끝까지 노력하는 태도를 길러서, 올바른 경쟁심과 협동 단결력이 강한 새 국민으로 자라게 한다. • 개인위생과 공중 보건에 필요한 기초 지식을 이해하고 이를 실천할 수 있는 능력	• 각종 운동을 통하여 체력과 운동 기능을 길러서, 왕성한 활동력과 실행력을 가진 강건한 국민으로 자라게 한다. • 운동 경기를 통하여 규칙과 질서를 지키고, 맡은바 책임을 다하며 서로 협력하고 공명정대하게 경쟁을 하는 태도를 기른다. • 개인위생과 공중 보건 및 체육 활동에 필요한 기초지식과 실천을 통하여 건강하고 안전한 생활을 하는 태도를 기른다.	• 각종 운동에 대한 이해와 실천을 통하여 체력과 운동 기능을 높여서 왕성한 활동력과 실행력을 가진 강건한 국민으로 자라게 한다. • 운동 경기의 자발적인 참여와 실천을 통하여, 공명정대한 경쟁의식과 협동심, 준법성, 책임감 등의 건전한 사회적 태도를 기른다. • 심신의 건강과 안전 생활에 대한 이해와 실천을 통하여 공중보건 의식을 높이고 안전 능력을 기른다.

	과 태도를 길러서, 건강하고 안전한 생활을 할 수 있는 새 국민으로 자라게 한다. • 운동을 생활화하여 정서를 순화하고, 여가를 선용하는 태도와 미적 표현의 창작력을 길러서 명랑하고 활달한 성격을 지닌 새 국민으로 자라게 한다. 〈학년별 목표〉 생략	• 운동을 생활화하게 함으로써, 여가 선용과 정서 순화를 도모하여 명랑하고 활달한 성격을 기른다. 〈학년별 목표〉 생략	• 운동을 생활화하게 함으로써 여가를 선용하고 정서를 순화하여 명랑한 성격과 활달한 기상을 지니게 한다.
	초등학교(1-6학년)	중학교(1-3학년)	고등학교(1-3학년)
내용	• 기초력 운동(순환운동, 맨손 체조, 질서운동, 씨름, 태권도) • 기계운동(철봉운동, 뜀틀운동, 매트운동) • 육상운동(달리기, 뜀뛰기) • 공운동(농구형, 축구형, 야구형, 배구형) • 수영(헤기, 뛰어들기) • 무용(민속무용, 표현무용) • 보건	• 순환운동 • 체조(맨손체조, 기계체조) • 육상경기(달리기, 뜀뛰기, 던지기) • 구기(핸드볼, 농구, 배구, 축구) • 투기(씨름, 태권도) • 계절운동(수영, 빙상운동) • 무용(민속무용, 창작무용) • 보건 • 체육 이론	• 순환운동 • 체조(맨손체조, 기계체조) • 육상경기(달리기, 뜀뛰기, 던지기) • 구기(핸드볼, 농구, 배구, 축구) • 투기(씨름, 태권도) • 계절운동(수영, 빙상운동) • 무용(민속무용, 창작무용) • 보건 • 체육 이론
지도상의 유의점	지도의 방향, 지도상의 강조점과 고려점, 교과서의 활용, 영역별 체육학습의 배당 비율(고등학교 실기 내용의 필수 및 선택 종목의 선정 비율 및 방법), 평가의 방향		

5 제4차 교육과정기(1981~1987)

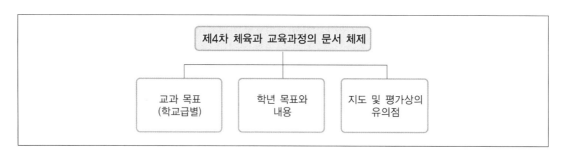

(1) 제4차 교육과정은 문교부에서 직접 개발하지 않고 한국교육개발원에 위탁하여 기초 연구와 총론, 각론, 시안을 개발하도록 한 연구 개발형의 성격을 띠고 있다. 제4차 교육과정의 이념적 특징은 어느 한 사조나 이념만을 고수하는 교육과정이 아니라, 종합적이고 복합적인 성격을 지니고 있다. 따라서 교과중심, 경험중심, 학문중심 등과 같은 접근 위에서 변화와 미래에 대한

인식을 강조하는 미래 지향적 교육과정의 인식이 반영되었다. 특히 지금까지 소홀히 해 온 인간중심 교육과정의 성격도 반영되어 개인적, 사회적, 학문적 적합성을 고루 갖춘 교육과정이 되게 하였다. 이때의 특징적인 것은 초등학교 1, 2학년에 '바른 생활(도덕, 국어, 사회)', '즐거운 생활'(체육, 음악, 미술), '슬기로운 생활'(산수, 자연)이라는 통합 교과가 등장하게 되었는데, 통합은 교육과정이 아닌 교과서 수준에서 시도되었다. 제4차 교육과정기의 문서 체제는 '교과 목표', '학년 목표 및 내용', '지도 및 평가상의 유의점'으로 분류되었다.

(2) 제4차 교육과정의 체육과 목표는 학교급별 '교과 목표', '학년 목표'를 제시하고 있음을 알 수 있다. 제4차 교육과정의 학년 목표는 초등학교와 중학교의 경우 목표와 내용이 함께 제시되었다는 것이 특징이다. 교과 목표는 체력과 운동 기능의 증진, 운동과 건강 생활에 필요한 기초 지식의 습득과 실천, 운동 규칙 및 질서 준수와 공정한 운동 태도, 여가 선용이라는 4가지 항목으로 하위 목표를 구성하고 있다.

(3) 제4차 교육과정의 체육과 내용은 제3차 교육과정과 비교할 때 크게 달라지지 않았으나, 제5차, 제6차, 제7차 체육과 교육과정의 후속 교육과정 내용 영역의 설정에 모체가 되는 영역의 기본 체제를 확립한 시기라고 평가할 수 있다. 초등학교의 경우 1학년에서 3학년까지는 기본운동, 게임, 무용, 보건이라는 4개 영역으로 구성되어 있고, 4학년부터 6학년까지는 8개의 영역으로 내용이 세분화되어 있다. 또한 새로운 개념으로 기본 운동 영역이 도입되었는데, 이는 움직임 교육과정의 영향을 받은 것이라고 볼 수 있다. 이 영역의 내용은 다른 각 영역에 속해 있는 운동 종목을 학습하기 이전에 선수되어야 할 기초적인 움직임과 놀이, 기구나 시설을 이용하는 방법에 관한 것이다. 중·고등학교의 내용은 제3차 때의 순환운동과 계절운동이 사라지고, 중학교에서 투기 운동이 개인 및 구기에 유입되었으며, 고등학교에서는 평생스포츠 및 야외활동이 새롭게 등장하였다. 평생스포츠 및 야외활동의 등장은 다양한 운동 경험이 이루어질 수 있도록 활동의 폭을 넓히며 평생 동안 즐겨 실천할 수 있는 스포츠의 기본 기능과 소양을 기르는데 역점을 둔 것이다.

(4) 제4차 체육과 교육과정의 지도 및 평가상의 유의점에서는 제3차와 달리 〈지도〉와 〈평가〉를 구분하여 독립적인 항목으로 제시하고 있다. '지도'에서는 지도의 방향, 영역별 지도시의 고려사항, 지도 계획 설정 방법, 시설 및 기구 관리 및 활용을 안내하고 있으며, '평가'에서는 단원별 평가에 대한 실시 사항과 균형 있는 평가를 안내하고 있다.

인간중심 교육과정

인간중심 교육과정은 '학생이 학교생활을 하는 동안에 가지는 모든 경험'이라고 볼 수 있다. 이 정의가 경험중심 교육과정과 유사해보이나, 경험중심 교육과정의 정의보다 훨씬 광범위함을 알 수 있다. 경험중심 교육과정은 학교의 지도하에 학생이 가지는 모든 경험이라고 하였지만, 인간중심 교육과정은 학생들이 학교생활을 하는 동안에 가지게 되는 모든 경험으로 학교의 지도, 계획, 의도에 의하여 가지게 되는 경험과 학교의 지도, 계획, 의도가 없는데도 가지게 되는 경험을 모두 포함한다. 즉 학생이 학교생활을 하는 동안에 사람의 됨됨이에 영향을 주는 모든 경험을 인간중심 교육과정에서는 중시한다. 따라서 경험중심 교육과정보다는 그 범위가 훨씬 넓고, 자아 계발 강조, 자아 실현 목표의 설정, 학교 환경의 인간화, 인간주의적인 교사의 선호 등의 특징이 있다.

항목	제4차 체육과 교육과정		
	초등학교 목표	중학교 목표	고등학교 목표
교과 목표	여러 가지 놀이와 운동을 통하여 체력과 기초적인 운동 기능을 기르고, 건강과 운동의 기초 지식을 습득하며, 즐거운 생활 태도를 가지게 한다. (1) 간단한 운동에 즐겁고 활발하게 참여하여 체력과 기초적인 운동 기능을 기른다. (2) 운동과 건강 생활에 필요한 기초 지식을 습득하여, 이를 실천하는 태도를 기른다. (3) 운동의 규칙과 예의를 지키고, 서로 협력하여 바르게 생활할 수 있는 태도를 기른다. (4) 운동에 흥미를 가지고 여가를 선용하여 즐거운 생활을 할 수 있는 태도를 기른다.	여러 가지 운동을 통하여 체력과 다양한 운동 기능을 기르고, 건강과 안전 및 운동에 필요한 지식을 습득하여 일상생활에서 활용하며, 운동을 통한 건전한 생활 태도를 기른다. (1) 여러 가지 운동을 적극적으로 실천하여 체력을 기르고 운동 기능을 향상시킨다. (2) 건강 생활과 신체 활동에 필요한 지식을 습득하며, 이를 생활에 활용하는 능력을 기른다. (3) 운동 경기를 통하여 규칙과 질서를 지키고 서로 협력하며 공정하게 운동하는 태도를 기른다. (4) 운동을 통하여 여가를 선용하고 정서를 함양하며 명랑한 성격을 기른다.	적성에 맞는 운동을 합리적으로 실천하여 체력과 전문적인 운동 기능을 향상시키고 운동, 보건, 안전에 관한 지식을 생활에 활용하는 능력을 기르며 운동을 생활화하여 건전한 생활 태도를 가지게 한다. (1) 여러 가지 운동을 합리적으로 실천하여 체력과 운동 기능을 향상시킨다. (2) 스포츠의 기초 과학과 보건 안전 지식을 운동과 생활에 적용할 수 있는 능력과 태도를 기른다. (3) 자율적으로 운동 경기에 참여하여 공명정대한 정신과 협동심, 준법성, 책임감 등의 민주적인 생활 태도를 기른다. (4) 평생 동안 운동을 생활화할 수 있는 바탕을 마련하여 여가를 선용하고 정서를 함양한다.
	초등학교(1-6학년)	중학교(1-3학년)	고등학교(1-3학년)
학년 목표와 내용	〈학년별 목표〉 생략 〈1-3학년〉 • 기본운동 • 무용 • 게임 • 보건 〈학년별 목표〉 생략 〈4-6학년〉 • 기본운동 • 게임 • 무용 • 기계운동 • 계절 및 민속운동 • 구기운동 • 육상운동 • 보건	〈학년별 목표〉 생략 • 육상운동(달리기, 뜀뛰기, 던지기) • 체조(맨손체조, 기계체조) • 개인 및 대인운동(탁구, 배드민턴, 테니스, 씨름, 태권도, 유도) • 구기(배구, 축구, 소프트볼) • 무용(민속무용, 창작무용, 감상) • 체육 이론 • 보건	• 육상경기 • 체조 • 구기 • 평생스포츠 및 야외활동 • 투기(남) • 수영 • 무용 • 체육 이론 • 보건
지도 및 평가 상의 유의점	〈지도〉 지도의 방향, 지도상의 고려점, 영역별 지도시의 고려사항, 지도 계획 설정 방법, 시설 및 기구관리 및 활용 〈평가〉 단원별 평가 실시 사항, 균형 있는 평가를 안내		

6 제5차 교육과정기(1987~1992)

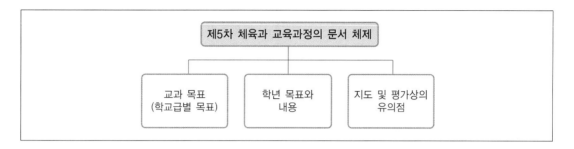

(1) 제5차 교육과정기의 문서 체제는 제4차 교육과정의 때와 마찬가지로 '교과 목표', '학년 목표 및 내용', '지도 및 평가상의 유의점'으로 분류되었다.

(2) 제5차 교육과정의 체육과 목표는 제4차 때와 거의 유사하나 하위 목표의 분류 체계가 약간 달라졌다. 즉 심동적 영역의 목표가 2개, 인지적 영역의 목표가 1개, 정의적 영역의 목표가 1개 씩 제시되고 있다. 움직임 교육과정의 영향으로 초등학교와 중학교에서는 신체움직임의 기본 능력 향상을 제시하고 있다. 또한 제5차 체육과 교육과정의 목표는 선행 교육과정의 목표가 정의적 영역의 여러 심리, 정서적 태도 요인들을 각각 언급하면서 진술한 반면, 제5차에서는 이 요인들을 하나로 묶어 '건전한 생활 태도'(초등) 또는 '바람직한 사회적 태도'(중등)로 포괄 하고 있다.

(3) 제5차 교육과정의 체육과 내용은 선행 교육과정과 달리 심동적 영역, 인지적 영역, 정의적 영역으로 구분하여 체계를 설정하고 있다. 이는 과거와 달리 정의적 영역의 교육 내용을 공식적으로 내용 체계상에 유입한 것으로 볼 수 있다. 그러나 정의적 영역과 인지적 영역의 내용을 심동적 영역과 분리한 채 제시하고 있어 통합의 의미를 온전히 살리지 못하고 있다. 즉, 제4차의 이론과 보건은 인지적 영역으로 묶였고, 나머지 운동들은 심동적 영역으로 묶여 있다. 대신 정의적 영역이 새로운 영역으로 유입되었음을 알 수 있다. 또한 초등학교에서는 선행 교육과정과 달리 인지적 영역에 이론을 명시하고 있는 것이 특징적이다. 중학교에서는 심동적 영역에 해당하는 운동들의 경우, 제4차의 '대인 운동'과 '구기'가 '단체 운동'으로 표현되고 있다.

(4) 제5차 체육과 교육과정의 지도 및 평가상의 유의점에서는 제4차와 마찬가지로 '지도'와 '평가'를 독립적인 항목으로 제시하고 있다. 특히 '평가'의 경우 선행 교육과정과 달리 평가의 부분을 구체적·포괄적으로 다루고 있음을 알 수 있다. '지도' 부분에서는 지도의 방향, 지도의 원리, 다양한 지도 방법의 이용, 지도상의 고려점, 교육과정 운영(내용 조정 등), 영역별 지도시의 고려사항(초, 중학교)을 다루고 있고, '평가' 부분에서는 운동 기능 및 체력, 지적, 정의적 영역의 목표 성취도를 균형 있게 평가, 일부 내용에 치우치지 않도록 평가, 평가 결과의 활용, 적절한 평가 도구의 활용 등을 안내하고 있다.

항목	제5차 체육과 교육과정		
	초등학교 목표	중학교 목표	고등학교 목표
교과 목표	여러 가지 놀이와 간단한 운동을 통하여 운동 능력을 기르고 운동과 건강의 기초 지식을 습득하며, 건전한 생활 태도를 가지게 한다. (1) 신체적 움직임의 기본 능력을 기르게 한다. (2) 기초적인 체력과 운동을 기르게 한다. (3) 운동, 건강, 안전 생활 및 여가 선용에 필요한 기초 지식을 습득하고 적용하는 능력을 기르게 한다. (4) 운동을 생활화하여 정서를 함양하고 바람직한 사회적 태도를 가지게 한다.	여러 가지 신체 활동을 통하여 운동 능력을 기르고 운동과 건강에 필요한 지식을 이해, 적용하며, 바람직한 사회적 태도를 가지게 한다. (1) 경기를 즐길 수 있는 운동 기능과 체력을 기르게 한다. (2) 신체적인 표현 능력을 기르게 한다. (3) 운동과 건강 및 여가 선용에 필요한 지식을 습득하고, 적용하는 능력을 기르게 한다. (4) 정서를 함양하고 바람직한 사회적 태도를 기르게 한다.	여러 가지 운동을 통하여 운동 기능과 체력을 기르고 운동과 건강에 필요한 지식을 습득하며, 바람직한 사회적 태도를 가지게 한다. (1) 종목별 경기 특성에 따른 운동 기능과 체력을 기르게 한다. (2) 신체 활동을 통하여 사상과 감정의 표현 및 감상 능력을 기르게 한다. (3) 운동, 건강, 안전 및 여가 선용에 필요한 지식을 습득하고 생활에 적용하는 능력을 기르게 한다. (4) 운동에 대한 올바른 가치관을 가지고 운동을 생활화하며 민주적인 생활 태도를 가지게 한다.
학년 목표와 내용	초등학교(1−6학년)	중학교(1−3학년)	고등학교(1−3학년)
	〈학년별 목표〉 생략 • 심동적 영역 　− 기본운동 　− 리듬 및 표현운동 　− 기계운동 　− 게임 　− 계절 및 민속운동 • 인지적 영역 　− 이론 　− 보건 • 정의적 영역	〈학년별 목표〉 생략 • 심동적 영역 　− 육상운동 　− 체조 　− 수영 　− 개인 및 단체운동 　− 무용 　− 체력운동 • 인지적 영역 　− 이론 　− 보건 • 정의적 영역	• 심동적 영역 　− 육상 　− 체조 　− 수영 　− 구기 　− 무용 　− 투기 　− 평생스포츠 　− 야외활동 　− 체력운동 • 인지적 영역 　− 이론 　− 보건 • 정의적 영역
지도 및 평가 상의 유의점	〈지도〉 지도의 방향, 지도의 원리, 다양한 지도 방법의 이용, 지도상의 고려점, 교육 과정 운영(내용 조정 등), 영역별 지도시의 고려 사항(초, 중학교) 〈평가〉 운동기능 및 체력, 지적, 정의적 영역의 목표 성취도를 균형 있게 평가, 일부 내용에 치우치지 않도록 평가, 평가 결과의 활용, 적절한 평가 도구의 활용, 학교급별 평가의 방향 제시		

7 제6차 교육과정기(1992~1997)

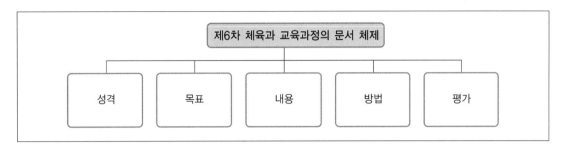

(1) 제6차 교육과정은 교육과정 결정의 분권화를 꾀함으로써 교육내용의 획일성 및 경직성을 없애고, 지역과 학교에 재량권을 주고자 노력하였다. 가장 큰 특징으로 '교육과정의 분권화', '교육과정의 지역화'를 들 수 있다. 제6차 교육과정기의 문서 체제는 체육과의 '성격'이 새롭게 추가됨으로써, 체육과의 정의, 특성, 방향 등을 담은 내용이 진술되었다. 따라서 문서 체제는 성격, 목표, 내용, 방법, 평가 5개 항목으로 구성되고 있다.

(2) 제6차 교육과정의 체육과 성격은 체육과의 보편적인 성격을 먼저 제시하고 하부에 학교급별 특수 성격을 제시하고 있다. 이 부분에서는 신체적 능력과 환경 적응 능력의 개발로 인한 운동 욕구의 실현과 건강 추구 목적을 강조하고 있고, 체육 문화의 계승 및 발전, 신체활동을 통한 인체 생리적 효율성, 심리적 안정성, 공간 지각 및 물체 조작 능력, 신체적인 상호작용 능력의 향상 목적을 함께 강조하고 있다.

(3) 제6차 교육과정의 체육과 목표는 제5차 교육과정의 체육과 목표와 거의 유사하다. 다만 제6차의 체육과 목표는 여러 가지 신체 활동 또는 운동을 통하여 운동 능력과 건강 생활 영위 능력 함양이라는 초·중·고등학교 목표를 강조하고 있다.

(4) 제6차 교육과정의 체육과 내용은 내용 체계표에서 제5차 교육과정의 심동적 영역, 인지적 영역, 정의적 영역이라는 용어가 사라지고, 심동적 영역의 하위 내용이 대영역으로 그대로 옮겨졌다. 인지적 영역은 이론과 보건으로 대영역화 되었고, 정의적 영역은 각 운동의 영역별 하위 내용으로 내용 체계에서 제시되었다. 제6차에서는 내용 영역별 심동적 영역, 인지적 영역, 정의적 영역이 독립적으로 제시되어 분절된 모습을 취하고 있는 제5차 체육과 교육과정의 한계를 극복하였다. 또한 제6차 교육과정의 고등학교 체육과 내용 체계표상에 있는 육상 영역에 하위 내용인, '달리기, 뜀뛰기, 던지기', '과학적 기초 지식, 경기 내용 및 규칙', '인내심, 도전심, 공정성'이 함께 통합적으로 제시되었다. 제5차와 또 다른 점은 초등학교에서 인지적 영역에 있었던 '이론'이 삭제되었고, 대신 체력 운동이 중등학교처럼 명시됨으로 인해 새로운 영역이 추가되었다는 점이다.

(5) 제6차 교육과정에서의 방법은 수업 계획, 수업의 기본방향, 수업 조직, 영역별 교수·학습활동, 발문과 피드백, 시설 및 기구 관리, 수업의 고려사항(특수학생, 남녀공학), 교육과정 운영 등에 대한 구체적인 내용이 안내되고 있다.

⑹ 제6차 교육과정에서는 평가에 대한 관심이 높아지면서 평가 항이 독립되어 신설되었다. 특히 제6차 체육과 교육과정의 평가 항에서는 운동 기능 평가의 종목 수와 비율이 제시되고 있고, 지식 평가, 태도 평가에 대한 평가 영역별 지침이 함께 제시되고 있다.

항목	제6차 체육과 교육과정		
성격	체육은 잠재된 신체 능력과 환경에 적응할 수 있는 능력을 개발시켜 운동 욕구를 실현하고 건강을 추구하는 신체 활동에 관한 교과이다. 따라서 체육은 신체 활동을 통하여 운동 능력을 개발하고 건강을 증진시켜 풍요로운 삶을 향유할 수 있게 하는 체육 문화를 계승, 발전시키는 교과이다. 체육은 신체 활동을 통하여 신체의 생리적 효율성을 높이고, 심리적 안정성을 유지시켜, 공간 지각 및 물체 조작 능력과 신체적인 상호 작용 능력을 향상시키려는 목적을 가진 교과이다. 〈학교급별 성격〉 생략		
목표	**초등학교 목표** 간단한 형태의 신체 활동을 통하여 안전하고 다양하게 움직일 수 있는 기초적인 운동 능력과 건강한 생활을 영위할 수 있는 기본 능력을 기르게 한다. ⑴ 기본 운동 기능과 기초적인 신체적 표현 능력을 기르게 한다. ⑵ 운동의 기초 기능을 익히고 건강에 필요한 체력을 기르게 한다. ⑶ 운동, 건강, 안전, 여가 선용에 대한 기초 지식을 습득하여 생활에 적용하게 한다. ⑷ 운동에 적극적으로 참여하여 강인한 의지를 기르고, 명랑한 생활 태도를 가지게 한다.	**중학교 목표** 여러 가지 신체 활동을 통하여 경기에 참여할 수 있는 운동 능력과 건강한 생활을 영위할 수 있는 능력을 기르게 한다. ⑴ 경기에 참여할 수 있는 운동 기능과 건강에 필요한 체력을 기르게 한다. ⑵ 신체적인 표현 능력을 기르게 한다. ⑶ 운동과 여가 활동 및 건강에 필요한 지식을 습득하여 실천하는 능력을 기르게 한다. ⑷ 바람직한 운동 태도와 사회적인 태도를 가지게 한다.	**고등학교 목표** 여러 가지 운동을 통하여 경기를 즐길 수 있는 운동 능력을 개발하고, 건강한 생활을 향유할 수 있는 능력을 기르게 한다. ⑴ 운동 경기를 즐길 수 있는 운동 기능과 건강에 필요한 체력을 기르게 한다. ⑵ 신체 활동을 통하여 사상과 감정의 표현 능력을 기르게 한다. ⑶ 운동에 대한 올바른 가치관을 가지고 운동을 생활화하여 바람직한 사회생활 태도를 가지게 한다.
내용	**초등학교(1−6학년)** • 기본운동 • 리듬 및 표현 운동 • 기계운동 • 게임 • 계절 및 민속운동 • 체력운동 • 보건	**중학교(1−3학년)** • 육상운동 • 체조 • 수영 • 개인 및 단체 운동 • 무용 • 체력운동 • 이론 • 보건	**고등학교(1−3학년)** • 육상 • 체조 • 수영 • 구기 • 무용 • 투기 • 평생스포츠 • 야외활동 • 체력운동 • 이론 • 보건

방법	수업계획, 수업의 기본 방향, 수업 조직, 영역별 교수·학습활동, 발문과 피드백, 시설 및 기구 관리, 수업의 고려사항(특수학생, 남녀공학), 교육과정 운영
평가	평가의 유의점(운동 기능 평가 종목 및 비율 규정, 지식 평가의 실시 시기, 태도 평가의 방법), 평가 계획의 공고, 양적 평가와 질적 평가, 진단 및 형성 평가의 결과, 학년별 평가 기준 및 도구 개발 및 활용

8 제7차 교육과정기(1997~2006)

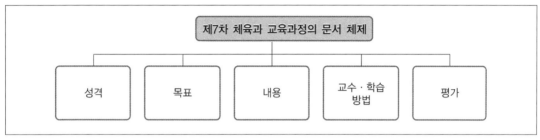

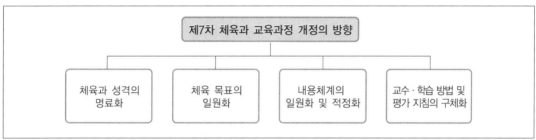

(1) 제7차 체육과 교육과정은 국민 공통 기본 교육과정과 선택 중심 교육과정으로 이원화된 구조를 특징으로 한다. 제7차 교육과정에서는 초등학교 1학년부터 고등학교 1학년까지의 10년까지를 국민공통기본교육기간으로 설정하고, 이 기간 중의 교과별 학습 내용을 학년제 또는 단계 개념에 기초하여 기본 교과 중심의 일관성 있는 체계를 갖추기 위하여 국민공통기본교육과정을 마련하였다. 고등학교 2, 3학년에 선택중심교육과정이 도입된 이래, 체육과에서는 '체육과 건강'이라는 일반 선택 과목과, '체육이론'과 '체육실기'라는 과목이 개설되었다. 제7차 체육과 교육과정은 제6차와 같은 동일한 문서 체제를 취하고 있다. 다만 '방법'이 '교수·학습 방법'이라고 개칭되었다.

(2) 제7차 교육과정에서는 체육과의 성격을 움직임 욕구의 실현 및 체육 문화의 계승, 발전이라는 내재적 가치와, 체력 및 건강의 유지·증진, 정서 순화, 사회성 함양이라는 외재적 가치를 동시에 추구함으로써 인간의 '삶의 질'을 향상시키는데 공헌하는 교과로 규정하고 있다. 초등학교의 체육은 아동의 움직임 욕구를 실현하고 다양한 신체 활동을 수행하는 데 필요한 기초 운동 능력과 체력을 기르는 데 중점을 두고 있다. 또한 건강한 생활을 영위할 수 있는 지식의 습득과 운동에 즐겁고 적극적으로 참여하는 실천적 태도를 형성하도록 하고 있다. 중학교 체육은 초등학교에서 배운 신체 활동에 대한 흥미를 발전적으로 고취시키고, 고등학교 체육에서 강조될 평생 스포츠 활동의 입문을 촉진하는 데 초점을 두고 있다.

(3) 제7차 교육과정에 제시되어 있는 체육과 목표는 크게 총괄 목표와 하위 목표로 구성되어 있다. 선행 교육과정과 달리 학교급별 목표 또는 학년별 목표가 제시되지 않고, '총괄목표' 하나로 초등학교 3학년에서 고등학교 1학년까지의 목표를 포괄하고 있다. 총괄 목표는 움직임 욕구의 실현, 기능과 체력의 증진, 운동과 건강에 관한 지식 이해, 그리고 사회적으로 바람직한 태도 함양으로 요약할 수 있다. 하위 목표는 심동적 영역(기능), 인지적 영역(지식), 정의적 영역(태도)으로 구분하여 진술하고 있다. 즉 심동적 영역에서는 운동 기능과 체력 및 건강의 증진, 인지적 영역에서는 운동과 건강에 대한 지식의 이해와 활용, 정의적 영역에서는 사회적으로 바람직한 태도 및 문화적 가치 규범 습득을 규정하고 있다.

(4) 제7차 교육과정에서의 체육과 내용은 제5차 및 제6차와 같이 내용 체계표 상에 정의적 영역을 교육 내용으로 제시하지 않고, 중등학교의 학년별 내용에 부분적으로 '종목별 바람직한 태도 함양'을 제시하고 있다. 즉 정의적 영역의 내용은 크게 축소되어 제시되었으며, 정의적 영역의 목표도 선행 교육과정과 달리 매우 간단하게 제시되고 있음을 알 수 있다.

제7차 체육과 교육과정 내용의 특징

- 첫째, 체육과 내용은 '교과 내용의 최적화' 관점에서 학년이 높아질수록 점진적으로 분화의 형태를 취하고 있다. 즉 초등학교 3, 4학년의 경우 체조활동, 게임활동, 표현활동, 보건 4개 영역으로 구성되어 있고, 5, 6학년에서는 육상활동과 체력활동이 새로 분화 및 신설되어 총 6개 영역으로 구성되어 있다. 반면 중등학교 체육과 교육과정은 체조, 육상, 수영, 개인 및 단체 운동, 무용, 보건, 체력운동, 이론이라는 8개 영역으로 구성되어 있다.
- 둘째, 초등학교에서는 학생들의 다양한 움직임 욕구를 충족시키기 위하여 기존의 '기본 운동 기능'이라는 용어 대신 '기본 움직임'이라는 용어를 사용하여 움직임 교육 모형에 대한 이해를 더 쉽게 하고, 새 교육과정에 기본 움직임 교육 내용을 포함하였다. 특히 3, 4학년의 경우 '기본움직임'과 '활동'으로 중간단계의 내용 영역이 설정되어 있다. 이는 모든 신체활동에 근간이 되는 기본 움직임 학습을 강조하면서 동시에 기능중심의 체육 내용 학습을 지양하고 체험중심의 체육 내용 학습을 추구하고 있음을 의미한다.
- 셋째, 제7차 교육과정의 특징 중의 하나인 교과 내용의 최적화 및 축소라는 취지하에 '필수 내용'과 '선택 내용'의 개념이 체육과 교육과정 내용에 도입되고 있다. 체육과 '필수 내용'은 최소한의 필수 공통 교육 내용 측면에서 규정되었고, '선택 내용'은 지역, 학교, 교사, 학생의 특성을 고려하여 운영할 수 있는 방안을 제시하고 있다.
- 넷째, '학년별 내용'의 구성에 있어서 제7차 교육과정은 이해(앎)와 적용(실천)의 두 가지 개념으로 제시된다. 이는 실제 수업에 있어서 3가지 목표에 따른 학습 내용의 구분이 이루어질 수 없다는 교과 본질적인 상황을 고려한 것으로, 3가지 목표를 동시에 달성하기 위한 전제 조건으로 '이해'와 '적용'의 개념을 채택하고 있다.

(5) 제7차 교육과정의 교수·학습 방법의 특징은 제6차보다 세부 하위 내용을 시각적으로 제시함으로써 체계화하고 있다는 점이다. 즉 제7차 체육과 교육과정에서는 효과적인 교수·학습 방법을 전체 8개 항에 걸쳐 제시하고 각각에 대한 방법적 원리를 구체적으로 설명하고 있다. 즉 수업 현장에서 실제적으로 활용할 수 있는 교수·학습 방법을 항목별로 체계적으로 제시하고 있다. 즉 교수·학습의 기본 방향, 교사, 학생(일반학생, 특수학생, 혼성학급), 교수·학습 계획, 교수·학습 조직, 내용 영역별 지도, 교수·학습에서의 유의점 그리고 교수·학습에서의 자율

적 운영 측면으로 구분하여 교수·학습의 일반적인 원리와 내용 영역별 지도상의 유의 사항들을 간략하게 기술하고 있다. 특히 이 부분에서는 학생의 특성에 대한 교사의 이해를 강조하고 있는데, 그 이유는 체육 수업에서 신체 능력이나 학습에 대한 흥미 등의 개인차가 많으므로 교사가 우선 학습자의 개인별 체력과 운동 능력을 정확히 파악할 필요가 있기 때문이다. 또한 일반 학생의 개인차뿐만 아니라 특수학생, 혼성 학습에서 남녀의 차를 고려하고 배려하는 교수·학습이 필요함을 강조하였다.

(6) 제7차 체육과 교육과정의 평가도 교수·학습 방법과 마찬가지로 제6차보다 체계화되었다는 점이 특징이다. 제7차 교육과정에서는 학년 초마다 학교의 평가 지침을 토대로 교과협의회의 충분한 토의를 거쳐 평가의 기준, 내용, 교수·학습 방법, 도구 등을 마련한 후, 제시된 목표에 근거하여 공정하게 실시하도록 제시하고 있다. 구체적인 내용은 평가의 기본 방향, 내용 영역별 평가, 평가의 방법 및 활용으로 구성되어 있다.

항목	제7차 체육과 교육과정		
성격	체육은 움직임 욕구의 실현 및 체육 문화의 계승, 발전이라는 내재적 가치와 체력 및 건강의 유지·증진, 정서 순화, 사회성 함양이라는 외재적 가치를 동시에 추구함으로써 인간의 '삶의 질'을 높이는데 공헌하는 교과이다. 체육은 이와 같은 내재적 가치와 외재적 가치를 실현하기 위하여 체·지·덕이 통합된 인간의 육성을 위한 전인 교육을 궁극적인 목적으로 한다. 즉 체육은 육상, 체조, 게임 및 스포츠, 무용 등과 같은 신체활동을 주된 내용으로 하여, 신체 활동 그 자체를 위한 기능의 습득뿐만 아니라 그에 관한 이론적 지식의 습득 및 태도의 발달을 통합적으로 도모하는 성격을 가진다. 〈학교급별 체육 교육의 성격〉 생략		
목표	다양한 신체활동을 통하여 학생 개개인의 움직임 욕구를 실현하고, 운동을 수행하는데 필요한 기능과 체력을 증진하며, 운동과 건강에 관한 지식을 이해하고, 사회적으로 바람직한 태도를 함양한다. (1) 다양한 운동에 적극적으로 참여해 운동 기능과 체력 및 심신의 건강을 증진한다. (2) 운동과 건강에 관한 다양한 지식을 이해하고 활용하는 방법을 익힌다. (3) 운동을 통해 사회적으로 바람직한 태도 및 문화적으로 가치 있는 규범을 익힌다.		
내용	초등학교(3-4학년)	초등학교(5-6학년)	중학교 1학년 - 고등학교 1학년
	• 체조활동 • 게임활동 • 표현활동 • 보건	• 체조활동 • 육상활동 • 게임활동 • 표현활동 • 체력활동 • 보건	• 체조 • 육상 • 수영 • 개인 및 단체 운동 • 무용 • 체력운동 • 이론 • 보건
교수·학습 방법	교수·학습의 기본 방향, 교사, 학생, 교수·학습 계획, 교수·학습 조직, 내용 영역별 지도, 교수·학습에서의 유의점, 교수·학습의 자율적 운영		
평가	평가의 기본 방향, 내용 영역별 평가, 평가의 방법, 평가의 활용		

9 2007 개정 체육과 교육과정

1. 국민 공통 기본 교육과정 : 체육과

(1) 개정 배경

① 체육과 교육과정 개정의 내적 요인

㉠ 학교 교육 체제 속에서 교과로서의 위상 개선이 필요하다는 주장이다. 지금까지 체육과의 교과 위치는 교육과정이 개정될 때마다 상승되기보다는 낮아지고 있음을 알 수 있다. 이러한 원인 중의 하나는 국가 수준 체육과 교육과정이 학교 체육 개선의 원동력이 되는 체육 교육에 대한 도전과 개선 의지를 불러일으키는 역할을 온전히 담당하지 못했기 때문이다. 선진 외국에서는 체육 교과에 대한 인식과 교육 환경이 앞서 있음에도 불구하고 체육 교과의 발전을 위해 근본적인 혁신 노력을 지속적으로 기울이고 있다. 체육 교과가 학교 교육의 목적 달성을 위해 공헌하는 부분은 무엇이며, 전통적인 체육 프로그램이 학교 교육의 철학과 프로그램에 잘 부합하고 있는지 고민하고 있다. 이러한 고민을 해야만 하는 이유는 체육 교과의 위상이 교과 내 관계자들 만에 의해서 결정되는 것이 아니라, 교과 외 교육 수요자의 인지도에 따라 결정되기 때문이다.

㉡ 최근 수년간 빠르게 변화하고 있는 국내·외 체육 교육의 모습과 역할을 국가 수준의 교육과정이 적극적으로 수용해야 한다는 필요성이다. 지금 세계 체육은 '스포츠 기술(sport skill) 습득'에서 '활동적인 생활 기술(active life skill) 발달'로 옮겨가고 있는 중이다. 이 생활 기술은 개개인이 활동적인 삶을 계획하고 이를 실천할 수 있는 능력을 함양하는데 목적을 두고 있는 것으로, 스포츠 기술뿐만 아니라 팀, 스포츠맨십, 문화 인지, 타인 존중, 페어플레이, 리더십 기술, 타인 배려 등이 강조된다. 이러한 체육 교육 철학의 변화는 미국, 호주, 캐나다, 영국, 프랑스, 독일, 핀란드 등 선진 외국의 학교 체육 방향을 전통적인 스포츠 프로그램에 의한 체육 교육 성과에 치중하기 보다는, 아동 및 청소년들이 신체 활동 본질을 이해하고 그 활동 자체를 체험함으로써 자신의 삶을 활동적으로 영위하는데 초점을 두도록 만들고 있다. 이와 같은 철학의 변화는 전 세계적으로 학교 정규 체육 수업 시간만으로는 체육 교과에서 기대하는 수준의 생산적인 교육 결과를 가져오기 어렵다는 인식에서 출발한 것이다.

㉢ 체육과 교육과정 철학의 전환 요구이다. 우리나라 체육 교과 발전을 도모하려는 학계 및 학교 현장의 노력은 교사 교육, 수업 개선, 체육 시설 개선 등의 다양한 측면에서 이루어져 왔다. 그러나 상대적으로 체육 교과의 철학과 방향을 제시하고 체육 교과의 미래를 만들어 가는데 근간이 되는 국가수준 체육과 교육과정의 철학적 변화 노력은 적극적으로 이루어지지 못했다. 교육과정 개정 시기마다 체육 교과의 교육 방향에 근본적인 변화를 가져 올 수 있는 교육과정 철학의 전환은 거의 없었다. 즉, 제1차부터 제7차에 이르기까지 '운동기능 습득지향의 체육과 교육과정'을 고수하면서 체육과 교육과정

개정 작업을 수행하여 왔다. 운동 기능 습득을 최상의 목적으로 하는 체육과 교육과정에서 교육의 주된 내용은 여러 가지 스포츠의 기능이 될 수밖에 없다. 이는 체육과가 실현할 수 있는 스포츠 기능 이외의 다양한 교육적 측면을 스스로 포기하는 결과를 초래하는 것이라고 볼 수 있다.

② 체육과 교육과정 개정의 외적 요인

㉠ 국가·사회적으로 체력 및 건강 교육 강화를 통하여 학생의 체력 저하 및 건강문제를 해결해야 한다는 요구이다. 학생의 체력 저하 및 건강 문제 증가는 체육학계의 우려뿐만 아니라, 언론 보도를 통해서 이미 일반인들도 그 심각성을 인식하고 있는 상황이다.

㉡ 주5일제 수업 도입에 따라서 여가 교육이 강화되어야 한다는 요구이다. 주5일 제 수업 도입에 따라 학생들의 여가 시간이 증대함으로써 건전하고 활동적인 여가 활동을 장려할 수 있는 국가·사회적인 역할이 요구되고 있다. 동시에 보건계의 교과 신설 주장 확대는 체육과 교육과정에서 보건 교육의 위치와 방향을 재조명할 기회를 제공하고 있다.

(2) 개정 방향

① 체육과 교육과정 철학의 전환 : 신체 활동 가치 중심 교육과정

최근 전 세계에서는 체육 교육의 철학이 근본적으로 변화되고 있다. 공통적인 특징은 '건강 및 체력 증진을 위한 스포츠 기능'(sport skill)에서 '활동적인 삶을 위한 라이프기술'(life skill)로 체육 교육의 철학이 옮겨가고 있는 추세이다. 그동안 체육과의 일차적인 교육 목적을 '건강'이라고 주장하여 왔음에도 불구하고 체육과 교육 핵심이 '운동 기능 습득'이 되어 왔다(Placek). 이는 사회문화적으로 인식되고 있는 건강의 개념과 수단이 운동 기능을 통해서 달성된다고 보는 관점에서 기초한다. 그러나 엄밀히 말한다면 운동 기능 습득과 건강 증진은 별개이다. 물론 운동 기능이 습득되면 신체 활동에 흥미를 느끼고 좋아하게 되므로 신체 활동에 지속적으로 참여하는 동인이 된다. 건강 증진을 위해서라면 운동 기능 습득보다도 신체 활동의 다른 차원(건강체력 활동의 지속적인 참여, 위생적인 생활, 균형 있는 영양섭취, 여가 선용 등)들이 동시에 종합적으로 교육되어야만 한다. 이와 같은 현상을 보면서 우리는 그동안 체육 교과에서 무엇을 가르치고자 했던가를 반성할 필요가 있다. 과거부터 교과의 목적으로 추구하고 강조해 왔던 건강 및 체력 증진에 필요한 능력을 가르쳤다기보다는 운동 기능(motor skill)을 가르쳐 왔다고 볼 수 있으며, 지금도 이러한 경향은 마찬가지이다. 전통적으로 중요시되어 왔던 운동 기능 중심의 체육 교육 한계가 국내뿐만 아니라 전 세계적으로 확산되고 있는 이유는 다음과 같다(Corbin). 첫째, 시간 및 환경적 제약으로 스포츠 기능 교육은 성공할 수 없다는 인식이다. 현실적으로 고등학교 때까지 체육 교사들이 기대하는 상위 수준의 운동 기능 습득은 불가능함에도 불구하고 대부분의 체육 교사들이 다양한 스포츠 종목의 기능을 지도하고자 하고 이를 지나치게 강조하고 있다는 점이 문제시 되고 있다. 이로 인해 학생들이 좌절감과 흥미 저하로 체육 교과를 싫어하고 졸업 후에도 생활 체육 활동으로 진입하는 길을 방해하고 있다고 설명한다. 따라서 높은 수준의 운동 기능을 필요로 하는 스포츠 기능 교육은 지양되어야 하고 학생들이 '활동적인 삶'(active life)을 영위하는데 필요한 지식, 능력, 기술 등을 교육해야 한다고 설명한다. 둘째, 학생들이 상위 수준의 운동 기능을 배운다고 해서 체육 교사가 학생들에게 궁극적으로 기대하는 활농적인 삶에 필요한 행동 변화를 가져오는데 한계가 있음이 주장되고 있다. 일정 수준의 운동 기능 습득은 단기적인 교육적 효과가 나타날 수 있으나, 수동적인 체육인을 만들게 되므로 평생 체육 활동에 참여하는 능동적인 체육인을 길러내지 못한다고 설명한다. 최근까지 스포츠 기능 습득을 최상의 목적으로 인식하는 체육교육과정 프로그램에서 강조되는 교육 내용은 여러 가지 스포츠 기능이 될 수밖에 없다. 따라서 체육과 교육과정 철학의 근본적인 검토와 함께, 차기 체육과 교육과정 철학을 '신체 활동 가치' 중심의 교육과정으로 전환하였다. 이 '신체활동 가치 중심 교육과정'은 신체 활동을 수행하는 목적이 신체 활동이 가지는 '가치'(value)를 달성하기 위함임을 강조한다. 이러한 신체 활동 가치 중심의 체육과 교육과정은 모든 학생들이 신체 활동을 직접 수행하는 과정에서 신체 활동이 구현하는 여러 가지 가치를 체험하고 학습할 수 있는 교육과정 철학을 의미한다. 이는 체육과가 궁극적으로 추구하는 활기차고 건강한 삶을 살아가기 위해 평생 체육 활동에 지속적으로 참여하는 자기주도적인 체육인으로 인도할 수 있음을 의미한다.

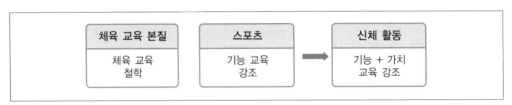

◈ 체육과 교육과정 철학의 변화

신체 활동의 가치
신체 활동의 가치(value)는 의도적으로 계획한 교육 활동을 통해서 스포츠, 무용, 운동 등의 신체 활동에 지속적으로 참여 또는 수행 과정에서 체험하거나 교육의 결과로 얻어지는 교육적 가치를 의미한다. 신체 활동의 가치는 목적적 가치와 내용적 가치를 모두 포함하는 것으로, 신체 활동을 수행하는 이유 또는 동기 등은 신체 활동의 목적적 가치에 해당하며, 신체 활동 수행 과정에서 학습하는 교육 내용(**예** 개념, 원리, 기능 및 전략, 경기 운영, 문제 해결, 태도, 예절 등)은 내용적 가치에 해당된다. 따라서 신체 활동 가치 중심 교육과정에서는 목적적 가치와 내용적 가치를 모두 포함하여 건강, 도전, 경쟁, 표현, 여가의 다섯 가지 가치를 제시하고 있다.

② **체육 교과의 본질 회복 : 체육의 인문성과 예술성 강화**

우리는 신체활동을 직접적 또는 간접적으로 수행하면서 과학성과 예술성의 공존을 인식하고 있음에도 불구하고 이러한 측면을 우리나라 국가수준의 체육과 교육과정 내용에 반영하고자 하는 노력을 기울이지 못해 왔다. 이는 그동안 체육의 학문화 운동이 대학의 교육과정뿐만 아니라 초·중·고등학교 체육 교육을 안내하는 국가 교육과정 문서에까지 영향을 미친 결과라고 볼 수 있다. 체육의 예술성 측면은 체육의 하위 영역인 무용 활동에만 존재하는 것처럼 인식하는 경향이 많았고, 스포츠에 존재하는 예술성에 대한 교육적 의도와 의미를 크게 고려하지 못한 것이 사실이다. Anderson은 움직임의 수행 경험, 움직임의 덕목체험, 움직임 세계의 특성에 대한 이해 없이는 움직임을 알아가는 데 대부분의 것을 놓치게된다고 설명한다. 체육의 과학화 추구는 내재적으로 흥미 있으면서 외현적으로 유용하지만, 그 자체로는 인간 움직임이 가지고 있는 자유함, 창의성, 자기 표현, 노력, 의미 등의측면을 제외시키는 결과를 초래하고 있다고 말한다. 따라서 체육학이 완전히 본질적으로회복되기 위해서는 체육의 과학적 측면뿐만 아니라, 인문적 측면이 보충될 필요가 있음을설명한다. 즉 인문적인 측면은 개인적 또는 사회적인 의미와 덕목을 생성하고 표현하여 개발할 수 있는 움직임 경험의 특징을 말한다. 그에 따르면, 움직임의 참여는 우리의 인간성을 표현하는 한 가지 방식이기 때문에 건강과 체력을 증진할 뿐만 아니라 그 이외의 많은가치 있는 것들을 포함하고 있다고 설명한다. 또한 Anderson은 움직임의 경험은 마치 섹스피어의 책을 읽거나, 극본을 쓰는 것과 같은 인문적 과정이라고 설명한다. 단지 체육 교과는 기능을 배우는 것이 아니라, 움직임 안에서 또는 움직임을 통해서 인문적 접근을 추구하는 것이라고 본다. Charles는 체육이 과학과 예술의 두 가지 측면을 모두 가지고 있기 때문에 체육학의 교육적 파워는 인간 움직임의 다국면적이고 포괄적인 관점에서 출발한 과학성과 예술성 교육의 균형을 추구함으로써 발현될 수 있음을 설명한다. 그동안 체육의 과학적측면은 많은 발전을 해 왔지만, 예술적 측면은 그러하지 못했음을 지적한다. 체육의 예술적측면에는 신체 동작의 미, 운동 수행의 미적 요소, 개인의 움직임의 미적 의미 등이 포함된다. 그에 따르면 움직임의 미는 종종 체험되어 왔지만 연구의 대상이 되지 못했음을 지적한다. 심미, 즐거움, 기쁨의 체험은 모든 움직임에서 대중적으로 나타나는 요소이며 사람들이자신의 움직임이나 타인의 움직임을 감상하면서 희열과 엑스타시를 경험하게 된다고 설명한다. 따라서 국가수준 체육과 교육과정은 체육의 독특하고 대중적이며 의미 있는 요소들을 균형 있고 조화롭게 교육의 활동으로 유입해야만 한다. 그동안 교육의 내용으로 간과되었거나 거의 다루어지지 못했던 체육의 인문적 지식과 예술적 지식을 강화할 필요가 있다. 그 이유는 국가수준 체육과 교육과정의 역할은 체육과에서 학생들에게 기대하는 체육 교육결과를 제시해야 하기 때문이다. 그렇다면 우리의 교육적 기대를 국가수준 교육과정 문서에 담으려는 노력을 기울여야 한다. 교육과정 문서에 담으려는 내용은 모든 신체 활동이가지고 있는 총체적인 측면일 것이다. 과학적으로도 치우치지 않고 인문적 또는 예술적으로도 치우치지 않는 균형감 있는 체육과 교육과정일 것이다.

③ 체육과 교육과정 내용의 재개념화

그동안 우리나라 체육과 교육과정에서는 스포츠(또는 운동) 기능을 습득할 뿐만 아니라 운동에 관한 지식 이해 및 활용을 도모함으로써 체육이 인지적 영역의 발달을 도모한다는주장을 하여왔다. 이 주장은 체육 교과가 '기능 교과' 또는 '도구 교과'라는 인식을 내부·외부적으로 인식하는데 일조를 하고 있다. 이런 맥락 속에서 지금까지 체육과에서는 국가수준 교육과정의 내용을 체육 수업 차원에서 다루어지는 수업 내용 또는 수업 활동으로 인식하여 왔다. 일상적으로 체육 수업에서는 축구, 농구, 체조, 육상 등과 같은 다양한 스포츠 또는 운동을 수업 내용 또는 수업 활동으로 다루어 학생들에게 교육한다. 국가수준의 체육과 교육과정 내용은 교육 내용으로 이해되어야 하며, 수업 내용이나 수업 활동보다는 광범위하고 높은 수준의 내용으로 볼 수 있다. 다시 말하면, 체육과에서는 축구, 농구, 배구 등을 수업 내용 또는 활동으로 선정 및 조직하여 학생들에게 가르치지만 축구, 농구, 배구 자체에 대한 학습으로 끝나길 기대하지 않는다. 예를 들면, 체육과에서는 학생들에게 축구 수업을 통해서 축구의 기능뿐만 아니라 신체 활동의 다양한 현상(예를 들면, 스포츠과학적 이론, 팀 스포츠의 의미와 특성, 운동과 건강의 관계, 스포츠 경기 문화 체험, 경쟁의 가치, 승리와 패배 등)을 배우기를 희망한다. 이 때 축구(역사, 경기 규칙, 기초기능 및 경기 기능 등)는 수업 내용 또는 수업 활동으로 볼 수 있으며, 여러 가지 신체 활동에 공통적으로 나타나는 포괄적이고 광범위한 현상(스포츠과학이론, 경기 수행 방법, 운동과 건강의 관계, 체력 관리, 스포츠문화, 경기 분석 및 감상 등)은 교육 내용으로 볼 수 있다. 즉 국가수준의 체육과 교육과정 내용은 농구, 축구 등의 구체적인 스포츠나 운동자체가 되기보다는 이 활동들을 관통하는 공통적이고 보편적인 개념, 사실, 원리 등이 되어야 한다.

④ 단위 학교와 체육 교사의 교육과정 운영 자율권 강화

개정 체육과 교육과정에서는 신체 활동 가치 중심의 교육과정 내용에 적합한 신체 활동을 단위학교 또는 교사 수준에서 선택할 수 있도록 자율권을 강화하였다. 지금까지 열악한 체육 시설 및 용·기구 부족으로 온전히 국가수준 체육과 교육과정을 운영하기 어려웠던 점을 개선하고, 각 단위 학교의 실정과 여건에 맞는 교수·학습 활동을 선택할 수 있게 될 것이다. 앞으로도 시설 및 용·기구와 같은 교육 환경은 우리의 희망처럼 단기적으로 개선되기 어렵다. 그렇기 때문에 수영장이 있는 학교라면 수영이라는 소재를 활용하고, 학교 주변에 산이나 자전거 도로가 있다면 오리엔티어링이나 사이클을 교육 소재로 할 수 있을 것이고, 무용 전공을 한 여교사가 없다면 무용 대신 체조 등과 같은 다른 활동을 통해서 무용이 가지고 있는 예술성을 교육할 수 있을 것이다. 또한 지역 사회가 프로 스포츠 경기와 무용 공연이 활성화되어 있는 곳이라면 이를 적극적으로 수용하여 교육적 소재로 선정할 수 있을 것이다. 즉 지금까지 지역의 특성과 여건에 관계없이 획일적인 교육과정 운영을 해야만 했던 문제점을 개선할 수 있고 단위 학교에 물적·인적 자원에 맞는 체육과 교육과정을 운영할 수 있도록 하였다. 또한 개정 체육과 교육과정에서는 평가에 대한 교사의 자율성도 대폭 확대하고 있다. 제6차 교육과정에 접어들면서 평가 항의 내용이 체계화되고 구체화되기 시작하면서 도입된 평가 종목 수(4개 종목 이상)와 운동 기능 평가 비율(70% 정도)의 규정을 삭제하였다. 제6차와 제7차 교육과정 문서에서 평가 항이 가지는 가장 큰 한계점은 평가의 종목 수와 운동 기능 평가 비율에 대한 규정이다. 국가수준 체육과 교육과정에서는 학교 현장의 혼란을 최소화하면서 바람직한 체육과 평가의 방향을 제시할 필요가 있다. 우선적으로 국가 교육과정에서는 평가 종목 수나 평가 반영 비율과 같은 구체적인

조항을 제시하기 보다는 체육과 평가를 자율적으로 실시할 수 있는 여건을 마련하는 것이 올바른 방향일 것이다. 과거와 달리 체육 교사의 전문성이 신장됨에 따라 각 체육 교사들이 자신의 교육 철학에 따라 평가 방법과 운영을 결정할 수 있는 권한을 부여할 필요가 있다. 또 하나의 방법은 시·도 교육청 또는 지역 교육청으로 권한을 이양하는 것이다. 각 지역의 특성을 고려하여 각 시·도 교육청 및 지역 교육청에서 평가의 기본 방향을 설정하고 단위 학교에서는 이 지침에 따라 자율적으로 평가를 시행할 수 있도록 해야 한다.

⑤ 체육과 교육과정 항목 간 연계성 강화

제7차 체육과 교육과정의 항목은 성격, 목표, 내용, 교수·학습 방법, 평가로 구성되어 있다. 이 항목들은 상호 연계성을 가지고 유기적인 관계를 가져야 함에도 불구하고 현행 제7차 체육과 교육과정은 이러한 측면이 미흡하다. 성격에 진술된 내용이 목표에 반영되어야 논리적 일관성이 확보되어야 함에도 불구하고, 움직임 욕구의 실현 및 신체 문화의 계승·발전이라는 내재적 가치가 체육과 목표와 내용에 뚜렷하게 나타나지 않고 있다. 또한 교수·학습 방법과 평가에서도 이러한 측면이 언급되거나 강조되지 않고 있다. 주로 체력 및 건강 증진, 정서 순화, 사회성 함양이라는 외재적 가치만 체육과 목표에 강조되고 있다. 내용, 방법, 평가에서도 거의 부재하거나 간과되고 있다. 한편 운동 기능 습득은 내재적 가치와 외재적 가치에 포함되어 있지 않음에도 불구하고, 체육과 내용과 평가에서 중심적인 위치를 차지하고 있다. 또한 성격에 체육 교과가 지식, 기능, 태도의 통합을 도모하여 전인 교육을 목적으로 한다는 내용이 제시되어 있음에도 불구하고, 실제 목표는 인지적 영역, 심동적 영역, 정의적 영역 각각 분절적으로 제시되고 있다. 내용 체계표는 스포츠종목명이나 세부 활동중심으로 제시되어 있어 '지식'과 '태도'를 통합하여 표현한 구체적 내용 제시가 거의 없다. 교수·학습 방법도 통합적 지도 방법이나, 체육과의 내재적 가치와 외재적 가치를 지도할 수 있는 방법 안내가 미흡한 상황이다. 평가 항목도 마찬가지이다. 운동 기능 및 체력 평가를 70% 정도라는 내용을 제시함으로써, 성격 항목의 통합적 지도 추구라는 체육과의 기본 방향과 어긋나는 현상을 초래하고 있다. 이런 의미에서, 체육과 교육과정 문서의 성격, 목표, 내용, 방법, 평가의 연계성을 확보하고 각 항목의 의미와 방향성을 명료화하고자 하였다. 즉 하나의 일관된 방향성을 가지고 각 항목이 연계적으로 구성되어야 한다. 체육과 성격이 건강을 증진하는 것이라면, 목표, 내용, 방법, 평가가 모두 건강이라는 방향성을 가지고 세부 내용이 구성되어야 할 것이다. 건강이 중요하다고 주장하면서도 실제 교육 내용은 건강보다는 운동 기능을 강조하는 것은 논리에 맞지 않는다. 동시에 각 항목이 가지는 역할과 의미를 명료화하는 노력도 필요하다. 특히 성격 항목에 포함되어 있는 교과의 가치, 목적, 역할 등이 보다 명료하게 진술되어야 한다.

(3) 개정 내용

① 성격 : 신체 활동 가치관 정립

△ 체육과 교육과정 '성격'의 구조

체육과의 성격은 체육 교과가 무슨 교과인지, 구체적으로 어떤 철학적 기반에서 무슨 목적을 가지고 어떤 내용을 가르치는 교과인지를 기술하고 있는 부분이다. 이 부분은 체육 교과를 가르치거나 연구하는 이들에게 체육 교과의 본질, 특성, 가치, 역할 등을 집약적으로 설명하고 있는 부분일 뿐만 아니라, 체육 교과 이외의 배경을 가지고 있는 이들에게도 체육 교과를 소개하는 대표적인 부분이라고 볼 수 있다. 이런 점에서 체육과 성격은 체육 교과의 현재 모습뿐만 아니라 미래의 모습까지도 담고 있어야 한다.

이번 개정 체육과 교육과정에서는 성격을 4가지 부문(체육과의 정의, 체육과에서 추구하는 인간상, 체육과 교육과정의 내용틀, 학교급별 체육 교육의 방향)으로 구성하여 '신체 활동 가치관' 정립을 지향하고 있다.

ⓐ '체육과 정의'에서는 제7차 체육과 교육과정의 내재적 가치와 외재적 가치를 일원화하여 '체육과'가 가지고 있는 교육적 가치를 발전적으로 부각시키고자 하였다. 체육의 외재적 가치를 지나치게 강조함으로써 체육 교과는 수단적 또는 도구적 가치만을 가지고 있는 교과로써 취급받게 되며 체육의 본질과 정체성은 점점 퇴색해지는 가능성이 커지고 있기 때문이다. 따라서 체육과의 외재적 가치를 '내재적 가치화'하여 체육과의 가치를 분산시키기 보다는 집중함으로써 체육과의 교육적 가치를 발전적으로 제시하였다.

ⓑ '체육과에서 추구하는 인간상'에서는 8년간(초등학교 3∼6학년과 중등학교 7∼10학년)의 체육교육을 받은 학생들에게 기대하는 모습으로 기술하였다. 이 부분은 체육 교사로 하여금 체육과에서 공헌하는 '인간 교육'의 방향을 이해하게 함으로써 자신의 역할과 책무를 보다 충실히 이행할 수 있도록 하였다.

ⓒ '체육과 교육과정 내용틀'에서는 건강의 가치, 도전의 가치, 경쟁의 가치, 표현의 가치, 여가의 가치라는 5가지 신체 활동 가치 중심으로 체육과 교육과정 내용이 설계되고 있음을 설명하고 있다. 체육과 교육과정 목표, 내용, 교수·학습 방법, 평가에 이르는 기본적인 개념 틀을 제시함으로써 교육과정을 편성·운영하는 교사들에게 교육과정 이해의 폭을 넓히도록 하였다.

㉣ '학교급별 체육 교육의 방향'에서는 초등학교와 중등학교에서 지향하는 체육 교육의 방향을 설명하고 있다. 즉 초등학교에서는 '신체 활동 가치의 기초 교육'을 담당하고, 중등학교에서는 '신체 활동 가치의 심화 교육'을 담당해야 함을 제시하고 있다. 이는 초등교사와 체육 교사에게 각 학교급에 바람직한 교육과정을 운영하는데 도움을 줄 수 있도록 하였다.

② 목표 : 통합성과 포괄성

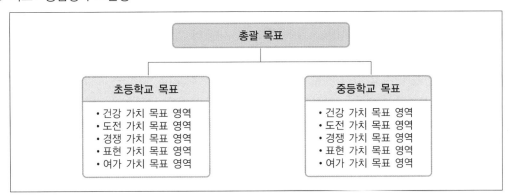

◎ 체육과 교육과정 목표 체제와 영역

체육과 목표는 체육 교육의 일반적 방향과 구체적 방향을 동시에 제공하고 있는 부분이다. 체육과 교육과정 목표를 학습 영역별(인지적, 심동적, 정의적 영역)로 제시하지 않고, 신체 활동 가치 영역별로 통합적, 포괄적으로 제시하고 있다. 이는 학습 영역별 목표 체제가 양산하는 분절적인 체육 교육의 운영을 최소화할 뿐만 아니라, 신체 활동 수행 자체가 인지적, 심동적, 정의적 영역이 통합되어 이루어지는 체육 교과의 본질과 목표에 부합하는 체육 교육을 실행할 수 있기 때문이다. 신체 활동 가치 영역별 체육과 목표는 각 목표 영역마다 인지적 영역, 심동적 영역, 정의적 영역의 세부 목표를 모두 포함하고 있다. 예를 들면, 도전 가치 목표 영역에서는 신체 활동을 수행하면서 '도전'에 관한 인지적 영역, 심동적 영역, 정의적 영역의 세부 목표를 함께 달성해야 함을 강조하고 있다. 또한 이 새로운 목표 영역 체제는 체육과의 목표 범위를 확장시켜 주는 역할을 동시에 담당하고 있다. 예를 들면, 심동적 영역에서 기능 습득이라는 세부 목표뿐만 아니라, 전략, 표현 및 창작, 체력, 구성 등의 다양한 세부 영역이 존재한다. 인지적 영역에서도 지식 이해 및 활용뿐만 아니라, 신체 언어 능력, 분석력 및 문화 비평 능력, 심미력, 문제 해결 능력 등의 다양한 세부 영역과 수준의 지식에 관한 목표를 포함할 수 있다. 정의적 영역에서도 사회적으로 바람직한 태도 및 문화적으로 가치 있는 규범뿐만 아니라, 팀워크, 스포츠맨십, 타인 배려, 리더십, 자기 관리, 신체 및 건강 문화의 가치 판단, 신체 문화의 애호 및 감상 등의 다양한 목표들을 유입할 수 있다.

③ 내용

㉠ 내용 영역의 일원화와 적정화 : 제7차 체육과 교육과정의 대영역은 학년이 올라갈수록 학년군별 내용 영역이 점진적으로 분화되어 다원화되는 모습을 보여주고 있다. 초등학교 3~4학년에서는 4개 영역, 초등학교 5~6학년에서는 6개 영역, 중학교 1학년 ~ 고등학교 1학년까지는 8개 영역으로, 이전 학년군의 내용이 분화되면서 내용 영역 수가 증가되는 특징을 가지고 있다. 이 특징은 교육 내용의 조직 원리인 '계속성'과 '계열성'이라는 측면에서 볼 때 지속성 유지에는 문제가 없으나 계열성을 고려하기에는 다소 어려운 측면이 있다. 계열성(sequence)은 교육 내용의 범위가 한정되거나 축소되는 상태에서 내용 수준의 차별성을 지향하는 것으로, 제7차의 경우는 내용 영역의 범위가 확대되는 특징을 가지고 있기 때문에 내용의 계열성을 확보하는 데 큰 효과를 가져오지 못했다. 학년별 필수 내용을 지정함으로써 어느 정도 내용의 반복성을 방지하는 효과를 가져왔으나, 개정 의도와는 달리 내용의 심화 확대를 통한 내용의 계열성 확보보다는 내용의 심화 확대로 인한 내용의 반복성 문제가 양산되는 결과를 초래하였다. 따라서 본 개정에서는 초등학교 3학년에서 고등학교 1학년까지 체육과 교육과정 내용 영역을 5가지 내용(건강 활동, 도전활동, 경쟁 활동, 표현활동, 여가활동)으로 일원화하였다. 이 5가지 신체 활동 가치 영역은 신체 활동의 수행 목적을 기준으로 시대성(전통적인 신체활동의 가치와 현대적인 신체 활동 가치)을 고려하여 설정하였다. 또한 내용 영역의 일원화를 통해 교육 내용의 적정화도 함께 도모하고 있다. 제7차 체육과 교육과정 개정 시 제6차 체육과 교육과정의 내용들이 학교의 현실적 시설 및 여건, 또는 수업 시수의 제한으로 인하여 가르칠 수도 없는 내용들을 지나치게 많이 나열해 놓았다는 지적이 대두됨에 따라 '최소 필수 내용'을 제공하기 위해 '필수 내용'과 '선택 내용'의 개념을 채택하였다. 제6차 체육과 교육과정의 내용을 근간으로 하여 최소한 반드시 학습해야 하는 '필수 내용'을 선정하고, 그 외의 내용은 지역별, 학교별, 교사별, 학생별 특성에 따라 '선택 내용'으로 가르치고 배울 수 있도록 교육과정 상에서 현실적 가능성을 열어 두었다. 그러나 중등학교의 경우 '필수 내용'을 지정함으로써 교육 내용의 적정화를 시도하였지만, 결과적으로 평가 항에서 학년별 최소 평가 종목 수를 지정함으로 인해 그 시도는 퇴색하는 결과를 초래하였다. 즉 제7차 체육과 교육과정에서 제시한 최소 평가 종목 수는 결과적으로 학년별 교육과정 내용의 양을 구속하게 됨으로써 개정의 의도만큼 교육 내용의 양을 적정화하는데 성공하지 못했다. 7~8학년의 경우 학기 당 평가 종목 수가 4개 종목 이상으로 연간 8개 종목을 지도해야 하고, 9~10학년에서는 각각 연간 최소 6개 종목과 4개 종목을 지도해야 하는 현상을 초래하였다. 이 종목 수는 학교 현장에서 지도 가능한 교육의 양이지만, 교육 내용의 양에만 치중하게 되는 결과를 초래하여 심도 있는 교육을 저해하는 현상을 낳게 되었다. 따라서 본 개정에서는 교육과정 내용 영역의 수를 초등학교 3학년에서 고등학교 1학년까지 5개 영역으로 통일시켰다. 제7차 체육과 교육과정에서 초등학교 3~4학년은 4개 영역, 초등학교 5~6학년은 6개 영역, 7~10학년은

8개 영역으로, 결과적으로 초등학교 3~4학년은 1개 영역이 증가되었고, 5~6학년에서는 1개 영역과 7~10학년에서는 3개 영역이 축소되었다. 그러나 내용 영역의 수와 신체 활동의 수가 일치하므로, 결과적으로 제7차와 비교할 때 신체 활동의 수는 초등학교 3~4학년의 경우에서도 축소되며, 초등학교 5학년 이상(단, 10학년은 제7차와 동일)까지는 신체 활동의 수가 대폭 줄어드는 효과를 가져 올 수 있다.

ⓒ 교육 내용의 계열성 강조 : 국가수준 체육과 교육과정의 내용은 운동 또는 스포츠종목중심 구성 틀을 갖추어왔다. 이런 구성 틀 속에서는 학교급별 내용 위계 혹은 학년별 내용 위계, 즉 내용의 계열성을 수립하고자 하는 작업이 결코 쉽지 않다. 예를 들면, 축구는 7학년, 농구는 8학년 이런 방식의 계열성 조직은 무리가 있기 때문이다. 스포츠마다 각 특성이 존재하기 때문에 스포츠종목 혹은 스포츠 활동 간의 위계를 확립하는 것이 매우 어렵다. 따라서 그동안 과거의 체육과 교육과정은 내용의 계열성(sequence)보다는 내용의 범위(scope) 규정에 많은 관심과 노력을 기울여 왔던 것이 사실이다. 이로 인해 체육과 내에서는 교과의 특성상 내용의 계열성이 없다고 인식하는 분위기가 확산되고 있는 현실이다. 그러나 정말로 체육과 내용에 계열성이 없다고 확언할 수는 없다고 본다. 과거의 교육과정 내용 구성과 같이 스포츠종목 또는 운동으로 내용을 구성할 때는 이 주장이 옳다고 볼 수 있다. 그러나 신체 활동 지식으로 내용 구성단위를 전환한다면 체육과 내용의 위계성을 확립하는 것이 쉽지는 않겠지만 불가능한 일은 아니라고 본다. 그동안 체육과의 경우 교과교육의 역사성과 학자들의 인력풀이 타 교과에 비해 열악하기 때문에, 내용의 계열성 확립 노력을 타 교과만큼 기울여 오지 못한 것이 원인일 뿐이다. 즉 타 교과에서는 오래전부터 이러한 문제의식을 가지고 일찍부터 많은 시간과 노력을 투자하였기 때문에 교육 내용의 위계가 체육과보다 확립된 것일 뿐이다. 반면 체육과에서는 이러한 문제의식 없이 본질적으로 체육과 내용은 계열성이 있을 수 없다는 인식을 가져 왔다. 어떤 근거에서 어느 교과는 계열성이 있고 체육 교과는 계열성이 없다고 확신할 수 있는지 그 근원을 알 수 없다. 교과를 막론하고 교육 내용의 계열성은 교육과정 개발 관련자들의 합의로 만들어지는 것이다. 이 사실은 모든 교과에서 국내·외를 막론하고 동일하게 적용될 수 있다. 즉 교육 내용의 계열성 조정은 학문적인 측면과 교육적인 측면을 함께 고려하여 해결하는 과제인 것이다. 이는 우리나라를 포함한 세계 여러 나라에서 모든 교과 내용의 범위와 조직을 수립할 때 역사적으로 절대 진리에 의해서 설정되지 않았음을 의미한다. 다시 말하면, 교육 과정을 개발할 때 각 교과의 학문적 성과와 교육 관계자들의 합의와 조정으로 각 교과 내용의 범위가 정해지고 계열성이 수립되는 것이다. 이는 체육과의 경우도 동일하게 적용될 수 있다. 그러나 체육과 교육 내용의 계열성을 수립하는 문제는 간단한 작업이 아니다. 수학과의 경우 누구나가 공인하듯이 내용의 계열성이 가장 확연한 교과임에도 불구하고, 교육과정 개정 시기마다 교육 내용의 계열성을 수립할 때 학문적 논쟁이 끊임없이 지속되어 왔기 때문이다. 체육과에서 학년별 교육 내용의 계열성을 '신체 활동 지식'으로 수립하고자 하는 작업은 쉬

운 일은 결코 아니지만, 국가수준 체육과 교육과정 내용의 계열성 확립은 교육적으로 매우 의미 있는 시도라고 볼 수 있다. 따라서 이번 개정에서는 초·중등학교에서 모두 동일한 신체 활동 가치 영역을 지도하되, 초등학교의 경우 신체 활동 가치의 기초 교육을 담당하며, 중등학교의 경우 신체 활동 가치의 심화 교육 담당을 제시하고 있다. 초등학교에서는 각 내용 영역에 대한 기본 지식과 수행 능력을 익히고, 중등학교에서는 각 내용 영역에 대한 경기 기능 및 경기 방법, 경기 문화 감상 등의 총체적 안목을 형성하는 데 초점을 두고 있다. 이와 같이 이번 개정에서는 초등학교와 중등학교 간의 교육 내용 계열성을 강조하고, 또한 학교급 내에서도 학년 간 교육 내용의 계열성을 도입하고 있다. 학년 간 교육 내용의 계열성은 학습자의 연령과 발달 단계를 고려하여 신체 활동 이해력과 수행 능력의 수준에 따라 결정하였다. 결과적으로 전 학년에서 동일한 신체 활동의 가치 영역을 필수적으로 지정하고 있지만, 각 학년 내용에서는 동일한 개념이나 운동 능력 등을 다르게 제시함으로써 내용의 반복성을 줄이고 계열성을 확보하고자 하였다.

◎ 체육과 교육과정의 내용 체계표

내용의 범위	내용의 조직	신체 활동 가치의 기초 교육				신체 활동 가치의 심화 교육			
	영역	초등학교				중등학교			
		3학년	4학년	5학년	6학년	7학년	8학년	9학년	10학년
신체 활동 가치 영역	건강 활동								
	도전 활동								
	경쟁 활동								
	표현 활동								
	여가 활동								

ⓒ 교육 내용의 재조직(인지적·정의적·심동적 영역 내용의 통합) : 체육과 목표가 통합적으로 진술된 것과 마찬가지로, 체육과 내용도 인지적 영역, 정의적 영역, 심동적 영역을 통합하여 제시하고 있다. 이런 맥락에서 내용 영역 중 '이론'과 '보건' 영역은 사라지고 기존의 이론과 보건 내용 요소들은 소위 '실기'(activity)에 흡수되고 있다. 동시에 체육과 목표에만 제시되었던 정의적 영역의 내용들을 내용 체계표와 학년별 내용에 독립된 내용 요소로 이론, 보건, 경기 기능과 경기 방법 등과 함께 제시되고 있다. 예를 들면, 7학년의 경우 기록 도전에서 '수영'을 통해 수영의 역사, 운동 생리학적 원리, 운동 역학적 원리, 수영 경기의 방법과 기능, 인내심, 과거의 수영 경기와 현대 수영 경기의 비교 감상 등을 배우게 되는 원리이다.

ⓔ 학년별 신체 활동의 선택화 : 이번 개정에서는 5가지 신체 활동 가치의 내용 영역과 학년별 내용 요소는 필수적으로 지도해야 할 내용이다. 이 필수 내용 영역과 필수 내용 요소를 지도하기 위해, 각 학년에서는 <학년별 내용의 신체 활동 선택 예시>와 같이 학년별로 제시된 신체 활동 예시를 선택할 수 있도록 하였다.

⚫ 학년별 내용의 신체 활동 선택 예시

대영역	중영역	소영역	7학년 신체 활동의 선택 예시
건강 활동	체력 관리	건강과 체력 관리	웨이트 트레이닝, 인터벌 트레이닝, 스트레칭 등
	보건과 안전	건강 생활과 환경 안전	약물 및 기호품의 올바른 사용 방법, 환경오염 예방 활동
도전 활동	기록 도전	속도·거리 도전	트랙 경기, 필드 경기, 경영 등
경쟁 활동	영역형 경쟁	영역형 경쟁	축구, 농구, 핸드볼, 하키, 럭비, 풋살 등
표현 활동	창작 표현	심미 표현과 창작	창작 체조, 음악 줄넘기, 피겨 스케이팅 등
여가 활동	여가 문화	청소년 여가 문화	인라인 스케이팅, 스포츠 클라이밍 등

지역별, 학교별, 교사별 교육 환경과 여건이 서로 다르기 때문에 각 단위 학교와 교사에 따라 자율적으로 체육과 교육과정을 운영할 수 있도록 하였다. 예를 들면, 7학년에서 '도전 활동' 영역의 '속도·거리 도전'이라는 내용 요소를 지도하기 위해 단위 학교 또는 교사는 신체 활동의 예시 중에서 가능한 신체 활동을 선택하면 된다. 구체적으로 속도·거리 도전의 역사와 과학적 원리, 경기 방법과 기능, 인내심, 전통과 현대 경기 감상을 지도하기 위해 어느 교사는 높이뛰기와 멀리뛰기를 선택하여 운영할 수 있다. 한편 어느 교사는 동일한 내용 영역과 내용 요소를 지도하기 위해 자유형 1개 활동을 선택하여 운영할 수 있다. 또한 어느 교사는 이어달리기와 평형 2개 활동을 선택할 수도 있고, 다른 교사는 장거리달리기와 장애물달리기를 함께 선택할 수도 있다. 각 학년별 신체 활동의 선택 내용 선정과 그 선택 활동의 수는 전적으로 단위 학교와 개별교사에게 달려 있다. 결과적으로, 국가수준에서는 체육과 최소 내용 기준을 안내하며 단위 학교와 교사 수준에서 실제적인 교육 활동의 양을 지역, 학교, 교사의 여건과 환경에 따라 결정할 수 있도록 하였다. 이는 국가수준에서 체육 교육의 양을 획일적으로 결정하는 과거의 방식에서 벗어나, 단위 학교에서 교육 내용의 적정화 정도를 결정할 수 있는 방안을 마련한 것이다.

④ 교수·학습 방법 : 개별성·통합성·적합성

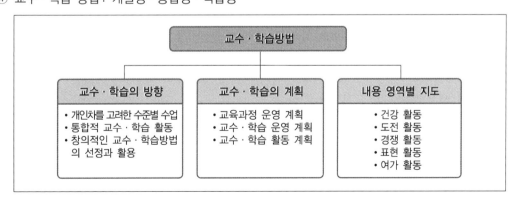

⚫ 체육과 교육과정 교수·학습 방법 구조

국가수준 체육과 교육과정 문서 중에서 가장 학교 현장에 영향력을 미치지 못하고 있고 도움을 크게 주지 못하고 있는 부분이 교수·학습 방법이다. 체육과 교수·학습 방법 과정은 다른 교과와 마찬가지로 매우 다양하고 복합적이기 때문에 교사 개개인이 요구히는 각 사례에 맞는 구체적인 교수·학습 방법을 안내하는 것은 불가능하다. 구체적인 교수·학습 방법의 사례는 교육과정 해설서, 시도 및 지역 교육청, 단위 학교 수준, 혹은 교사용 지도서 및 기타 수업 자료에서 제시해 주어야 한다. 제7차 체육과 교육과정에서는 교수·학습 방법 체제가 8개 항목(교수·학습의 기본 방향, 교사, 학생, 교수·학습 계획, 교수·학습 조직, 내용 영역별 지도, 교수·학습에서의 유의점, 교수·학습의 자율적 운영)으로 구성되어 있다. 이 8개 항목은 국가수준 체육과 교수·학습 방법의 방향과 실제적인 지침을 전달하는데 효율적인 측면이 있었으나, 지나치게 세부적으로 구분되어 있어 오히려 국가수준에서 지향해야 하는 역할보다는 시·도 및 지역 교육청, 단위 학교 및 체육 수업 차원에서 다루어져야 하는 구체적인 교수·학습 방법의 역할까지 포함하고 있어 국가수준의 역할이 퇴색되고 있다. 따라서 이번 개정에서는 제7차 체육과 교육과정의 교수·학습 방법 항의 내용을 정선하여 국가수준에서 강조하는 교수·학습의 방향, 시·도 및 지역 교육청 → 단위 학교 → 체육 수업에 이르는 교수·학습 계획, 학교급에 따른 내용 영역별 지도 사항을 제시하고 있다. 본 개정에서 강조하는 체육과 교수·학습의 방향은 크게 3가지(개별성, 통합성, 적합성)이다. 개별성은 학습자의 다양성을 고려하는 교수·학습 방법의 방향으로, 체육과에서는 학생들의 흥미, 운동 기능, 체력, 성차, 학습 유형 등의 개인차를 고려하여 다양한 수준별 수업 운영을 제안하고 있다. 교수·학습 활동 설계 과정에서 다양한 과제 난이도와 과제 유형 등을 포함할 때 학생들의 학습 소외 현상이 최소화될 수 있다. 통합성은 체육과 교수·학습 내용의 다양화를 지향하는 것으로, 체육과 내 통합적 교수·학습 활동의 계획 및 운영을 제안하고 있다. 신체 활동을 총체적으로 체험하여 체육 학습의 질을 높이기 위해서는 신체 활동에 직접 참여하는 학습 활동뿐만 아니라, 신체 활동에 관한 간접적인 학습 활동을 함께 제공할 필요가 있다. 적합성의 의미는 창의적인 교수·학습 활동의 선정과 활용을 강조하는 것이다. 지금까지는 아무런 문제 제기 없이 다양한 교수·학습 방법의 활용을 추구하여 왔다. 그러나 체육 학습의 질적 제고를 위해서는 교수·학습 방법의 다양성보다는 적합성이 우선적으로 강조되어야 한다. 즉 체육과 교수·학습 방법에서는 교수·학습 방법이 크게 다양하지 않더라도 체육과 교육과정의 목표와 내용에 적합한 교수·학습 방법의 선정과 활용이 우선되어야 한다.

⑤ 평가 : 자율성과 책무성 강조

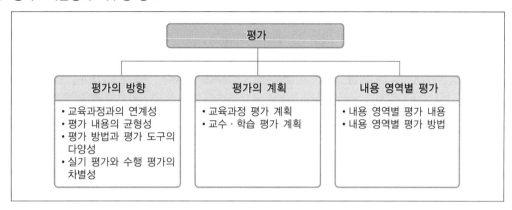

◈ 체육과 교육과정의 평가 구조

㉠ 평가의 자율성 확대 : 평가 종목 수와 비율 삭제 : 국가수준 체육과 교육과정의 평가는 교수·학습 방법 부문과 달리, 단위 학교와 교사 개인에게 가장 민감하게 영향을 주고 있는 부문이다. 제7차 체육과 교육과정의 평가 체제는 4가지 부문(평가의 기본 방향, 내용 영역별 평가, 평가의 방법, 평가의 활용)으로 구성되어 있다. 제7차 체육과 교육과정의 평가 체제는 세부 내용의 범위와 양이 적정하게 기술되어 있어 국가수준에서 지향하는 체육과 방향을 전달하는데 매우 효과적이었다. 다만 제7차에서 간과되고 있는 '평가의 방향'과 '평가 계획' 부분을 보강하여 국가수준에서 지향하는 체육과 평가를 제안할 필요가 있다. 따라서 이번 개정에서는 우선적으로 평가 종목 수와 평가 반영 비율을 삭제하였다. 그 이유는 제6차와 제7차 체육과 교육과정에서 중등학교 학년별 평가 종목 수와 실기 평가 반영 비율이 규정됨으로써 교사의 평가 자율성을 제한하고 있고 동시에 평가가 교육 내용의 범위와 질까지도 결정하는 부정적인 현상이 나타나고 있기 때문이다. 즉 수업 시수 감소, 학생 수 과다 및 열악한 체육 교육 환경으로 인해 체육과 수업이 평가위주의 수업으로 변질되고 있다는 지적이 끊임없이 제기되어 왔다. 이와 같이 국가수준 체육과 교육과정의 평가 내용이 학교 현장에 미치는 영향을 고려하여 평가 종목 수와 평가 반영 비율 조항을 삭제하는 것이 교육과정의 지역화와 자율권 확대라는 시대적 흐름에 부합된다. 다만 평가 종목 수와 평가 반영 비율을 삭제함으로 인해 나타날 수 있는 부정적인 파장을 최소화하기 위한 장치가 마련될 필요가 있다. 즉 체육 교사의 평가에 대한 책무성이 강화될 수 있도록 평가의 방향, 평가 계획, 내용 영역별 평가의 내용과 방법이 효율적으로 마련되어야 한다.

㉡ 평가의 책무성 강조 : 본 개정에서는 평가의 자율성을 대폭 확대함에 따라 평가의 책무성도 함께 강조하고 있다. 평가의 책무성은 평가의 방향에서 강조하고 있다. 본 개정에서 강조하고 있는 체육과 평가의 방향은 4가지(교육과정과의 연계성, 평가 내용의 균형성, 평가 방법 및 도구의 다양성, 실기 평가와 수행 평가의 차별성)로, 이를 다시 요약하면 평가의 '타당성'과 '다양성'으로 대변할 수 있다. 평가의 타당성은 체육과 평가 원리 수

행으로 확보될 수 있으며, 평가의 다양성은 실기 평가와 수행 평가에 대한 정확한 이해로 확보될 수 있다. 실기 평가와 수행 평가의 동질화 현상은 체육과 평가 방법의 다양화를 저해하는 요인이 되고 있기 때문이다.

'체육과 교육과정 용어' 신설

우리나라에서 개발되는 국가수준 체육과 교육과정은 개정 시기마다 약간의 개정 폭이 다르지만 관련 내용이 매번 변화되는 특징이 있다. 국가수준이나 시·도 및 지역 교육청 수준에서 여러 가지 통로를 통해 매 개정 때마다 변화된 내용을 홍보하지만, 학교 현장에서는 변화된 내용에 대한 이해 부족으로 국가 교육과정을 바라보는 인식이 긍정적이지 못했다. 즉 개정 내용과 그 의미가 현장 교사에게 정확히 전달되지 않아 바람직한 내용으로 개선되었음에도 불구하고 혼란과 불만이 지속적으로 남아있게 되는 문제점을 드러냈다. 따라서 본 개정에서는 체육과 교육과정 용어 부문을 신설하였다. 즉 체육과 교육과정에 대한 해석상의 도움을 주고자 성격, 목표, 내용, 교수·학습 방법, 평가 부문에 제시되어 있는 가장 핵심적인 용어를 정리하여 그 개념을 설명하여 제시하였다.

---

2. 고등학교 선택 중심 교육과정 : 체육과 선택 과목

(1) 개정 배경

제7차 고등학교 교육과정에서 2, 3학년의 선택중심 교육과정은 세계화·다양화를 지향하는 시대적 요구에 부응하고 학생들이 자신의 적성, 소질, 진로에 따른 '과목 선택 기회'를 제공하는 취지에서 도입된 것이다. 선택중심 교육과정은 크게 일반 선택 과목과 심화 선택 과목으로 구분되며, 일반 선택 과목은 교양 증진 및 실생활과 연관된 과목으로 구성되어 있고, 심화 선택 과목은 학생의 진로, 적성과 소질을 계발하는데 도움이 되는 과목으로 구성되어 있다. 1997년에 고시된 선택중심 교육과정은 2003년(고등학교 2학년)과 2004년(고등학교 3학년)에 학교 현장에 적용되기 시작하였다. 그동안 체육 교육계의 관심은 체육과 선택과목의 '필수 선택화'에 집중되어 있었기 때문에 체육과 선택 과목의 교육과정 내용에 대한 이론적, 학문적인 논의는 상대적으로 미진했다. 2004년도부터 한국교육과정평가원의 총론과 체육과 연구보고서를 통해서 기초 연구가 수행되기 시작했고, 소수의 학술 논문이 존재하는 상황이다. 이 연구 보고서들과 학술 논문들은 체육과 선택 과목의 개설 체제와 현황 조사, 심화반의 편성 운영 실태, 선택 과목의 선택 경향 및 원인 분석 연구 등을 수행한 것으로, 교육과정 총론의 연구 틀 속에서 또는 국민공통기본교육과정의 체육과 교육과정 개선 방안 연구 측면에서 부분적으로 수행된 운영 현황 조사 수준에 머물러 있다. 이와 같은 선행 연구들을 통해 제7차 교육과정에 따른 체육과 선택 과목의 한계점이 제기되었다. 가장 주목할 만한 한계점은 체육과 선택 과목의 교육과정이 선택중심 교육과정의 취지와 정신을 온전히 수용하지 못한 채 개발되었다는 점이다. 일반 선택 과목인 '체육과 건강' 교육과정의 방향과 세부 내용들이 국민공통기본교육과정인 체육과 교육과정과 차별성이 없고 체육학계 진로를 희망하는 학생들의 교육적 요구를 충분히 반영하지 못했다는 지적이 있다. 또 다른 측면의 한계점은 제7차 교육과정에서 체육과 심화 선택 과목의 경우 보통 교과의 과목에 해당되는 교육과정이 개발되지 못했고, 체육 계열 전문 교과의 과목에 관한 교육과정을 선택하여 활용하도록 조치가 취해졌다. 그 결과 일반 고등학교에서는 학생의 배경과 특성에 부합되지 않은 전문 교과의 교육과정을 운영하게 되었고, 더불어 체육 교과서 없이 수업을 진행하거나 학생들의 수준과 흥미에 맞지 않은 교과서를 그대로 활용하는 사례가 나타나게 되었다. 2004년도에 조사한 설문조사에 따르면, 97% 이상의 체육 교사와 전문가들은 보통 교과로서의 교육과정 및 교과서 개발을 희망하는 것으로 나타났다. 따라서 개정된 고등학교 체육과 선택 과목 교육과정에서는 이와 같은 제7차 체육과 선택 과목의 교육과정 한계점을 극복하고, 보다 바람직한 선택 과목의 교육과정을 개발하는데 목적을 두었다.

⑵ **개정 방향**

① '보통 교과 교육과정'으로의 체육과 선택 과목 개발

이번 개정에서는 체육과 선택 과목이 제7차 때와 마찬가지로 3개로 개설되었다. 그러나 제7차와 때와 다른 점은 3개 과목 모두가 보통 교과로서의 교육과정으로 개발된다는 점이다. 제7차 체육과 선택중심 교육과정의 심화 선택 과목은 체육계 전문 교과 교육과정 체제를 따르고 있으나, 세부 내용을 구체적으로 살펴보면 내용 구성의 방향에 여러 가지 한계점이 드러나고 있다. 이 한계점으로 인해 향후 체육학 분야의 다양한 진로를 희망하는 예비 체육인들의 교육적 요구를 수용하기에는 다음과 같은 점에서 무리가 있다. 첫째, 체육계열 전문 교과 교육과정은 주로 체육계에서 경기인 양성을 목적으로, '체육개론'과 '스포츠 과학' 과목을 제외한 실기 관련 과목들이 기존 스포츠 종목의 운동 수행 능력 향상에 초점을 두고 있기 때문이다. 체육 이론에 해당하는 과목인 '체육개론'과 '스포츠 과학'의 내용 구성도 그 체계성이 확고하게 확립되어 있지 못한 상황이다. 내용 체계로 판단할 때, 체육 이론에 해당하는 '체육개론'과 '스포츠 과학'이 이원화된 근거가 명확하지 않다. 체육개론은 체육학의 철학, 역사, 운동 생리, 보건 등이 하위 내용으로 구성되어 있고, 스포츠 과학은 생리학적 기초, 역학적 기초, 심리학적 기초, 사회학적 기초, 교육학적 기초, 트레이닝 원리와 실제 등이 하위 내용으로 구성되어 있는데, 이 내용 체계의 구분에 대한 분명한 준거가 뚜렷하게 나타나지 않고 있다. 또한 '체육개론'과 '스포츠 과학'의 내용 체계는 보통 교과인 '체육'의 내용 체계 중에서 '이론과 보건 영역'과 상호 중복되어 심화 선택 과목 운영의 목적 또는 취지와 동떨어지고 있다. 둘째, 현행 체육계열 고등학교 전문 교과 교육과정은 체육계의 경기인 또는 경기 지도자 양성을 목적으로 하고 있기 때문에 우리나라 대학의 체육계열 학부 교육과정과 연계할 수 있는 교육과정 내용 구성이 미흡한 상황이다. 우리나라 대부분의 체육계열 학부 교육과정에서는 체육계열 전문 교과 교육과정에 제시되어 있는 과목의 내용처럼 세분화되고 경기 능력 향상에 초점을 두고 강좌를 개설하지 않는다. 즉 체육의 학문성을 강조하는 전문화된 지식 교육(체육철학, 체육사, 운동생리학, 운동역학, 스포츠사회학, 스포츠심리학, 스포츠교육학, 스포츠마케팅, 여가·레크리에이션 등)을 우선적으로 강조하고 있다. 따라서 체육과의 선택 과목은 고등학교에서 체육학의 다양하고 전문화된

지식을 학습할 수 있는 기회를 제공할 수 있도록 구성하였다. 개정된 고등학교 체육과 선택 과목은 제7차 교육과정에서와 같이 체육계열 전문 교과 교육과정을 이용하지 않고 보통 교과로서의 교육과정을 지향하였다.

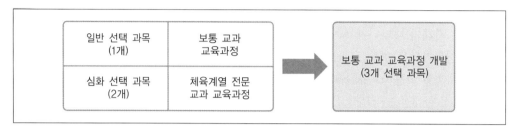

◆ 체육과 선택과목 개설의 특성과 목적

② 학습자의 다양한 요구를 고려한 선택 과목 개발

체육과 선택 과목을 개설할 때 우선 고등학교 여학생과 운동 기능이 낮은 남학생을 대상으로 하는 선택 과목의 개설 취지와 내용이 반영된 교육과정이 개발되었다. 그동안 국가수준 교육과정에서 이들 학생들을 위한 교육적 배려가 극히 적었다. 고등학생의 절반이 여학생임에도 불구하고 이 사실에 대한 교육적 고려가 적었고, 실제로 이들을 위한 체육과 선택 과목 개설에 대한 관심의 거의 없었다. 전통적인 스포츠중심의 내용은 여학생들보다는 남학생에게 선호되고 있음이 입증되고 있고, 학생들은 격렬한 신체 활동에 참여하기를 꺼려하고 힘들지 않으면서 흥미로운 과제를 선호하는 것으로 조사되고 있다. 따라서 보다 많은 학생들의 관심과 요구를 반영하기 위해서도 여학생이나 운동 기능이 낮은 학생들의 요구를 고려한 선택 과목의 내용이 구성되어야 한다. 여학생들은 자신의 체력 또는 체형, 비만 관리 등에 매우 높은 관심을 보이고 있다. 또한 어떤 학생들은 운동을 통해 자신의 건강 문제를 해결하거나 건강한 몸을 만들고자 하는 욕구가 있다. 이들은 10학년 때까지 교육받아 왔던 동일한 방식으로 경쟁적인 스포츠나 땀을 뻘뻘 흘리는 스포츠보다는 정적인 운동 (예 요가, 건강 체조 등)을 통해 심신을 다스리는 신체 활동에 참여하고자 하는 욕구를 가지고 있다. 그동안 체육과 교육은 운동장에서 뛰고 땀 흘릴 수 있는 내용에 많은 비중을 두어 왔고 이 활동들을 중요하게 생각하여 왔다. 반면 학생들의 운동에 대한 내면적인 요구와 변화에 대해서는 큰 관심을 기울여 오지 못한 것이 사실이다. 선택중심 교육과정에서는 국민공통기본교육과정의 체육과는 달리 학생들의 다양한 요구를 수렴한 맞춤형 체육과 선택 과목 개설과 내용 구성에 초점을 맞추어야 할 때이다. 둘째, 체육학과 진로 예정 학생들을 위한 체육 과정 설치 또는 체육 관련 전공 준비를 위한 선택 과목이 필요하다. 몇몇 선행 연구에서는 전문대학 포함 전체 대학 진학자의 15%가 예술·체육계열로 진학하고 있는 상황임에도 불구하고 이들을 위한 과정 또는 과목 개설 어느 부문에서도 보호 장치가 없음을 주장하고 있다. 이에 따라 예술·체육계열 학생들은 문과와 이과 학생들에 비해 자신의 진로와 관련된 학습 기회를 충분히 갖지 못하고 있다는 비판이 제기되고 있다. 과정 또는 선택 과목의 설치로 학생들이 진로와 밀접하지 않은 선택 과목에 대한 학습 부담을 줄이고 관련 계열 선택 과목을 학습하는데 집중할 수 있는 기회를 확대할 수 있다. 또한 학습자의 진로에 초점을 맞춘 교과 학습의 집중도를 높일 수 있을 것이다. 체육학과 진로 예정인 고등학생들이 증가되고 있는 시점에서 이들을 위한 선택 과목이 개설되고 내실 있는 내용 구성을 통해 예비 체육학도들이 지녀야 할 소양과 자질을 고등학교 단계에서부터 갖추고 대학을 진학하게 된다면 우수한 체육학 인력들을 선발하고 양성할 수 있게 되어 대학도 함께 발전할 수 있는 기회를 가지게 될 것이다. 더불어 대학에서도 체육과 선택 과목에 대한 내신 가산점을 입시에 반영한다면 고등학교 체육이 활성화될 수 있는 길이 열리게 될 것이다.

③ '체육 이론과 체육 실기의 통합'을 고려한 선택 과목 개발

모든 체육과 선택 과목은 체육 이론과 체육 실기가 통합된 형태로 개발될 필요가 있다. 제7차 교육과정에서는 체육과 심화 선택 과목으로 '체육 이론'과 '체육 실기'가 개설되어 있다. 이와 같은 체육과 선택 과목의 분류는 본래 개설 취지와 성격에 관계없이 체육과의 실기는 인지적 활동과 거리가 매우 먼 것으로 오해를 주는 소지를 가지고 있다. 이는 마치 체육 실기에는 체육 이론이 포함되지 않는 것처럼 보인다. 축구, 농구 등 스포츠나 무용에 내재하고 있는 관련 지식은 이론이 아닌 것처럼 인식하게 만들며 실제 교육 현장에서도 소홀히 교육하도록 만드는 원인을 제공하고 있다. 체육과의 내용을 이론과 실기로 분류하는 방식은 정확한 준거로 구분했다고 볼 수 없다. 이론(theory)과 실제 혹은 실천(practice)은 적합한 분류 방식이지만, 이론과 실기는 한 가지 명료한 기준으로 구분된 것이 아니라 개념상의 혼돈으로 만들어진 것이다. 체육과는 신체 활동 또는 실기(activity)를 교육하는 교과로, 체육과의 내용은 신체 활동(또는 실기)의 이론, 신체 활동(또는 실기)의 실제가 적합하다고 볼 수 있다. 즉 체조, 육상 등은 실기이고 운동생리학, 운동역학 등은 이론인 것이 아니라, 체조, 육상 등에 관련된 이론이 있을 수 있고 동시에 이 스포츠를 수행하는 실제가 있는 것이다. 따라서 2007 개정 고등학교 체육과 선택 과목 교육과정에서는 선택 과목명이나 내용 구성에 있어 '이론'과 '실기'를 대비되는 개념으로 사용하지 않고 통합되도록 개발하였다.

④ '체육 교과의 목적과 기능'을 고려한 선택 과목 개발

체육의 다양한 교육적 목적과 기능을 반영한 선택 과목이 개설되었다. 제7차 교육과정에서는 '건강'이라는 체육과의 목적을 선택 과목에서 매우 적합하게 제시한 점을 계승하여, 체육과의 가장 기본적인 목적인 '건강 증진' 관련 선택 과목이 개설되었다. 더불어 학교 사회에서 체육과의 정당성 혹은 존재 이유를 설명할 수 있는 건강 증진 이외의 다른 목적을 가진 선택 과목을 개설하였다. 체육과 선택 과목 수(3개)를 감안할 때 1개 과목은 건강 증진 목적, 다른 과목은 스포츠의 문화적 이해와 체험, 마지막 과목은 스포츠의 과학적 이해와 적용을 목적으로 하는 과목을 개설하였다. 스포츠의 문화적 이해와 체험을 목적으로 하는 선택 과목은 최근 '체육 문화' 혹은 '신체 문화'를 강조하는 체육교육의 학문적 동향과 월드컵을 계기로 일반인들에게 확산되고 있는 축구 문화를 통한 '체육 문화의 체험'을 반영한 것이라고 볼 수 있다. 또 다른 과목은 스포츠의 과학적 이해와 적용을 목적으로 하는

선택 과목으로, 체육학의 전통적인 학문 체계와 운동 수행의 수월성을 목적으로 하는 체육 교육 목표를 반영한 것으로 볼 수 있다. 이와 같은 체육과 선택 과목이 체육 교과의 목적과 기능을 고려하여 개설될 때 단위 학교 관리자들에게 설명할 수 있는 선택 과목의 개설 논리가 마련될 수 있다. 실제적으로 선택중심 교육과정의 가장 큰 선택권은 '학생'보다는 '단위학교'에 있다. 따라서 단위 학교에서 체육과 선택 과목의 선택 비율을 높이기 위해서는 단위 학교의 구성원들에게 체육이 고등학생들에게 왜 필요한지를 이해시킬 수 있는 논리가 마련되어야 한다.

◎ 체육과 선택 과목 개설의 특성과 목적

총괄목적	선택 과목명	선택 과목의 개설 특성	선택 과목의 개설 목적
평생체육과 체육 진로 계발	운동과 건강 생활	일반 고등학생의 건강 및 체력 증진을 위한 체육 실생활 과목	건강증진
	스포츠 문화	• 일반 고등학생을 위한 체육 교양 기초 과목 • 체육학과 진로 예정 학생을 위한 전공 기초 과목	스포츠의 문화적 이해와 체험
	스포츠 과학	• 체육학과 진로 예정 학생을 위한 전공 심화 과목 • 일반 고등학생을 위한 체육 교양 심화 과목	스포츠의 과학적 이해와 적용

위의 표 〈체육과 선택 과목 개설의 특성과 목적〉와 같이 체육과 선택 과목이 개설된다면, 향후 단위 학교에서는 학교, 학급, 학생의 특성을 고려하여 체육과 선택 과목을 탄력적으로 선택하여 제공할 수 있다. 학교의 특성을 고려하여 여학교에서는 주로 '운동과 건강 생활' 과목, 남학교에서는 '스포츠 문화' 과목, 혼성학습에서는 '운동과 건강 생활' 과목 또는 '스포츠 문화' 과목, 체육과정 또는 예술·체육과정이 설치된 학교에서는 체육과정반에서는 '스포츠 과학' 과목을, 문과나 이과반에서는 '운동과 건강 생활' 또는 '스포츠 문화'를 선택하여 융통성 있게 과목을 가르칠 수 있다. 또한 체육 활동에 대한 다양한 요구, 흥미, 운동 능력, 진로를 가지고 있는 학생들에게는 이러한 배경적 특성에 맞추어 여러 개의 체육과 선택 과목을 제공할 수 있을 것이다.

(3) 개정 내용

① 성격: 선택 과목의 성격으로 재정립

국민공통기본교육과정에서는 모든 국민들이 공통적으로 지녀야 할 기본적인 능력과 소양을 제공하고, 선택중심 교육과정에서는 개인들의 다양한 요구에 부합하는 교육을 제공함으로써 교육의 사회적·개인적 적합성을 높이는데 목적을 두고 있다. 이러한 교육과정의 구성 방향은 체육과에도 동일하게 적용되어야 하나, 제7차 교육과정에서 체육과의 경우 국민공통기본교육과정인 '체육'의 성격과 선택 중심 교육과정의 선택 과목인 '체육과 건강'의 성격을 비교해 보면 큰 차이가 없었다. 이와 같은 원인은 제7차 교육과정의 경우 '체육과 건강'이라는 1개의 일반 선택 과목만이 보통 교과 교육과정으로 개발되었기 때문에, 형식적으로 선택 과목의 성격을 취하되 실제 목표와 내용 구성은 국민공통기본교육과정을 계승한다는 의미를 가지고 개발되었기 때문이다. 2007 개정 교육과정에서는 체육과 선택 과목 모두 보통 교과 교육과정으로 개발되었다는 특징을 가지고 있다. 따라서 선택중심 교육과정의 취지에 부합할 수 있는 체육과 선택 과목의 구성이 가능하게 되었으며, 또한 제7차 교육과정 때와 달리 일반 선택 과목과 심화 선택 과목의 구분이 사라졌기 때문에 선택 과목 간 계열성의 의미가 달라졌다고 볼 수 있다. 제7차 교육과정에서는 일반 선택 과목인 '체육과 건강'을 이수하고 심화 선택 과목인 '체육 이론' 또는 '체육 실기'를 이수하도록 하였지만, 개정 고등학교 체육과 선택 교과 교육과정에서는 일반 선택 과목과 심화 선택 과목의 경계가 없어졌기 때문에 '운동과 건강 생활' 또는 '스포츠 문화' 중 1개 과목을 우선적으로 선택하도록 하고 있다. 즉 일반 고등학생들이 교양 차원에서 이수하도록 개설된 과목이기에 체육에 대한 자신의 적성 또는 흥미에 따라 과목을 선택할 수 있도록 하고 있다. 동시에 제7차 체육과 교육과정과 마찬가지로 고등학생들 중에서 체육학과 관련 진로를 선택한 학생들을 위하여 체육과 선택 과목이 개설되어 있다. 이는 '스포츠 과학' 과목으로 제7차 교육과정에서의 '체육 이론' 과목과 '체육 실기' 과목을 통합한 것이다. 결론적으로 이번 교육과정 개정에서는 체육과 선택 과목 모두가 보통 교과 교육과정으로 개발되었기 때문에 선택 과목별로 각각의 성격을 명료화할 필요성이 대두되었다. 특히 국민공통기본교육과정의 체육과 성격과 차별적인 내용으로 구성되었고, 선택 과목별로 교육의 목표도 서로 다른 특성을 가졌음을 제시하고 있다는 점이 성격의 특징이라고 할 수 있다.

△ 제7차 체육과 선택 과목간 관계

△ 2007 개정 체육과 선택 과목간 관계

체육과 선택 과목별 성격 부분의 구조는 우선 과목별 과목의 정의를 소개하고 있고, 이후 과목의 목적과 교육 방향을 제시하고 있다. 끝으로 과목의 내용 체계와 각 내용 영역의 구조를 제시하고 있다.

② 목표 : 과목별 성격에 따른 목표 설정

체육과 일반 선택 과목인 '체육과 건강' 과목의 목표는 '체육'의 목표와 동일한 구조를 가지고 있고, 목표의 내용이 유사한 특징을 가지고 있다.

◈ 제7차 '체육'과 '체육과 건강'의 목표

국민공통기본교육과정 '체육' 목표	선택중심 교육과정 '체육과 건강' 목표
다양한 신체 활동을 통하여 학생 개개인의 움직임 욕구를 실현하고, 운동을 수행하는 데에 필요한 기능과 체력을 증진하며, 운동과 건강에 관한 지식을 이해하고, 사회적으로 바람직한 태도를 함양한다.	건강 및 여가를 위하여 운동 경기에 참여할 수 있는 능력을 기르고, 건강한 생활과 관련된 지식을 이해하여 활용하며, 운동에 대한 바람직한 태도를 함양한다.
가. 다양한 운동에 적극적으로 참여해 운동 기능과 체력 및 심신의 건강을 증진한다(심동적 영역). 나. 운동과 건강에 관한 다양한 지식을 이해하고 활용하는 방법을 익힌다(인지적 영역). 다. 운동을 통해 사회적으로 바람직한 태도 및 문화적으로 가치있는 규범을 익힌다(정의적 영역).	가. 운동 경기에 참여하고 감상하는 능력과 건강한 생활을 영위할 수 있는 체력을 증진한다(심동적 영역). 나. 운동을 통하여 건강 및 여가 선용에 관한 지식을 이해하고 활용하는 방법을 익힌다(인지적 영역). 다. 운동 경기에 참여하여 운동을 생활화하고 건전한 생활에 필요한 태도를 함양한다(정의적 영역).

즉 '체육과 건강' 과목의 목표 체제는 심동적 영역, 인지적 영역, 정의적 영역 목표로 구성되고, 목표의 세부 내용은 첫째, 운동 경기에 참여하고 건강한 생활을 영위하기 위한 체력을 기르며, 둘째, 운동을 통해 건강 지식을 이해하고 활용하며, 셋째, 운동을 생활화하는 태도를 기르는데 초점을 두고 있다. 중요한 문제는 '체육과 건강' 과목의 목표가 '체육' 목표와 동일하다는 점이라기보다는, '체육과 건강'이라는 선택 과목의 성격에 적합한 '과목의 목표'가 아니라는 사실에 있다. 따라서 이번 개정에서는 선택 과목별 목표가 아래의 표 〈선택 과목별 목표〉와 같이 각 과목의 성격에 부합하는 목표로 설정되었다.

◈ 선택 과목별 목표

선택 과목명	선택 과목의 목표
운동과 건강 생활	건강한 생활에 필수적인 운동의 효과를 이해하고, 운동의 생활화를 통해 심신의 건강을 증진하고 관리할 수 있는 능력을 함양한다. 가. 현재와 미래의 삶에 영향을 미치는 건강의 중요성을 인식하고, 자신과 타인에 대한 바람직한 건강관을 기른다. 나. 건강 문제의 다양한 원인을 인식하고, 이를 해결하기 위해 적절한 운동 방법을 계획하고 실천한다. 다. 운동이 건강에 미치는 효과를 이해하고, 건강을 지속적으로 관리하기 위해 운동을 생활화한다.

스포츠 문화	스포츠의 문화적 현상과 행동 양식을 종합적으로 체험하고, 다양한 스포츠 문화 활동을 수행하며, 바람직한 스포츠 문화를 자기 주도적으로 창조할 수 있는 소양과 능력을 함양한다. 가. 스포츠 활동에 나타나는 문화적 현상과 행동 양식을 이해한다. 나. 개인 또는 단체 스포츠에 참여하면서 다양한 유형의 스포츠 문화를 체험한다. 다. 스포츠 문화의 가치를 감상하고 스포츠 문화 활동을 생활화한다.
스포츠 과학	스포츠의 과학적 현상과 원리를 종합적으로 이해하고 체험하며, 이를 스포츠 활동에 적용하여 효율적으로 수행할 수 있는 능력과 자질을 함양한다. 가. 스포츠 과학의 발전 과정과 미래의 역할을 이해한다. 나. 스포츠 활동에 나타나는 여러 가지 과학적 현상을 체험하고 분석한다. 다. 스포츠의 과학적 원리를 적용하여 스포츠를 효율적으로 수행한다. 라. 스포츠 과학 분야의 진로 및 직업 세계를 이해한다.

③ 내용

㉠ **교육 내용의 적정화** : 2007 개정 교육과정의 고등학교 체육과 선택 과목은 수업시간을 고려하여 내용 영역을 설정하여 교육 내용의 적정화를 꾀하였다. 즉, '운동과 건강 생활'이 4단위, '스포츠 문화'가 4단위, '스포츠 과학'이 6단위의 수업 시수를 갖기 때문에 각 이수 단위에 맞는 내용 영역을 설정하였다.

ⓐ '운동과 건강 생활'의 경우 전체 대영역 수는 5개 영역으로 설정되었으며, 단위 학교에서는 신체 활동을 4개 이상을 선정, 운영할 수 있도록 하였다. 즉 내용 영역과 요소를 4개 이상의 신체 활동을 통해서 지도할 수 있도록 하여 교육 내용의 적정화를 도모하고 있다.

ⓑ '스포츠 문화' 과목은 4단위로, 내용 영역이 4개의 하위 영역으로 구성되어 있고, 신체 활동의 선택은 개인 스포츠에서 1개 이상의 스포츠, 단체 스포츠에서 1개 이상의 스포츠를 선택하도록 하여 국민공통기본교육과정의 체육과 달리 평생 스포츠의 일환으로 1개 스포츠를 집중해 심층적인 학습이 이루어질 수 있도록 하고 있다.

ⓒ '스포츠 과학' 과목은 6단위로, '스포츠 문화'와 같이 내용 영역의 수는 4개이지만 신체 활동의 선택은 개인 스포츠에서 1개 이상, 단체 스포츠에서 1개 이상, 그리고 다양한 체력 운동을 실시하도록 하고 있다.

이와 같이 2007 개정 고등학교 체육과 선택 과목 교육과정에서는 이수 단위에 따른 신체 활동의 수를 적정화하여 체육과 선택 과목의 교육 내용 적정화를 도모하였다.

㉡ **교육 내용의 연계성 강화** : 2007 개정 고등학교 체육과 선택 과목 교육과정에서는 국민공통기본교육과정인 '체육'의 교육 내용과 차별화를 도모하면서 연계성 강화를 추구하고 있다. 국민공통기본교육과정인 체육과 교육과정의 내용은 모든 학생들이 공통적으로 모든 내용 영역을 반드시 학습하는 방향으로 구성하였으며, 체육과 선택 과목은 학생들의 요구, 적성, 진로, 소질, 흥미에 부합하여 체육의 일부 내용을 선택적으로 학습하는 방향으로 구성하였다. 즉 초·중·고등학교에서의 체육과 교육은 국민공통기본교육과

정의 체육에 있는 5개 영역을 모두 학습한 후 전체 교육 내용을 수렴하여 종합적으로 체육과 목표를 성취하고, 이를 토대로 체육과 선택 과목에서는 내용 주제별(건강, 문화, 과학)로 교육을 확산하고 있다. 결과적으로 체육과 선택 과목의 교육 내용은 국민공통기본교육과정의 체육과 교육 내용을 심화·분화되는 방향으로 연계성을 추구하고 있다.

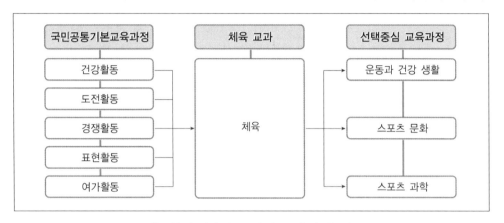

◆ 체육과 선택 과목 교육과정 내용의 연계성

체육과 선택 과목의 모든 과목은 공통적으로 10학년 공통 교육과정 이수 후 11학년 또는 12학년으로 가면서 학습할 내용이 심화되고 있는데, 심화되는 내용의 방향과 형식은 선택 과목별로 다르게 구성되고 있다. 우선 '운동과 건강 생활' 과목은 기존 국민공통기본교육과정의 체육과 내용 영역 중에서 '건강 활동'이 분리되어 독립적으로 개설된 과목이다. 반면 '스포츠 문화'와 '스포츠 과학' 과목은 체육과 내용 영역 중 건강 활동을 제외한 나머지 4개의 내용 영역을 통합 후 다시 2개의 내용 주제로 세분화하였다고 할 수 있다. 즉 인문사회적 내용은 '스포츠 문화' 과목으로 통합되었고, 자연과학적 내용은 '스포츠 과학' 과목으로 통합되었다.

ⓒ 교육내용의 선정(교육내용의 재개념화) : 2007 개정 고등학교 체육과 선택 교과 교육과정에서는 제7차 교육과정 때와 달리 내용 영역을 운동 범주가 아닌, 내용 주제로 재개념화하고 이 내용 영역과 내용 요소를 선택이 아닌 필수 내용으로 제시하였다. 그러나 필수 내용 영역을 지도하기 위해 활용되는 신체 활동은 제7차 교육과정 때와 마찬가지로 수업 차원에서 선택할 수 있도록 하였다. 지금까지 체육과에서는 국가수준 교육과정의 내용(content)을 체육 수업 차원에서 다루어지는 수업 내용(instructional content) 또는 수업 활동(instructional activities)으로 인식하여 왔다. 일상적으로 체육수업에서는 축구, 농구, 체조, 육상 등과 같은 다양한 스포츠 또는 운동을 수업 내용 또는 수업 활동으로 다루어 학생들에게 교육한다. 그러나 국가수준의 교육과정 내용은 교육 내용(educational content)으로 이해되어야 하며, 수업 내용이나 수업 활동보다는 광범위하고 높은 수준의 내용이라고 할 수 있다. 다시 말하면, 체육과에서는 축구, 농구, 배구 등을 수업 내용 또는 활동으로 선정 및 조직하여 학생들에게 가르치지만 체육과 교육을

위해서는 축구, 농구, 배구 자체에 대한 학습뿐 아니라 그 활동을 통한 포괄적인 교육을 기대한다. 예를 들면, 체육과에서는 학생들에게 축구 수업을 통해서 축구의 기능뿐만 아니라 신체 활동의 다양한 현상(**예** 스포츠 과학적 이론, 팀 스포츠의 의미와 특성, 운동과 건강의 관계, 스포츠 경기 문화 체험, 경쟁의 가치, 승리와 패배 등)을 배우기를 희망한다. 이 때 축구(역사, 경기 규칙, 기초 기능 및 경기 기능 등)는 수업 내용 또는 수업 활동으로 볼 수 있으며, 여러 가지 신체 활동에 공통적으로 나타나는 포괄적이고 광범위한 현상(스포츠 과학 이론, 경기 수행 방법, 운동과 건강의 관계, 체력 관리, 스포츠 문화, 경기 분석 및 감상 등)은 교육 내용으로 볼 수 있다.

④ 교수 · 학습 방법 : 개별성, 통합성, 적합성 강조

국가수준 체육과 교육과정 문서 중에서 가장 학교 현장에 영향력을 미치지 못하고 있고 도움을 크게 주지 못하고 있는 부분이 교수 · 학습 방법이다. 체육과 교수 · 학습 방법 과정은 다른 교과와 마찬가지로 매우 다양하고 복합적이기 때문에 교사 개개인이 요구하는 각 사례에 맞는 구체적인 교수 · 학습 방법을 안내하는 것이 불가능하다. 구체적인 교수 · 학습 방법의 사례는 교육과정 해설서, 시 · 도 및 지역 교육청, 단위 학교 수준, 혹은 교사용지도서 및 기타 수업 자료에서 제시해 주어야 한다. 개정 체육과 선택 과목 교육과정에서는 제7차 체육과 교육과정의 교수 · 학습 방법 항의 내용을 정선하여 국가수준에서 강조하는 교수 · 학습의 방향을 강조하고, 시 · 도 및 지역 교육청 → 단위 학교 → 체육 수업에 이르는 교수 · 학습 계획, 선택 과목에 따른 내용 영역별 지도 사항을 제시하고 있다.

⑤ 평가 : 자율성과 책무성 강조

국가 수준 체육과 교육과정의 평가는 교수 · 학습 방법과 달리, 단위 학교와 교사 개인에게 가장 많은 영향을 줄 수 있는 부문이다. 본 개정에서는 제7차 교육과정에서 간과되었던 '평가의 방향'과 '평가 계획' 부분을 보강하여 국가수준에서 지향하는 체육과 평가의 자율성과 책무성을 강조하고 있다. 평가의 자율성 부분은 평가 종목 수와 평가 반영 비율을 삭제함으로써 크게 확대되었으며, 평가의 책무성은 다음과 같은 체육과 평가의 방향과 평가의 계획 부분의 보강을 통해서 자율성이 확대된 만큼 체육 교사의 평가에 대한 책무성을 동시에 강조하고 있다. 체육과 평가의 방향은 4가지(교육과정과의 연계성, 평가 내용의 균형성, 평가 방법 및 도구의 다양성, 실기 평가의 타당성) 부분으로 구분하여 제시되고 있다. 체육과 평가의 4가지 방향의 '평가의 타당성과 다양성'으로 다시 요약할 수 있다. 평가의 타당성은 지도한 내용을 반드시 평가해야 하는 체육과 평가 원리의 강화로 볼 수 있으며, 평가의 다양성은 실기 평가와 수행 평가에 대한 정확한 이해를 통해 적절한 평가를 다양하게 시행하는 데 초점을 두고 있다. 이는 실기 평가와 수행 평가의 동질화 현상은 체육과 평가 방법의 다양화를 저해하는 요인이 되고 있기 때문이다. 또한 평가의 계획을 강조하여 단위 학교에서의 체계적인 평가 계획 활동을 권장하고 있다. 끝으로 '내용 영역별 평가'라는 항목을 통해 선택 과목별로 설정된 각각의 내용 영역에 적합한 평가 내용 요소 확립과 이를 평가하기 위한 구체적인 평가 방법 및 도구를 안내하고 있다.

🔟 2009 개정 체육과 교육과정

1. 개정 배경

(1) 2009 개정 교육과정 총론의 변화 반영 : 외적 요구의 수용

2009 개정 교육과정은 미래 사회가 요구하는 창의적이고 경쟁력 있는 인재 양성을 위해 학교 교육의 유연화와 다양화를 이룰 수 있도록 교육의 변화를 꾀하고 있다. 이 2009 개정 교육과정 총론에 따라 각 교과의 교육과정 개정을 추진하였고, 미래 사회에 필요한 기초 핵심 역량과 교과별 특성을 반영한 창의성 및 인성 함양 내용이 강화된 교육 내용 개선이 중심을 이루고 있다. 우선 2009 개정 교육과정 총론에서는 학년군 단위의 교육과정을 편성·운영하여 교육과정 연계성을 강화하고 중복 학습 예방 등의 효과를 추구하고 있다. 따라서 체육과 교육과정 내용도 학년군 단위의 편성과 집중이수 등을 염두에 두고 구성되어야 하는 요구가 있었다. 또한 기존의 공통교육과정 기간이 축소됨에 따라 필수 학습요소는 공통교육과정 기간에 배치하고 심화 학습요소는 선택교육과정 기간으로 재배치하여 마지막 공통교육기간인 중학교 3학년에 공통교육이 완성될 수 있도록 교육과정을 개발해야 하는 측면이 존재한다. 고교 선택과목 또한 모든 과목(기초와 전문교과를 제외)을 5단위 기준으로 단일화하여 내용을 조절하고, 교과(군)별 선택과목 교육과정 기준이 실효성을 갖도록 최소필수이수단위와 진로교육, 고교체제 다양화에 따른 다양한 교육과정의 운영 등을 고려하여 구성하였다. 둘째, 교육과정 내용을 적정화하고 연계성을 강화하고자 하는 요구가 있다. 교육 내용을 학년군이나 교과군을 고려한 최소필수 학습내용으로 정선함으로써 20%의 감축이 되도록 조정하도록 구성하게 되었다. 따라서 교과 내 학교급별로, 공통교육과정과 선택교육과정 간에, 보통교과와 전문교과 사이에 중복되거나 연계성이 맞지 않는 것을 검토하여 수정, 보완하는 작업이 이루어졌다. 셋째, 창의·인성 교육 등 국가·사회적 요구 사항을 반영해야 한다는 요구가 있다. 창의·인성 교육 기본방안이 발표(2010. 1. 5)되고 다양한 방면으로 창의·인성 교육을 강화하려는 시도가 활성화되고 있다. 각 교과 교육과정 개정에서도 타인에 대한 배려와 나눔을 실천하는 창의·인성 교육을 강화하기 위해 교과 특성에 맞게 모든 교육과정 영역에 창의성과 인성 함양을 위한 요소들을 적극 반영하고자 하는 요구가 있다.

(2) 2007 개정 체육과 교육과정에 개선에 대한 요구 반영 : 내적 요구의 수용

이번 교육과정 개정에 대한 체육과 내부에서는 2007 개정 체육과 교육과정이 적용된지 얼마 안 되었고, 이로 인해 교육과정이 아직 정착 단계에 있기 때문에 다시 새로운 체계나 구성을 갖춘 교육과정 개정은 적절하지 않은 것으로 합의가 되었다. 따라서 수업, 교과서 등 교육 현장 등에 적용되면서 나타나는 문제점과 보완점을 중심으로 변화의 요구가 제기되었다. 다음은 2007 개정 체육과 교육과정에 대한 보완 요구이다. 첫째, 교육 내용의 현장 적합성이나 위계성에 대한 보완 요구이다. 2007 개정 체육과 교육과정에 새롭게 등장한 여가 활동의 내용이나 정의적 내용 요소들을 실제 학교 현장에서 적용하기 어려운 내용이 있으며, 학년 혹은 학교급

별 내용 수준에 나타나는 적절성 여부에 대해 지적하고 있다. 둘째, 체육과 교육과정 내용을 지도하기 위해 신체 활동을 선택·활용하는 것에 대한 안내를 보완해야 한다는 요구이다. 교육과정 내용과 신체 활동 사이의 관계나 신체 활동 선택과 실제 수업에서의 적용이 충분히 안내되지 않아 교육과정에 제시된 신체 활동의 활용에 대해 잘못 이해함으로써 신체 활동의 양에 부담을 갖거나 교과서 등에 적용될 때 교육과정의 의미를 잘 살리지 못하는 경우가 나타났다. 따라서 교육과정에서 신체 활동의 선택 활용에 대한 의미와 실제 활용 방법에 대해 보다 구체적으로 제시하도록 요구되었다. 셋째, 고등학교 선택 과목에 대한 특성화와 구체화 노력이 필요하다는 요구이다. 즉 공통교육과정과의 연계성을 고려하면서 각 선택 과목별로 구별되는 특성을 지닌 내용으로 구성되어야 선택을 하는 의미를 가질 수 있을 것이다. 그러나 현재의 체육과 선택 과목 내용은 공통교육과정과 서로 다른 내용 체계를 갖기에 상대적으로 관심이 덜 주어지고, 특성화되기에는 정련화되지 못한 부분이 있다. 반면에 선택 과목의 교과서는 인정 도서로 개발되어 그 자율의 폭이 크기 때문에 더욱 구체화됨으로써 선택 과목에 대한 이해가 용이할 필요가 있다.

2. 개정 내용

(I) 문서 체제의 변화

2009 개정 교육과정에 따른 체육과 교육과정 개정 시안에는 문서 체제가 교과간 통일되어 일부 조정되었다. 주요한 문서 체제의 변화를 살펴보면, 먼저 교과의 '성격' 항목이 삭제되었으며, 학년군 통합된 편성·운영 체제에 따라 교육과정의 구조가 설정되도록 하였고, 학년별, 영역별, 내용별 성취기준의 형태로 기술되도록 변화하였다.

① '목표' 항의 통합 및 구체화

　　㉠ '성격' 항을 통합한 '목표'로 목차 조정

　　㉡ 본문 내용의 하위 목차 구조화

　　㉢ 하위 목차(인간상) 및 총괄 목표 등에 창의·인성 관련 내용 중점 반영

　　㉣ 건강, 도전, 경쟁, 표현, 여가의 신체 활동 가치에 대한 자세한 설명

② 학년군제의 운영 반영 : (가)와 (나)의 표기

2009 개정 교육과정 총론에서 제시한 학년군제는 각 학년별로 개발되던 교육과정보다 교육과정의 연계성 강화 및 중복 예방 등의 효과가 커서 내용의 적정화를 추구하는 것이 보다 쉽다는 장점이 있다. 하지만 학교 현장에서는 학년군으로 통합된 내용 체계는 현실적으로 교과의 편성과 운영에 적합하지 않다는 현장 검토 의견이 많았다. 대부분의 교원 인사는 1년 단위로 이루어지므로, 금년도 체육 교사와 차기년도의 체육 교사는 대부분이 동일하지 않다. 이럴 때 체육과 교육과정 운영에서 2년 혹은 3년의 교육과정을 미리 준비하는 것이 사실상 불가능하고, 또한 전입 등으로 인한 불가피한 사유로 학습 누락이 발생할 경우에 현실적으로 보충 지도한다는 것이 무리라는 문제점이 제기되었다. 특히 체육 교과는 신체

를 통한 교육 활동이기에 학년별이 아닌 학년군 내에서 활동의 난이도 조정이나 반복 가능성이 클 수 있다는 의견이 많았다. 따라서 학년군제 운영 및 교육과정 내용의 통합에 대한 국가적 요구와 현장 교사의 우려와 요구를 고려하여 교육과정 내용 체계표에 5개의 대영역별로 중영역을 학년 구분해 (가), (나) 등으로 제시하는 형식을 취하는 방법을 택하였다.

■🔍 체육과 교육과정 내용의 학년군 운영의 예

• 초등학교 3~4학년 및 5~6학년 경쟁 활동의 예

	3~4학년군		5~6학년군	
경쟁 활동	(가) 피하기형 경쟁 • 의미와 특성 • 기본 기능 • 게임 전략의 이해 및 창의적 적용 • 규칙 준수	(나) 영역형 경쟁 • 의미와 특성 • 기본 기능 • 게임 전략의 이해 및 창의적 적용 • 협동심	(가) 필드형 경쟁 • 의미와 특성 • 기본 기능 • 게임 전략의 이해 및 창의적 적용 • 자기책임감	(나) 네트형 경쟁 • 의미와 특성 • 기본 기능 • 게임 전략의 이해 및 창의적 적용 • 운동 예절

• 중학교 1~3학년 경쟁 활동의 예

	중학교 1~3학년군		
경쟁 활동	(가) 영역형 경쟁 • 역사 및 과학적 원리 • 경기의 수행 및 창의적 전략 • 스포츠의 비교 및 감상 • 페어플레이	(나) 필드형 경쟁 • 역사 및 과학적 원리 • 경기의 수행 및 창의적 전략 • 스포츠의 비교 및 감상 • 팀워크	(다) 네트형 경쟁 • 역사 및 과학적 원리 • 경기의 수행 및 창의적 전략 • 스포츠의 비교 및 감상 • 배려와 존중

③ 성취기준 형식의 내용 기술 : 학년군별, 영역별, 내용별 성취기준 제시

2009 개정 교육과정에 따른 체육과 교육과정 내용은 학생들이 성취해야 할 목표를 학년군별, 영역별, 내용별 성취기준으로 제시하였다.

㉠ 학년군별 성취기준은 각 학년군 종료 시점에서(4학년, 6학년, 9학년) 학생이 체육 교과 학습을 통해 갖추어야 할 인지적, 정의적, 기능적 소양을 작성하도록 하였으며, 해당 학년군 동안에 학생이 학습하게 되는 체육 교과의 내용 학습을 통해 어떤 성취를 하게 되는지에 대해 명료하게 밝히도록 하였다. 성취 목표를 진술할 때, 학습자 행동을 중심으로 한 술어를 다양화(이해한다, 한다, 할 수 있다 등)하고 구체적으로 진술하여, 학교 현장에서 교과 내용 지도에 대한 책무성을 강화하는데 도움을 줄 것이다.

---◇ 학년군별 성취기준 예: 중학교 1~3학년군◇---

운동 처방을 통해 체력과 건강을 유지·증진할 수 있는 방법을 이해하고 실천하며 건강하고 안전한 삶을 살아가는데 필요한 내용을 이해하고 일상생활에서 실천한다. 도전 활동과 경쟁 활동의 역사와 운동 방법을 이해하고 과학적 원리를 적용하여 운동을 수행하며, 실제 경기에서 다양한 기능과 전략을 창의적으로 적용한다. 다양한 움직임 표현을 통해 창의적인 표현 능력을 기르며 신체 활동 중심의 바람직한 여가 문화를 창조하고 향유한다. 또한 다양한 신체 활동을 감상하고 비교·분석하면서 신체 활동에 대한 종합적인 소양을 기른다.

⚛ 학년군별 성취기준 진술의 예

ⓛ 영역별 성취기준은 체육과 교육과정의 대영역인 다섯 가지 가치 영역별로 성취해야 할 내용을 구체적으로 기술한 것이다. 또한 체육과 영역 성취 기준은 학년군 성취기준이 될 수 있도록 작성하였고, 성취해야 할 학생 행동은 가능한 한 관찰 가능한 행동 동사를 사용하여 기술하였다.

---◇ 영역별 성취기준 예: 중학교 1~3학년군 건강 활동 영역◇---

건강과 체력의 개념을 이해하고 유지·증진할 수 있는 다양한 운동 방법 및 운동 처방 방법을 이해하여 이를 적용한다. 건강에 유해한 약물과 기호품의 악영향, 운동 상해와 구급 처치 방법 등의 건강 관리 방법과 재난 및 안전사고 등 안전을 위협하는 각종 재해의 종류와 그 원인 및 대처 방안에 대해 이해한다. 또한 환경 오염에 대한 이해를 바탕으로 환경 보존 활동을 실천한다. '자기 조절', '자아 존중', '실천 의지력' 등을 바탕으로 건강을 유지·증진시키고 환경 및 생활 안전을 지키는 건강 관리 활동을 실천하며, 자신 및 지역 사회의 건강 문화에 대한 안목을 갖춘다.

⚛ 영역별 성취기준 진술의 예: 중학교 1~3학년군 건강 활동 영역

ⓒ 학습 내용별 성취 기준은 상위 성취 기준인 교과 영역 성취 기준을 달성할 수 있는 사항으로 구체적으로 기술하였는데, 각 학년군의 영역별 성취 기준 1개에 학습 내용 성취기준은 좀 더 구체적으로 여러 개가 제시될 수 있도록 하였다. 또한, 학습 내용 성취 기준은 '내용 + 행동'으로 제시하였으며, 학습 내용 성취기준에 사용되는 학생 행동은 반드시 관찰 가능한 행동 동사를 사용하여 기술하였다.

---◇ 학습 내용별 성취기준 예: 중학교 1~3학년군 도전 활동 영역◇---

(가) 기록 도전
① 기록 도전(속도 도전·거리 도전) 스포츠의 개념, 특성 및 가치를 이해한다.
② 기록 도전(속도 도전·거리 도전) 스포츠의 변천 과정과 역사적 의미를 이해한다.
③ 기록 도전(속도 도전·거리 도전) 스포츠에서 활용되는 과학적 원리를 이해하고 운동 수행에 적용한다.
④ 기록 도전 스포츠의 경기 방법과 유형별 경기 기능을 이해하고 경기 상황에 적용한다.
⑤ 기록 도전 스포츠의 경기 유형, 규칙 및 용구, 인물, 기록, 사건 등을 감상하며 비교·분석한다.
⑥ 목표한 기록에 도달하는 과정에서 어려움을 이겨내는 인내심을 기른다.

⚛ 학습 내용별 성취기준 진술의 예

⑵ 창의·인성 내용의 목표, 내용, 교수·학습 방법 반영

이번 개정에서는 사고력, 창의력, 문제해결력, 정보 활용 능력 등과 같은 고등정신을 기르고, 타인에 대한 배려와 나눔을 실천하는 창의·인성 교육을 강화하는 방법으로써 체육과 교육과정의 목표, 내용, 교수·학습 방법 등에 적극적으로 창의·인성 요소를 반영하였다. 기존의 교육과정 내용에 제시된 관련 요소를 확대하여 진술하고, 성취 기준에도 창의·인성 교육 내용을 구체적으로 첨가하며, 교수·학습 방법 또는 평가 항에서도 내용을 다루는 방법, 과정, 가치, 태도 등의 함양을 강화하여 진술하였다. 교육과정 내용에 제시된 창의·인성 요소는 초등학교와 중학교의 각 학년군별 교육에서 추구하는 창의·인성 요소들이 상호 유기적으로 연계될 수 있도록 하였으며, 창의·인성 교육 요소들을 분석하여 체육과 교육과정의 관련성을 탐색하여 적절한 교육 효과를 낼 수 있는 내용 요소들로 교육과정에 제시하였다. 아울러 각 중영역에서 필요로 하는 창의·인성 요소를 선정하는데 있어서 필수적인 교육 내용 요소인 경우 초등학교와 중학교에서도 모두 중복 제시하였다.

◉ 내용 영역에서 제시된 창의·인성 요소의 예

영역	중학교 1~3학년군		
건강 활동	(가) 건강과 환경 • 건강의 이해 및 증진 • 약물과 기호품 • 환경오염과 건강 • 자기조절	(나) 건강과 체력 • 체력의 이해 및 증진 • 성의 이해와 성폭력 • 안전사고와 예방 • 자기존중	(다) 건강과 안전 • 운동처방 • 구급처치 및 운동 상해 • 재난과 안전 • 실천의지력
도전 활동	(가) 기록 도전 • 역사 및 과학적 원리 • 경기 방법과 기능 • 스포츠의 비교 및 감상 • 인내심	(나) 동작 도전 • 역사 및 과학적 원리 • 경기 방법과 기능 • 스포츠의 비교 및 감상 • 자신감	(다) 표적/투기 도전 • 역사 및 과학적 원리 • 경기 방법과 기능 • 스포츠의 비교 및 감상 • 문제해결력
경쟁 활동	(가) 영역형 경쟁 • 역사 및 과학적 원리 • 경기의 수행 및 창의적 전략 • 스포츠의 비교 및 감상 • 페어플레이	(나) 필드형 경쟁 • 역사 및 과학적 원리 • 경기의 수행 및 창의적 전략 • 스포츠의 비교 및 감상 • 팀워크	(다) 네트형 경쟁 • 역사 및 과학적 원리 • 경기의 수행 및 창의적 전략 • 스포츠의 비교 및 감상 • 배려와 존중
표현 활동	(가) 심미표현 • 특성과 유형 • 표현 방법 • 창의적 표현 및 감상 • 독창성	(나) 현대표현 • 역사와 유형 • 표현 방법 • 창의적 표현 및 감상 • 열정	(다) 전통표현 • 역사와 유형 • 표현 방법 • 창의적 표현 및 감상 • 다문화 존중
여가 활동	(가) 사회와 여가 • 청소년기 여가의 이해 • 일상적 여가 활동 계획 및 실천 • 여가 활동의 감상 • 흥미와 몰입	(나) 자연과 여가 • 자연형 여가의 이해 • 자연형 여가 활동 계획 및 실천 • 여가 활동의 감상 • 공존	(다) 지구촌 여가 • 지구촌 여가의 이해 • 지구촌 여가 활동 계획 및 실천 • 여가 활동의 감상 • 개방성

◎ 창의 · 인성 요소의 교수 · 학습 활용 예시

구분		활용 예시	창의 및 인성 요소
건강 활동	창의	점심 급식의 식품 영양군 분석하기	유추/은유적 사고, 논리/분석적 사고, 호기 심/흥미, 감수성
	인성	자신의 흥미와 수준에 맞도록 자율적인 체 력 운동 계획하고 실천하기	자율성

(3) 영역별 내용 통합 및 조정

개정 체육과 교육과정의 내용에서는 건강 활동, 도전 활동, 여가 활동의 중영역과 내용요소 수준에서 통합 및 조정과 같은 재구조화가 이루어졌다.

① 건강 활동 : 중영역 및 내용 요소의 재구조화

2007 개정 체육과 교육과정에서 건강 활동은 학년별로 중영역을 체력 영역과 보건과 안전 영역의 두 개 영역으로 구성하고 있다. 이번 개정에서는 학년군으로 통합하는 과정에서 보건, 체력, 안전의 세 분야의 영역이 중영역 내에서 고르게 포함되도록 하나의 영역 안에 구성하였다. 예를 들어 중학교 1~3학년의 경우 (가) 건강과 환경, (나) 건강과 체력, (다) 건강과 안전의 중영역 각각에 보건, 체력, 안전의 세 영역의 내용 요소가 모두 포함되도록 구성하였다. 물론 하나의 주제가 되는 중영역(예 건강과 체력 등)에 서로 내용이 연계되고 통합되도록 체력, 보건, 안전 내용을 구성하기는 어렵지만, 현재 학년 구분이 되어 있지 않은 상태에서 (가), (나), (다)의 어떤 영역을 선택하던 매 학년에 보건, 체력, 안전의 내용을 모두 학습할 수 있도록 구성한 것이다. 결과적으로 통합이 되면서 내용도 일부 감축되기도 하였다.

◎ 2007 개정 체육과 교육과정의 건강 활동 영역

	7학년	8학년	9학년
건강 활동	체력 관리	체력 관리	건강 관리
	▶건강과 체력 관리 　•건강과 체력 요소의 관계 　•체력 증진 원리와 방법 　•실천 의지력	▶체력 진단과 평가 　•체력 측정과 운동 처방 　•체력 관리 프로그램 설계 　•노력과 극기	▶자기 건강 관리 　•자기 건강 관리의 중요성 　•건강과 신체 관리 　•건강과 스트레스 관리 　•자아 존중
	보건과 안전	보건과 안전	
	▶건강 생활과 환경 안전 　•약물과 기호품 　•환경 오염 예방 　•자기 절제와 공동체 의식	▶건강 생활과 생활 안전 　•성 역할과 성 폭력 　•사고 예방과 구급 처치 　•상황 판단력	

◈ 2009 개정 체육과 교육과정의 건강 활동 영역

영역	중학교 1~3학년군		
건강 활동	(가) 건강과 환경 • 건강의 이해 및 증진 • 약물과 기호품 • 환경오염과 건강 • 자기조절	(나) 건강과 체력 • 체력의 이해 및 증진 • 성의 이해와 성폭력 • 안전사고와 예방 • 자기존중	(다) 건강과 안전 • 운동처방 • 구급처치 및 운동 상해 • 재난과 안전 • 실천의지력

② 도전 활동 : 중영역의 재배치

2007 개정 체육과 교육과정의 도전활동에서 씨름이 포함되어 있는 표적/투기 도전 영역이 4학년 수준에서 제시되고 있으나 교사들은 학생의 학습 수준에 맞지 않아 지도에 어려움을 겪고 있다는 의견을 제기하였다. 반면에 2007 개정 체육과 교육과정의 6학년에 제시되어 있는 동작 도전 활동의 경우 해당 학년의 학생들이 발육이 급속도로 진행되고 제2차 성징을 보이게 되면서 학생들이 기피하는 경우가 많기 때문에 중학년으로 개편될 필요성이 제기되어 왔다. 중학교의 도전 활동의 경우에도 2007 개정 체육과 교육과정에서는 7학년은 기록 도전, 8학년은 표적/투기 도전, 9학년은 동작 도전으로 구성되었지만 학년별 학습에 대한 위계를 고려할 때 학교 현장에서는 9학년의 동작 도전이 오히려 아래 학년으로 내려가는 것이 더 적합하다고 지적하고 있다. 따라서 개정 체육과 교육과정에서는 3~4학년군 (가) 속도 도전 (나) 동작 도전, 5~6학년군 (가) 거리 도전 (나) 표적/투기 도전, 중학교 1~3학년군 (가) 기록 도전 (나) 동작 도전 (다) 표적/투기 도전으로 재배치되었다.

◈ 2007 개정 체육과 교육과정의 도전 활동 영역

	7학년	8학년	9학년
	기록 도전	표적/투기 도전	동작 도전
도전 활동	▶ 속도·거리 도전 • 역사와 과학적 원리 • 경기 방법과 기능 • 인내심 • 과거와 현대의 스포츠 경기 감상	▶ 표적/투기 도전 • 역사와 과학적 원리 • 경기 방법과 기능 • 용기와 예절 • 우리나라와 외국의 스포츠 경기 감상	▶ 동작 도전 • 역사와 과학적 원리 • 경기 방법과 기능 • 자기통제 • 과거와 현대의 스포츠 경기 감상

◈ 2009 개정 체육과 교육과정의 도전 활동 영역

영역	중학교 1~3학년군		
도전 활동	(가) 기록 도전 • 역사 및 과학적 원리 • 경기 방법과 기능 • 스포츠의 비교 및 감상 • 인내심	(나) 동작 도전 • 역사 및 과학적 원리 • 경기 방법과 기능 • 스포츠의 비교 및 감상 • 자신감	(다) 표적/투기 도전 • 역사 및 과학적 원리 • 경기 방법과 기능 • 스포츠의 비교 및 감상 • 문제해결력

③ 여가 활동 : 중영역 및 내용요소의 재구조화

지난 개정 때 여가 활동이 학교 교육과정 내용으로 들어 온 것은 다양한 유형의 신체 활동 중심 여가 활동을 생활화하며, 바람직한 여가 문화를 자기주도적으로 계획하고, 실천하는 활동을 하도록 함이었다. 이번 개정에서는 2007 개정 체육과 교육과정의 여가 활동 중영역에 배워야 할 내용들에 대해 명확하고 구별된 주제가 제시될 필요가 있고, 초등학교와 중학교 내용의 연계나 위계를 강화하기 위한 정련화 작업이 필요하며, 가능한 한 학교에서 수행하기 수월한 여가 활동의 내용이 정리될 필요가 있다.

◎ 2007 개정 체육과 교육과정의 여가 활동 영역

	3학년	4학년	5학년	6학년
여가 활동	여가 생활	여가 생활	여가 생활	여가 생활
	▶ 나와 여가 생활 • 여가의 개념과 역할 • 나와 가족의 여가 활동 • 가족 사랑	▶ 여가와 전통 놀이 • 여가와 놀이의 관계 • 우리 조상의 전통 여가 놀이 • 민족 사랑	▶ 여가와 생활 환경 • 여가 자원 활용 방법 • 야외 생활형 여가 활동 • 공동체 의식	▶ 여가와 자연 환경 • 여가의 가치와 유형 • 자연 체험형 여가 활동 • 자연 사랑
	7학년		8학년	9학년
	여가 문화		여가 문화	여가 문화
	▶ 청소년 여가 문화 • 청소년기 여가 문화의 특성 • 청소년 여가 활동 체험 • 자기 이해		▶ 전통 여가 문화 • 우리나라의 전통 여가 유형 • 전통 여가 활동 체험 • 전통 문화 의식	▶ 지구촌의 여가 문화 • 다른 나라의 여가 유형 • 다른 나라의 여가 활동 체험 • 다문화 이해

◎ 2009 개정 체육과 교육과정의 여가 활동 영역

영역	초등학교 3~4학년군		초등학교 5~6학년군	
여가 활동	(가) 가족과 여가 • 의미와 특성 • 여가 활동의 창의적 계획 • 나와 가족의 여가 활동 체험 • 가족 사랑	(나) 전통 놀이와 여가 • 의미와 특성 • 전통 여가 놀이의 창의적 계획 • 전통 여가 놀이 체험 • 전통 존중	(가) 생활 환경과 여가 • 의미와 특성 • 생활형 여가 활동의 창의적 계획 • 생활형 여가 활동 체험 • 공동체 의식	(나) 자연 환경과 여가 • 의미와 특성 • 자연형 여가 활동의 창의적 계획 • 자연형 여가 활동 체험 • 자연 사랑
영역	중학교 1~3학년군			
여가 활동	(가) 사회와 여가 • 청소년기 여가의 이해 • 일상적 여가 활동 계획 및 실천 • 여가 활동의 감상 • 흥미와 몰입	(나) 자연과 여가 • 자연형 여가의 이해 • 자연형 여가 활동 계획 및 실천 • 여가 활동의 감상 • 공존	(다) 지구촌 여가 • 지구촌 여가의 이해 • 지구촌 여가 활동 계획 및 실천 • 여가 활동의 감상 • 개방성	

⑷ '방법' 및 '평가' 항의 구체화 및 정련화

2009 개정 교육과정 총론과 교과 교육과정 개발 지침 등 교육과정 체제 및 운영 방안의 요구를 반영하여 개정된 체육과 교육과정 '방법' 및 '평가' 항의 주요 사항은 다음과 같다.

① 학년군제 운영에 따른 학교급별 체육 수업의 운영 방안 제시

2009 개정 교육과정의 가장 큰 변화 중 하나가 학년군제의 운영이다. 이를 위해서 학교에서는 학년 또는 체육교과 협의회를 통해 학년군 단위로 지도계획을 수립하여 내용을 편성하도록 하였으며, 학년군제의 운영에 있어서는 두 가지 방법을 제시하였는데, 하나는 중영역의 내용을 학년별로 분산 편성하는 것이고, 다른 하나는 매 학년마다 중영역을 학생 수준에 맞추어 학습의 수준, 양 등을 재구성하여 운영할 수 있도록 융통성을 두었다.

② 내용 기술의 상세화 및 구체화

이번 교육과정 개정부터 '체육과 교육과정 해설서'가 개발되지 않는 정책 결정이 이루어졌다. 이를 대비하여 교수·학습 방법과 평가 항에 보다 구체적으로 내용을 기술하고 다이어그램 등을 통한 시각적 구체화를 추구하였다. 교수·학습 방향에서는 '자기주도적 교수·학습 환경의 조성' 항을 새롭게 제시하여 학습 내용을 교사가 일방적으로 전달하기 보다는 학생들이 주도적으로 내용을 파악하고, 주어진 과제를 스스로 해결할 수 있도록 방향을 제시하였다. 또한 체육 교과 목표의 성취를 위해 내용을 가르치고 배우는 교수·학습 방법에 관한 안내를 하는데 중점을 두었으며, 교사 중심의 '지도상의 유의점'보다는 학생들에게 길러 주어야 할 '능력'을 강조하도록 하였다. 특히 교수·학습 운영 계획에 과거의 교육과정보다 한층 내용을 상세화하여 설명하였다.

③ 평가 방법의 구체적 적용 방안 제시

체육과 교육과정의 편성·운영에 대한 질 관리와 학생의 학습 성취도를 평가하기 위한 방향을 평가의 방향에서 명확하게 제시하였다. 평가의 계획에서는 평가 내용 선정, 평가 기준 선정, 평가 방법 및 도구 선정·개발에 관한 내용을 상세하게 기술함으로써 체육과 특성에 적합한 평가가 될 수 있도록 보다 구체적이고 명확한 지침을 제공하였다. 또한 내용 영역별 평가에서는 평가 내용, 평가 방법뿐만 아니라, 내용 영역별 평가의 구체적 예시를 제공함으로써 학교현장에서 참고 자료로 활용할 수 있도록 하였다.

⑸ 신체 활동의 선택 예시에 대한 보완

2007 개정 체육과 교육과정에서부터 체육과 교육 내용은 신체 활동 가치 중심의 교육철학에 따라 신체 활동 가치에 대한 내용 기준으로 제시되어 있다. 따라서 단위 학교 현장에서 이 내용 기준을 지도하기 위해 적합한 신체 활동을 선택할 수 있도록 하였다. 그동안의 체육과 교육과정에서는 운동 또는 스포츠가 내용 기준의 역할을 담당하고 있었기 때문에 교사 스스로 신체 활동을 선택하는 것이 익숙하거나 쉽게 이해하기 어렵다는 판단이 있었다. 이를 해소하고자 지난 2007 개정 체육과 교육과정에서 예시로 선택할 신체 활동을 제시하였다. 그러나 예시로 제시된 신체 활동들을 예전의 교육과정과 혼돈하여 필수 학습 활동으로 여기거나 그 외의

활동은 전혀 교육하지 못하는 것으로 오해하는 경우가 발생하였다. 이에 따라 이번 개정에서는 선택의 기준을 구체적으로 제시하거나, 좀 더 포괄적인 구분으로 제시하거나, 예시되는 활동을 보다 다양하고 많이 제시하는 등 여러 개선안이 제안되었다. 최종적으로, 유사한 활동군으로 구분해 보다 다양한 활동을 제시하는 방안이 실제 개정 체육과 교육과정에 반영되었다. 따라서 신체 활동 예시표에는 2007 개정 체육과 교육과정에서보다 많은 수의 신체 활동이 비슷한 활동들로 묶여 중영역별로 제시되었고, 용어도 '신체 활동의 선택 예시'에서 '신체 활동의 활용 예시'로 바뀌었다.

대영역	중영역	중학교 1~3학년군 신체 활동의 활용 예시
건강 활동	(가) 건강과 환경	• 환경 보호 활동, 안전사고 예방 활동, 재난 대피 활동, 수상 안전 등
	(나) 건강과 체력	• 달리기, 걷기, 트레킹, 등산, 수영, 요가, 에어로빅스, 줄넘기, 맨손 체조, 스트레칭, 웨이트트레이닝, 짐볼 등
	(다) 건강과 안전	• 약물 및 기호품의 올바른 사용 방법, 성 폭력 예방 활동, 구급 처치 활동 등
도전 활동	(가) 기록 도전	• 트랙 경기, 필드 경기, 경영, 스피드 스케이팅, 알파인 스키, 역도, 스피드 스택 등
	(나) 동작 도전	• 마루 운동, 도마 운동, 평균대 운동, 철봉 운동, 슬랙라인 등
	(다) 표적/투기 도전	• 사격, 국궁, 양궁, 볼링, 골프, 태권도, 씨름, 유도, 카바디, 피구, 다트, 게이트볼, 게이트골프, 디스크골프, 보치아, 커롤링 등
경쟁 활동	(가) 영역형 경쟁	• 축구, 농구, 핸드볼, 하키, 럭비, 미식축구, 풋살, 넷볼, 플로어볼, 플레그풋볼, 얼티미트, 골볼 등
	(나) 필드형 경쟁	• 소프트볼, 야구, 크리켓, 티볼, 발야구, 킨볼, 킥런볼 등
	(다) 네트형 경쟁	• 배구, 배드민턴, 탁구, 테니스, 족구, 소프트발리볼, 인디아카, 핸들러, 소프트테니스 등
표현 활동	(가) 심미 표현	• 피겨 스케이팅, 창작 체조, 음악 줄넘기, 치어리딩 등
	(나) 현대 표현	• 리듬 체조, 현대 무용, 댄스 스포츠, 라인 댄스, 힙합 등
	(다) 전통 표현	• 우리나라의 민속 무용, 외국의 민속 무용, 발레 등
여가 활동	(가) 사회와 여가	• 마라톤, 자전거 타기, 인라인롤러, 스케이팅, 부메랑, 저글링, 스쿼시, 라켓볼, 아이스하키 등
	(나) 자연과 여가	• 캠핑, 산악자전거, 윈드서핑, 낚시, 래프팅, 스키, 스노보드, 수상스키, 웨이크보드 등
	(다) 지구촌 여가	• 줄다리기, 널뛰기, 제기차기, 투호, 스포츠 클라이밍, 카누, 카약, 스피드 스택, 플라잉 디스크 등

(6) 선택 교육과정의 내용 체계 개선

2009 개정 교육과정에서 고등학교 1학년 '체육' 교과는 중학교 체육에 통합하고, 고등학교는 보통선택과 심화선택의 구조로 편성되어, 일반 고등학교를 대상으로 하는 체육과 과목으로는 보통선택 과목인 운동과 건강 생활, 스포츠 문화, 스포츠 과학의 세 과목이 개설되었다. 모든 과목이 선택 과목으로 운영됨에 따라 과목의 특성이나 성격을 재조정하여 각 과목에 차별화되는 내용으로 재구성하고, 학습량을 적정화하라는 2009 교육과정 총론 및 교육과정 개발 지침

의 요구를 반영하여 세 과목에 대한 고등학교 선택 과목 교육과정이 개정되었다. 고교 선택과목 재구조화를 고려한 교육과정 개발을 위해 체육교과의 특성을 반영하는 한편 제시된 수업시수를 기준으로 내용영역 간 배정 비율의 적정성이 유지되도록 하였다. 또한 대다수 학생들이 이해하기 너무 어렵거나 쉬운 내용 혹은 수업에 적용이 곤란한 내용과 분량이 많은 과목 내용을 조정하였다. 또한 개발된 고등학교의 3개 선택 과목은 일반 과목의 수준으로 일반계 고등학생 수준에 적합하게 구성하여 각 과목을 학교의 여건에 따라 1~3개 선택하여 사용할 수 있도록 개발하였다. 가장 두드러진 특징은 선택 과목의 명칭은 그대로 사용하고 있으나, 내용 영역이 각 과목별로 1개 영역이 축소되어 통합되었다는 점이다.

구분	2007 개정 교육과정	2009 개정 교육과정
운동과 건강 생활	• 건강과 자기 관리 • 운동과 비만 관리 • 운동과 체력 관리 • 운동과 체형 관리 • 운동과 스트레스 관리	• 운동과 건강관리 • 운동과 체격 • 운동과 체력 • 운동과 정신건강
스포츠 문화	• 스포츠 정신 문화 • 스포츠 경기 문화 • 스포츠 축제 문화 • 스포츠 예술 문화	• 스포츠 정신 문화 • 스포츠 경기 문화 • 스포츠 축제 문화
스포츠 과학	• 스포츠 과학의 역사 • 스포츠 과학의 분야 • 스포츠 과학의 적용 • 스포츠 과학과 진로	• 스포츠 과학의 발달 • 스포츠의 과학적 원리 • 스포츠 과학의 적용

⑺ 전문 과목의 구성

고등학교 교육과정이 전면적으로 선택 교육과정으로 전환되면서 학습량을 적정화하려는 노력이 이루어졌다. 체육과의 경우 일반 고등학생들이 글로벌 인재로 성장하는데 필요한 건강 및 자기 관리 능력을 함양하고 스포츠를 통한 리더십과 문화적 소양을 계발하는데 중점을 두도록 재구조화가 도모되었다. 동시에 체육계열로 진로를 희망하는 학생들에게는 보다 체계적인 전문 기초 교육을 통해 체육 인재로 성장하는데 도움을 줄 수 있는 교육 기회를 확대하고자 하였다. 이와 같은 재구조화 방향에 따라 고등학교 선택과목이 다음과 같이 조정되었다. 첫째, 보통 선택 과목과 전문 선택 과목의 유사성과 중복성을 가지고 있는 과목을 통합하였다. 유사성과 중복성이 있는 과목들은 보통 선택과 전문 선택 과목간의 교차 이수가 이전보다 더욱 강화되었으므로 조정할 필요가 있다. 그 결과 5개 과목이 축소된 18개 과목이 개발되었다. 둘째, 선택 과목명을 명료하고 단순하게 설정하였다. 과목명을 명료화·단순화하여 재설정함으로써 과목의 성격을 명확히 제시할 필요가 있다. 예를 들면, '전문 스포츠 경기 체력'을 '스포츠 경기 체력'으로 단순화하였다. 셋째, 체육과 선택 과목의 과세분화를 지양하고 통합 과목을 개설하였다. 이러한 통합화는 과목의 내용에 따른 수준별 위계와 세분화된 내용 범위를 지양하고, 단위 학교에서 자율적으로 해당 과목의 수준과 범위를 결정할 수 있는 여지를 확대하고자 함이다.

예를 들면, '전문 스포츠 경기 초급', '전문 스포츠 경기 중급', '전문 스포츠 경기 고급'은 '스포츠 경기 기술'로 통합하였다.

11 2015 개정 체육과 교육과정

1. 공통 교육과정

(1) 문서 체제의 변화

① 2015 개정 체육과 교육과정에서는 총론에서 추구하는 인간상과 학교급별 교육목표가 사라졌다. 다시 2007 개정 체육과 교육과정의 모습으로 회귀되었다. 다만 역량을 강조하는 2015 개정 교육과정에 따라 체육과의 역량이 체육과 성격에 포함된 것이 특징이다.

② 체육과 목표의 경우 초등학교와 중학교 목표를 구분했던 것과 달리, 체육과 목표를 하나로 제시하고 있다.

③ 내용 항목에서는 내용체계와 성취기준으로 묶이면서 내용체계표는 초등학교와 중학교가 분리되었고, 성취기준은 학년군별 성취기준으로 간소화된 것이 특징이다. 특히 이 부분에서는 성취기준만 제시하지 않고 성취기준 다음에 해당 영역의 교수·학습 방법 및 유의 사항을 특화해서 제시하고 있다. 이로 인해 교수·학습 방법과 평가 항목이 교수·학습 및 평가의 방향으로 변경되면서 관련 내용이 매우 간략하게 제시되고 있는 것이 특징이다.

◎ 체육과 교육과정 문서 체제의 변화

2009 개정 체육과 교육과정	2015 개정 체육과 교육과정
1. 추구하는 인간상 2. 학교급별 교육 목표 　가. 초등학교 교육목표 　나. 중학교 교육목표 3. 체육 과목 목표 　가. 체육과의 방향과 역할 　나. 체육과에서 추구하는 인간상 　다. 체육과에서 지향하는 다섯 가지 신체 활동 　　가치 영역 　라. 체육과의 목표 　　⑴ 초등학교 　　⑵ 중학교 4. 내용의 영역과 기준 　가. 내용 체계 　나. 성취 기준 　　⑴ 학년군별 성취 기준 　　⑵ 영역 및 학습 내용 성취 기준 5. 교수·학습 방법 6. 평가	1. 체육과의 성격 　가. 체육과의 본질과 역할 　나. 체육과의 역량 　다. 체육과의 영역 2. 체육과의 목표 3. 내용 체계 및 성취기준 　가. 내용 체계 　　〈초등학교〉 　　〈중학교〉 　나. 성취기준 　　[초등학교 3~4학년] 　　[초등학교 5~6학년] 　　[중학교 1~3학년군] 4. 교수·학습 및 평가의 방향 　가. 교수·학습 　나. 평가

(2) 체육과의 역량 제시

총론차원에서 역량기반 교육과정 개정이 결정됨에 따라 체육과에서도 체육 교과에 해당하는 역량 제시가 요구되었다. 그 결과 2015 개정 체육과 교육과정에서는 체육 교과 교육을 통해 학습되기를 기대하는 보편적인 능력으로 건강 관리 능력, 신체 수련 능력, 경기 수행 능력, 신체 표현 능력이 설정되어 제시되었다.

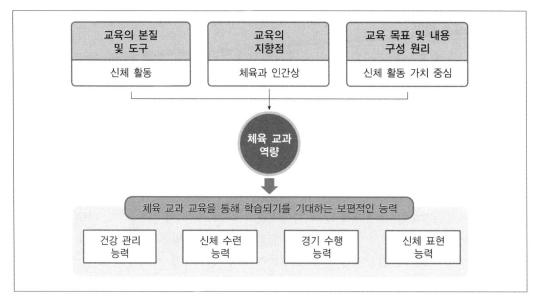

◎ 체육 교과 역량 설정 근거

◎ 체육 교과 역량의 의미

교과 역량 요소	의미
건강 관리 능력	신체 건강과 체력 증진, 여가 선용 등의 건강한 생활 습관 형성을 도모하고, 건전한 사회와 안전한 환경을 구성, 유지할 수 있는 합리적 사고와 태도를 배양할 수 있는 능력
신체 수련 능력	자신의 신체적 수준을 이해하고 받아들이면서도 지속적이고 적극적인 신체 수련 노력을 통해 새로운 목표를 달성할 수 있는 능력
경기 수행 능력	게임, 스포츠 등 유희적 본능을 바탕으로 하는 경쟁 상황에서 적합한 전략과 기능을 발휘하여 개인 혹은 공동의 목표 달성을 위해 상호 작용할 수 있는 능력
신체 표현 능력	신체와 움직임을 매개로 하여 생각과 느낌을 표현하고 수용하는 능력

(3) 내용 체계의 변화

2015 개정 체육과 교육과정에서는 내용 체계의 변화가 이루어졌다. 2015년 세월호 사건은 우리나라 전체 사회의 큰 변화를 가져왔는데, 초·중·고등학교에서의 안전 교육이 국가차원에서 강화되면서 체육과에게도 안전 교육의 책무성이 요구되었다. 그 일환으로, 대영역에서 안전

영역이 신설되었고, 여가 영역은 건강 영역으로 흡수되었다. 또한 대영역의 '활동'(activity)(신체활동 : physical activity의 줄임말)이 2015 개정 체육과 교육과정에서는 사라졌다.

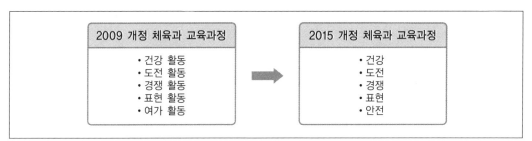

⬥ 체육과 교육과정 내용 체계의 변화

내용 체계의 영역별 변화 내용	
건강 영역	기존의 건강 활동과 여가 활동의 통합으로 구성되었다. 다만 건강 활동에 있었던 안전 관련 내용은 삭제되었다.
도전 영역	초등학교는 변화가 없으며 중학교의 경우 기록 도전 → 동작 도전 → 표적/투기 도전을 동작 도전 → 기록 도전 → 투기 도전으로 변경하였다. 표적 도전은 중학교 3학년의 수업 시수를 고려하여 기록 도전의 범주에 통합하였다.
경쟁 영역	초등학교의 경우 피하기형 경쟁을 삭제하였다. 그 대신 경쟁 영역의 기초 의미와 기능을 학습하도록 하였다.
표현 영역	초등학교는 거의 변화가 없으나 중학교의 중영역은 심미 표현이 삭제되고 그 대신 스포츠 표현이 대체되었다.
안전 영역	신설된 대영역으로, 크게 스포츠관련 안전과 일상생활의 안전으로 분류하여 제시하고 있다.

내용 체계에 도입된 새로운 교육과정 용어	
영역	교과의 성격을 가장 잘 드러내는 교과학습내용을 조직화(범주화)하는 최상위틀 혹은 체계로 교과를 구성하는 내용 영역임
핵심 개념	교과가 기반을 두는 학문의 가장 기초적인 개념이나 원리로서 big idea 또는 big concept, 핵심 아이디어 등으로 일컬음
일반화된 지식	학년(군) 및 학교급을 통해 학생들이 알아야 할 일반화된 지식으로 전 학년(군)에서 배우는 학습 내용의 일반 원리임. 학년별 교과지식(내용 요소)을 학습해야 하는 근거로서 작용함
내용 요소	일반화된 지식에 근거하여 학년별, 학교급별로 배워야 할 중요하고 압축적이며 핵심적인 내용(지식)임. 즉 일반화된 지식을 학습할 수 있도록 도와주는 구체적인 내용요소임
기능(function)	학생들이 내용(지식)을 가지고 할 수 있어야 할 또는 할 수 있기를 기대하는 것으로 교과 고유의 탐구 과정 및 사고 기능을 의미함

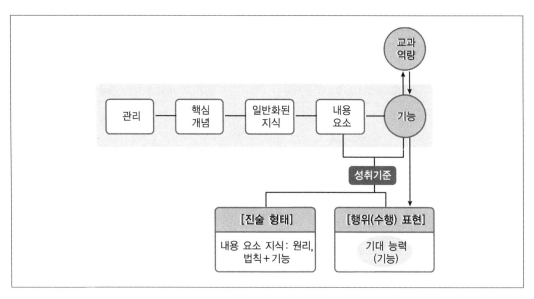

◎ 내용 요소와 기능이 결합하는 성취기준 구성도

⑷ **역량 함양을 지향하는 교수 · 학습**

창의 · 인성을 강조하는 2009 개정 교육과정에 의거하여 체육과 교육과정의 교수 · 학습에서 창의 · 인성을 지향하는 교수 · 학습을 강조한 것처럼, 역량을 강조하는 2015 개정 체육과 교육과정에서도 역량 함양을 지향하는 교수 · 학습을 가장 우선적으로 국가수준 체육과 교육과정 문서에 제시하고 있다.

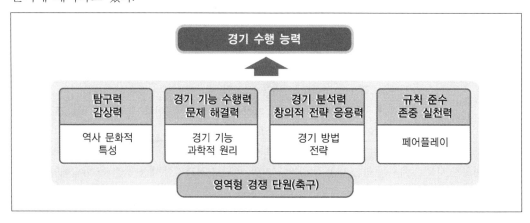

◎ 체육과 역량 함양을 지향하는 교수 · 학습

2. 선택 중심 교육과정

2014년도 고등학교 입학자부터 학교유형에 상관없이 모든 고등학교에서는 체육을 필수로 10단위 이상 이수하고, 6개 학기에 골고루 편성하도록 하는 교육부 정책이 발표되었다. 기존의 3개 과목은 선택 과목보다는 필수 과목의 성격으로 운영될 수밖에 없었다. 이에 고등학교 체육 이수단위의 증가로 인한 선택 과목의 다변화가 요구되었으며, 또한 2015 개정 교육과정에서 추구하는 진로 교육의 강화로 인해 고등학교 체육 선택 과목의 재구조화가 요구되었다. 그 결과 고등학교 체육 선택 과목의 수는 3개(운동과 건강 생활, 스포츠 문화, 스포츠 과학)에서 4개(체육, 운동과 건강, 스포츠 생활, 체육 탐구)로 확대되었다. 또한 고등학교 체육에서도 초·중학교와 마찬가지로 안전 교육을 강조하기 위해 '체육', '운동과 건강', '스포츠 생활' 선택 과목에 안전 영역을 대영역으로 제시하고 있다.

◉ 고등학교 보통 교과의 선택 과목 변화

2009 개정 교육과정	2015 개정 교육과정	
고교 선택 과목	일반 선택	진로 선택
운동과 건강 생활 스포츠 문화 스포츠 과학	체육 운동과 건강	스포츠 생활 체육 탐구

2015 개정 체육과 교육과정에서 고등학교에 신설된 3개 과목	
고등학교 체육	고등학교 체육 과목이 신설되었다. 고등학교 체육은 고등학교 수준에서 체육을 대표할 만한 교과목으로, 체육 교과의 이수 단위 증가와 더불어 체육 선택 과목의 수를 늘려야 한다는 상황적 요구를 수렴하여 신설된 과목이다. 이 과목은 초·중학교에서 습득하고 체험한 체육의 내용을 종합적으로 심화하여 '생활화'할 수 있는 과목으로 볼 수 있다.
스포츠 생활	스포츠 생활 과목이 신설되었다. 스포츠 생활은 기존의 스포츠 과학과 스포츠 문화라는 이론 중심적 내용 구성의 한계를 극복하고 스포츠 활동을 중심으로 스포츠 생활화를 체득할 수 있는 과목이다.
체육 탐구	체육 탐구 과목이 신설되었다. 체육 탐구는 체육계열 학과로 진로를 선택하거나 체육 관련 분야로 진출하고자 하는 학생들의 기본적인 소양을 함양하는 차원에서 신설된 과목이다. 즉 진로·직업으로써 체육을 받아들이고 체육 분야에서의 다양한 진로와 직업군의 유형을 학습하여 자신에게 적합한 진로를 탐색하는데 취지를 두고 있는 과목이다.

12 2022 개정 체육과 교육과정

2022 개정 체육과 교육과정은 외적 요구차원에서 총론의 변화를 수용하고, 내적 요구차원에서는 신체활동 역량 중심의 교과 역량을 제시하고 신체활동 형식을 바탕으로 내용 체계, 성취기준, 교수·학습 및 평가를 개발하였다.

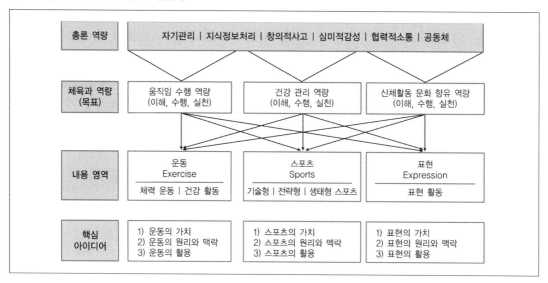

◆ 체육과 역량(목표)과 내용 체계

1. 체육과 역량(목표)

(1) 2022 개정 체육과 교육과정에서 추구하는 삶은 활동적인 삶, 건강한 삶, 신체활동 문화를 향유하는 삶으로, 체육과에서 추구하는 삶은 교과의 학습이 삶과 관련된 학습을 강조하는 총론의 인간상을 토대로 설정되었다.

(2) 총론의 인간상은 자기주도적인 사람, 창의적인 사람, 교양 있는 사람, 더불어 사는 사람으로 제시되었으며, 이 인간상을 구현하기 위해 총론의 핵심역량(자기관리 역량, 지식정보처리 역량, 창의적 사고 역량, 심미적 감성 역량, 협력적 소통 역량, 공동체 역량)을 제시하였다.

(3) 총론의 핵심역량을 근간으로 체육 교과의 역량(=신체활동 역량)은 움직임 수행 역량, 건강 관리 역량, 신체활동 문화 향유 역량으로 제시되고 있다.

◆ 체육 교과 역량과 목표

신체활동 역량	각 역량의 의미	체육과의 세부 목표
움직임 수행 역량	움직임의 다양한 형식들(운동, 스포츠, 댄스, 경기)의 수행과 관련된 역량으로, 물리적 차원뿐만 아니라 정신적 및 문화적 차원의 움직임 수행과 관련된 지식, 기능, 태도를 포함함	움직임 관련 지식을 이해하고, 움직임의 목적과 환경에 적합하게 움직임 기술을 수행하며, 움직임 수행에 필요한 가치와 태도를 실천한다.

건강 관리 역량	신체적, 정신적, 사회적으로 건강을 발달하는 것과 관련된 역량으로, 신체활동을 토대로 한 활동적인 생활방식의 실천 및 건강 관련 행동 관리와 관련된 지식, 기능, 태도를 포함함	건강 관련 지식을 이해하고, 생애 전반에 걸쳐 건강을 증진 및 관리하며, 건강의 증진과 관리에 필요한 가치와 태도를 실천한다.
신체활동 문화 향유 역량	문명화 과정에서 형식화되고 축적된 신체활동과 관련된 삶의 양식을 즐기고 공유하는 것과 관련된 역량으로, 신체활동의 수행뿐만 아니라 감상, 학습, 탐구하는 것과 관련된 지식, 기능, 태도를 포함함	신체활동의 고유한 문화 특성을 이해하고, 신체활동 문화를 일상생활에서 누리며, 다양한 문화 양식에 내재한 가치와 태도를 실천한다.

신체활동 역량(physical activity competency)
신체활동과 관련된 지식, 기능, 태도의 총체로서, 신체활동에 참여할 수 있는 역량이자 신체활동 참여를 통해 길러질 수 있는 역량을 포괄함

(4) 체육 교과의 목표는 총괄 목표와 세부 목표로 구분되었으며, 총괄 목표에서는 체육과에서 추구하는 삶을 영위하기 위해 달성해야 하는 목표가 신체활동 역량으로 제시되었고, 세부 목표는 각각의 신체활동 역량으로 구체화된 것이 특징이다.

2. 체육과 내용 체계와 내용 요소

(1) 체육과의 내용 체계는 신체활동의 형식(forms)을 기준으로, 운동(exercise), 스포츠(sports), 표현(expression)으로 구성되었다. 운동 영역은 체력 운동과 건강 활동으로 중영역이 구성되었고, 스포츠 영역은 기술형 스포츠, 전략형 스포츠, 생태형 스포츠로 구성되었으며, 표현은 표현 활동으로 중영역이 설정되었다.

◎ 체육과의 영역과 영역별 세부 영역

영역	중영역	의미
운동	체력 운동	신체 적성(physical fitness)의 향상과 이를 통한 신체 수행(physical performance) 능력 향상을 위한 운동
	건강 활동	신체적, 정신적, 사회적 건강을 관리하기 위한 운동 및 활동, 건강 운동 및 증진활동으로 구분
스포츠	기술형 스포츠	기본 움직임인 이동 및 비이동 움직임 기술을 개인수준, 지상, 수상 등의 환경수준, 개방성이 높은 대인수준으로 대응하면서 복합적, 조직적으로 심화해 가며 기술적 수월성을 발휘하는 스포츠
	전략형 스포츠	이동 및 비이동 기술을 활용하며, 주로 조작 기술을 중심으로 제도화된 규칙 속에 팀 간에 전략으로 경쟁하는 스포츠
	생태형 스포츠	생활 주변 및 자연환경 등 다양한 환경적 맥락 속에서 인간과 환경과의 상호작용 및 생태적 결합을 추구하는 스포츠
표현	표현 활동	기본 움직임을 바탕으로 생각, 느낌, 감정 등을 다양하고 아름다운 동작으로 표현하는 활동

⑵ 체육과의 학년군별 내용 요소는 2022 개정 교육과정 총론에서 모든 교과에 반영을 요구한 영역별 핵심 아이디어와 세 가지 범주(지식·이해, 과정·기능, 가치·태도)를 바탕으로, 학년군별(3~4학년군, 5~6학년군, 중학교 1~3학년군, 고등학교) 내용 요소를 다음과 같이 선정 및 조직하였다.

① 체육과 지식·이해 범주의 내용 요소는 명제적 지식과 방법적 지식으로 이원화되었으며, 명제적 지식은 지식을 구성하는 내용 수준에 따라, 방법적 지식은 움직임 기술의 수준에 따라 분류되었다.

② 과정·기능 범주의 내용 요소는 지식·이해 범주의 학습 과정을 통해 달성되기를 기대하는 행동을 중심으로 선정되었고, 가치·태도 범주의 내용 요소는 신체활동을 통해 내면화되고 실천되기를 기대하는 가치와 태도 덕목으로 신체활동에 참여하는 사람의 지켜야 할 바람직한 행동으로 제시되었다.

◎ 체육과의 학년군별 내용 요소의 선정 원리

내용 / 학년군	지식·이해		과정·기능	가치·태도
	명제적 지식	방법적 지식		
3~4학년군	개념적 수준 ⬇ 원리적 수준 ⬇ 이론적 수준	입문을 위한 기초 기술 ⬇ 참여를 위한 복합 기술 ⬇ 제도화된 활동을 위한 응용 기술 ⬇ 정식 활동의 심화 및 전문 기술	인지, 시도, 수용 ⬇ 분석, 적용, 실천 ⬇ 평가, 구성, 지속	개인 ⬇ 대인 ⬇ 사회
5~6학년군				
중학교 1~3학년군				
고등학교				

3. 체육과 교수·학습의 방향

2022 개정 체육과 교육과정에서 강조하는 교수·학습 방향은 6가지(신체활동 역량 함양을 위한 교수·학습, 움직임의 체계적 발달을 위한 교수·학습, 자기 주도적 학습을 위한 맞춤형 교수·학습, 신체활동의 시간적·공간적 확장을 위한 교수·학습, 디지털 기술을 활용한 효율적 교수·학습, 창의성과 인성 함양을 위한 통합적 교수·학습)로 제시되고 있다.

⑴ 신체활동 역량 함양을 위한 교수·학습에서는 신체활동 역량 함양이 하나의 내용 영역 학습 또는 특정한 학습방식의 편향된 적용을 통해 달성되는 것이 아니라, 영역별 내용 요소를 바탕으로 설계된 과제 활동이 신체활동을 위한 학습, 신체활동에 관한 학습, 신체활동을 통한 학습을 통해 달성된다는 것을 강조하고 있다.

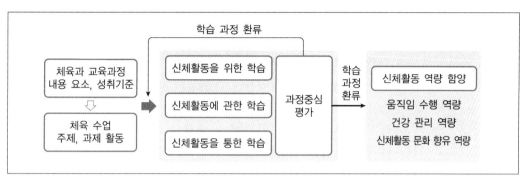

◎ 신체활동 역량 함양을 위한 교수 · 학습

(2) 움직임의 체계적 발달을 위한 교수 · 학습에서는 체육 교과 역량 중의 하나인 움직임 수행 역량을 함양하기 위해 움직임의 요소를 이해하고 원리를 기술 수행에 적용하며 다양한 신체활동 상황에서 효율적인 의사결정과 전략을 활용할 수 있는 점을 강조하고 있다.

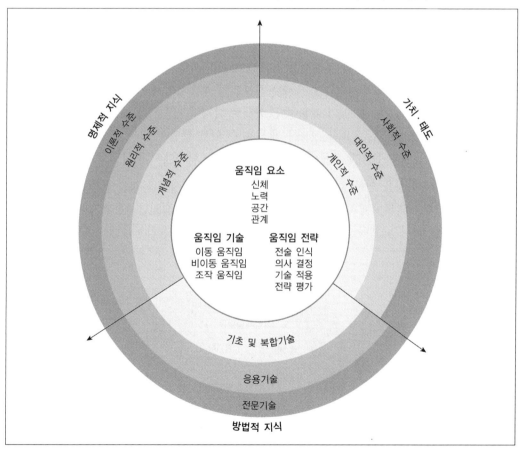

◎ 움직임의 체계적 발달을 위한 교수 · 학습

⑶ 자기 주도적 학습을 위한 맞춤형 교수·학습에서는 학생맞춤형 교수·학습을 통해 자기주도
성의 실현을 추구하고 있다. 이를 위해 학생맞춤형 교수·학습은 교사에 의해 안내된 학습(교
사에 의해 구축된 학습환경)과 학습자가 직접 설계한 학습이 병행되어야 함을 강조하고 있다.
구체적으로, 교사에 의해 안내된 학습은 학습자의 관심과 특성을 고려한 수준별 과제 제시, 자
신감을 높여주는 동기 유발 전략의 사용으로 안내되고 있다. 반면 학습자가 직접 설계한 학습
은 학습자 스스로 과제 또는 문제를 파악하고 해당 과제 또는 문제를 해결할 수 있도록 교사는
탐구적 교수·학습자료를 제공하고 동시에 학습과제, 시설, 기자재 등을 안전하고 효율적으로
조직해야 함을 강조하고 있다. 또한, 학생맞춤형 교수·학습의 일환으로 교수·학습의 타당도
가 높은 수업 모형 및 전략의 선정 또는 창의적인 변형을 강조하고 있다.

⑷ 신체활동의 시간적·공간적 확장을 위한 교수·학습에서는 신체활동의 시간적 확장을 위해 초
중고 학령기뿐만 아니라 전 생애주기별로 지속적으로 신체활동에 참여하며 다양한 문화적 삶의
향유를 강조하고, 신체활동의 공간적 확장을 위해서는 학생들이 학교뿐만 아니라 가정 및 집
주변, 지역사회에서 신체활동을 실천할 수 있는 자율성과 실천력의 증진을 강조하고 있다.

⑸ 디지털 기술을 활용한 효율적 교수·학습에서는 최근 국내외적으로 강조되고 있는 디지털 기술
활용도와 비대면 학습 방식의 중요성을 강조하고 있다. 이는 체육과 교수·학습과정에서 온·
오프라인을 연계하거나 디지털 기술을 활용함으로써 학습자의 신체활동 참여를 촉진하고 효율
적인 학습활동을 확장할 수 있기 때문이다. 실제로 디지털 기술은 신체활동수준 확인, 학습피드
백, 학습 관리 등에 매우 유요한 정보를 제공할 수 있을 뿐만 아니라, 학습의 시공간적 제약을
극복할 수 있는 매우 유용한 도구이므로 체육과 교수·학습에서 적극적으로 활용되어야 한다.

⑹ 창의성과 인성 함양을 위한 통합적 교수·학습에서는 창의성과 인성을 함양하기 위해 2가지를
강조하고 있다. 하나는 체육 교과 내 통합적 교수·학습(직접체험활동과 간접체험활동)의 활
용이며, 다른 하나는 체육 교과와 타 교과(또는 범교과)의 융합교육 실천이다.

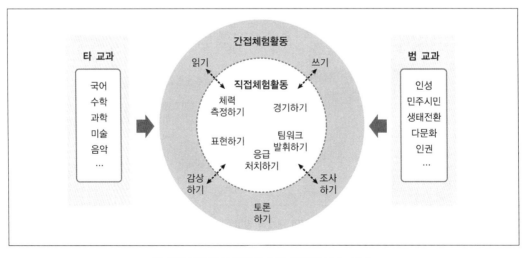

◎ 창의성과 인성 함양을 위한 통합적 교수·학습

4. 체육과 평가의 방향

2022 개정 체육과 교육과정에서 강조하는 평가 방향은 3가지(신체활동 역량 함양을 위한 종합적 평가, 학습자의 성장 과정을 반영한 다양한 평가, 학습자의 수준을 고려한 맞춤형 평가)로 제시되고 있다.

(1) 신체활동 역량 함양을 위한 종합적 평가에서는 학습의 결과와 학습의 과정에서 습득된 능력을 종합적으로 평가할 수 있는 수행 중심의 평가 활용을 강조한다. 이를 위해 구체적으로 평가 내용 측면, 평가 방법 측면, 평가 도구 측면으로 세부 방향성을 안내하고 있다. 평가 내용 측면에서는 모든 영역(운동, 스포츠, 표현)과 범주(지식·이해, 과정·기능, 가치·태도)에 따라 분류된 내용 요소를 균형 있게 평가하고, 평가 방법 측면에서는 실제 맥락에서의 수행 능력 평가를 강조하며, 평가 도구 측면에서는 신체활동 역량의 성취 정도를 직간접적으로 파악할 수 있도록 다양한 도구 활용을 강조한다.

(2) 학습자의 성장 과정을 반영한 다양한 평가에서는 학습자의 다양한 성장 양상에 따른 평가의 다면성을 3가지 측면에서 강조하고 있다. 한 가지 측면은 학습자의 학습 과정을 지원하는 평가의 일환으로 일회성 평가를 지양하고 평가의 일관성과 지속성을 준수하면서 학습자의 변화를 수업의 환류로 활용할 것을 강조한다. 또 다른 2가지 측면은 다양한 평가 주체(예 교사, 동료 학습자, 학습자 자신 등)의 활용과, 학습 영역(인지적, 심동적, 정의적 영역)에 따른 학습 경험 평가에서의 다양한 평가 방법 및 도구의 활용이다.

(3) 학습자의 수준을 고려한 맞춤형 평가에서는 학습자의 특성과 수준에 따라 평가가 진행되어야 한다는 점을 강조하고 있다. 특히 교사는 단원 또는 수업 초기의 출발점 수준에 따라 도달해야 할 성취기준을 융통성 있게 설정할 수 있고 그 결과 학습자는 학습자 맞춤형 평가를 통해 자기 수준에 적합한 다양하고 구체적인 피드백을 제공받을 수 있게 된다.

- 2022 개정 교육과정에서 중학교급의 변화는 자유학기와 학교스포츠클럽 활동으로 요약할 수 있는데, 이 2가지 변화는 공교롭게도 체육 교육과 관련 있는 변화로 볼 수 있다. 먼저, 자유학기는 편성 영역과 운영 시간을 기존 4개 영역(주제선택, 진로탐색, 예술·체육, 동아리 활동)에서 연간 170시간 운영을 하도록 되어 있었다. 이제는 자유학기가 2개 영역(주제선택, 진로탐색)에서 운영 102시간으로 변경되었다. 이 변화는 중학생의 학업 시기별 맞춤형 진로 탐색, 진학 준비 등이 체계적으로 제공될 수 있도록 자유학기와 진로연계교육을 연계하여 운영하도록 개선한 것이다. 기존에는 자유학기 또는 자유학년이 중학교 학년 또는 학기가 다양하게 운영되어 왔으나, 향후에는 1학년에서 1개 학기를 시도별로 자율적으로 선택하여 운영할 수 있도록 변화되었다. 또한, 진로연계교육에서는 고등학교 진학학기 전 중학교 3학년 2학기를 중심으로 고등학교 교육과정(학점제, 선택 과목 등)의 이해, 희망 진로 구체화 등 중학교 단계에서 필요한 학업과 진로 설계를 동시에 준비시킬 수 있도록 하였다.
- 두 번째 변화는 비교과인 창의적 체험활동의 학교스포츠클럽 활동으로, 연간 의무 편성 시간이 축소되었다. 기존에는 3년간 총 136시간으로 연간 34~68시간으로 운영되었지만, 향후 3년간 102시간으로 연간 34시간으로 축소되었고 축소 대상 해당 학년은 중학교 3학년이다. 따라서 중학교 3학년의 경우 기존의 학교스포츠클럽 활동 연간 34시간을 학교장 재량으로 정규 체육 수업 시간으로 변경할 수 있었던 부분이 이제 사라지게 되었다.

5. 고등학교 체육과 선택 과목

(1) 고등학교 체육과 선택 과목은 교육과정 총론의 선택 과목 구조(일반 선택, 진로 선택, 융합 선택)에 따라 다음과 같이 개설되어 있다.

① 체육과 일반 선택 과목은 체육1, 체육2로, 이 2개 과목은 중학교 체육의 종합적 심화 과정으로 교과목을 편성함으로써 체육의 학문적 내용을 포괄적으로 학습할 수 있는 과목이다.

② 체육과 진로 선택 과목은 운동과 건강, 스포츠 문화, 스포츠 과학으로, 이 3개 과목은 체육 분야 진로를 건강 관련 계열과 스포츠 관련 계열로 구분한 결과 개설된 것이다.

③ 체육과 융합 선택 과목은 스포츠 생활1, 스포츠 생활2로, 체육 활동과 실생활의 융합을 통해 체육에 대한 폭 넓은 안목을 갖고 평생 스포츠로 확장할 수 있도록 구성된 것이다.

◈ 고등학교 체육과 선택 과목

구분	일반 선택	진로 선택	융합 선택
과목명	체육1 체육2	운동과 건강 스포츠 문화 스포츠 과학	스포츠 생활1 스포츠 생활2

(2) 고등학교 체육과 선택 과목별 세부 내용의 특징은 다음과 같다.

① 일반 선택 과목인 체육1, 체육2는 중학교 체육의 3개 대영역(운동, 스포츠, 표현)을 기계적으로 분절한 것이 특징이다. 다만, <체육1>은 운동 영역과 스포츠 영역의 중영역 내용을 활용하여 스포츠의 생활화와 이를 통한 건강 증진을 도모한다는 차원에서 건강 관리, 전략형 스포츠, 생태형 스포츠 영역으로 구성되었다.

② <체육2>는 체육1에서 빠진 나머지 운동과 스포츠 영역의 중영역과 표현 대영역을 제시함으로써 스포츠의 생활화와 움직임의 수월성 향상을 추구하였고 그 결과 체력 증진, 기술형 스포츠, 표현 활동 영역으로 구성되었다.

③ 체육과 진로 선택 과목인 <운동과 건강>은 건강 운동과 체력 운동 영역으로 구성되었다. 이 중에서 건강 운동은 중학교 체육의 기술형 스포츠 표현 활동으로 구성되었다.

④ <스포츠 문화>는 스포츠를 통해 폭 넓고 다양한 문화적 안목을 갖추고 다양한 양식으로 확장할 수 있도록 스포츠 인문 문화와 스포츠 경기 문화 영역으로 구성되었고, <스포츠 과학>은 스포츠의 사회과학적 원리와 자연과학적 원리를 탐구하여 체육 교과 내의 이론과 실제를 통합할 수 있도록 스포츠와 사회과학, 스포츠와 자연과학 영역으로 구성되었다.

⑤ 체육과 융합 선택 과목은 스포츠를 실생활에서 심화하여 융합적으로 체험하고 응용할 수 있도록 <스포츠 생활1>에서는 영역형 스포츠와 생활·자연환경형 스포츠, <스포츠 생활2>에서는 네트형 스포츠와 필드형 스포츠 영역으로 구성되었다.

◈ 고등학교 체육과 선택 과목의 구성 원리

구조	과목명	내용 구성
일반 선택	체육1	건강 관리, 전략형 스포츠, 생태형 스포츠
	체육2	체력 증진, 기술형 스포츠, 표현 활동
진로 선택	운동과 건강	건강 운동, 체력 운동
	스포츠 문화	스포츠 인문 문화, 스포츠 경기 문화
	스포츠 과학	스포츠와 사회과학, 스포츠와 자연과학
융합 선택	스포츠 생활1	영역형 스포츠, 생활·자연환경형 스포츠
	스포츠 생활2	네트형 스포츠, 필드형 스포츠

- 2022 개정 교육과정에서 고등학교의 큰 변화는 학점 기반 선택 교육과정으로 볼 수 있다. 고교학점제의 전면 도입에 맞추어 학생의 진로와 적성을 고려하여 맞춤형 교육이 가능하도록 다양한 과목을 신설하는 등 학점 기반 교육과정을 마련하게 된 것이다. 이를 위해 먼저 2022 개정 교육과정에 따른 고등학교 교육과정은 공통 과목과 선택 과목으로 구성되었으며, 선택 과목은 다시 3가지 세부 과목(일반 선택 과목, 진로 선택 과목, 융합 선택 과목)으로 분류되고 있다.
- 일반 선택 과목은 각 교과의 학문 영역 내의 주요 학습 내용의 이해 및 탐구를 위한 과목이고, 진로 선택 과목은 학생들이 진로 선택 과목을 통해 보다 심화된 학습이나 자신의 진로에 도움이 되는 과목이며, 융합 선택 과목은 융합적인 주제학습, 문제해결 학습이나 실생활 맥락 속에서 적용 및 실천하는 과목이다.
- 고등학교 각 선택 과목의 기본 학점은 4학점(체육, 예술, 교양은 3학점)으로 조정한 뒤 각 과목의 증감 범위를 ±1로 결정하여 학교 교육과정 편성·운영의 유연성을 확보함으로써 학생의 진로에 보다 적합한 과목을 이수할 수 있도록 하였다.
- 체육 교과의 선택 과목은 총 7개 과목 개설, 고등학교 3년 동안 필수 이수 학점은 10학점으로 설정되어 있다. 지난 교육과정과 마찬가지로 체육 교과는 고등학교(특성화 고등학교와 산업수요 맞춤형 고등학교 제외)에서 학생들이 매 학기 이수할 수 있도록 장치가 마련되었다. 다만, 7개 선택 과목 중 스포츠 문화와 스포츠 과학의 기본 학점은 2학점이며, 1학점 범위 내에서 감하여 편성·운영할 수 있다.

최병식
전공체육

체육교육학 Ⅰ

체육교육과정론

Chapter

02

2015 개정
체육과 교육과정

2015 개정 체육과 교육과정

1 공통 교육과정

1. 체육

(1) 체육과의 성격

체육과는 '신체활동'을 통해 체력 및 운동 능력을 비롯한 건강하고 활기찬 삶에 필요한 능력을 기르고 사회 속에서 바람직한 인성을 발휘함으로써 자신의 삶을 개척하고 체육 문화를 창조적으로 계승·발전시킬 수 있는 자질을 함양하는 교과이다.

체육과의 역량은 신체활동을 체험하고 그 가치를 내면화하는 과정을 통해 습득되는 지식, 기능, 태도를 포괄하는 총체적 능력이며, 신체 움직임을 바탕으로 형성되는 건강 관리 능력, 신체 수련 능력, 경기 수행 능력, 신체 표현 능력으로 구성된다. 이러한 역량을 기를 수 있도록 체육과 내용은 건강, 도전, 경쟁, 표현, 안전 영역으로 구성된다.

① 체육과의 본질과 역할

㉠ 체육과의 본질: 신체활동은 '체육'을 타 교과와 구별 지을 수 있는 가장 핵심적인 요소이다. 체육과에서는 신체활동을 교육의 본질이자 교육의 도구로서 활용한다. 모든 교과는 각 교과의 교육적 도구를 활용하여 교과의 탐구 대상을 분석함으로써 서로 다른 방식으로 우리 주변의 세계를 알아가도록 한다. 체육과는 교과의 핵심 본질이자 도구인 '신체활동'을 통해 학생들이 세상을 이해할 수 있도록 돕는다.

㉡ 체육과의 역할: 체육 교과 교육은 학생들의 건강을 증진시키고 기본 움직임, 원리, 기능, 전술, 태도를 포함한 종합적인 운동 능력을 기를 수 있도록 한다. 이러한 교과 고유의 학습 과정을 통해 자신과 세계를 이해하며 바람직한 품성과 사회성을 함양하고 개인적으로는 건강하고 안전한 생활 습관 및 태도와 더불어 자기 관리 능력과 대인 관계 능력, 창의력 및 문제 해결 능력 등을 기르게 된다. 이러한 능력들은 개인적 성장뿐만 아니라 타인과 더불어 온전한 삶을 살아가는 데 필요한 역량이며, 체육 문화를 창조적으로 계승·발전시킬 수 있는 자질이 된다.

특히, 체육 교과는 자신이 속한 사회에서 신체활동이 어떠한 문화적 의미를 가지며 신체활동에 관한 바람직한 행동 양식은 무엇인지, 어떻게 질 높은 신체활동을 향유하고 감상할 수 있는지에 대한 종합적인 안목과 실천 능력을 기를 수 있는 교과로서 의의를 지닌다.

② 체육과의 역량

체육과에서는 신체활동이 가지고 있는 다양한 가치 요소를 종합적으로 체험하여 신체활동의 가치를 내면화하고 이를 삶 속에서 실천할 수 있는 인간상을 추구한다. 즉, 다양한 신체

활동에 지속적으로 참여하면서 신체활동의 가치를 내면화하고, 체육과 역량인 건강 관리 능력, 신체 수련 능력, 경기 수행 능력, 신체 표현 능력을 길러, 자신의 삶을 스스로 계발하고 신체 문화 활동을 계승·발전시키는 데 공헌하는 교과이다. 체육 교과 역량은 교육과정 총론에서 제시하는 일반 역량인 자기관리 역량, 지식정보처리 역량, 창의적 사고 역량, 심미적 감성 역량, 의사소통 역량, 공동체 역량과 관련된다.

'건강 관리 능력'은 개인의 신체적·정신적 건강과 사회적·환경적 건강을 함께 도모할 수 있는 능력이다. 즉, 신체활동의 수행을 통하여 신체 건강과 체력 증진, 여가 선용 등의 건강한 생활 습관 형성을 도모하고, 건전한 사회와 안전한 환경을 구성, 유지할 수 있는 합리적 사고와 태도를 배양하고자 하는 능력이다. 따라서 '건강 관리 능력'의 함양은 개인의 신체적·정신적 건강 차원에서, 자신을 수용하고 조절하는 능동적이고 적극적인 실천적 삶의 태도와 합리적이고 유연하게 사회에 적응하는 능력을 갖게 함으로써 건강한 라이프 스타일 (healthy life style)을 형성하는 데 중요한 요인이 되며 지속적으로 활기차고 행복한 삶을 가꾸어가는 기초가 된다. 또한, '건강 관리 능력'의 함양은 사회적·환경적 건강 차원에서, 모두 함께 조화롭고 건강한 삶을 살아갈 수 있도록 질서와 존중의 공동체 의식과 신중하고 절제된 태도로 문제를 해결하는 안전의식 및 시민 의식을 갖도록 한다.

'신체 수련 능력'은 자신의 신체적 수준을 이해하고 받아들이면서도 지속적이고 적극적인 노력을 통해 새로운 목표를 달성할 수 있는 능력이다. 신체활동에 참여하여 보다 높은 수준의 신체적 기량을 습득하기 위해 어려움을 회피하지 않으며, 열정을 갖고 지속적으로 도전하는 과정에서 자신의 가능성을 발견하고 성취의 기쁨과 자신감, 도전 정신 등의 자기 계발 역량을 갖추게 된다. 신체 수련이란 심신일원의 통합적 관점에서 훈련을 통한 신체의 단련뿐만 아니라 정신 수양을 포함하는 전인적 수련을 의미한다. 수련은 목표와 자신에 대한 이해, 한계를 극복하기 위한 문제 해결의 과정이 요구되므로 신체 수련 능력은 삶을 진취적으로 개척해 나아가는 데 필요한 기본 자질로서 중요한 가치가 있다.

'경기 수행 능력'은 게임, 스포츠 등 유희적 본능을 바탕으로 이루어지는 경쟁 상황에서 적합한 전략과 기능을 발휘하여 개인 혹은 공동의 목표 달성을 위해 상호 작용할 수 있는 능력이다. 경기 수행 능력에는 주로 경기를 수행하는 데 필요한 신체 움직임 능력, 전략 구안과 적용에 관련된 문제 해결력과 상황 판단력, 경기 수행 상황에서 겪게 되는 협동, 책임감, 공정성, 배려 등의 태도가 경기 수행 능력에 포함된다. 특히, 경기 수행 능력의 학습은 경기 수행 중 참여자 간의 상호 작용을 통해 개인의 욕구를 조절하고 타인을 고려하는 상황을 체험함으로써 사회 구성원에게 필요한 공동체 의식 및 의사소통 능력 등의 발달과 대인 관계 능력의 함양으로 연계될 수 있다.

'신체 표현 능력'은 신체와 움직임을 매개로 생각과 느낌을 표현하고 수용하는 능력이다. 즉, 신체 움직임을 통하여 내면의 감정이나 생각을 적극적으로 표현하고 타인의 표현을 공감할 수 있는 능력이다. 여기에는 움직임을 매개로 하여 창의적이고 심미적인 주제를 구성하고 표현하는 능력과 신체로 표현된 것을 심미적·비판적으로 수용할 수 있는 능력이 모두 포함된다. 움직임 언어와 표현 요소에 대한 이해를 바탕으로 신체 움직임을 창의적으로 표현하고 타인의 신체 표현을 공감하는 과정을 통해 현상이나 사물의 아름다움과 가치, 그리고 다양한 문화를 수용하고 향유할 수 있는 안목을 형성할 수 있다.

체육 교과 역량은 국가 교육과정 총론에서 제시하는 일반 역량과 유기적인 관계를 맺고 있다. 즉, 체육과의 역량 중 일부는 그 자체로 특정한 일반 역량에, 일부는 다차원적으로 여러 일반 역량들과 밀접하게 관련되어 있다.

◎ 체육 교과 역량 설정 근거

◎ 체육 교과 역량의 의미

교과 역량 요소	의미
건강 관리 능력	신체 건강과 체력 증진, 여가 선용 등의 건강한 생활 습관 형성을 도모하고, 건전한 사회와 안전한 환경을 구성, 유지할 수 있는 합리적 사고와 태도를 배양할 수 있는 능력
신체 수련 능력	자신의 신체적 수준을 이해하고 받아들이면서도 지속적이고 적극적인 신체 수련 노력을 통해 새로운 목표를 달성할 수 있는 능력
경기 수행 능력	게임, 스포츠 등 유희적 본능을 바탕으로 하는 경쟁 상황에서 적합한 전략과 기능을 발휘하여 개인 혹은 공동의 목표 달성을 위해 상호 작용할 수 있는 능력
신체 표현 능력	신체와 움직임을 매개로 하여 생각과 느낌을 표현하고 수용하는 능력

③ 체육과의 영역

'건강'은 개인의 생명과 안전의 확보로 활기차고 에너지 넘치는 삶을 추구하는 데 밑거름이 되며, 사회가 온전히 유지되고 발전할 수 있는 가장 기본적인 조건이고 가치이다. 건강 영역은 신체의 성장과 발달, 신체활동과 생활 습관, 체력의 증진과 유지, 생활 속에서의 위생, 질병, 영양, 신체적 여가 활동 등과 관련된 건강을 이해하고, 건강을 자기 주도적으로 실천, 관리하는 능력과 태도를 기를 수 있는 영역이다.

'도전'은 자신의 신체적 수준에 대한 이해를 바탕으로 새로운 목표를 이루기 위해 노력하고 성장하는 가치이다. 도전 영역은 적극적이고 지속적인 수련을 통해 자신이나 타인의 기량, 기록 등의 한계를 극복하고 신체적 수월성을 추구하는 신체활동에서의 도전의 태도를 기를 수 있는 영역이다. 이 영역은 합리적인 목표를 설정하고 성취에 이르기까지 신체의 단련 및 정신적 수양을 끈기 있게 지속하여 한계에 능동적으로 대응하는 진취적 태도를 기르도록 구성된다.

'경쟁'은 개인이나 집단 간의 능력을 서로 겨루는 상황에서도 서로 협력하며 상대를 배려하고 정정당당하게 경기에 임하는 가치이다. 경쟁 영역은 다양한 경쟁 상황과 방식의 신체활동을 통해 집단 내 공동의 목표를 추구하는 경쟁 과정을 경험하고 페어플레이와 스포츠맨십 등의 협동과 공정한 태도를 길러 건강한 미래 사회 공동체를 만들어 가는 기초적 능력을 기를 수 있는 영역이다.

'표현'은 신체와 그 움직임이 갖는 아름다움을 추구하며, 신체와 움직임을 통해 감정과 생각을 나타내고 수용하는 긍정적 상호 작용에 대한 가치이다. 표현 영역은 인간의 움직임 욕구와 심미적 표현 의지를 신체 표현을 통해 충족하여 의사소통의 질을 높이고 원활한 인간관계를 형성하며 보다 풍성한 삶을 향유할 수 있는 기본적 정서와 심미적 안목을 기를 수 있는 영역이다.

'안전'은 삶의 가장 기초가 되는 생명 유지를 위해 필요하며, '건강' 가치의 출발점이라고 할 수 있다. 안전 영역은 신체활동에서의 안전에서 시작하여 나아가 안전 의식의 함양으로 개인적, 사회적 안전의 확보를 위한 적극적이고 능동적인 태도와 실천력을 기를 수 있는 영역이다. 체육 교과 교육에서 신체활동과 연계된 안전 교육은 중요한 교육 내용이다. 또, 국가 교육과정의 방향과 요구를 반영하는 측면에서 체육 교과내용에 안전 교육 관련 내용은 강조될 필요가 있다.

(2) 체육과의 목표

체육 교과는 신체활동 가치의 내면화와 실천을 통해 체육과의 역량을 습득함으로써 전인 교육을 실현하고자 한다. 즉, 신체활동을 통하여 활기차고 건강한 삶에 필요한 핵심역량을 습득함으로써 스스로 미래의 삶을 개척하고 바람직한 사회인으로 살아갈 수 있는 지식, 기능, 태도를 기르는 것을 목표로 한다.

① 건강의 가치를 이해하고 건강 및 체력을 증진하며 건강 관리를 지속적으로 실천한다.

② 도전의 가치를 이해하고 도전의 신체활동을 수행하며 도전 정신을 발휘한다.

③ 경쟁의 가치를 이해하고 경쟁의 신체활동을 수행하며 선의의 경쟁을 실천한다.

④ 표현의 가치를 이해하고 창의적인 신체 표현을 수행하며 심미적 안목을 갖는다.

⑤ 신체활동에서 안전의 중요성을 이해하고 안전하게 신체활동을 수행하며 안전 의식을 함양한다.

이와 같은 체육과의 목표를 달성하기 위해 초등학교에서는 체육과 역량을 기르기 위한 '신체활동의 기본 및 기초 교육'을, 중학교에서는 '신체활동의 심화 및 적용 교육'을 담당한다.

(3) 내용 체계 및 성취기준

① 내용 체계

◈ 초등학교

영역	핵심 개념	일반화된 지식	내용 요소		기능
			초등학교		
			3~4학년군	5~6학년군	
건강	건강 관리 체력 증진 여가 선용 자기 관리	• 건강은 신체에 대한 이해를 바탕으로 건강한 생활 습관과 건전한 태도를 지속적이고 체계적으로 관리함으로써 유지된다. • 체력은 건강의 기초이며, 자신에게 적절한 신체활동을 지속적으로 실천함으로써 유지, 증진된다. • 건강한 여가 활동은 긍정적인 자아 이미지를 형성하고 만족도 높은 삶을 설계하는 데 기여한다.	• 건강한 생활 습관 • 운동과 체력 • 자기 인식	• 건강한 여가 생활 • 체력 운동 방법 • 실천 의지	• 건강한 성장 발달 • 건강 체력의 증진 • 자기 수용	• 운동과 여가 생활 • 운동 체력의 증진 • 근면성	• 평가하기 • 계획하기 • 관리하기 • 실천하기

도전	도전 의미 목표 설정 신체· 정신 수련 도전 정신	• 인간은 신체활동을 매개로 자신이나 타인의 기량 및 기록, 환경적 제약을 극복하기 위해 도전한다. • 도전의 목표는 다양한 도전 상황에 대한 수행과 반성 과정을 통해 성취된다. • 도전 정신은 지속적인 수련과 반성을 통해 길러진다.	• 속도 도전의 의미 • 속도 도전 활동의 기본 기능 • 속도 도전 활동의 방법 • 끈기	• 동작 도전의 의미 • 동작 도전 활동의 기본 기능 • 동작 도전 활동의 방법 • 자신감	• 거리 도전의 의미 • 거리 도전 활동의 기본 기능 • 거리 도전 활동의 방법 • 적극성	• 표적/투기 도전의 의미 • 표적/투기 도전 활동의 기본 기능 • 표적/투기 도전 활동의 방법 • 겸손	• 시도하기 • 분석하기 • 수련하기 • 극복하기
경쟁	경쟁 의미 상황 판단 경쟁· 협동 수행 대인 관계	• 인간은 다양한 유형의 게임 및 스포츠에 참여하여 경쟁 상황과 경쟁 구조를 경험한다. • 경쟁의 목표는 게임과 스포츠 상황에서 숙달된 기능과 상황에 적합한 전략의 활용을 통해 성취된다. • 대인 관계 능력은 공정한 경쟁과 협력적 상호 작용을 통해 발달된다.	• 경쟁 활동의 의미 • 경쟁 활동의 기초 기능 • 경쟁 활동의 방법과 기본 전략 • 규칙 준수	• 영역형 경쟁의 의미 • 영역형 게임의 기본 기능 • 영역형 게임의 방법과 기본 전략 • 협동심	• 필드형 경쟁의 의미 • 필드형 게임의 기본 기능 • 필드형 게임의 방법과 기본 전략 • 책임감	• 네트형 경쟁의 의미 • 네트형 게임의 기본 기능 • 네트형 게임의 방법과 기본 전략 • 배려	• 분석하기 • 협력하기 • 의사소통하기 • 경기 수행하기
표현	표현 의미 표현 양식 표현 창작 감상· 비평	• 인간은 신체 표현으로 느낌이나 생각을 나타내며, 감성적으로 소통한다. • 신체 표현은 움직임 요소에 바탕을 둔 모방이나 창작을 통해 이루어진다. • 심미적 안목은 상상력, 심미성, 공감을 바탕으로 하는 신체 표현의 창작과 감상으로 발달된다.	• 움직임 표현의 의미 • 움직임 표현의 기본 동작 • 움직임 표현의 구성 방법 • 신체 인식	• 리듬 표현의 의미 • 리듬 표현의 기본 동작 • 리듬 표현의 구성 방법 • 민감성	• 민속 표현의 의미 • 민속 표현의 기본 동작 • 민속 표현의 구성 방법 • 개방성	• 주제 표현의 의미 • 주제 표현의 기본 동작 • 주제 표현의 구성 방법 • 독창성	• 탐구하기 • 신체 표현하기 • 감상하기 • 의사소통하기

영역	핵심개념	일반화된 지식	내용 요소				기능
안전	신체 안전 안전 의식	• 인간은 위험과 사고가 없는 편안하고 온전한 삶을 살아가기 위해 안전을 추구한다. • 안전은 일상생활과 신체활동의 위험 및 사고를 예방하고 적절히 대처함으로써 확보된다. • 안전 관리 능력은 안전 의식을 함양하고 위급 상황에 대처하는 연습을 통해 길러진다.	• 신체활동과 안전 • 수상 활동 안전 • 위험 인지	• 운동장비와 안전 • 게임 활동 안전 • 조심성	• 응급 처치 • 빙상·설상 활동 안전 • 침착성	• 운동시설과 안전 • 야외 활동 안전 • 상황 판단력	• 상황 파악하기 • 의사 결정하기 • 대처하기 • 습관화하기

◆ 중학교

영역	핵심개념	일반화된 지식	내용 요소				기능
			중학교				
			1~3학년군				
건강	건강 관리 체력 증진 여가 선용 자기 관리	• 건강은 신체에 대한 이해를 바탕으로 건강한 생활 습관과 건전한 태도를 지속적이고 체계적으로 관리함으로써 유지된다. • 체력은 건강의 기초이며, 자신에게 적절한 신체활동을 지속적으로 실천함으로써 유지, 증진된다. • 건강한 여가 활동은 긍정적인 자아이미지를 형성하고 만족도 높은 삶을 설계하는 데 기여한다.	• 건강과 신체 활동 • 체력의 측정과 평가 • 자기 존중	• 건강과 생활 환경 • 체력 증진과 관리 • 자기 조절	• 건강과 여가 활동 • 운동처방 • 자율성		• 평가하기 • 계획하기 • 관리하기 • 실천하기

도전	도전의미 목표설정 신체·정신 수련 도전정신	• 인간은 신체활동을 매개로 자신이나 타인의 기량 및 기록, 환경적 제약을 극복하기 위해 도전한다. • 도전의 목표는 다양한 도전 상황에 대한 수행과 반성 과정을 통해 성취된다. • 도전 정신은 지속적인 수련과 반성을 통해 길러진다.	• 동작 도전 스포츠의 역사와 특성 • 동작 도전 스포츠의 경기 기능과 과학적 원리 • 동작 도전 스포츠의 경기 방법과 전략 • 용기	• 기록 도전 스포츠의 역사와 특성 • 기록 도전 스포츠의 경기 기능과 과학적 원리 • 기록 도전 스포츠의 경기 방법과 전략 • 인내심	• 투기 도전 스포츠의 역사와 특성 • 투기 도전 스포츠의 경기 기능과 과학적 원리 • 투기 도전 스포츠의 경기 방법과 전략 • 절제	• 시도하기 • 분석하기 • 수련하기 • 극복하기
경쟁	경쟁의미 상황판단 경쟁·협동 수행 대인관계	• 인간은 다양한 유형의 게임 및 스포츠에 참여하여 경쟁 상황과 경쟁 구조를 경험한다. • 경쟁의 목표는 게임과 스포츠 상황에서 숙달된 기능과 상황에 적합한 전략의 활용을 통해 성취된다. • 대인 관계 능력은 공정한 경쟁과 협력적 상호 작용을 통해 발달된다.	• 영역형 경쟁 스포츠의 역사와 특성 • 영역형 경쟁 스포츠의 경기 기능과 과학적 원리 • 영역형 경쟁 스포츠의 경기 방법과 전략 • 페어플레이	• 필드형 경쟁 스포츠의 역사와 특성 • 필드형 경쟁 스포츠의 경기 기능과 과학적 원리 • 필드형 경쟁 스포츠의 경기 방법과 전략 • 팀워크	• 네트형 경쟁 스포츠의 역사와 특성 • 네트형 경쟁 스포츠의 경기 기능과 과학적 원리 • 네트형 경쟁 스포츠의 경기 방법과 전략 • 운동 예절	• 분석하기 • 협력하기 • 의사소통하기 • 경기수행하기
표현	표현의미 표현양식 표현창작 감상·비평	• 인간은 신체 표현으로 느낌이나 생각을 나타내며, 감성적으로 소통한다. • 신체 표현은 움직임 요소에 바탕을 둔 모방이나 창작을 통해 이루어진다. • 심미적 안목은 상상력, 심미성, 공감을 바탕으로 하는 신체 표현의 창작과 감상으로 발달된다.	• 스포츠 표현의 역사와 특성 • 스포츠 표현의 표현 동작과 원리 • 스포츠 표현의 수행과 창작 • 심미성	• 전통 표현의 역사와 특성 • 전통 표현의 표현 동작과 원리 • 전통 표현의 수행 • 공감	• 현대 표현의 역사와 특성 • 현대 표현의 표현 동작과 원리 • 현대 표현의 수행과 창작 • 비판적 사고	• 탐구하기 • 신체 표현하기 • 감상하기 • 의사소통하기

| 안전 | 신체
안전
안전
의식 | • 인간은 위험과 사고가 없는 편안하고 온전한 삶을 살아기기 위해 안전을 추구한다.
• 안전은 일상생활과 신체활동의 위험 및 사고를 예방하고 적절히 대처함으로써 확보된다.
• 안전 관리 능력은 안전 의식을 함양하고 위급 상황에 대처하는 연습을 통해 길러진다. | • 스포츠 유형별 안전
• 운동 손상 예방과 처치
• 의사 결정력 | • 스포츠 생활과 안전
• 스포츠 시설·장비 안전
• 존중 | • 여가 스포츠와 안전
• 사고 예방과 구급·구조
• 공동체 의식 | • 상황 파악하기
• 의사 결정하기
• 대처하기
• 습관화하기 |

② 성취기준

㉠ 초등학교 3~4학년

ⓐ 건강 : 3~4학년군의 건강 영역은 건강을 유지하는 데 요구되는 기본 행동 양식을 습관화하고 보다 능동적으로 건강을 증진시킬 수 있는 방법들을 체험함으로써 건강한 삶의 기초가 되는 태도와 실천 능력을 함양하는 것을 목적으로 한다.

이를 기반으로 체력 증진, 여가 선용, 자기 관리 등 건강을 유지, 증진시키는 데 필요한 기본적인 건강 관리 능력을 기르도록 한다.

3~4학년군의 건강 영역에서는 건강과 운동, 체력, 여가의 의미와 관계를 파악하며, 건강을 유지하고 증진시키기 위해 건강한 생활 양식, 체력 운동, 여가 선용의 기본적인 실천 방법들을 학습할 수 있도록 한다.

건강과 체력에서는 건강한 생활 양식을 직접 수행해 보고 생활 속에서 실천한다. 또한, 생활에서 실천 가능한 다양한 운동을 통해 체력이 향상되고 건강하게 생활할 수 있도록 한다. 이 과정을 통해 타인과 구분되는 자신의 신체적·정신적 특징 등을 바르게 인식한다.

여가와 운동 방법에서는 자신의 경험을 바탕으로 여가 생활의 의미와 건강과의 관계를 파악한다. 또한, 자신의 체격과 체력에 대해 이해하고 올바른 체력 운동 방법을 체험하며 건강 유지 및 증진을 위한 실천 의지를 함양한다.

> **[건강과 체력]**
>
> [4체01 - 01] 건강한 생활 습관(몸의 바른 자세, 개인 위생, 비만 예방)을 알고 생활 속에서 규칙적으로 실천한다.
>
> [4체01 - 02] 다양한 운동 수행을 통해 체력의 향상과 건강한 생활을 경험한다.
>
> [4체01 - 03] 신체활동을 통해 다른 사람과 구별되는 자신의 신체적 · 정신적 특징 등을 인식한다.
>
> **[여가와 운동방법]**
>
> [4체01 - 04] 여가 활동 경험을 바탕으로 여가 활동의 의미와 건강과의 관계를 탐색한다.
>
> [4체01 - 05] 체격 및 체력의 특성을 이해하고 자신에게 맞는 체력 운동 계획을 세워 올바른 방법으로 수행한다.
>
> [4체01 - 06] 건강을 유지 · 증진하기 위한 체력 운동 및 여가 생활을 실천한다.

- 교수 · 학습 방법 및 유의 사항
  - 건강한 생활 습관을 지도하기 위한 소재는 생활 전반에서 보편적이고 지속적으로 요구되는 기본생활 습관을 중심으로 선정하며 각각의 소재는 수행 가능한 구체적인 활동으로 구성한다.
  - 학생들의 연령별 특성, 흥미 등을 고려하여 건강을 유지 및 증진하기에 적합한 놀이, 게임 등을 중심으로 구성할 수 있다.
  - 여가에 대한 특정한 실천 방법을 강조하기보다는 다양한 여가 활동을 통해 신체적, 정신적, 정서적으로 건강해짐을 학생들이 인식할 수 있도록 지도한다.
  - 자신의 수준에 적합한 운동 수준(운동 빈도, 운동 시간, 운동 강도 등)을 지도할 때에는 학생들의 수준에서 적용 가능한 방법을 쉽게 이해할 수 있는 표현을 사용한다(예 옆 사람과 대화가 약간 힘들 정도로 30분간 뛰기 등).
- 평가 방법 및 유의 사항
  - 단위 차시별로 성취기준을 구분하여 평가하기보다는 여러 차시에 걸쳐 형성된 건강 관리 능력과 태도를 종합적으로 평가한다.
  - 건강 관리 능력은 건강 증진을 위해 자신을 평가하고 스스로 계획을 수립하여 실천할 수 있는 능력을 평가한다.
  - 지필 위주의 평가 방식뿐만 아니라 관찰, 면담, 수행평가, 체크리스트 등을 활용하여 종합적인 이해와 수행 능력을 평가한다.
  - 평가 결과는 학생들의 건강 증진을 생활화하기 위한 기초 자료로 활용한다.

ⓑ 도전 : 3~4학년군의 도전 영역은 목표한 속도 기록이나 기대하는 동작을 수행하기 위해 지속적으로 심신을 수련하며, 자신감을 갖고 적극적으로 도전하는 과정을 통해 자신이 설정한 목표에 대한 성취와 능동적인 도전을 경험하는 것을 목적으로 한다. 이를 기반으로 도전 영역을 계획에 따라 수행해 봄으로써 끈기와 자신감과 같은 도전정신과 도전을 위한 기초적인 심신 수련 능력을 갖추도록 한다.

3~4학년군의 도전 영역에서는 자신에 대한 이해를 바탕으로 능력과 성취 가능성을 고려한 구체적인 목표의 설정과 계획의 수립 과정을 학습하여야 한다. 또한, 도전을 위한 수련의 과정에서 능동적인 태도와 지속적인 수행의 자세를 가짐으로써 목표 성취의 결과뿐만 아니라 과정에서 얻어지는 도전의 가치를 함께 이해하는 것이 중요하다.

속도 도전은 목표한 속도와 관련된 기록을 달성하려는 노력과 기록 달성의 성취를 추구하는 신체활동을 수행하는 것으로, 자신의 특성과 환경 및 해당 신체활동에 맞는 적절한 연습과 수련을 끈기 있게 지속하여 보다 향상된 운동 능력을 기르는 활동이다. 이를 위해 도전의 과정에서 변화 내용과 설정한 목표의 달성과 변화된 모습을 스스로 점검하고 평가하는 능력이 요구된다.

동작 도전은 목표한 최상의 동작을 수행하기 위하여 자신의 움직임을 발전적으로 변화시키는 활동이다. 특히, 적극성과 자신감을 바탕으로 새롭거나 어려운 동작에 단계적으로 도전하는 긍정적인 태도가 요구된다.

[속도 도전]

[4체02 - 01] 속도를 향상시켜 자신의 기록을 단축하려는 속도 도전의 개념과 특성을 탐색한다.

[4체02 - 02] 속도 도전과 관련된 여러 유형의 활동에 참여해 자신의 기록을 향상할 수 있는 기본자세와 동작을 찾아 도전 상황에 적용한다.

[4체02 - 03] 자신의 속도 도전 결과를 시기별로 측정하여 그 과정의 장단점을 분석하고 기록을 향상할 수 있는 방법을 지속적으로 수행하고 평가한다.

[4체02 - 04] 수련을 통해 힘든 상황에서도 포기하지 않고 목표 달성을 위해 정진하며 속도에 도전한다.

[동작 도전]

[4체02 - 05] 자신이 수행할 수 있는 최상의 자세와 동작을 수행하는 동작 도전의 개념과 특성을 탐색한다.

[4체02 - 06] 동작 도전과 관련된 여러 유형의 활동에 참여해 수행의 성공에 도움이 되는 기본자세와 동작을 찾아 도전 상황에 적용한다.

[4체02 - 07] 자신의 동작 도전 결과를 시기별로 측정하여 그 과정의 장단점을 분석하고 성공률을 높일 수 있는 방법을 지속적으로 수행하고 평가한다.

[4체02 - 08] 수련을 통해 동작 수행이 어렵거나 두려운 상황을 극복하며 동작에 도전한다.

• 교수 · 학습 방법 및 유의 사항

　－ 목표 설정에 대한 이해와 지속적인 수련이 필요한 속도 도전 영역의 학습을 위하여 3~4학년군 학생의 수준에 적합한 신체활동을 선정하되 계획한 바에 따라 학생 스스로 지속적인 연습 및 점검(기록 측정 등)을 할 수 있는 활동을 선정한다.

- 새로운 동작이나 보다 어려워진 동작을 접했을 때 느낄 수 있는 불안감과 두려움을 해소할 수 있도록 단순한 동작에서부터 난이도가 높은 여러 가지 동작으로 수업의 내용을 구성한다.
- 학생들의 참여도를 높이고 성취의 기쁨을 경험할 수 있도록 활동 과제의 수준과 연습 방법을 다양화한다.
- 학습 과정 중에 일부 단계적인 성취가 이루어졌을 때 즉각적이고 충분한 칭찬과 격려를 함으로써 도전에 대한 지속적인 동기를 부여한다.
- 자신의 수행에 대한 의미 있는 분석이 이루어질 수 있도록 수행에 관한 중요한 움직임 요소나 원리 등을 제시한다.

• 평가 방법 및 유의 사항
- 속도 도전은 지속적인 도전을 위한 태도를 과정 중심으로 평가하는 것이 바람직하다. 이를 위해 신체활동의 수행 과정을 기록한 점검 일지나 본인의 도전 내용을 구체적으로 기록한 자료 등을 활용하여 다각도로 평가한다.
- 동작 도전은 활동에 지속적으로 참여하는 자세를 평가하는 것이 바람직하다. 따라서 활동의 난이도에 따른 성취 결과뿐만 아니라 활동 참여 빈도, 활동 참여 자세도 함께 평가한다.
- 도전 영역에 대한 이해도와 학생의 도전 수행 과정을 평가하기 위해 포트폴리오 등 과정 중심의 평가 도구를 활용한다.

ⓒ 경쟁 : 3~4학년군 경쟁 영역은 게임에 참여하여 상대와 능력을 겨루는 경쟁의 과정을 체험하고 규칙을 지키며 팀원과 협력하는 과정을 통해 공정한 경쟁과 협동의 가치를 경험하는 것을 목적으로 한다.

이를 기반으로 경쟁에 필요한 운동 기능과 전략, 대인 관계 능력 등 게임을 효과적으로 수행할 수 있는 기본적인 능력을 갖추도록 한다.

3~4학년군의 경쟁 영역에서는 단순한 규칙으로 이루어진 게임을 수행하며 경쟁의 의미를 탐색하고 이후 학습할 유형별 경쟁 활동에 바탕이 되는 기본적인 지식, 기능, 태도를 체험한다. 이를 바탕으로 영역형 경쟁을 수행할 수 있는 기본 능력을 기른다. 경쟁의 기초에서는 신체활동을 중심으로 한 다양한 유형의 기본 게임을 수행하며 놀이와 구분되는 게임의 특성(경쟁성, 관례화된 규칙)을 이해하고 경쟁에서 공통적으로 요구되는 기본 기능과 능력을 탐색한다. 이를 통해 이후 다양한 유형의 경쟁에서 요구되는 기본적인 게임 수행 능력을 종합적으로 체험한다. 특히, 합의된 규칙 하에서 이루어지는 경쟁의 기본 전제를 수용하고 규칙을 지키려는 태도를 함양하는 것이 중요하다.

영역형 경쟁에서는 상대 구역으로 이동하여 정해진 공간에 공을 보내 득점하는 영역형 게임을 수행하며 영역형 경쟁의 의미와 기본 기능, 전략을 탐색한다. 특히, 게임을 수행하며 팀원들과의 의사 결정을 바탕으로 협력적 분위기를 형성하는 것이 중요하다.

[경쟁의 기초]

[4체03 − 01] 단순한 규칙으로 이루어진 게임을 종합적으로 체험함으로써 공통의 목표 달성을 위해 정해진 규칙을 지키며 상대와 실력을 겨루는 경쟁의 의미를 탐색한다.

[4체03 − 02] 단순한 규칙으로 이루어진 게임을 수행하며 경쟁에 필요한 기본 기능을 탐색한다.

[4체03 − 03] 게임 방법에 대한 이해를 바탕으로 게임을 유리하게 전개할 수 있는 전략을 탐색한다.

[4체03 − 04] 경쟁의 과정에서 규칙의 필요성을 알고 합의된 규칙을 준수하며 게임을 수행한다.

[영역형 경쟁]

[4체03 − 05] 영역형 게임을 다양하게 체험함으로써 상대 영역으로 이동하여 정해진 지점으로 공을 보내 득점하는 영역형 경쟁의 개념과 특성을 탐색한다.

[4체03 − 06] 영역형 게임의 기본 기능을 탐색하고 게임 상황에 맞게 적용한다.

[4체03 − 07] 영역형 게임 방법에 대한 이해를 바탕으로 게임을 유리하게 전개할 수 있는 전략을 탐색하고 적용한다.

[4체03 − 08] 공동의 목표 달성을 위해 협동의 필요성을 알고 팀원과 협력하며 게임을 수행한다.

• 교수 · 학습 방법 및 유의 사항

－ 경쟁의 기초에서 다루는 신체활동은 게임 유형별(영역형, 필드형, 네트형) 기본 기능과 전략을 포함한 단순한 규칙의 게임을 중심으로 선정하되 가급적 학생들이 다양한 게임의 유형을 접할 수 있도록 활동을 편성한다.

－ 경쟁의 기초에서는 게임 상황을 유리하게 이끌 수 있는 다양한 전략을 학생 스스로 탐색하게 하고 전략의 수립과 적용에 대한 시도 자체를 긍정적으로 수용한다. 운동 기능은 다양한 경쟁 활동에 통용되는 달리기, 받기, 던지기, 치기, 차기 등의 기본 운동 기능을 중심으로 지도한다.

－ 영역형 경쟁에서는 학습 주제와 학생들의 발달 단계에 적합하도록 변형한 형태의 게임을 중심으로 신체활동을 구성한다.

－ 영역형 경쟁에서는 공간 만들기, 공간 차단하기, 골 넣기와 막기의 기본 전략과 공 이어주기, 공 몰기, 공 빼앗기, 골 넣기와 막기 등의 기본 기능을 다룬다.

－ 영역형 경쟁에서는 남녀 성별에 따른 차이가 비교적 두드러지게 나타난다. 남녀 혼합 팀을 구성하여 경쟁을 할 경우 양성의 평등한 참여를 보장할 수 있는 게임 규칙을 적용한다.

－ 영역형 경쟁의 경우 게임의 흐름을 유지할 수 있도록 충분한 공간을 확보한다. 또한, 공간 만들기의 기본 전략(공간 침투 등)이 구현될 수 있도록 활동을 구성한다.

– 영역형 경쟁의 경우 신체 접촉이 많이 일어나므로 과도한 신체 접촉을 완화할 수 있는 규칙(공을 빼앗을 수 있는 조건을 명확히 하는 등)을 적용한다.

- **평가 방법 및 유의 사항**
  – 경쟁의 의미를 평가할 때에는 여타의 신체활동과 구분되는 경쟁 활동의 특성에 대한 이해를 주요 평가 내용으로 한다.
  – 경쟁의 기초를 학습할 때는 게임 상황에서 전략과 기능이 필요함을 인지하고 있는지 여부와 이를 습득하려는 노력의 과정을 평가한다.
  – 전략을 활용한 공격과 수비 행동의 빈도와 적절성 등을 중심으로 영역형 경쟁의 전략 이해 및 적용 능력을 평가한다. 특히, 게임 관련 지식, 기능, 태도 등을 분절적으로 평가하는 것은 지양하며 게임 수행 능력 평가 등의 방법을 활용하여 종합적으로 평가한다.
  – 게임 수행 과정을 중심으로 규칙 준수 및 협동의 태도를 평가한다.

ⓓ **표현**: 3~4학년군의 표현 영역은 움직임 요소와 리듬 유형에 적절한 신체 움직임을 지속적으로 수행하고 창작하는 과정을 통해 표현의 의미를 체험하는 것을 목적으로 한다.

이를 기반으로 자신의 생각이나 느낌을 신체 움직임으로 표현해 봄으로써 신체 표현의 기초가 되는 신체 인식과 민감성을 갖추도록 한다.

3~4학년군의 표현 영역에서는 자신의 느낌이나 감정을 신체 움직임으로 나타내기 위한 기초적인 표현 방법을 학습해야 한다. 또한, 기초적인 표현 방법을 바탕으로 다양한 모방이나 창작을 통해 새로운 움직임을 표현하는 능력을 기르는 것이 중요하다. 움직임 표현은 움직임 언어와 표현 요소를 바탕으로 자신의 느낌을 표현하는 것으로, 신체 움직임의 변화에 따른 표현 능력을 기르는 활동이다. 특히, 움직임 표현은 자신의 신체 움직임과 신체 변화 등을 인식하는 신체 인식 능력이 중요하므로 움직임에 따른 신체 변화를 알고 신체의 움직임을 창의적으로 표현할 수 있는 다양한 기회를 제공한다.

리듬 표현은 리듬의 변화에 따른 적절한 몸의 움직임을 강조하는 것으로, 리듬과 음악에 따라 자신의 움직임을 다양하게 변화시키는 활동이다. 리듬 표현은 리듬의 특징과 변화를 빠르게 수용하여 표현할 수 있는 민감성이 중요하므로 음악의 변화에 따른 움직임을 수행할 수 있는 다양한 기회를 제공한다.

[움직임 표현]

[4체04 – 01] 움직임 언어(이동 움직임, 비이동 움직임, 조작 움직임)와 표현 요소(신체, 공간, 노력, 관계)를 탐색한다.

[4체04 – 02] 느낌이나 생각을 창의적인 움직임으로 표현하는 데 적합한 기본 동작을 다양한 표현 상황에 적용한다.

[4체04 - 03] 개인 또는 모둠별로 움직임 언어나 표현 요소를 활용하여 구성한 작품을 발표하고 이를 감상한다.

[4체04 - 04] 움직임 표현 활동을 수행하며 움직임 표현에 따른 자신의 신체 움직임과 신체의 변화 등을 인식한다.

[리듬 표현]

[4체04 - 05] 신체활동(체조, 줄넘기 등)에 나타나는 리듬의 유형과 요소를 탐색한다.

[4체04 - 06] 음악(동요, 민요 등)에 맞추어 신체 또는 여러 가지 도구(공, 줄, 후프 등)를 활용한 다양한 동작을 표현 상황에 적용한다.

[4체04 - 07] 개인 또는 모둠별로 리듬에 따른 다양한 동작을 구성하여 작품을 만들어 발표하고 이를 감상한다.

[4체04 - 08] 리듬 표현 활동을 수행하며 리듬의 특징과 변화를 빠르게 수용하고 이를 신체 움직임에 반영하여 표현한다.

- 교수·학습 방법 및 유의 사항
  - 움직임 언어에 따른 표현 요소를 다양하게 익힐 수 있는 신체활동을 선정한다. 특히, 시, 동화 등의 이야기를 적극 활용하여 다양한 상황에 적절한 움직임을 수행할 수 있는 기회를 제공한다.
  - 리듬 표현을 지도할 때에는 음악의 빠르기, 셈여림 등이 다른 음악을 활용하여 학습자가 리듬이나 음악의 셈여림, 빠르기에 따른 적합한 신체 움직임을 익힐 수 있도록 한다. 또한, 리듬에 따른 신체 움직임에 익숙해지도록 반복되는 리듬을 활용할 수도 있다.
  - 도구를 활용한 리듬 표현을 할 때에는 음악에 맞추어 도구를 조작하는 것이 어려울 수 있으므로 기초적인 움직임부터 난도가 높은 움직임을 단계적으로 배울 수 있도록 한다. 즉, 도구를 조작하는 데 필요한 동작을 먼저 익히고 이를 바탕으로 리듬에 따른 움직임을 익히게 한다.
  - 움직임 및 리듬 표현에 관련된 활동을 한 후에는 여러 사람 앞에서 활동한 결과를 지속적으로 발표하고 감상하는 과정을 통해 표현의 중요성을 경험한다. 또한, 자신감을 갖고 표현할 수 있도록 긍정적인 피드백을 적극적으로 제공한다.

- 평가 방법 및 유의 사항
  - 초등학교 3~4학년군의 표현 영역은 자신의 감정이나 느낌을 표현한 것을 바탕으로 그것의 수행 이유, 내용, 방법 등을 종합적으로 평가한다.
  - 움직임 표현은 움직임 언어에 따른 표현 요소의 구성과 표현 방식을 중심으로 평가하되 움직임 언어와 표현 요소를 활용한 신체 움직임 구성 능력을 평가의 기준으로 삼는다.
  - 리듬 표현은 리듬의 세기, 빠르기에 따라 신체 움직임을 정확하게 구사할 수 있는지를 평가한다.

－ 자신의 감정을 다른 사람들 앞에서 적극적으로 발표할 수 있는지를 지속적으로 확인하고 평가에 반영한다.

ⓔ 안전: 3~4학년군의 안전 영역은 안전한 삶과 생활을 영위하기 위해 필요한 안전에 관련된 지식을 습득하여 실생활에 적용하는 것을 목적으로 한다.

이를 기반으로 신체활동 수행 전반에서 요구되는 안전 의식과 함께 안전 확보를 위한 기본적인 능력 및 위기 대처 능력을 기르도록 한다.

3~4학년군의 안전 영역에서는 신체활동 관련 안전사고의 종류와 원인을 파악하여 신체활동 시 안전을 확보하기 위한 기본 원리와 방법들을 학습한다. 특히, 초등학생 수준에서 실천 가능한 내용을 중심으로 수상 활동, 게임 활동에서 안전을 확보하는 구체적인 방법과 사고에 대처하는 방법을 학습한다.

신체활동과 수상 활동 안전에서는 신체활동에서 발생할 수 있는 안전사고의 종류와 원인을 파악하고 수상 활동 시 안전을 확보하고 사고에 대처하는 방법을 학습한다. 이 과정에서 신체활동의 위험 요소를 인지할 수 있는 능력과 태도를 기른다.

운동 장비와 게임 활동 안전에서는 운동 장비 사용과 관련된 안전사고의 종류와 원인을 파악하고 게임 활동 시 안전을 확보하고 사고에 대처하는 방법을 학습한다. 이 과정에서 안전에 주의를 기울여 활동하는 조심성을 기른다.

[신체활동과 수상 활동 안전]
[4체05 － 01] 신체활동에서 자주 발생하는 안전사고의 종류와 원인을 탐색한다.
[4체05 － 02] 수상활동에서 발생하는 안전사고의 사례를 조사하고 예방 및 대처 방법을 익혀 위험 상황에 대처한다.
[4체05 － 03] 신체활동 시 발생할 수 있는 위험 상황을 인지하며 안전하게 신체활동을 수행한다.

[운동 장비와 게임 활동 안전]
[4체05 － 04] 운동 장비 사용 시 발생할 수 있는 안전사고의 종류와 원인을 탐색한다.
[4체05 － 05] 게임 활동에서 발생하는 안전사고의 사례를 조사하고 예방 및 대처 방법을 익혀 위험 상황에 대처한다.
[4체05 － 06] 신체활동 시 행동에 주의를 기울이며 안전하게 활동한다.

• 교수 · 학습 방법 및 유의 사항
  － 다양하고 구체적인 사례들을 중심으로 신체활동과 관련한 위험 요소를 파악하여 안전사고에 대처하는 방법을 체험한다.
  － 다양한 신체활동에서 장비의 올바른 사용법을 지속적으로 실천할 수 있는 기회를 제공하기 위하여 체육과의 여러 영역과 관련 지어 지도한다.
  － 운동 장비 안전의 학습 내용에는 장비의 올바른 사용법뿐만 아니라 장비의 안전함을 판단하는 내용을 포함한다.

- 수상(게임) 안전에는 안전한 수상(게임) 활동 시설의 선정, 준비 운동, 놀이 시 유의 사항 등 구체적인 안전 확보 요령과 더불어, 변화하는 상황에 능동적으로 대처할 수 있도록 상황별 위기 대처 요령을 함께 지도한다.
- 안전사고의 사례로 지나친 공포를 불러일으킬 수 있거나 선정적인 내용들을 제시하지 않도록 주의한다.
- 위기 대처 방법을 익히기 위한 실습 시 주변에 위험한 요소가 없는지 사전에 면밀히 검토한다.
- 평가 방법 및 유의 사항
  - 신체활동 상황에 따라 위험 요소를 인식하고 안전한 방법으로 신체활동을 수행하는지 평가한다.
  - 안전 의식과 안전 확보 능력은 해당 차시의 수업에서뿐만 아니라 타 영역과 연계하여 수시로 평가한다.
  - 평가 결과에 대한 피드백을 상황별로 즉시 제공함으로써 신속한 교정이 이루어질 수 있도록 한다.

◎ 초등학교 3~4학년 신체활동 예시

영역		신체활동 예시
건강	(가) 건강과 체력	일상생활에서 실천할 수 있는 체력 운동(맨손체조, 줄넘기 등), 기본 생활 습관 형성 활동(몸의 바른 자세, 손 씻기, 양치질, 올바른 식습관 등)
	(나) 여가와 운동 방법	일상생활에서 실천할 수 있는 여가 활동(걷기, 자전거타기, 플라잉디스크, 제기차기, 투호, 사방치기 등), 기초체력 측정 및 증진 활동(스트레칭, 팔굽혀펴기, 왕복달리기, 전력달리기 등)
도전	(가) 속도 도전	단거리달리기, 이어달리기, 오래달리기 및 걷기, 장애물달리기, 자유형, 평영, 배영 등
	(나) 동작 도전	매트운동, 뜀틀운동, 평균대운동, 태권도 품새 등
경쟁	(가) 경쟁의 기초	태그형 게임, 기초적인 수준의 영역형/필드형/네트형 게임 등
	(나) 영역형 경쟁	축구형 게임, 농구형 게임, 핸드볼형 게임, 럭비형 게임, 하키형 게임 등
표현	(가) 움직임 표현	움직임 언어(이동 움직임, 비이동 움직임, 조작 움직임)를 활용한 표현 활동, 표현 요소(신체, 노력, 공간, 관계 등)를 활용한 표현 활동 등
	(나) 리듬 표현	공 체조, 리본 체조, 후프 체조, 음악 줄넘기, 율동 등
안전	(가) 신체활동과 수상활동 안전	신체활동과 관련된 안전사고의 종류와 원인 조사 활동, 수상안전사고 예방 및 대처활동 등
	(나) 운동 장비와 게임활동 안전	운동 장비와 관련된 안전사고의 종류와 원인 조사 활동, 게임 안전사고 예방 및 대처활동 등

※ 신체활동은 교육과정의 목적에 근거하여 선택하되, 학교의 교육 여건을 고려하여 다른 영역의 신체활동 예시나 새로운 신체활동을 선택할 수 있다. 단, 단위 학교의 학년 협의회를 통해 결정한다.

ⓛ 초등학교 5~6학년

ⓐ 건강 : 5~6학년군의 건강 영역은 3~4학년에서 학습한 건강 관리 방법과 원리들을 보다 구체적인 수준에서 탐색하고 적용해 봄으로써 건강 관리에 대한 이해의 폭을 넓히고 생활 속에서 실천할 수 있는 능력과 자율적인 태도를 함양하는 것을 목적으로 한다.

이를 기반으로 상황에 따른 체력증진, 여가 선용, 자기 관리 등 건강을 유지하고 증진시킬 수 있는 실천적인 관리 능력을 기르도록 한다.

5~6학년 건강 영역에서는 건강한 성장과 발달, 유형별 체력 증진 방법, 여가 선용에 대해 초등학교 수준에서 실천할 수 있는 구체적인 실천 방법과 태도를 학습한다. 성장과 건강 체력에서는 건강한 성장 발달을 위한 바람직한 태도와 생활 양식을 습득하고, 건강 체력의 증진 방법을 탐색하고 실천한다. 이 과정을 통해 자신의 신체적 성장 발달, 체력 변화를 긍정적으로 수용할 수 있는 태도를 함양한다.

여가와 운동 체력에서는 자신에게 맞는 신체활동 중심의 여가 계획을 세워 실천하고, 운동 체력의 증진 방법을 탐색하고 실천한다. 이 과정을 통해 지속적으로 건강 관리를 실천할 수 있는 의지를 기르는 것이 중요하다.

[성장과 건강 체력]

[6체01 - 01] 성장에 따른 신체적 변화를 수용하고 건강한 성장과 발달을 저해하는 생활 양식(흡연, 음주, 약물 오남용 등)의 위험성을 인식한다.

[6체01 - 02] 건강을 유지하기 위한 체력 운동을 선택하고 자신의 수준에 맞게 운동 계획을 세워 실천한다.

[6체01 - 03] 신체활동 참여를 통해 부족했던 체력의 향상을 체험함으로써 타인과 다른 자신의 신체적 기량과 특성을 긍정적으로 수용한다.

[여가와 운동 체력]

[6체01 - 04] 건강한 생활을 위한 신체적 여가 활동 계획을 수립하여 실천한다.

[6체01 - 05] 운동 능력을 향상시키기 위한 체력 운동을 선택하고 자신의 수준에 맞는 운동 계획을 세워 실천한다.

[6체01 - 06] 건강 증진을 위해 계획에 따라 운동 및 여가 활동에 열정을 갖고 꾸준히 참여한다.

• 교수 · 학습 방법 및 유의 사항

– 건강한 성장에 대한 학습 활동은 개인에 따라 성장의 속도가 다르고 성별에 따라서도 다른 특징이 나타나며 타인과 자신의 차이를 긍정적으로 수용할 수 있도록 지도한다.

- 학생 자신이 선호하거나 관심 있는 신체활동 중심으로 여가 활동을 계획하고 실천할 수 있도록 한다.
- 체력의 유형에 따른 건강 증진 방법은 각각의 체력 요소를 기르기에 적합한 운동을 선정하고 자신의 수준에 맞는 운동 방법을 찾아 실천할 수 있도록 지도한다.
- 건강한 성장 발달과 관련하여 성별 신체 변화가 나타나기 시작하는 시기임을 고려하여 올바른 성 의식과 태도를 함께 기를 수 있도록 지도한다.
- 잘못된 방식으로 운동하거나 과도하게 운동을 하는 것은 오히려 건강에 부정적 영향을 미칠 수 있음을 지도한다.

• 평가 방법 및 유의 사항
- 단순히 체력 수준을 기준으로 평가하는 것을 지양하고 자신에게 필요한 체력 운동을 선정하고 계획을 세워 올바른 방법으로 실천하는 과정을 중심으로 평가한다.
- 차시 단위로 평가를 하기 보다는 영역 전반에 걸쳐 드러나는 종합적인 수행 능력과 태도 변화를 중심으로 학업 성취를 평가한다.

ⓑ 도전: 5~6학년군의 도전 영역은 목표한 거리 기록이나 대상에 따라 자신의 기록이나 기량 향상을 위해 심신을 수련하여 자신의 신체적 수월성을 함양하거나 타인의 신체적 기량에 지속적으로 도전하는 적극적인 태도를 기르는 것을 목적으로 한다. 이를 기반으로 목표하는 도전 영역을 계획에 따라 수행해 봄으로써 적극성과 겸손과 같은 도전 정신과 도전을 위해 스스로 심신을 수련할 수 있는 태도와 능력을 갖추도록 한다.

5~6학년군의 도전 영역에서는 자신의 운동 수준에 대한 이해를 바탕으로 목표에 대한 성취 가능성을 높일 수 있는 체계적인 계획을 세우는 것이 중요하다. 따라서 활동 수준 및 내용에 대한 보다 깊은 관찰과 분석이 필요하다.

거리 도전은 새로운 기록을 세우기 위해 자신의 기록을 단축하거나, 체계적인 연습을 통해 보다 향상된 운동 능력을 기르는 활동으로 자신의 기록 향상 과정을 확인하고 점검할 수 있는 내용들을 다룬다. 특히, 거리 도전은 적극성을 바탕으로 자신의 목표 거리를 향상시키기 위해 다양한 연습 방법을 찾거나 체계적인 계획을 세우는 과정을 강조한다.

표적/투기 도전은 새로운 기록에 도전하거나 상대방의 기량을 극복하기 위한 차분한 자세와 마음가짐이 요구되는 활동이다. 표적 도전은 집중력을 바탕으로 활동에 임할 수 있는 내용들을 다루고 투기 도전은 자신의 기량을 향상하고 타인의 신체적 기량에 도전하는 내용들을 강조한다. 특히, 표적/투기 도전은 겸손한 자세를 바탕으로 자신의 기록이나 상대방의 기량에 도전하는 과정을 보다 강조한다.

> **[거리 도전]**
>
> [6체02 − 01] 자신의 기록을 향상시키려는 거리 도전의 개념과 특성을 탐색한다.
>
> [6체02 − 02] 거리 도전과 관련된 여러 유형의 활동에 참여해 자신의 기록을 향상할 수 있는 기본자세와 동작을 이해하고 도전 상황에 적용한다.
>
> [6체02 − 03] 거리 도전의 결과를 시기별로 측정하여 도전 과정의 장단점을 분석하고 기록을 향상할 수 있는 방법을 지속적으로 수행하고 평가한다.
>
> [6체02 − 04] 상황과 환경에 관계없이 해낼 수 있는 자신감을 갖고 적극적으로 거리 기록 향상에 도전한다.
>
> **[표적/투기 도전]**
>
> [6체02 − 05] 새로운 기록을 수립하거나 상대방의 신체적 기량에 앞서기 위해 수행하는 표적/투기 도전의 개념과 특성을 탐색한다.
>
> [6체02 − 06] 표적/투기 도전과 관련된 여러 유형의 활동에 참여해 자신의 성공 수행을 높일 수 있는 기본자세와 동작을 이해하고 도전 상황에 적용한다.
>
> [6체02 − 07] 표적/투기 도전의 결과를 지속적으로 측정 및 점검하여 그 과정의 장단점을 분석하고 보다 좋은 결과를 얻을 수 있는 방법을 지속적으로 수행하고 평가한다.
>
> [6체02 − 08] 표적/투기 도전의 참여 과정과 결과를 반성하고 어떠한 상황에서도 상대방을 존중하고 게임에 최선을 다하는 겸손한 자세로 도전한다.

- 교수·학습 방법 및 유의 사항
  - 거리 도전은 학생들이 두려움을 가질 가능성이 높으므로 학습자의 수준에 적합한 난이도의 활동을 제시해야 한다. 따라서 거리나 높이 도전의 성격을 지닌 활동 중 다양한 난이도로 구성될 수 있는 신체활동을 선정한다. 또한, 활동의 수준을 체계적으로 제시하여 안전사고를 예방하고 학습자가 활동에 두려움을 느끼지 않도록 해야 한다.
  - 표적 도전은 고정된 표적, 움직이는 표적 등 대상의 특성에 따른 다양한 도전 활동을 경험할 수 있게 한다. 투기 도전은 학습자에게 비교적 익숙하고 일상생활에서 자주 경험할 수 있는 활동을 선정하여 활동에 대한 두려움을 없애는 것이 좋다.
  - 도전 영역은 자신의 연습 과정을 지속적으로 관찰하고 기록할 수 있도록 지도해야 한다. 특히, 사진, 동영상 등 영상 매체를 적극 활용하여 자신의 변화 과정을 꾸준히 반성할 수 있는 기회를 제공한다.
  - 학습자가 도전의 과정에 흥미를 가지고 지속적으로 참여할 수 있도록 게임을 활용하는 등 다양한 연습 방법을 제시한다. 이 때, 흥미를 강조하기보다는 게임을 통해 도전의 가치를 체험할 수 있도록 지도해야 한다.
- 평가 방법 및 유의 사항
  - 도전 영역은 활동의 결과보다 지속적인 수련 과정을 중심으로 평가한다. 이를 위해 자신의 수준에 적절한 연습 방법을 만들고 난이도를 조절하여 도전하는 종합적인 능력을 평가한다.

　　　　－ 도전의 과정을 동영상으로 촬영하거나 자신의 운동 수행 변화 과정을 기록한 사진, 동영상 등을 평가에 활용할 수 있다.

ⓒ 경쟁 : 5~6학년군 경쟁 영역은 필드형 게임과 영역형 게임에 참여하여 상대와 능력을 겨루는 경쟁의 과정을 체험하고 자기가 맡은 역할을 완수하며 타인을 이해하고 배려하는 과정을 통해 선의의 경쟁을 경험하는 것을 목적으로 한다.

이를 기반으로 경쟁에 필요한 운동 기능과 전략, 대인 관계 능력 등 게임을 효율적으로 수행할 수 있는 기본적인 능력을 갖추도록 한다. 특히, 3~4학년군의 경쟁 영역에서 학습한 지식과 기능, 태도를 바탕으로 필드형 경쟁, 네트형 경쟁을 수행할 수 있는 기본 능력을 기르도록 한다.

필드형 경쟁에서는 빈 곳으로 공을 보내고 정해진 곳을 돌아와 득점하는 필드형 게임을 수행하며 필드형 경쟁의 의미와 기본 기능, 전략을 탐색한다. 특히, 게임을 수행하며 자기가 맡은 역할을 잘 숙지하고 완수하려는 태도를 강조한다.

네트형 경쟁에서는 네트 너머의 상대가 받아넘기지 못하도록 공을 보내 득점하는 네트형 게임을 수행하며 네트형 경쟁의 의미와 기본 기능, 전략을 탐색한다. 특히, 게임을 수행하며 다른 사람들의 입장을 이해하고 공감하는 태도를 함양하는 것이 중요하다.

[필드형 경쟁]

[6체03 － 01] 필드형 게임을 체험함으로써 동일한 공간에서 공격과 수비를 번갈아 하며 상대의 빈 공간으로 공을 보내고 정해진 구역을 돌아 점수를 얻는 필드형 경쟁의 개념과 특성을 탐색한다.

[6체03 － 02] 필드형 게임의 기본 기능을 탐색하고 게임 상황에 적용한다.

[6체03 － 03] 필드형 게임 방법에 대한 이해를 바탕으로 게임을 유리하게 전개할 수 있는 전략을 탐색하고 적용한다.

[6체03 － 04] 필드형 경쟁 활동에 참여하면서 책임의 중요성을 인식하고 이를 바탕으로 맡은 바 역할에 최선을 다하며 게임을 수행한다.

[네트형 경쟁]

[6체03 － 05] 네트형 게임을 종합적으로 체험함으로써 네트 너머에 있는 상대의 빈 공간에 공을 보내 받아 넘기지 못하게 하여 득점하는 네트형 경쟁의 개념과 특성을 탐색한다.

[6체03 － 06] 네트형 게임을 기본 기능을 탐색하고 게임 상황에 맞게 적용한다.

[6체03 － 07] 네트형 게임 방법에 대한 이해를 바탕으로 게임을 유리하게 전개할 수 있는 전략을 탐색하고 적용한다.

[6체03 － 08] 네트형 경쟁 활동에 참여하면서 다른 사람들의 입장을 이해하고 공감하며 게임을 수행한다.

- 교수·학습 방법 및 유의 사항
  - 스포츠의 정형화된 규칙을 적용하기보다는 학습 주제와 학생들의 발달 단계에 부합되는 형태의 변형된 규칙(경기장, 인원 구성, 사용하는 도구 등)을 적용한다.
  - 필드형 경쟁에서는 빈 곳으로 공 보내기, 구역과 역할을 나누어 수비하기 등의 전략과 공 치기, 공 차기, 공 던지기, 공 받기, 달리기 등의 기본 기능을 다룬다.
  - 네트형 경쟁에서는 공을 받아 넘기기 어려운 지역으로 공 보내기, 역할을 유기적으로 나누어 수비하기 등의 전략과 공 넘기기, 공 받기, 공 이어주기 등의 기본 기능을 다룬다.
  - 필드형 경쟁은 공격과 수비 역할이 명확히 구분되므로 공수교대에 따른 전략의 변화를 명확히 인식할 수 있도록 지도한다.
  - 네트형 경쟁은 공격과 수비의 역할이 동시에 이루어지는 경우가 많으므로 미리 다음 상황을 예측하며 게임을 할 수 있도록 지도한다.
  - 필드형 경쟁과 네트형 경쟁 모두 라켓, 배트 등을 사용하는 경우가 많으므로 주변을 잘 살피고 충분한 활동 공간을 확보할 수 있도록 한다.
- 평가 방법 및 유의 사항
  - 필드형 경쟁과 네트형 경쟁의 이해 정도는 개념 진술에만 의존하기보다는 게임 구성 및 게임의 원활한 수행 능력 등을 통합적인 관점에서 평가한다.
  - 필드형 경쟁과 네트형 경쟁에서 빈 곳으로 공을 보내고, 역할을 유기적으로 분담하여 수비를 하는 행동의 빈도와 적절성 등을 중심으로 전략의 이해와 적용력을 평가한다.
  - 필드형 경쟁과 네트형 경쟁에 관한 지식과 기능, 태도 등을 게임 수행의 맥락에서 종합적으로 평가한다.
  - 게임에서의 실천 양상을 중심으로 책임감 및 다른 사람을 이해하고 배려하려는 태도를 평가한다.

ⓓ 표현: 5~6학년군의 표현 영역은 세계 여러 나라의 민속 무용을 경험하고 주제와 관련된 일련의 창의적인 작품을 만들어가는 과정을 통해 다양한 표현의 가치를 이해하고 표현에 대한 심미적 안목을 기르는 것을 목적으로 한다.

이를 바탕으로 여러 나라의 민속춤과 주제와 관련된 여러 가지 움직임을 표현해 봄으로써 개방성과 독창성 같은 열린 자세와 창의적인 신체 표현 능력을 갖추도록 한다. 5~6학년군의 표현 영역에서는 기초적인 표현 방법을 바탕으로 다양한 활동을 통해 자신의 감정을 보다 적극적으로 표현하는 방법을 학습하도록 한다. 또한, 상상력, 공감 등을 바탕으로 새롭고 창의적인 방식을 찾아 그것을 신체의 움직임으로 표현하는 능력을 기르는 것이 중요하다.

민속 표현은 세계 여러 나라의 다양한 민속 무용을 경험해 보는 것으로, 민족의 문화적 특성이 무용을 통해 어떻게 나타나는지를 이해하고 경험해 보는 활동이다. 특히, 민속 표현은 민속 무용에 담긴 여러 민족의 문화적 특성을 이해하고 존중할 수 있는 개방적인 태도가 중요하므로 여러 민족의 다양한 민속 무용을 되도록 많이 경험할 수 있는 기회를 제공하는 것이 중요하다.

주제 표현은 어떤 주제와 관련된 일련의 창작 표현 과정을 강조하는 것으로 새로운 움직임이나 작품을 만들어가는 과정 중심의 활동이다. 주제 표현은 표현 요소를 기초로 다양하고 창의적인 방법으로 표현하는 것이 중요하므로 작품을 만들어가는 과정에서 구성원들 간의 협력적 의사소통 과정과 다른 사람의 의견을 존중하고 이해할 수 있는 긍정적인 자세가 요구된다.

[민속 표현]

[6체04 − 01] 세계 여러 나라의 전통적인 민속 표현의 종류와 특징을 탐색한다.

[6체04 − 02] 세계 여러 나라 민속 표현의 고유한 특징을 효과적으로 표현하는 데 적합한 기본 동작을 적용한다.

[6체04 − 03] 민속 표현 활동에 포함된 다양한 표현 방법(기본 움직임, 대형, 리듬 등)을 바탕으로 작품을 구성하여 발표하고 이를 감상한다.

[6체04 − 04] 세계 여러 민족의 문화적 특성을 이해하고 존중하는 개방적인 마음으로 참여한다.

[주제 표현]

[6체04 − 05] 주제 표현을 구성하는 표현 요소(신체 인식, 공간 인식, 노력, 관계 등)와 창작 과정(발상, 계획, 구성, 수행 등)의 특징을 탐색한다.

[6체04 − 06] 정해진 주제나 소재의 특징적인 면을 살려 신체활동으로 표현하는 데 적합한 기본 동작을 다양한 상황에 적용한다.

[6체04 − 07] 주제 표현 활동을 하는 데 필요한 다양한 표현 방법을 바탕으로 개인 또는 모둠별로 작품을 창의적으로 구성하여 발표하고 이를 감상한다.

[6체04 − 08] 주제와 관련된 다양한 표현 방식을 이해하고 자신의 느낌과 생각에 따라 창의적인 방법으로 표현한다.

• 교수 · 학습 방법 및 유의 사항

− 민속 표현에서는 나라별 문화적 특징이 드러나는 무용을 선정하여 민속 무용을 통해 그 나라의 자연 환경, 생활 습관 등에 따라 나타나는 무용의 형태와 특성을 이해할 수 있도록 한다.

− 주제 표현에서는 학습자의 생활이나 경험과 밀접한 관련이 있는 내용을 주제로 작품을 구성하거나 신체활동을 선정한다. 최근 유행하고 있는 실용 무용을 활용하여 학습자가 표현 활동에 보다 관심을 가지고 참여할 수 있도록 유도한다.

− 민속 표현에서는 각 나라의 민속 무용에서 나타나는 문화적 의미를 이해하기 위해 민속 무용별로 나타나고 있는 기본 움직임, 대형 등을 이해하고 수행할 수 있도록 지도한다.

– 활동 과정에 가급적 음악을 사용하여 음악과 신체 움직임을 조화롭게 표현할 수 있도록 지도한다. 특히, 민속 표현에서는 표현 활동을 위해 그 민족의 문화적 특징이 담긴 음악을 듣는 과정을 경험함으로써 문화를 반영하는 리듬의 차이를 이해할 수 있도록 지도한다.

• 평가 방법 및 유의 사항
  – 민속 표현과 주제 표현은 수행의 전 과정을 종합적으로 고려하여 평가한다. 특히, 민속 표현은 민속 무용의 수행 과정과 함께 이와 관련된 민족의 역사, 문화, 환경 등의 특징을 이해하고 있는지를 종합적으로 평가하고 주제 표현은 주제의 선정에서부터 작품 구성 및 발표에 이르는 일련의 과정을 평가한다.
  – 민속 표현을 평가할 때에는 각각의 민속 표현이 가지고 있는 기본 동작, 대형 등의 수행뿐만 아니라 그 의미에 대하여 이해하고 있는지를 함께 평가한다.
  – 주제 표현에서는 주제와 관련하여 만들어진 일련의 움직임이 갖는 의도와 표현 방법을 관련 지어 평가한다. 따라서 작품을 만들어가는 단계에서 나타나는 생각이나 느낌을 신체 움직임으로 표현한 이유에 대한 구체적인 설명과 함께 작품의 구성 및 표현 방식을 종합적으로 평가한다.

ⓔ 안전 : 5~6학년군의 안전 영역은 안전한 삶과 생활을 영위하기 위해 필요한 지식을 습득하여 실생활에 적용하는 것을 목적으로 한다.
  이를 바탕으로 여러 가지 신체활동 및 실생활 중에 발생할 수 있는 안전사고를 예방할 수 있도록 침착성 및 상황 판단력과 같은 안전 대처 능력을 갖추도록 한다.
  5~6학년군의 안전 영역에서는 응급 처치, 빙상·설상 활동의 안전, 운동 시설 이용, 야외 활동 안전에 관련된 활동을 경험해 봄으로써 위급한 상황에서 당황하지 않고 빠른 판단을 내려 사고의 위협에서 벗어날 수 있는 능력을 기르는 것이 중요하다.
  응급 처치와 빙상·설상 안전은 운동 상황 및 일상생활에서 발생할 수 있는 다양한 응급 상황을 이해하고 이에 적절히 대처할 수 있는 방법을 경험해 보는 활동이다. 따라서 응급 상황에서 침착함을 잃지 않고 대처하며 빙상·설상 활동 중에 발생할 수 있는 안전사고를 이해하고 침착하게 대처할 수 있는 방법을 경험해보는 것이 필요하다.
  운동 시설과 야외 활동 안전에서는 운동 시설 이용 시 발생할 수 있는 안전사고의 종류와 원인을 파악한다. 또한, 야외 활동 중에 발생할 수 있는 안전사고를 미리 숙지하고 점검하여 안전사고를 미연에 방지할 수 있는 판단력을 기르는 것이 중요하다.

> **[응급 처치와 빙상·설상 안전]**
> [6체05 – 01] 운동 시 발생할 수 있는 응급 상황(출혈, 염좌, 골절 등)의 종류와 특징을 조사하고 상황에 따른 대처법을 탐색한다.

[6체05 - 02] 빙상·설상에서 발생하는 안전사고의 사례를 조사하고 예방 및 대처 방법을 익혀 위험 상황에 대처한다.

[6체05 - 03] 일상생활이나 운동 중 발생할 수 있는 위험 상황에서 약속된 절차를 떠올리며 침착하게 행동한다.

[운동 시설과 야외 활동 안전]

[6체05 - 04] 운동 시설 이용 시 발생할 수 있는 안전사고의 종류와 원인을 탐색한다.

[6체05 - 05] 야외 활동에서 발생하는 안전사고의 사례를 조사하고 예방 및 대처 방법을 익혀 위험 상황에 대처한다.

[6체05 - 06] 신체 부상이 우려되는 위험한 상황이나 재난 발생 시 피해 상황을 신속하게 판단하여 안전하게 대처한다.

• 교수·학습 방법 및 유의 사항

 - 위급 상황에서 실제로 대처할 수 있는 능력이 중요하므로 응급 상황에 따른 대처법을 구체적으로 익힐 수 있는 체험 중심의 활동을 선정한다. 따라서 출혈, 염좌, 골절 등의 응급 상황에 따른 대처법을 모의 상황에서 실연할 수 있는 신체활동을 선정한다.

 - 응급 대처 방법을 지속적으로 반복 연습하여 응급 상황에 따른 대처 방법을 위기 상황에서 바로 실천할 수 있도록 지도한다. 국가 및 지역 사회에서 실시되고 있는 재난 대응 훈련과 연계하여 실제적인 학습이 될 수 있도록 지도한다.

 - 캠핑과 같은 야외 활동의 상황이나 실생활에서 자주 당면하게 되는 안전사고에 대처할 수 있는 내용을 중심으로 지도한다.

 - 다양한 영상 자료를 적극적으로 활용하여 안전사고 예방의 중요성을 인식하고 안전 의식을 높일 수 있도록 지도한다. 특히, 사회적으로 보다 주의가 요구되는 안전사고의 유형과 내용을 중심으로 경각심을 가질 수 있도록 지도한다.

• 평가 방법 및 유의 사항

 - 안전 영역의 학습은 실제 상황에서 자신이 학습한 내용을 활용하여 위기를 벗어나는 것이 중요하므로 위기 상황에 따른 대응 능력을 평가한다. 따라서 위기 상황 시 응급 처치, 문제 해결 과정 등을 종합적으로 평가하는 것이 필요하다. 특히, 반복적인 학습 과정을 통해 위급한 상황에서 이를 실연할 수 있는 능력을 갖추었는지를 평가한다.

 - 영상 자료를 활용하여 위기 상황을 보여주고 그에 따른 적절한 대처법을 다양한 방법으로 실행 및 표현(구술, 서술 등)하는 과정을 평가한다.

 - 현장 체험 학습, 수련 활동 등과 연계하여 수행 중심의 평가가 될 수 있도록 한다.

◆ 초등학교 5~6학년 신체활동 예시

영역		신체활동 예시
건강	(가) 성장과 건강 체력	생활 건강 관련 활동(신체의 성장, 성폭력의 예방과 대처, 음주 및 흡연의 실태와 예방 등), 건강 체력 증진 활동(근력, 근지구력, 심폐지구력, 유연성 운동 등)
	(나) 여가와 운동 체력	자연 및 운동 시설에서 즐길 수 있는 여가 활동(스키, 캠핑, 등산, 래프팅, 스케이팅, 롤러 등), 운동 체력 증진 활동(순발력, 민첩성, 평형성, 협응성 운동 등)
도전	(가) 거리 도전	멀리뛰기, 높이뛰기, 멀리 던지기 등
	(나) 표적/투기 도전	볼링 게임, 골프 게임, 다트 게임, 컬링 게임 등 / 태권도, 씨름 등
경쟁	(가) 필드형 경쟁	발야구형 게임, 주먹야구형 게임, 티볼형 게임 등
	(나) 네트형 경쟁	배구형 게임, 배드민턴형 게임, 족구형 게임, 탁구형 게임, 테니스형 게임 등
표현	(가) 민속 표현	• 우리나라의 민속 무용(강강술래, 탈춤 등) • 외국의 민속 무용(티니클링, 구스타프 스콜, 마임 등)
	(나) 주제 표현	창작무용, 창작체조, 실용 무용 등
안전	(가) 응급 처치와 빙상·설상 안전	응급 처치 활동(출혈, 염좌, 골절 등의 발생 시 대처 방법 관련 활동, 심폐소생술 등), 빙상·설상 안전사고 예방 및 대처 활동 등
	(나) 운동 시설과 야외 활동 안전	운동 시설과 관련한 안전사고의 종류와 원인 조사 활동, 야외 활동 안전사고 예방 및 대처 활동 등

※ 신체활동은 교육과정의 목적에 근거하여 선택하되, 학교의 교육 여건을 고려하여 다른 영역의 신체활동 예시나 새로운 신체활동을 선택할 수 있다. 단, 단위 학교의 학년 협의회를 통해 결정한다.

ⓒ 중학교 1~3학년군

ⓐ 건강 : 중학교 1~3학년군의 건강 영역은 건강과 신체활동의 관계를 이해하고 그 중요성을 내면화하여 다양한 신체활동을 통한 건강과 체력 관리 방법을 탐색하고 실천함으로써 건강을 지속적으로 유지·증진시킬 수 있는 능력을 기르는 데 목적이 있다. 이를 위해 건강과 신체활동 및 생활 환경의 관계를 이해하고, 건강에 필요한 체력을 측정, 분석하여 자신의 건강을 지속적으로 관리하며, 다양한 신체적 여가 활동을 통해 건강한 생활 습관을 기를 수 있는 건강 관리 능력을 함양하도록 한다.

건강과 체력 평가에서는 자신의 신체적 특성을 정확하게 이해하고, 건강한 생활 습관과 체력 증진의 중요성을 인식하도록 하는 것이 필요하다. 따라서 자신에게 적합한 체력 운동을 선정하고 스스로 실천할 수 있는 습관을 형성해 주고, 자신의 신체적 특성을 긍정적으로 인식하고 존중하는 태도를 갖도록 하는 것이 중요하다.

건강과 체력 관리에서는 건강과 생활 환경의 관계를 이해하는 한편, 자신의 체력 수준을 측정하고 이에 적합한 신체활동을 실천하며 건강한 생활 습관을 기를 수 있는 활동을 한다. 또한, 바람직한 생활 습관을 실천하고 부정적 생활 습관을 삼갈 수 있는 다양한 자기 조절 방법을 경험하도록 하는 것이 필요하다.

여가와 운동처방에서는 건강 관리를 위해 필요한 다양한 여가 활동을 탐색하여 바람직한 여가 활동을 구체적으로 계획·실천할 수 있도록 하며, 자신에게 적합한 운동처방을 내리고 이러한 과정을 자기 주도적으로 계획, 실행, 평가할 수 있도록 한다.

[건강과 체력 평가]

[9체01 - 01] 건강과 신체활동(신체 자세, 규칙적인 운동 등)의 관계를 이해하고, 건강 증진을 위한 신체활동을 계획적으로 실천한다.

[9체01 - 02] 체력의 개념을 이해하고, 다양한 측정 방법을 적용하여 체력을 측정하고 분석한다.

[9체01 - 03] 청소년기의 신체적, 정신적 변화(2차 성징, 성 의식, 성 역할 등)를 이해하고, 자신의 신체적 특성을 가치 있게 여긴다.

[건강과 체력 관리]

[9체01 - 04] 건강과 생활 환경(감염성·비감염성 질환, 기호품 및 약물의 오·남용, 영양 등)의 관계를 이해하고, 건강한 생활 습관을 실천한다.

[9체01 - 05] 체력 증진의 과학적 원리, 운동 내용, 관리 방법을 이해하고 자신에게 적합한 체력 증진 프로그램을 계획하고 습관화한다.

[9체01 - 06] 건강과 체력 증진을 위한 올바른 생활 습관을 유지하고, 건강한 생활에 부정적인 영향을 미치는 행동을 삼간다.

[여가와 운동처방]

[9체01 - 07] 여가의 개념과 실천 방법을 이해하고, 다양한 여가 활동 참여 방법을 계획하고 실천한다.

[9체01 - 08] 운동처방의 개념, 절차, 방법, 원리 등을 설명하고, 자신에게 적합한 운동처방 프로그램을 계획하고 적용한다.

[9체01 - 09] 신체적 여가 활동과 운동처방을 위한 전 과정(계획, 실행, 평가 등)을 스스로 선택하고 실천한다.

• 교수·학습 방법 및 유의 사항

 − 건강을 유지, 증진하기 위해 필요한 신체활동과 생활 환경의 관계를 이해할 수 있도록 학교생활과 일상생활에서 실천할 수 있는 학습 활동을 선정한다.

 − 각 영역별 학습 내용은 신체활동의 직접 체험 활동을 중심으로 하되, 이론과 실기를 통합하여 학습하고 간접 체험 활동(읽기, 보기, 토론하기 등)을 포함하여 지도한다. 특히, 건강 활동의 특성과 밀접하게 관련되는 자기 존중, 자기 조절, 자율성 등의 정의적 내용은 간접 체험 활동뿐만 아니라 직접 체험 활동 과정을 통해 느끼고 발휘할 수 있도록 지도한다.

- 체력 측정의 방법과 평가, 여가 활동의 내용들은 주변에서 흔히 접할 수 있거나 중학교 1~3학년군 학생들이 관심과 흥미를 가질 수 있는 활동을 활용하도록 한다.
- 건강 생활을 위한 체력 관리의 학습은 건강을 유지, 증진하기 위해 필요한 지속적인 관리방법을 스스로 탐색하고 적용할 수 있도록 단원을 구성한다.
- 건강에 도움이 되는 신체활동과 체력 증진 활동은 개인의 건강 상태와 체력 수준에 맞게 구성할 수 있도록 단계별, 수준별로 구분하여 지도하며, 자신의 신체를 긍정적으로 인식하고 존중할 수 있도록 지도한다.
- 건강 영역에서의 여가 활동은 청소년기의 부정적인 여가 활동이 건강에 미치는 영향에 대해 이해하고, 건강과 체력을 지속적으로 증진할 수 있는 신체활동을 자율적으로 탐색, 실천, 유지하고 점검할 수 있도록 지도한다.

• 평가 방법 및 유의 사항
- 건강 영역에서는 건강 관리, 체력 관리, 여가 활동의 일회성 평가를 지양하고, 자신에게 적합한 건강 및 체력 증진 방법을 스스로 선택하고 지속적으로 실천하는 과정을 평가한다.
- 건강 및 체력 수준을 스스로 점검할 수 있는 활동의 체크리스트나 건강 생활 습관 실천과 관련된 포트폴리오를 활용하여 평가할 수 있다.

ⓑ 도전 : 중학교 1~3학년군의 도전 영역은 자신과 타인의 신체적 기량을 파악하고, 구체적인 목표를 설정하여, 지속적인 노력을 통해 자신의 한계를 극복할 수 있는 도전 정신과 수련 능력을 기르는 데 목적이 있다. 즉, 다양한 도전 활동의 경기 유형, 역사, 특성을 폭넓게 이해하고, 도전 활동에 필요한 기능, 원리, 방법, 전략 등을 학습하여 이를 실제 도전 과제에 적용하고 효과적으로 문제를 해결해 나갈 수 있는 능력과 바람직한 도전 정신을 통합적으로 학습하여 신체 수련 능력을 함양하도록 한다.
이를 위해 중학교 1~3학년군의 도전 영역에서는 초등학교에서 학습한 기본적인 도전 지식과 기능, 태도를 바탕으로 동작의 탁월성에 도전하는 동작 도전, 속도와 거리, 정확성 등의 다양한 목표와 한계에 도전하는 기록 도전, 공격과 방어기술을 주고 받으면서 상대방의 신체적 기량과 의지에 도전하는 투기 도전을 보다 심화된 수준으로 학습할 수 있도록 한다.
동작 도전은 신체 또는 기구를 이용하여 자신이 도달할 수 있는 최상의 자세와 동작을 정확하고 아름답게 수행하는 활동으로 새롭고 어려운 동작에 단계적으로 도전하면서 두려움을 극복하려는 것이 중요하다. 과학적 원리를 바탕으로 자신의 신체를 효율적이고 정확하게 움직일 수 있는 활동이 되도록 한다.
기록 도전은 속도나 거리, 정확성의 한계에 도전하여 최상의 운동 수행 능력을 발휘하는 활동으로 힘들고 어려운 상황을 참고 견디며 꾸준히 노력하도록 하는 것이 중요하다. 자신과 타인의 기록을 극복하기 위한 체계적인 연습 과정과 기록 비교를 통해 자신의 기량을 보다 향상시킬 수 있는 활동이 되도록 한다.

투기 도전은 도전 상대와 공격과 방어 기술을 주고받으며 상호 간에 신체적 기량과 의지를 거루는 활동으로, 상대방을 존중하고 언행을 조절하며 복잡한 신체적 상호작용에 효과적으로 대응하도록 하는 것이 필요하다.

[동작 도전]

[9체02 - 01] 동작 도전 스포츠의 역사와 특성을 이해하고, 경기 유형, 인물, 기록, 사건 등을 감상하고 분석한다.

[9체02 - 02] 동작 도전 스포츠에서 활용되는 유형별 경기 기능과 과학적 원리를 이해하고 운동 수행에 적용하며, 운동 수행 과정에서 나타나는 문제점을 분석하고 해결한다.

[9체02 - 03] 동작 도전 스포츠의 경기 방법과 전략을 이해하고 경기에 활용할 수 있으며, 경기 상황에 맞게 전략을 창의적으로 구상하고 적용한다.

[9체02 - 04] 동작 도전 스포츠 활동 중 어려움과 두려움을 느끼는 활동 과제를 통해 도전 정신과 자신의 한계를 극복하는 능력을 기른다.

[기록 도전]

[9체02 - 05] 기록 도전 스포츠의 역사와 특성을 이해하고, 경기 유형, 인물, 기록, 사건 등을 감상하고 분석한다.

[9체02 - 06] 기록 도전 스포츠에서 활용되는 유형별 경기 기능과 과학적 원리를 이해하고 운동 수행에 적용하며, 운동 수행 과정에서 나타나는 문제점을 분석하고 해결한다.

[9체02 - 07] 기록 도전 스포츠의 경기 방법과 전략을 이해하고 경기에 활용할 수 있으며, 경기 상황에 맞게 전략을 진단하여 창의적으로 적용한다.

[9체02 - 08] 기록 도전 스포츠 활동에 참여하면서 자신이 설정한 도전 목표를 달성하기 위해 스스로의 한계를 극복해 나가며 기량을 향상시킨다.

[투기 도전]

[9체02 - 09] 투기 도전 스포츠의 역사와 특성을 이해하고, 경기 유형, 인물, 기록, 사건 등을 감상하고 분석한다.

[9체02 - 10] 투기 도전 스포츠에서 활용되는 유형별 경기 기능과 과학적 원리를 이해하고 운동 수행에 적용하며, 운동 수행 과정에서 나타나는 문제점을 분석하고 해결한다.

[9체02 - 11] 투기 도전 스포츠의 경기 방법과 전략을 이해하고 경기에 활용할 수 있으며, 경기 상황에 맞게 전략을 진단하여 창의적으로 적용한다.

[9체02 - 12] 투기 도전 스포츠 활동에 참여하면서 자신의 말과 행동을 규범에 맞게 수행한다.

• 교수 · 학습 방법 및 유의 사항

  - 중학교 1~3학년군의 도전 활동은 도전 영역의 다양한 내용 요소를 가장 효율적으로 학습할 수 있는 신체활동을 선정한다. 특히, 국내외에서 역사와 전통이 인정되고 보편화된 신체활동을 선택하되, 학교의 교육 여건에 따라 새로운 유형의 도전 스포츠 활동을 선정할 수 있다.

- 각 영역별 학습 내용은 신체활동의 직접 체험 활동을 중심으로 하되, 이론과 실기를 통합하여 학습하고 간접 체험 활동(읽기, 보기, 토론하기 등)을 포함하여 지도한다. 특히, 도전 활동의 특성과 밀접하게 관련되는 용기, 인내심, 절제 등의 정의적 내용은 간접 체험 활동뿐만 아니라 직접 체험 활동 과정을 통해 느끼고 발휘할 수 있도록 지도한다.

- 도전 영역은 자신과 타인의 수준을 파악하고 체계적으로 목표 성취 계획을 세울 수 있는 자기주도적인 학습 활동이 이루어질 수 있도록 해야 하며, 개인 또는 모둠별로 수준별 교수·학습이 이루어질 수 있도록 적절한 교수·학습 방법을 적용한다.

- 동작 도전은 학생들이 익숙하지 않은 동작이나 어려운 동작을 학습할 때, 불안감과 두려움을 극복하고 용기 있게 도전할 수 있도록 학습 내용을 단계별 또는 수준별로 구성하고 복잡성과 세련미를 체계적으로 경험할 수 있도록 지도한다.

- 기록 도전은 자신의 기능과 체력 수준을 파악하고 실현 가능한 목표를 자기 주도적으로 설정할 수 있도록 하며, 팀을 구성하여 상호학습이 될 수 있도록 지도한다.

- 투기 도전은 상대방과 기량을 겨루면서 자신을 이해하고, 보다 향상된 기량을 함양할 수 있도록 수련하며, 경기 상황에서 자신의 말과 행동을 규범에 맞게 수행할 수 있도록 지도한다.

• 평가 방법 및 유의 사항

- 도전 영역은 영역별 도전 스포츠 활동의 역사와 특성, 과학적 원리와 기능, 경기 방법과 규칙, 전략 등 스포츠 활동 전반에 대한 이해력, 도전 스포츠 경기의 기본 기능과 전략을 실제 경기에서 발휘할 수 있는 운동 수행 능력, 도전 스포츠 경기에 참여하며 지켜야 할 용기, 인내심, 절제 등의 규범 실천 능력 등을 균형 있게 평가한다.

- 동작 도전은 새롭고 어려운 동작에 단계적으로 도전하는 과정을 종합적으로 평가한다. 특히, 학생들의 성별, 능력, 발달 단계 등의 개인차를 고려한 수준별 평가가 이루어질 수 있도록 한다.

- 기록 도전은 최상의 운동 수행 능력을 발휘하며 속도, 거리, 정확성의 한계에 도전하는 과정을 종합적으로 평가한다. 특히, 과학적인 지식을 바탕으로 연습하고, 경기 상황에 맞는 전략을 효과적으로 구상할 수 있는가를 평가한다.

- 투기 도전은 상대의 신체적 기량과 의지에 도전하기 위해 자신의 몸과 마음을 수련하는 과정을 종합적으로 평가한다. 특히, 자신의 말과 행동을 규범에 맞게 조절하고 높은 수준의 신체 움직임에 적응하는 신체 수련과정을 평가한다.

ⓒ 경쟁 : 중학교 1~3학년군의 경쟁 영역은 신체활동을 통해 경쟁과 협동의 원리를 이해하고, 경쟁 스포츠 상황에 적합한 기능과 전략을 발휘하여 개인 또는 공동의 목표 달성을 위해 상호 작용할 수 있는 능력을 기르는 데 목적이 있다. 즉, 다양한 경쟁 활동의 경기 유형, 역사, 특성을 폭넓게 이해하고, 경쟁 활동에 필요한 기능, 원리, 방법 등을 학습하여 이를 실제 경기에 적용하며 창의적인 경기 전략 구상과 문제 해결력, 바람직한 대인 관계 방법 등을 학습하여 경기를 성공적으로 수행할 수 있는 능력을 함양하도록 한다.

이를 위해 중학교 1~3학년군의 경쟁 영역은 초등학교에서 학습한 기본적인 경쟁 지식과 기능, 태도를 바탕으로 상대방의 영역을 침범하기 위해 상호 경쟁하는 영역형 경쟁, 동일한 공간에서 공격과 수비를 번갈아 하며 경쟁하는 필드형 경쟁, 네트를 사이에 두고 상호 경쟁하는 네트형 경쟁을 보다 심화된 수준으로 학습할 수 있도록 한다.

영역형 경쟁은 팀원 간의 협력을 바탕으로 경기 규칙을 준수하고 공정하게 경기에 임하도록 하는 것이 중요하다. 경기에 필요한 기능을 체계적으로 익히고 창의적인 전략을 경기에 적용하며 정정당당하게 경기에 임할 수 있는 활동이 되도록 한다.

필드형 경쟁은 팀의 목표를 달성하기 위해 각자의 위치에서 자기 역할을 성실히 수행하도록 하는 것이 중요하다. 경기에 필요한 개인의 전략과 전술을 익히고 팀의 공동 목표를 위한 창의적인 전략을 적용하며 서로의 마음과 힘을 합할 수 있는 활동이 되도록 한다.

네트형 경쟁은 경기에 참여하는 모든 사람을 배려하고 선수 상호 간에 존중하는 것이 중요하다. 경기에 필요한 개인 기능과 경기 운영에 필요한 전략과 전술을 체계적으로 익히고 경기에 창의적으로 적용하며 경기 예절을 실천할 수 있는 활동이 되도록 한다.

[영역형 경쟁]

[9체03 - 01] 영역형 경쟁 스포츠의 역사와 특성을 이해하고, 경기 유형, 인물, 기록, 사건 등을 감상하고 분석한다.

[9체03 - 02] 영역형 경쟁 스포츠에서 활용되는 유형별 경기 기능과 과학적 원리를 이해하고 운동 수행에 적용하며, 운동 수행 과정에서 나타나는 문제점을 분석하고 해결한다.

[9체03 - 03] 영역형 경쟁 스포츠의 경기 방법과 전략을 이해하고 경기에 활용할 수 있으며, 경기 상황에 맞게 전략을 진단하여 창의적으로 적용한다.

[9체03 - 04] 영역형 경쟁 스포츠에 참여하면서 경기 규칙을 준수하고, 상대방을 존중하며, 정정당당하게 경기한다.

[필드형 경쟁]

[9체03 - 05] 필드형 경쟁 스포츠의 역사와 특성을 이해하고, 경기 유형, 인물, 기록, 사건 등을 감상하고 분석한다.

[9체03 － 06] 필드형 경쟁 스포츠에서 활용되는 유형별 경기 기능과 과학적 원리를 이해하고 운동 수행에 적용하며, 운동 수행 과정에서 나타나는 문제점을 분석하고 해결한다.

[9체03 － 07] 필드형 경쟁 스포츠의 경기 방법과 전략을 이해하고 경기에 활용할 수 있으며, 경기 상황에 맞게 전략을 진단하여 창의적으로 적용한다.

[9체03 － 08] 필드형 경쟁 스포츠에 참여하면서 자신의 역할에 책임을 다하고 팀의 공동 목표를 이루기 위해 노력한다.

[네트형 경쟁]

[9체03 － 09] 네트형 경쟁 스포츠의 역사와 특성을 이해하고, 경기 유형, 인물, 기록, 사건 등을 감상하고 분석한다.

[9체03 － 10] 네트형 경쟁 스포츠에서 활용되는 유형별 경기 기능과 과학적 원리를 이해하고 운동 수행에 적용하며, 운동 수행 과정에서 나타나는 문제점을 분석하고 해결한다.

[9체03 － 11] 네트형 스포츠의 경기 방법과 전략을 이해하고 경기에 활용할 수 있으며, 경기 상황에 맞게 전략을 진단하여 창의적으로 적용한다.

[9체03 － 12] 네트형 경쟁 스포츠에 참여하면서 경기 절차, 상대방, 동료, 심판 및 관중에 대한 예의 범절을 지킨다.

- 교수 · 학습 방법 및 유의 사항
  - 중학교 1~3학년군의 경쟁 활동은 경쟁 영역의 다양한 내용 요소와 스포츠 문화 전반을 폭넓게 습득할 수 있는 신체활동을 선정한다. 특히, 국내외에서 역사와 전통이 인정되고 보편화된 신체활동을 선택하되, 학교의 교육 여건에 따라 새로운 유형의 경쟁 스포츠 활동을 선정할 수 있다. 또한, 단순한 게임 수준의 기초 기능을 넘어 국내외에서 인정된 공식적인 경기 규칙과 방법을 적용하여 보다 심화된 경기 활동이 되도록 한다.
  - 각 영역별 학습 내용은 신체활동의 직접 체험 활동을 중심으로 하되, 역사와 특성, 과학적 원리, 경기 방법 및 규칙, 전략적 지식을 통합하여 학습하거나 읽기, 보기, 토론하기 등의 간접 체험 활동이 포함될 수 있도록 한다. 특히, 경쟁 활동의 특성과 밀접하게 관련되는 페어플레이, 팀워크, 운동 예절 등의 정의적 내용은 간접 체험 활동뿐만 아니라 직접 체험 활동 과정을 통해 느끼고 발휘할 수 있도록 지도한다.
  - 경쟁 영역은 경기 기능을 효과적으로 발휘하고 상황에 맞는 전략을 창의적으로 적용할 수 있도록 하며, 팀의 공동 목표를 위해 구성원들과 협동할 수 있는 학습이 이루어질 수 있도록 한다. 특히, 과학적인 지식을 바탕으로 경기 기능 향상에 도움이 되는 수업, 경기 장면에서 팀의 문제점을 분석하고 새로운 전략을 구상하여 적용하는 수업, 운동 예절과 팀워크를 강화하고 선의의 경쟁 활동이 이루어지는 수업 등을 통해 효과적인 학습이 이루어질 수 있도록 다양한 교수 · 학습 방법을 적용한다.

- 영역형 경쟁은 연습과 실제 경기에서 팀의 공동 목표를 추구하면서 경기 규정과 관습을 존중하며 공정하게 경기할 수 있는 다양한 상황을 제시하고 다른 사람과 상호 작용하며 문제를 해결할 수 있도록 지도한다.
- 필드형 경쟁은 경기에 필요한 기능을 익히고 공격과 수비 시에 자신의 역할과 책임을 다하며, 팀원 간에 서로 신뢰하고 존중할 수 있도록 팀별 협동 과제를 제시한다.
- 네트형 경쟁은 상대방의 기능 수준을 인정하고 경기 시에 상대를 존중하며 운동 예절을 실천할 수 있도록 지도한다.

• 평가 방법 및 유의 사항
- 경쟁 영역은 경쟁 스포츠 활동의 역사와 특성, 과학적 원리와 기능, 경기 방법과 규칙, 전략 등 스포츠 활동 전반에 대한 이해력, 경쟁 스포츠 경기의 기본 기능과 전략을 실제 경기에서 발휘할 수 있는 운동 수행 능력, 경쟁 스포츠경기에 참여하며 지켜야 할 페어플레이, 팀워크, 운동 예절 등의 규범 실천 능력을 균형 있게 평가한다.
- 영역형 경쟁은 페어플레이를 실천하며 창의적인 경기 전략을 구사하는지를 종합적으로 평가한다. 특히, 경기에 필요한 개인 기능과 팀의 목표를 위한 창의적인 전략·전술이 발휘되는지를 평가한다.
- 필드형 경쟁은 역할과 책임을 다하며 협동적인 경기를 수행할 수 있는지를 종합적으로 평가한다. 특히, 역할 수행을 위한 개인의 노력과 협동을 통한 경기 수행 능력이 발휘되는지를 평가한다.
- 네트형 경쟁은 운동 예절을 지키며 효율적인 경기를 수행할 수 있는지를 종합적으로 평가한다. 특히, 과학적인 기능 연습과 상대팀의 전략을 비교·분석하며 새로운 전략을 구상할 수 있는지를 평가한다.

ⓓ **표현**: 중학교 1~3학년군의 표현 영역은 신체 표현의 다양한 양식과 문화를 심미적, 비판적으로 수용하고, 몸의 움직임과 원리를 이해하여 자신의 생각과 감정을 아름답고 창의적으로 표현하며, 타인과 소통하고 공감하는 능력을 기르는 것을 목적으로 한다.

이를 기반으로 중학교 1~3학년군의 표현 영역에서는 다양한 신체 표현 활동의 유형, 인물, 기록, 사건 등의 역사와 문화적 특성을 폭넓게 이해하고, 표현 동작과 원리를 학습하여 이를 신체 움직임으로 수행하며, 작품을 구성, 발표 및 감상하면서 독창성, 공감, 비판적 사고력을 발휘할 수 있는 신체 표현 능력을 함양하도록 한다.

중학교 1~3학년군의 표현 영역에서는 초등학교에서 학습한 기본적인 표현 지식과 기능, 태도를 바탕으로 스포츠에서 신체 움직임의 심미성을 다루는 스포츠 표현, 우리나라 또는 외국의 전통적인 표현, 보다 자유롭고 개성적인 현대적 표현을 보다 심화된 수준으로 학습할 수 있도록 한다.

스포츠 표현은 신체 움직임의 심미성을 표현하는 스포츠 활동으로, 동작 습득을 강조하기보다는 심미적 스포츠에 존재하는 움직임의 원리와 예술성 등을 체험하고 이를 창의적으로 표현하는 것이 중요하다.

전통 표현은 우리나라 또는 외국에서 행해 왔던 전통적인 표현 동작과 원리를 이해하고 이를 활용하여 자신의 생각이나 감정을 표현하는 것이 중요하다.

현대 표현은 현대인들의 생각과 감정을 비판적 관점에서 표현하고 감상하는 것이 중요하다.

[스포츠 표현]

[9체04 − 01] 스포츠 표현의 역사와 특성을 이해하고, 표현 유형, 인물, 기록, 사건 등을 감상하고 분석한다.

[9체04 − 02] 스포츠 표현의 동작과 원리를 이해하고 심미적으로 표현한다.

[9체04 − 03] 스포츠 표현의 특성과 원리가 반영된 작품 또는 활동을 구성하고 발표하며, 작품에 나타난 표현 요소와 방법을 감상하고 평가한다.

[9체04 − 04] 스포츠 표현 활동에 참여하면서 스포츠에 존재하는 미적인 요소를 이해하고 감상한다.

[전통 표현]

[9체04 − 05] 전통 표현의 역사와 특성을 이해하고, 표현 유형, 인물, 기록, 사건 등을 감상하고 분석한다.

[9체04 − 06] 전통 표현의 동작과 원리를 이해하고 심미적으로 표현한다.

[9체04 − 07] 전통 표현의 특성과 원리가 반영된 작품을 발표하며, 작품에 나타난 표현 요소와 방법을 감상하고 평가한다.

[9체04 − 08] 전통 표현 활동에 참여하면서 다양한 문화적 차이를 이해하고 수용한다.

[현대 표현]

[9체04 − 09] 현대 표현의 역사와 특성을 이해하고, 표현 유형, 인물, 기록, 사건 등을 감상하고 분석한다.

[9체04 − 10] 현대 표현의 동작과 원리를 이해하고 심미적으로 표현한다.

[9체04 − 11] 현대 표현의 특성과 원리가 반영된 작품을 구성하고 발표하며, 작품에 나타난 표현 요소와 방법을 감상하고 평가한다.

[9체04 − 12] 현대 표현 활동에 참여하면서 다양한 표현 문화의 의미와 가치를 비교하고 평가한다.

• 교수 · 학습 방법 및 유의 사항

− 중학교 1~3학년군의 표현 영역은 학년별 표현 주제의 다양한 내용 요소를 폭넓게 이해하고 습득할 수 있는 신체활동을 선정한다. 특히, 내용 요소를 고려하여 표현 활동의 역사와 특성, 표현 동작과 원리, 작품 구성과 발표, 감상과 비평 등 활동 내용에서 체계성과 보편성이 높은 활동을 선택하되, 학교의 교육 환경을 고려하여 표현 활동의 유형을 다양하게 선정할 수 있다.

- 각 영역별 학습 내용은 신체활동의 직접 체험 활동을 중심으로 하되, 역사와 특성, 동작과 원리, 작품 구성과 발표, 감상과 비평 등을 통합하여 지도하고, 간접 체험 활동(읽기, 보기, 토론하기, 감상하기 등)을 포함하여 사고의 깊이를 더할 수 있도록 지도한다. 특히, 표현 활동의 특성과 밀접하게 관련되는 심미성, 공감, 비판적 사고 등의 정의적 내용은 간접 체험 활동뿐만 아니라 직접 체험 활동 과정을 통해 느끼고 발휘할 수 있도록 지도한다.
- 스포츠 표현 활동, 전통 표현 활동, 현대 표현 활동을 하면서 인문적 지식, 예술적 지식, 과학적 지식을 균형 있게 학습할 수 있도록 하며, 표현 기능과 더불어 창의성과 감수성을 함께 지도한다.
- 스포츠 표현은 동작 습득 자체에 지도 초점을 두기보다는 신체활동에 존재하는 심미성, 예술성 등을 직접 체험하고, 아름답고 창의적인 동작을 표현하고 감상할 수 있도록 지도한다.
- 전통 표현은 전통을 존중하고 공감할 수 있는 능력과 전통 표현 움직임에 존재하는 다양한 문화를 체험하고, 작품을 발표하며 감상할 수 있도록 지도한다.
- 현대 표현은 자신의 생각과 감정을 정형화된 표현 방식에서 벗어나 보다 자유롭고 다양한 신체 움직임으로 표현할 수 있도록 하고, 자신과 타인의 창작 작품을 비판적으로 감상하고 발표할 수 있도록 지도한다.

• 평가 방법 및 유의 사항
- 표현 영역은 각 표현 주제의 특징적인 면을 다양한 자료를 통해 이해하고 비교할 수 있는 분석력, 대표적인 표현 동작과 원리를 이해하고 적용할 수 있는 동작 수행 능력, 독창적인 작품을 구성하고 발표할 수 있는 창의적 표현력, 자신의 작품과 타인의 작품을 감상하고 비교·평가할 수 있는 비평 능력 등을 균형 있게 평가한다.
- 스포츠 표현에서는 신체 움직임의 다양한 특성과 원리를 적용하여 동작을 아름답게 표현할 수 있는지를 평가한다.
- 전통 표현에서는 다양한 전통 표현에 담긴 역사와 특성을 이해하고 전통 표현의 특성과 원리가 적용된 작품을 구성하여 발표할 수 있는지를 평가한다.
- 현대 표현에서는 자신의 생각과 감정을 현대 표현의 동작과 원리를 통해 표현하고, 자신 및 타인의 작품을 비교·평가하며 감상할 수 있는지를 평가한다.
- 표현 영역의 심미성, 공감, 비판적 사고는 표현 활동 과정에서 나타나는 태도나 행동에 대한 체크리스트, 일지, 감상문, 창작 보고서 등을 통해 평가할 수 있다.

ⓔ 안전: 중학교 1~3학년군의 안전 영역은 스포츠와 안전의 관계를 이해하고 스포츠 활동에서 발생할 수 있는 다양한 안전사고의 유형과 그에 따른 예방 및 대처 방법을 학습하여, 스포츠 활동에서의 위험 요소를 사전에 제거하는 한편, 안전사고 발생 시

적절하게 대처할 수 있는 능력을 기르는 데 목적이 있다. 즉, 스포츠의 유형별, 상황별 안전사고를 폭넓게 인식하고, 사고 발생 시 상황을 올바르게 판단하고 신중하게 대처하기 위해 다양한 상황에 대한 학습이 중요하다.

이를 위해서는 스포츠 유형과 스포츠 시설 및 장비에 따른 안전사고의 종류를 파악하고, 운동 중에 발생할 수 있는 다양한 사고를 사전에 예방하며, 사고 발생 시 신속한 판단과 올바르게 대처할 수 있도록 하는 것이 중요하다.

스포츠 활동 안전은 안전에 대한 의식을 높이고 스포츠 유형별 안전사고를 사전에 예방할 수 있는 방법을 숙지하여 사고 발생 시, 적절한 절차에 따라 대처할 수 있는 활동이 되어야 한다.

스포츠 환경 안전은 스포츠에서 이용되는 시설 및 장비들의 적합한 사용 방법을 익혀 안전사고를 예방하고 이에 필요한 규정과 규칙을 학습할 수 있는 활동이 되어야 한다.

여가 스포츠와 안전은 야외 및 계절 스포츠에서 일어날 수 있는 다양한 안전사고를 이해하고 자신뿐만 아니라 공공의 안전을 지킬 수 있는 방법을 학습할 수 있도록 한다.

[스포츠 활동 안전]

[9체05 - 01] 스포츠 활동에서 안전의 중요성을 이해하고 여러 가지 스포츠 유형에 따른 안전 수칙을 설명한다.

[9체05 - 02] 운동 손상의 원인과 종류, 예방과 대처 방법을 이해하고, 상황에 맞게 적용한다.

[9체05 - 03] 응급 상황이나 안전사고 발생 시, 해결 방법과 절차를 올바르게 판단하고 적용한다.

[스포츠 환경 안전]

[9체05 - 04] 스포츠 환경과 안전의 관계를 이해하고 안전한 스포츠 활동에 필요한 여러 가지 활동 규칙과 방식을 설명한다.

[9체05 - 05] 안전한 스포츠 활동에 필요한 시설 및 장비들의 사용법을 이해하고 스포츠 활동에 적용한다.

[9체05 - 06] 스포츠 활동에서 자신과 타인의 안전을 고려하여 안전 수칙과 절차를 준수한다.

[여가 스포츠 안전]

[9체05 - 07] 야외 및 계절 스포츠 활동에서 발생할 수 있는 안전 문제를 이해하고 바람직한 예방 및 대처 방법을 설명한다.

[9체05 - 08] 야외 및 계절 스포츠 활동 시 안전사고의 종류, 원인, 예방 대책 등을 이해하고 상황별 응급 처치 및 구조의 올바른 절차와 방법을 실천한다.

[9체05 - 09] 스포츠 안전사고 발생 시 타인 및 공공의 안전을 위해 노력하고 대처한다.

• 교수·학습 방법 및 유의 사항
  – 중학교 1~3학년군의 안전 영역에서는 안전사고의 예방과 사고 발생 시 즉각적으로 대응할 수 있는 능력을 기르는 데 초점을 두고 학습하여야 한다. 따라서 일상생활과 운동 상황에서 실제 일어난 사고의 구체적인 예시들을 교수·학습 자료로 활용하여 학습하도록 한다.
  – 스포츠 또는 여가 활동 중에 혹은 스포츠 시설이나 장비로 인해 일어나는 안전사고에 대해 학습하기 위해서 사고의 유형별, 특성별 구체적인 사례들을 모의 상황에서 직간접적으로 체험할 수 있는 기회를 제공하고 스스로 올바른 판단과 결정을 할 수 있는 기회를 가질 수 있도록 학습 활동을 선정하고 조직하도록 한다. 또한, 이 과정에서 의사 결정력, 효과적인 위기 대처 능력뿐만 아니라, 타인에 대한 존중과 공동체 의식도 구체적인 학습 활동을 설정하여 수업 활동으로 지도한다.
  – 다양한 안전사고의 예방법과 대처 방안을 숙지하는 차원에서 벗어나 모둠별로 가상의 안전사고 상황을 부여하고, 적절한 대처방안을 토의·토론이나 팀 프로젝트 형태로 학습하도록 한다.
  – 신문 기사, 잡지, 뉴스 등의 대중 매체나 시청각 자료를 충분히 활용하여 안전에 대한 중요성과 투철한 안전 의식을 갖추도록 지도하며, 자신뿐만이 아닌 공동의 안전을 위해 필요한 마음가짐을 가질 수 있도록 지도한다.
• 평가 방법 및 유의 사항
  – 안전 영역에서는 안전사고의 유형과 상황에 따른 올바른 판단력과 적절한 대처 능력을 수행할 수 있는 능력을 중심으로 평가하는 것이 바람직하다. 이를 위해서는 구체적인 위기 상황을 제시하고 이에 대해 적절한 판단과 대처를 할 수 있는지를 중심으로 평가한다.
  – 스포츠 활동에 참여하거나, 스포츠 시설 및 장비로 인해 발생되거나, 여가 스포츠에 참여하면서 일어나는 안전사고의 예방과 그에 따른 대처 방안들을 조사, 발표, 시연하면서 사고 상황에서 필요한 조치 및 그 예방법을 종합적으로 사고할 수 있도록 평가한다.
  – 안전에 대한 중요성을 인식하고 안전 의식을 고취시키기 위해 안전을 소재로 한 포스터 그리기, 시(시화) 쓰기, 표어 만들기, UCC 제작 등의 평가를 활용할 수 있다.

◈ 중학교 1~3학년 신체활동 예시

영역		신체활동 예시
건강	(가) 건강과 체력 평가	심폐지구력, 순발력, 유연성, 근력 및 근지구력 향상을 위한 건강 체력 측정 운동, 성폭력 예방 및 대처 활동 등
	(나) 건강과 체력 관리	건강 체조, 웨이트 트레이닝, 인터벌 트레이닝, 서킷 트레이닝 등의 건강 체력 증진 운동, 위생 및 질병 예방 활동, 올바른 영양 섭취 및 식습관 개선 활동, 약물 및 기호품의 올바른 사용법 등
	(다) 여가와 운동처방	체력 요소별 운동처방의 계획과 여가 활동(단축마라톤, 파워워킹, 트레킹, 사이클링, 수영, 요가, 래프팅, 스키, 스노보드 등)
도전	(가) 동작 도전	마루운동, 도마운동, 평균대운동, 철봉운동, 다이빙 등
	(나) 기록 도전	트랙경기, 필드경기, 경영, 스피드스케이팅, 알파인스키, 사격, 궁도, 볼링, 다트, 스포츠스태킹 등
	(다) 투기 도전	태권도, 택견, 씨름, 레슬링, 유도, 검도 등
경쟁	(가) 영역형 경쟁	축구, 농구, 핸드볼, 럭비, 풋살, 넷볼, 츄크볼, 플로어볼, 얼티미트 등
	(나) 필드형 경쟁	야구, 소프트볼, 티볼, 킨볼 등
	(다) 네트형 경쟁	배구, 배드민턴, 탁구, 테니스, 정구, 족구 등
표현	(가) 스포츠 표현	창작체조, 리듬체조, 음악줄넘기, 피겨스케이팅, 싱크로나이즈드스위밍, 치어리딩 등
	(나) 전통 표현	우리나라의 전통무용, 외국의 전통무용 등
	(다) 현대 표현	현대무용, 댄스스포츠, 라인댄스, 재즈댄스, 힙합댄스 등
안전	(가) 스포츠 활동 안전	스포츠 유형별 연습과 경기에서의 손상 예방 및 대처 활동
	(나) 스포츠 환경 안전	스포츠 생활에서 발생하는 폭력 및 안전사고, 스포츠 시설 및 장비 사용 시 사고 예방 및 대처 활동
	(다) 여가 스포츠 안전	야외 및 계절 등의 여가 스포츠 활동 시 사고 예방 및 대처 활동(RICE, 심폐소생술)

※ 신체활동은 교육과정의 목적에 근거하여 선택하되, 학교의 교육 여건을 고려하여 다른 영역의 신체활동 예시나 새로운 신체활동을 선택할 수 있다. 단, 단위 학교의 교과 협의회를 통해 결정한다.

⑷ **교수·학습 및 평가의 방향**

① 교수·학습

   ㉠ 교수·학습의 방향 : 체육과의 교수·학습은 학습자와의 적극적인 상호 작용을 통해 학습 내용을 탐색하고 적용하는 것을 지향한다. 이를 위해 교사 중심의 일방향적 교육 내용 전달을 지양하고 학습 환경의 특성에 맞는 다양한 교수·학습 방법을 구안하고 변용하여 지도하도록 한다.

      ⓐ 체육과 역량 함양을 지향하는 교수·학습 : 체육과의 역량은 신체활동을 체험하고 그 가치를 내면화함으로써 습득되는 지식, 기능, 태도의 종합적인 능력을 의미한다. 체육과 역량의 함양을 위해서는 신체활동의 각 영역별 역량과 학습의 내용 요소, 학생들에게 기대되는 수행 능력, 성취기준의 관계를 이해하고 이를 체계적으로 경험할 수 있는 교수·학습 활동을 마련해야 한다. 예를 들어, 축구를 선택하여 영역형 경쟁을 교수·학습할 경우, 단원 전반에 걸쳐 영역형 경쟁 스포츠 활동의 역사와 특성을 탐구하고 감상하는 능력, 축구의 경기 기능을 과학적으로 분석하고 문제를 해결하며 향상시키는 능력, 경기 방법 및 전략을 분석하고 창의적으로 적용하는 능력, 규칙을 준수하고 타인을 존중하며 페어플레이를 발휘할 수 있는 능력을 기를 수 있도록 해야 한다. 이러한 경기 수행 능력은 의사소통 역량, 공동체 역량, 창의적 사고 역량 등 총론의 핵심 역량과 연계해 일상생활에서 발휘될 수 있도록 지도한다.

❖ 체육과 역량 함양을 지향하는 교수·학습

      ⓑ 학습자 특성을 고려한 수준별 수업 : 학생들은 신체활동에 대한 흥미, 운동 기능, 체력, 성차, 학습 유형이 다르기 때문에 학습 활동의 방식에 따라 성취 결과가 다르게 나타날 수 있다. 따라서 학습자의 다양한 특성을 이해하고 활동 내용, 활동 과제, 활동 방법을 다양하게 구성함으로써 목표 달성의 기회를 제공해야 한다. 예를 들어, 속도 도전 활동의 경우 활동 내용은 빠르게 달리기뿐만 아니라 빠르게 걷기, 빠르게 쌓기, 빠르게 헤엄치기 등 다양하게 제시하고, 활동 과제의 유형과 수준은 학습 자료, 과제 수행 시간, 활동 공간의 재구성 등에 기반하여 조절하고, 과제를 학생들이 스스로

선택하게 함으로써 학습자의 참여 동기를 높이며 나아가 학습 성취 경험을 높일 수 있다. 활동 방법에서도 학습자의 특성을 고려하여 일제식, 과제식, 질문식, 협동식 등의 다양한 방법을 적용하도록 한다.

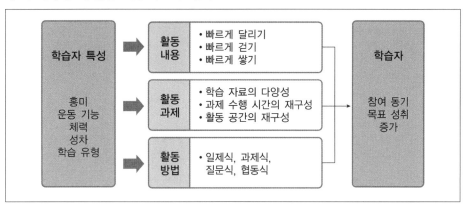

◎ 학습자의 특성을 고려한 수준별 수업

ⓒ 자기 주도적 교수·학습 환경 조성 : 학생들이 스스로 학습 내용을 파악하고, 주어진 과제를 체계적이며 적극적으로 해결할 수 있도록 교수·학습 환경을 조성한다. 학생들의 관심을 고려한 과제 제시, 자신감을 향상시키는 동기 유발 전략을 마련하고, 주요 학습 내용과 방법을 학생들이 활동 상황 속에서 스스로 탐색하며 이해할 수 있도록 탐구적 교수·학습 자료를 제공하며, 신체활동 시 적극적인 연습과 교정이 이루어질 수 있도록 학습 과제, 시설 및 기자재를 효율적으로 조직하도록 한다.

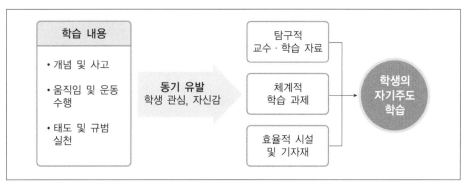

◎ 자기 주도적 교수·학습 환경 조성

ⓓ 전인적 발달을 위한 통합적 교수·학습 : 체육 교과의 학습은 학습자가 신체활동에 포함된 심동적, 정의적, 인지적 역량을 균형 있게 체험하여 전인적으로 성장·발달할 수 있도록 다양한 활동을 통합적으로 제공한다. 이를 위해 신체활동을 직접 체험하는 학습 활동뿐만 아니라 다양한 간접 체험 활동(예 읽기, 쓰기, 감상하기, 조사하기, 토론하기 등)을 포함하여 통합적으로 지도한다.

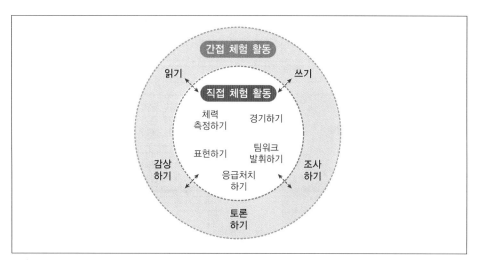

◈ 전인적 발달을 위한 통합적 교수·학습

ⓔ 맞춤형 교수·학습 방법의 선정과 활용 : 체육과 학습 내용의 특성을 고려하여, 학습의 효과를 높일 수 있는 가장 적합한 수업 모형과 스타일, 교수·학습 전략, 수업 기법을 선정하며, 이를 실천할 수 있는 시설 및 교육 기자재 등을 마련한다. 각 영역과 신체활동별로 특정한 수업 모형이나 전략에 의존하기보다는 수업이 이루어지는 맥락을 고려하여 적합한 수업 모형이나 전략을 선정하거나 이를 창의적으로 변형하는 등 교육과정이 의도하는 범위 안에서 다양한 교수·학습 방법을 적용할 필요가 있다. 또한, 지속적인 수업 평가를 통해 실제 적용한 수업 모형과 방법의 개선점을 파악함으로써 교수·학습 방법의 타당성을 높여야 한다.

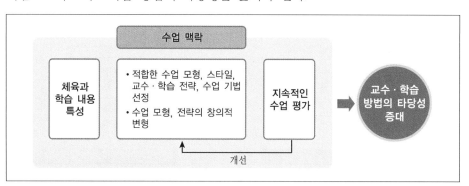

◈ 수업 개선을 위한 반성적 체육 수업

ⓕ 정과 외 체육 활동과 연계한 교수·학습 : 정과 체육 활동을 통해 배운 내용을 기반으로 생활 속에서 지속적으로 신체활동에 참여하며 체육과 역량을 발휘할 수 있는 자율성 및 실천력을 길러줄 필요가 있다. 이를 위해서는 학교스포츠클럽 활동에 참여하는 등 일상생활에서 지속적으로 신체활동을 실천할 수 있는 다양한 방법들을 체육 수업을 통해 안내하거나 생활 속 신체활동의 실천 경험들을 체육 수업의 소재로 삼는 등 일상의 신체활동을 촉진시킬 수 있는 교수·학습 방법을 모색할 필요가 있

다. 체육 수업과 정과 외 체육 활동을 연계할 때 신체활동의 기본적인 원리와 방법들은 체육 수업에서 학습하고 정과 외 체육에서는 학습한 내용의 자율적 실천을 강조하도록 한다.

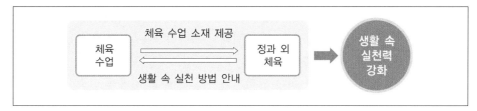

◈ 정과 외 체육 활동과의 연계를 통한 생활 실천력 강화

ⓛ 교수·학습의 계획: 교수·학습 계획은 교수·학습 환경을 구성하는 제반 요소(학급 규모, 시간, 시설 및 용·기구, 학습자의 특성 등)들을 고려하여 수업 목표 도달을 위한 효율성과 안전성을 높일 수 있도록 유기적으로 계획한다. 또한, 교수·학습 계획을 실천하는 데 있어 발생 가능한 우발적 상황에 대비하여 계획의 다양성과 유연성을 확보한다.

ⓐ 교육과정 운영 계획: 단위 학교에서는 교육과정에 제시된 내용 영역(건강, 도전, 경쟁, 표현, 안전)에 근거하여 각 영역별 성취기준을 해당 학년군(3~4학년, 5~6학년, 중학교 1~3학년)에서 반드시 지도한다. 체육과의 학습 내용은 학년군 단위로 계획하여 구성하며, 건강, 도전, 경쟁, 표현, 안전의 5개 대영역에서 내용별로 구분된 학습 영역은 학년별 수준에 따라 단위 학교별로 자율적으로 재편성할 수 있다. 이를 위해 학년 또는 체육 교과 협의회를 통해 학년군 단위로 지도 계획을 수립하고 이를 매년 연계적으로 실천하며, 해당 학년군에서 제시된 모든 성취기준이 학습될 수 있도록 해야 한다. 단, 재편성으로 인한 중복 학습이 이루어지지 않도록 유의한다.

• 연간 교육과정 운영 계획 수립: 적절한 수업 시간의 확보 및 영역별 분배는 활동 중심의 체육 학습에서 성취도를 결정하는 중요한 요소이다. 따라서 먼저 주 단위로 배정된 체육 교과에 대한 기본 시수를 확보할 수 있어야 하며, 정상적인 교육과정 운영을 통해 수업 손실을 방지해야 한다. 이를 위해 학기 초 단위 학교의 연간 학사 일정을 바탕으로 교내·외 체육 대회, 현장 학습 등의 학교 행사를 사전에 확인하여 산출될 수 있는 수업 가능 일수와 시간을 명확하게 파악하고, 실제 수업 시수를 바탕으로 수업 활동 내용을 선별하여 조직, 계획할 수 있어야 한다. 다양한 내용에 대한 학습 기회를 보장하기 위해 특정 영역의 내용에 편중되지 않도록 연간 교육 계획을 수립하고 시수를 배정한다. 또한, 신체활동을 중심으로 한 영역의 통합 계획을 수립한다. 특히, 안전 영역의 학습 내용 요소는 타 영역과 연계하여 지도함으로써 안전 확보를 위한 실질적 능력을 강화시키도록 한다. 단, 통합은 해당 영역들의 내용 요소 학습에 누락이 없어야 하며 영역 설정의 취지에서 어긋나지 않는 범위에서 가능하다. 또한, 체력 증진 등 장기간의 실천 내용이 포함된 영역은 학기 초와 학기 말에 영역을 분할하여 편성하거나 주당 시수 중 1시간을 해당 영역에 편성하는 등 융통성 있는 계획을 수립하여 지도한다.

ⓑ 교수 · 학습 운영 계획

- **영역의 특성과 학습 주제 고려** : 동일한 신체활동을 수행할지라도 수업 의도에 따라 다른 결과가 나타날 수 있기 때문에 교수 · 학습 계획 수립 시 영역의 특성과 학습 주제를 명확히 인식해야 한다. 특히, 영역별 학습을 통해 습득하고자 하는 역량이 무엇인지 판단하고 이를 위해 강조해야 하는 학습 중점을 선정하고 학습 과정을 조직한다. 예를 들어, 신체 수련을 강조하는 도전 영역의 수업에서 이루어지는 달리기는 건강을 위한 달리기와는 달리 속도 기록을 단축시키기 위한 목적으로 다양한 연습과 시도를 하게 되므로 이에 도전을 위한 시도와 분석, 수련과 반성의 과정이 보다 강조되어야 한다.

- **학생의 사전 학습 경험 및 발달 특성 분석** : 체육 수업 중 학생들의 사전 학습 경험 및 발달 특성을 고려하는 것은 학습자 중심 수업을 지향하려는 방안 중 하나이다. 학생 개인이 가지고 있는 사전 학습 경험은 수업 내용과 직간접적으로 관련되는 신체활동의 경험뿐만 아니라 지적, 정서적 경험 전체를 의미한다. 이를 위해 교사는 교수 · 학습 운영을 계획 할 때 학생들의 흥미와 수준을 파악하고 학생들의 다양한 사전 학습 경험을 존중함으로써 학생에게 유의미한 경험을 제공할 수 있는 활동을 구성해야 한다.

- **시설 및 용 · 기구 확보** : 수업에 필요한 시설과 용 · 기구의 수요를 파악하여 가급적 적합한 시설과 충분한 수량을 확보하고자 노력해야 한다. 부득이 일정 수요를 확보하지 못하는 경우, 동일한 교육적 가치와 효과를 가져 올 수 있는 다른 용 · 기구로 대체 또는 보완하거나, 인근 학교, 지역 사회 시설을 이용하는 등의 대안을 마련한다. 이때 교육적 효과와 안전을 충분히 고려하여야 하며, 위험 요소가 확인될 경우 다른 신체활동을 선정하는 것이 바람직하다.

ⓒ 교수 · 학습 활동 계획

- **학습 활동의 재구성** : 성취기준에 보다 쉽게 도달할 수 있도록 영역의 특성과 학습 주제, 학생의 특성 및 가용 자원, 학습 환경을 고려하여 학습 활동을 재구성한다. 예를 들어, 경기장의 형태와 사용하는 도구, 신체활동에 참여하는 인원수와 조직의 형태, 실행 규칙 등을 변형하여 활동을 구성할 수 있다. 또한, 학습 활동의 재구성 시 학생들의 의견을 적극적으로 수렴하거나 재구성 과정 일부에 학생들을 참여시킴으로써 참여 동기를 높이고 학습 활동에 대한 이해도를 높일 수 있다. 단, 학습 활동의 재구성이 목표 도달에 갖는 효과성과 안전성을 충분히 고려해야 한다.

- **평등한 학습 기회 제공** : 평등한 학습 기회를 제공한다는 것이 모든 학습자가 동일한 내용과 방식으로 학습해야 한다는 것을 의미하는 것은 아니다. 학습자가 처해 있는 상황을 고려하여 체육 학습의 기회가 다양하고 합리적으로 제공되어야 한다는 것을 의미한다. 특히, 성별, 체력 및 운동 기능의 차이, 장애로 인해 불이익을

받거나 참여에 제한이 이루어지지 않도록 주의한다. 예를 들어, 규칙과 방법을 변형하여 다양한 체력 수준과 운동 기능을 가진 학생들이 평등하게 참여할 수 있는 활동을 구성한다. 특히, 다양한 과제 혹은 역할을 제시하여 활동에 적극적으로 참여할 수 있도록 유도함으로써 수업에 소외되는 학생이 없도록 해야 한다.

- **통합적인 학습 활동 구성**: 지식, 기능, 태도가 통합된 형태의 교과 역량을 기르기 위해서는 영역별 성취 기준의 내용들을 다양한 관점에서 통합적으로 학습할 수 있도록 지도해야 한다. 예를 들어, 경쟁의 의미에 대한 내용을 학습함에 있어 교육과정, 교과서에 제시된 진술문을 바탕으로 경쟁의 개념적 특성을 파악할 수 있으며 게임의 구성과 활동에 직접 참여하는 과정을 통해 경쟁의 구조를 파악하고 경쟁이 갖는 공정과 협동의 의미를 체험해 볼 수도 있다. 특히, 학습자가 경쟁의 의미를 다양한 관점에서 파악하고 내면화할 수 있도록 다양한 활동을 제시할 필요가 있다. 또한, 필요 시 신체활동을 중심으로 단위 수업과 관련된 여러 성취기준의 내용들을 통합하여 지도할 수 있다.

- **학습자 관리와 안전 고려**: 학년 또는 학기 초에 수업 규칙을 수립하고 일관성 있게 적용함으로써 학생들을 효율적으로 관리하고 학생들의 부적절한 행동을 예방하거나 최소화하도록 한다. 또한, 학생들의 안전사고를 예방하기 위해 안전 수칙과 절차를 마련하고 이를 학생들에게 공지하여 준다. 특히, 선택한 신체활동의 특성을 고려한 준비 운동 및 정리 운동을 실시하여 활동 및 학습에서 안전한 조건을 갖추도록 지도하며, 수업 전·후 체육 시설 및 장비에 대한 점검을 통해 안전사고의 발생을 사전에 예방할 수 있도록 한다. 또한, 도전 또는 경기 상황 등에서 과도한 목표 성취 욕구와 지나친 경쟁심으로 운동 손상 사고가 발생할 수 있으므로 이에 대한 안내를 충분히 실시한다.

② 평가

㉠ **평가의 방향**: 평가는 교육과정과의 연계성, 평가 내용의 균형성, 평가 방법의 타당성과 신뢰성을 확보하여야 하며, 핵심역량과 개인차를 고려한 성취기준을 수립하여 적용하도록 한다.

ⓐ **교육과정과의 연계성**

- 평가는 교육과정과 연계되어야 한다. 즉, 국가 및 지역 수준의 체육과 교육과정에서 추구하는 목적과 목표를 파악하고, 이를 근거로 단위 학교의 체육과 교육과정을 계획·실천하여 의도한 교육적 효과가 어느 정도 성취되었는지 평가하는 일련의 과정이 연계성 있게 진행되어야 한다.

- 평가는 수업 목표 및 교수·학습 활동과 일관되어야 한다. 즉, 수업 목표 달성을 위해 지도된 교수·학습 활동과 평가 내용이 서로 다르지 않도록 일관성을 유지하여야 한다.

ⓑ 평가 내용의 균형성
- 평가는 교육과정에 제시된 건강, 도전, 경쟁, 표현, 안전의 전 영역을 대상으로 균형 있게 실시하여야 한다. 즉, 5개 영역의 평가 비중은 단위 학교의 실정에 따라 차이는 있을 수 있으나, 특정 영역에 치우쳐 지나친 평가 비중을 두거나 축소되는 일이 없도록 유의한다.
- 건강, 도전, 경쟁, 표현, 안전의 각 영역별 내용 요소의 평가 비중을 달리하여 실시할 수 있다. 즉, 5대 영역의 각 내용 요소의 평가는 성취기준에 따라 균형 있게 평가하되 그 비중은 교과 협의회 또는 동학년 협의회를 거쳐 달리할 수 있다.

ⓒ 평가 방법과 평가 도구의 다양성
- 평가는 학습의 결과뿐만 아니라 학습의 과정을 포함하여 실시한다.
- 단편적 기능 또는 일회성 기록 측정 위주의 평가를 지양하고, 수업 목표와 교수·학습 내용에 따라 다양한 평가 요소를 제시하고 충분한 시간을 확보하여 평가한다.
- 평가의 타당도와 신뢰도를 높이기 위해 평가 목표와 내용, 방법이 밀접하게 관련되도록 점검하고, 다양한 유형의 방법을 활용하여 평가한다.
- 양적 평가와 질적 평가를 병행하고, 실제성과 종합성이 확보되고 핵심역량의 성취 정도를 파악할 수 있는 평가를 비중 있게 실시한다.
- 교사에 의한 평가뿐만 아니라 상호 평가, 자기 평가 등 학생이 주체가 된 평가를 병행하여 실시할 수 있다.

ⓛ 평가의 계획: 평가 계획은 체육과 교육과정에서 제시한 학년군의 내용에 따라 학년군별 평가 계획을 구체적으로 수립한 후, 학년 초 또는 학기 초에 이를 학생들에게 공지하도록 한다. 종합적이고 공정한 평가가 이루어질 수 있도록 평가 계획 수립 시 학교의 평가 지침을 토대로 평가의 내용, 기준, 방법, 도구 등을 마련한다.

ⓐ 평가 내용 선정
- 평가 내용은 교육과정 내용 요소를 바탕으로, 수업 목표와 학습 내용에 제시된 요소뿐만 아니라 신체활동에 내재된 핵심역량에 대한 학습 내용을 고루 포함한다.
- 평가의 범위는 교수·학습 활동을 통해 지도된 전체 영역을 대상으로 실시하되, 내용 영역에 따라 평가 비중을 달리할 수 있다. 단, 평가 내용의 균형성을 위해 특정 내용에 편중되지 않도록 유의한다.
- 평가는 내용과 방법에 있어 구체성을 확보하여야 한다. 즉, 교육 내용 및 방법에 적합한 평가가 이루어 질 수 있도록 단위 교수·학습 계획을 면밀히 검토하고 이에 상응하는 평가 내용과 시기, 도구 및 방법을 구체적으로 계획하여야 한다. 이를 위해 교수·학습 계획 단계에서 평가 계획표를 함께 작성하여 활용한다.
- 동료 또는 자기 평가와 같은 학습자 평가를 실시할 경우 평가자에 적합한 내용을 선별해 수준에 맞게 제시한다.

ⓑ 성취기준 및 성취수준의 선정
- 평가를 위한 성취기준 및 성취수준은 해당 평가와 관련된 교육과정 성취기준과 단위 학교 수업 내용을 바탕으로 개발한다.
- 평가에 적용하는 성취기준은 독립적 혹은 통합하여 선정할 수 있다. 예를 들어, 경기 수행을 위하여 경기 기능의 과학적 원리를 적용하며, 경기 방법을 연습하고, 수행 중 페어플레이를 발휘하는 성취기준 각각을 혹은 이를 통합한 성취기준을 선정할 수 있다.
- 성취수준은 점수화 및 등급화를 위한 기능의 단순 분류나 기록의 명시보다는 영역별 내용 요소에 따른 기능의 도달 정도를 구체적으로 나타낼 수 있는 행동 수준으로 진술하고, 평가 등급은 양적 요소와 질적 요소를 모두 포함하여 각각의 수준에 맞게 진술되도록 한다.
- 동일한 목표 성취 행동으로 된 성취기준 및 성취수준을 적용하기보다는 주어진 과제에 대한 수행 능력 및 변화 정도를 목표의 수준에 따라 서로 다르게 평가하여 이를 통해 차후 교수·학습 내용에 대한 참여 동기를 높이고, 개개인의 신체활동 실천에 도움을 줄 수 있도록 한다.

ⓒ 평가 방법 및 도구 선정·개발
- 평가 방법은 학습 목표 및 평가 목적에 적합하게 선정하도록 한다. 다양한 평가 방법의 특징과 장단점을 파악한 후 학생의 특성과 수준을 고려하고, 다양한 평가 목적(학습의 과정 또는 결과에 대한 평가, 학생의 학습 성취도 파악, 교수·학습 과정의 개선 등)을 고려하여 가장 적합한 평가 방법을 선정한다.
- 평가 도구는 기존의 체육과 평가에서 활용되고 있던 것을 사용하거나 새로 개발하여 사용할 수 있다. 기존의 평가 도구를 그대로 혹은 수정하여 사용할 때에는 평가 도구의 용도 및 특성과 검사 도구의 신뢰도, 타당도 등을 구체적으로 검토한 후 선택해야 한다. 그리고 교사(학년 또는 체육 교과 협의회 포함)가 새로운 평가 도구를 직접 개발하기 위해서는 평가 대상, 평가 시기, 평가 장소, 채점 방식, 시설 및 장비, 평가 인원 등을 고려하도록 한다.

ⓒ 평가 결과의 활용
ⓐ 평가 결과는 다음에 이루어질 교수·학습 계획을 수립하는 데 활용한다. 학습자 개개인의 평가 결과를 분석하여 이후의 학습 과제의 수준과 활동 방법을 계획하고 결정하기 위한 기초 자료로 활용한다. 또한, 학습자 전체에게 나타나는 평가 결과의 특징을 분석하여 교수·학습 방법의 개선에 활용한다.
ⓑ 평가 결과는 학습자와 학부모가 쉽게 이해하도록 구체적으로 재구성하여 안내한다. 결과를 통해 학습자가 생활 속에서 스스로 학습 주제와 관련된 신체활동 수행 계획을 수립하고 지속적으로 실천하는 데 도움을 주도록 한다.
ⓒ 특히, 개인별 평가 결과를 자신의 건강 관리, 진로 진학, 여가 활용 등과 연계하여 건전하고 즐거운 신체활동 계획을 수립하고 실천하기 위한 기초 자료로 활용하도록 한다.

2 선택 중심 교육과정 – 일반 선택

1. 체육

(1) 성격

> 고등학교 체육은 중학교에서 학습한 내용을 바탕으로 운동, 스포츠 등에 대한 보다 심화된 신체활동 지식을 습득하고, 체육에 대한 긍정적 안목과 평생 체육으로의 실천 능력을 함양하는 과목이다.

고등학교 체육 과목은 중학교 체육의 심화 교육 내용을 바탕으로 운동, 스포츠 등의 신체활동에 지속적으로 참여하여 신체적, 정신적, 사회적 가치와 효과를 이해하고 전인적 삶의 영위에 필요한 체육 교과의 역량을 기르며 체육 활동을 삶 속에서 실천하는 인간상을 추구한다. 이를 위해 고등학교 체육 과목에서는 체육 활동에 참여하는 데 기본이 되는 신체 움직임 능력을 바탕으로 보다 심화된 건강 관리 능력, 신체 수련 능력, 경기 수행 능력, 신체 표현 능력을 기른다. 나아가 자신의 미래 생활을 적극적으로 준비하고, 지역 사회 및 국가 발전에 공헌하는 건강한 시민의 소양을 기른다.

(2) 목표

고등학교 체육 과목은 체육 활동의 생활화를 통한 전인 교육을 목표로 한다. 즉, 체육 과목에서는 고등학생들이 신체활동을 바탕으로 하여 건강을 유지·증진하고 운동 기능 및 체력을 기르며 체육의 이론적 지식과 태도를 습득함으로써 체육과에서 추구하는 핵심 역량을 함양하고 체·지·덕이 통합된 전인 교육을 받을 수 있도록 하고자 한다.

① 건강 관리를 이해하고 건강 관리 방법에 따라 알맞은 운동을 실천하며 지속적으로 건강을 유지·증진한다.

② 도전 스포츠의 가치를 이해하고 도전 스포츠의 기능과 방법 및 경기 전략을 적용하여 경기를 수행하며 자신의 한계를 극복하는 태도를 기른다.

③ 경쟁 스포츠의 가치를 이해하고 경쟁 스포츠의 기능과 방법 및 경기 전략을 적용하여 경기를 수행하며 경기 예절을 익히고 실천한다.

④ 신체 표현 문화를 이해하고 신체 표현 양식과 창작의 원리를 적용하여 느낌이나 생각을 신체로 표현하며 심미적 안목을 기른다.

⑤ 안전사고의 유형과 특성을 이해하고 안전사고 예방과 대처 방법에 따라 위기상황에 대처하는 능력을 기른다.

(3) 내용 체계 및 성취기준

① 내용 체계

영역	핵심 개념	일반화된 지식	내용 요소	기능
건강	건강 관리 체력 증진 여가 선용 자기 관리	• 건강은 신체에 대한 이해를 바탕으로 건강한 생활 습관과 건전한 태도를 지속적이고 체계적으로 관리함으로써 유지된다. • 체력은 건강의 기초이며, 자신에게 적절한 신체활동을 지속적으로 실천함으로써 유지, 증진된다. • 건강한 여가 활동은 긍정적인 자아 이미지를 형성하고 만족도 높은 삶을 설계하는 데 기여한다.	• 생애 주기별 건강 관리 설계 • 자신의 체력 관리 설계 • 신체활동과 여가 생활 • 자기 관리	• 평가하기 • 계획하기 • 관리하기 • 실천하기
도전	도전 의미 목표 설정 신체·정신 수련 도전 정신	• 인간은 신체활동을 매개로 자신이나 타인의 기량 및 기록, 환경적 제약을 극복하기 위해 도전한다. • 도전의 목표는 다양한 도전 상황에 대한 수행과 반성 과정을 통해 성취된다. • 도전 정신은 지속적인 수련과 반성을 통해 길러진다.	• 도전 스포츠의 가치 • 도전 스포츠의 경기 수행 • 도전 스포츠의 경기 전략 • 자기 극복	• 시도하기 • 분석하기 • 수련하기 • 극복하기
경쟁	경쟁 의미 상황 판단 경쟁·협동 수행 대인 관계	• 인간은 다양한 유형의 게임 및 스포츠에 참여하여 경쟁 상황과 경쟁 구조를 경험한다. • 경쟁의 목표는 게임과 스포츠 상황에서 숙달된 기능과 상황에 적합한 전략의 활용을 통해 성취된다. • 대인 관계 능력은 공정한 경쟁과 협력적 상호 작용을 통해 발달된다.	• 경쟁 스포츠의 가치 • 경쟁 스포츠의 경기 수행 • 경쟁 스포츠의 경기 전략 • 경기 예절	• 분석하기 • 협력하기 • 의사소통하기 • 경기 수행하기
표현	표현 의미 표현 양식 표현 창작 감상·비평	• 인간은 신체 표현으로 느낌이나 생각을 나타내며, 감성적으로 소통한다. • 신체 표현은 움직임 요소에 바탕을 둔 모방이나 창작을 통해 이루어진다. • 심미적 안목은 상상력, 심미성, 공감을 바탕으로 하는 신체 표현의 창작과 감상으로 발달된다.	• 신체 표현에서의 표현 • 문화와 신체 문화 • 신체 표현 양식과 창작의 원리 • 신체 표현 작품 창작과 감상 • 심미적 안목	• 탐구하기 • 신체 표현하기 • 감상하기 • 의사소통하기

| 안전 | 신체 안전
안전 관리 | • 인간은 위험과 사고가 없는 편안하고 온전한 삶을 살아가기 위해 안전을 추구한다.
• 안전은 일상생활과 신체활동의 위험 및 사고를 예방하고 적절히 대처함으로써 확보된다.
• 안전 관리 능력은 안전 의식을 함양하고 위급 상황에 대처하는 연습을 통해 길러진다. | • 신체활동과 안전 사고
• 심폐소생술
• 안전 의식 | • 상황 파악하기
• 의사 결정하기
• 대처하기
• 습관화하기 |

② 성취기준

㉠ 건강 : 건강 영역에서는 신체에 대한 이해를 바탕으로 적절한 신체활동에 지속적으로 참여함으로써 체력을 유지·증진하고 건강한 여가 생활의 실천 능력을 기른다. 이러한 과정을 통해 자기 관리 능력을 개발함으로써 자신의 건강 관리를 위한 능력과 태도를 갖추도록 하는 데 목적이 있다.

이를 달성하기 위해 생애 주기별 건강 관리 설계, 자신의 체력 관리 설계, 신체활동과 여가 생활 등을 학습하며 건강과 생명을 보호하고 유지·증진시키기 위한 자기 관리 능력을 기른다.

> [12체육01 – 01] 건강한 삶을 영위하는 데 필요한 생애 주기별 건강 관리(질병 예방, 영양 균형, 운동) 방법을 적용하여 건강 관리 계획을 수립하고 실천한다.
> [12체육01 – 02] 체력 수준을 측정하고 분석하여 적합한 체력 관리 방법에 따라 자신에게 알맞은 운동을 실천함으로써 체력을 유지하고 증진시킨다.
> [12체육01 – 03] 현대 사회에서 여가 활동의 의미와 특성에 대한 이해를 바탕으로 신체활동 중심의 여가 생활 계획을 수립하고 실천한다.
> [12체육01 – 04] 일상생활에서 규칙적인 운동을 통해 스스로 자신을 관리함으로써 건강을 유지·증진시킨다.

ⓐ 교수·학습 방법 및 유의 사항

• 건강 영역은 학교와 일상생활에서 쉽게 접할 수 있고 지속적으로 건강관리를 실천할 수 있는 소재들로 교수·학습 활동을 선정한다.

• 체력 관리는 다양한 체력 요소를 적용하여 각 체력 요소의 유지·증진에 적합한 게임이나 스포츠를 중심으로 교수·학습 활동을 구성하고, 학습자의 여건을 고려하여 체력 관리를 실천할 수 있도록 지도한다.

• 신체활동과 여가 생활은 먼저 여가 생활 계획을 수립하여 상황에 적용하기 알맞은 신체활동을 중심으로 교수·학습 활동을 구성하고, 학습 결과가 실제적인 평생 체육의 기반으로 활용될 수 있도록 지도한다.

- 건강영역은 학년 또는 학기 단위에 걸친 지속적 참여를 통해 건강관리를 실천할 수 있도록 지도한다.
ⓑ 평가 방법 및 유의 사항
  - 차시 단위 또는 일부 내용 요소의 성취도 평가는 지양하고 생애 주기별 건강관리 설계, 자신의 체력 관리 설계, 신체활동과 여가 생활, 자기 관리 등의 전체 내용 요소를 고르게 평가하되, 각 내용 요소에 대한 평가 비중을 달리할 수 있다.
  - 일상생활에서 건강한 생활 습관과 건전한 태도의 실천을 통한 생애 주기별 건강 관리 및 운동의 생활화에 평가의 초점을 맞춘다.
  - 지속적 실천과 체력 유지·증진을 위해 자신을 평가하고 스스로 계획을 수립하여 실천하는 '자기 관리' 능력에 평가의 초점을 맞춘다.
  - 이론 중심의 평가를 지양하고 자신에게 적용될 수 있는 건강 관리 능력과 구체적인 태도의 변화 등을 볼 수 있도록 종합적으로 평가한다.
  - 평가 결과는 건강 영역의 학습 활동 수행에 대해 피드백을 제공하는 데 활용한다.
ⓒ 도전 : 도전 영역에서는 신체활동을 매개로 도전 스포츠의 가치를 이해하고 경기를 수행하며 경기 전략 및 도전 상황에 대한 수행과 반성을 실천한다. 이러한 과정을 통해 도전 정신을 키움으로써 자신의 신체적 또는 정신적 한계를 극복하는 태도를 기르는 데 목적이 있다.
이를 달성하기 위해 도전 스포츠의 가치 이해, 도전 스포츠의 경기 수행, 도전 스포츠의 경기 전략, 자기 극복 등을 학습하며 자신이나 타인의 기량 및 기록, 환경적 제약에 도전하고, 도전 수행과 반성을 반복함으로써 신체 수련 능력을 기른다.

> [12체육02 – 01] 자신이 설정한 도전 스포츠의 목표를 성취하기 위해 끊임없이 노력을 하며 도전 가치를 탐색한다.
> [12체육02 – 02] 도전 스포츠의 경기 수행에 필요한 기능과 방법을 탐색하여 경기 상황에 맞게 적용한다.
> [12체육02 – 03] 도전 스포츠의 목표를 성취하기 위한 여러 가지 경기 전략을 탐색하여 경기 상황에 맞게 적용한다.
> [12체육02 – 04] 자신의 신체적 또는 정신적 한계를 뛰어넘기 위해 도전 스포츠의 환경적 제약에 맞서 문제를 해결한다.

ⓐ 교수·학습 방법 및 유의 사항
  - 도전 스포츠에서는 다양한 내용 요소를 가장 효율적으로 학습할 수 있는 신체활동을 선정한다. 특히, 국내·외에서 역사와 전통이 인정된 보편적인 신체활동을 선택하되, 조직화된 스포츠 활동을 선정하도록 한다.
  - 도전 스포츠 가치의 이해는 '도전'과 '변화'를 쉽게 느낄 수 있고 안전하게 실천할 수 있는 교수·학습 활동으로 구성하고, 신체활동을 매개로 자신이나 타인의 기

량 및 기록, 환경적 제약을 극복하는 것의 긍정적 성과나 중요성을 이해할 수 있도록 지도한다.

- 도전 스포츠의 경기 수행 및 경기 전략에서는 단순한 기능 학습보다는 경기 상황에서 수련과 반성의 과정을 경험할 수 있도록 지도한다.
- 도전 영역은 학년 또는 학기 단위에 걸친 지속적인 참여를 통해 스포츠 활동을 통한 도전과 수련, 반성을 할 수 있도록 한다.

ⓑ 평가 방법 및 유의 사항

- 차시 단위 또는 일부 내용 요소의 성취도 평가는 지양하고 도전 스포츠의 가치 이해, 도전 스포츠의 경기 수행, 도전 스포츠의 경기 전략, 자기 극복 등의 전체 내용 요소에 걸쳐 고르게 평가하되, 각 내용 요소에 대한 평가 비중을 달리할 수 있다.
- 도전 스포츠의 경기 수행에 필요한 기능과 방법을 탐색하고 경기 상황에 적용하는 활동으로 도전과 수련, 반성 과정에 평가의 초점을 맞춘다.
- 도전 스포츠의 목표 성취를 위해 다양한 경기 전략을 탐색하고 경기 상황에 맞게 적용하는 경기 수행 능력에 평가의 초점을 맞춘다.
- 이론 중심의 평가를 지양하고 도전 목표 수립, 도전 스포츠의 경기 수행 능력과 경기 전략 적용 능력, 태도의 변화 등을 종합적으로 평가한다.
- 평가 결과는 도전 영역의 학습 활동 수행에 대해 피드백을 제공하는 데 활용한다.

ⓒ 경쟁: 경쟁 영역은 게임 및 스포츠 참여로 경쟁 스포츠의 가치를 이해하고 경쟁 스포츠의 경기 수행과 경쟁 스포츠의 경기 전략을 실천하며 경기 상황에서 공정한 경쟁과 협력적 상호 작용을 실천한다. 이러한 과정을 통해 경쟁 상황과 대인 간의 소통을 경험하며 배려와 존중의 경기 예절을 실천하여 원만한 대인 관계를 위한 태도를 기르는 데 목적이 있다.

이를 달성하기 위해 경쟁 스포츠의 가치, 경쟁 스포츠의 경기 수행, 경쟁 스포츠의 경기 전략, 경기 예절 등을 학습하며 게임과 스포츠 경기에서 경쟁과 협력을 지속적으로 실천하는 과정을 통해 대인 관계 능력을 기른다.

[12체육03 - 01] 경쟁 스포츠에 참여하는 과정에서 여러 유형의 경쟁 스포츠에 대한 비교·분석을 통해 경쟁 스포츠의 가치를 탐색한다.

[12체육03 - 02] 경쟁 스포츠의 경기 수행에 필요한 기능과 방법을 탐색하여 연습하고 경기 상황에 맞게 적용한다.

[12체육03 - 03] 경쟁 스포츠의 여러 가지 경기 전략을 탐색하여 연습하고 경기 상황에 맞게 적용한다.

[12체육03 - 04] 경쟁 스포츠에 참여하면서 스포츠맨십과 페어플레이, 존중 및 배려를 실천하고 반성한다.

ⓐ 교수 · 학습 방법 및 유의 사항

- 경쟁 스포츠는 경쟁 영역의 다양한 요소와 스포츠 문화 전반을 이해하고 경험함으로써 평생 체육으로 활용될 능력과 태도의 기반을 다질 수 있는 신체활동을 중심으로 선정한다. 특히, 중학교 경쟁 영역에서 학습한 내용을 토대로 보다 심화된 신체활동으로 선정한다.
- 경쟁 스포츠 가치는 일상생활에서 쉽게 접할 수 있는 게임이나 스포츠 활동을 학습 내용으로 선정하고, 경쟁 활동에 참여하는 데 요구되는 덕목들을 탐색할 수 있도록 지도한다.
- 경쟁 스포츠 경기 수행 및 전략은 학습자가 익힌 경기 기능과 방법을 여러 가지 경기 전략에 적용할 수 있는 방향으로 교수 · 학습 활동이 이루어지도록 한다.
- 경쟁 영역은 학년 또는 학기 단위에 걸친 지속적인 참여를 통해 게임이나 스포츠 활동을 통한 선의의 경쟁을 할 수 있도록 한다.

ⓑ 평가 방법 및 유의 사항

- 차시 단위 또는 일부 내용 요소의 성취도 평가는 지양하고 경쟁 스포츠의 가치, 경쟁 스포츠의 경기 수행, 경쟁 스포츠의 경기 전략, 경기 예절 등의 전체 내용 요소에 걸쳐 고르게 평가하되, 각 내용 요소에 대한 평가 비중을 달리할 수 있다.
- 경쟁 스포츠의 다양한 경기 전략을 탐색하고, 경기 상황에 맞게 적용하는 경기 수행 능력을 평가하는데 초점을 맞춘다.
- 이론 중심의 평가를 지양하고 경쟁 스포츠의 가치, 경쟁 스포츠의 경기 수행 능력과 경기 전략 적용 능력, 태도의 변화 등을 종합적으로 평가한다.
- 평가 결과는 경쟁 영역의 학습 활동 수행에 대해 피드백을 제공하는 데 활용한다.

ⓓ 표현: 표현 영역은 느낌이나 생각, 감성 소통을 몸으로 표현하는 신체 문화를 이해하고 신체 표현 양식과 창작의 원리를 실천하며 신체 표현을 이용한 작품 창작과 감상을 실천한다. 이러한 과정을 통해 움직임 요소에 바탕을 둔 모방이나 창작의 신체 표현을 경험하고 상상력, 심미성, 공감 능력을 바탕으로 창작하거나 감상하는 심미적 안목을 기르는 데 목적이 있다.

이를 달성하기 위해 신체 표현을 통한 신체 문화 이해, 신체 표현 양식과 창작의 원리, 신체 표현 작품 창작과 감상, 심미적 안목 등을 학습하며 신체 표현 작품을 창작하거나 감상하는 과정을 통해 신체 표현 능력을 기른다.

[12체육04 - 01] 신체 표현 양식과 창작 원리에 따라 느낌이나 생각, 감성 소통을 움직임 표현에 적용하여 신체 문화를 이해하고 탐색한다.

[12체육04 - 02] 창작 표현, 전통 표현, 현대 표현 등 여러 유형의 신체 표현 문화를 바탕으로 신체 움직임과 표현 양식을 적용하여 움직임을 표현하거나 작품을 발표한다.

[12체육04 - 03] 창작의 절차와 방법을 적용한 창작 표현의 작품 구성과 발표를 통해 자신의 생각과 느낌을 표현하면서 다른 사람의 발표를 분석하며 감상한다.

[12체육04 – 04] 신체 표현의 작품 구성이나 발표에서 작품 주제, 심미표현 등을 비교·분석하여 작품을 구성하거나 감상할 수 있는 예술적 안목을 적용한다.

ⓐ 교수·학습 방법 및 유의 사항
- 표현 영역은 표현의 의미, 표현의 양식, 표현의 창작, 감상·비평을 폭넓게 이해하고 습득할 수 있는 구조화된 신체활동을 선정한다. 특히, 중학교 표현 영역에서 학습한 내용을 토대로 보다 심화된 신체활동으로 선정한다.
- 신체 표현에서의 표현 문화와 신체 문화는 일상생활에서 주로 볼 수 있는 신체 움직임과 관련되거나 쉽게 모방이나 창작할 수 있는 신체 표현들을 학습 활동으로 선정하고, 일상생활 또는 쉬운 움직임 표현으로부터 점차 전문화되는 것까지 다양한 수준의 신체 표현 문화를 탐색하고 분석할 수 있도록 지도한다.
- 신체 표현 양식과 창작의 원리는 생각이나 느낌을 나타내는 데 적합한 움직임 표현들을 익히고 신체 표현으로 의사소통을 해 보도록 지도하고, 신체 표현 작품을 창작하고 감상할 때는 여러 유형의 신체 표현 문화와 학습자 수준에 적합한 여러 신체 표현 작품들을 소재로 활용한다.
- 표현 영역은 학년 또는 학기 단위에 걸쳐 신체 표현의 과정에 지속적으로 참여함으로써 느낌이나 생각, 감성을 소통하는 능력을 기를 수 있도록 한다.

ⓑ 평가 방법 및 유의 사항
- 차시 단위 또는 일부 내용 요소의 성취도 평가는 지양하고 신체 표현에서의 표현 문화와 신체 문화, 신체 표현 양식과 창작의 원리, 신체 표현 작품 창작과 감상, 심미적 안목 등의 전체 내용 요소를 고르게 평가하되, 각 내용 요소에 대한 평가 비중을 달리할 수 있다.
- 평가는 신체 표현 작품 창작과 감상에 적합한 표현 양식과 창작 원리가 적용되었는지에 초점을 맞춘다.
- 느낌이나 생각, 감성적 소통의 신체 표현 방법을 체득하고 이를 구체적 상황에 적용하는 신체 표현 능력에 평가의 초점을 맞춘다.
- 이론 중심의 평가를 지양하고 표현 이해, 표현 양식, 표현 창작, 감상·비평 등을 종합적으로 평가한다.
- 평가 결과는 표현 영역의 학습 활동 수행에 대해 피드백을 제공하는 데 활용한다.

ⓜ 안전 : 안전 영역에서는 위험과 사고가 없는 상태인 안전의 개념을 이해하고, 일상생활과 신체활동의 위험 요소를 인지해 사고를 예방하며, 안전사고에 대처할 수 있는 방법을 습득함으로써 안전 의식과 위급 상황에서의 대처 능력을 함양한다. 즉, 학습을 통해 안전의 중요성을 인식하여 안전사고를 예방하고, 사고에 대처하는 실천 능력을 길러 일상생활과 신체활동에서 안전을 우선 시하는 태도를 갖도록 하는 데 목적이 있다.

이를 달성하기 위해 신체 활동과 안전사고, 심폐소생술 등을 학습하며 신체 안전 확보 능력 및 안전 의식 등 안전 관리에 관한 실천 능력을 기른다.

> [12체육05 - 01] 신체활동 과정에서 발생할 수 있는 다양한 안전사고의 유형을 탐색하여 안전사고를 예방하며, 안전사고 상황을 판단하고 신속하게 대처한다.
> [12체육05 - 02] 돌연히 발생할 수 있는 심정지에 대비하기 위해 심폐소생술의 중요성과 원리를 이해하고 심폐소생술을 적용한다.
> [12체육05 - 03] 체육 활동의 안전사고 예방과 대처 방법을 이해하고 안전 관리를 실천한다.

ⓐ 교수·학습 방법 및 유의 사항
  • 신체활동과 안전사고는 안전한 체육 활동을 위해 여러 유형의 안전사고와 안전 관리 방법을 고르게 학습 내용으로 선정한다.
  • 신체활동에 참여하는 과정에서 발생하는 각종 안전사고 사례들을 정리하여 학습 활동을 구성한다.
  • 심폐소생술은 심폐소생술의 중요성과 원리를 탐색할 수 있는 실제 사례 분석과 심폐소생술에 대한 실습을 중심으로 교수·학습 활동이 이루어지도록 한다.
  • 안전 영역은 학년 또는 학기 단위에 걸친 지속적인 참여를 바탕으로 신체 활동에 참여할 때 발생할 수 있는 안전사고에 대한 구체적인 예방과 대처 요령을 학습할 수 있도록 한다.

ⓑ 평가 방법 및 유의 사항
  • 차시 단위 또는 일부 내용 요소의 성취도 평가는 지양하고 신체활동과 안전사고, 심폐소생술, 안전 의식 등의 전체 내용 요소를 고르게 평가하되, 각 내용요소에 대한 평가 비중을 달리할 수 있다.
  • 일상생활에서 안전사고의 유형과 대처 방법에 대한 숙지 정도와 사고 상황에 대한 정확한 판단력, 신속한 대처 능력 등을 평가한다.
  • 심폐소생술의 중요성과 원리에 대한 이해 정도와 정확한 심폐소생술의 구사능력을 중심으로 평가한다.
  • 이론 중심의 평가를 지양하고 신체 안전에 대한 적용력이나 안전 의식 등을 종합적으로 평가한다.
  • 평가 결과는 안전 영역의 학습 활동 수행에 대해 피드백을 제공하는 데 활용한다.

◈ 고등학교 체육 과목 신체활동 예시

영역	신체활동 예시
건강	• 건강 운동 생활 습관, 건강 관리, 건강 관리 계획 등 건강 증진 관련 활동 • 건강 체조, 웨이트 트레이닝, 에어로빅스, 인터벌 트레이닝, 서킷 트레이닝 등 체력 관리 관련 활동 • 단축마라톤, 파워 워킹, 트레킹, 사이클링, 수영, 요가, 래프팅, 스키, 스노보드 등 여가 생활 관련 활동

도전	• 트랙경기, 필드경기, 경영, 스피드스케이팅, 알파인스키, 사격, 궁도, 볼링, 게이트 골프 등
	• 마루운동, 도마운동, 철봉운동, 평균대운동, 평행봉운동, 다이빙 등
	• 태권도, 택견, 씨름, 레슬링, 유도, 검도 등
경쟁	• 축구, 농구, 핸드볼, 럭비, 풋살, 플로어볼, 얼티미트 등
	• 야구, 소프트볼, 크리켓, 킨볼 등
	• 배구, 배드민턴, 탁구, 테니스, 족구, 세팍타크로 등
표현	• 리듬체조, 음악 줄넘기, 치어리딩, 창작 체조, 싱크로나이즈드 스위밍, 피겨 스케이팅 등
	• 현대 무용, 실용 무용 등
	• 우리나라의 민속 무용, 외국의 민속 무용 등
안전	• 안전사고 예방 및 대처 활동, 안전 관리활동 등 체육 안전 생활 관련 활동
	• 심장 자동제세동기(AED) 사용법, 심폐소생술 등

※ 신체활동의 교육과정의 목적에 근거하여 선택하되, 학교의 교육 여건을 고려하여 다른 영역의 신체활동 예시나 새로운 신체활동을 선택할 수 있다. 단, 단위 학교의 교과 협의회를 통해 결정한다.

(4) 교수·학습 및 평가의 방향

① 교수·학습

㉠ 교수·학습의 방향: 체육과의 교수·학습은 학습자와의 적극적인 상호 작용을 통해 학습 내용을 탐색하고 적용하는 것을 지향한다. 이를 위해 교사 중심의 일방향적 교육 내용 전달을 지양하고 학습 환경의 특성에 맞는 다양한 교수·학습 방법을 구안하고 변용하여 지도하도록 한다.

ⓐ 체육과 역량 함양을 지향하는 교수·학습: 체육과의 역량은 신체활동을 체험하고 그 가치를 내면화함으로써 습득되는 지식, 기능, 태도의 종합적인 능력을 의미한다. 체육과 역량의 함양을 위해서는 신체활동의 각 영역별 역량과 학습의 내용 요소, 학생들에게 기대되는 수행 능력, 성취기준의 관계를 이해하고 이를 체계적으로 경험할 수 있는 교수·학습 활동을 마련해야 한다. 예를 들어, 배구를 선택하여 경쟁 스포츠를 학습할 경우, 학생들은 학습 전반에 걸쳐 여러 유형의 경쟁 스포츠를 비교·분석을 통해 경쟁 스포츠의 가치를 탐색하는 능력, 배구의 경기 수행에 필요한 기능과 방법을 경기 상황에 적용하는 능력, 경기 방법 및 전략을 창의적으로 적용하는 능력, 스포츠맨십과 페어플레이, 존중 및 배려 등의 경기 예절을 실천하고 반성하는 능력을 기르는 교수·학습 활동을 체험하며 이를 통해 경기 수행 능력을 기를 수 있도록 해야 한다. 이러한 경기 수행 능력은 의사소통 역량, 공동체 역량, 창의적 사고 역량 등 총론의 핵심 역량과 연계해 일상생활에서 발휘될 수 있도록 지도한다.

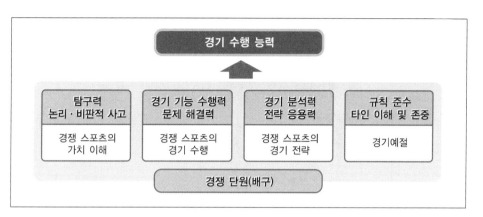

◎ 체육과 역량 함양을 지향하는 교수·학습

ⓑ 학습자 특성을 고려한 수준별 수업 : 학생들은 신체활동에 대한 흥미, 운동 기능, 체력, 성차, 학습 유형이 다르기 때문에 학습 활동의 방식에 따라 성취 결과가 다르게 나타날 수 있다. 따라서 학습자의 다양한 특성을 이해하고 활동 내용, 활동 과제, 활동 방법을 다양하게 구성함으로써 목표 달성의 기회를 제공해야 한다. 예를 들어, 도전 스포츠로 달리기를 수업하는 경우 활동 내용을 전력 달리기 뿐 아니라 보폭 넓혀 달리기, 보폭 좁혀 달리기, 관성 달리기 등 다양한 달리기를 제시하고, 활동 과제의 유형과 수준은 학습 자료, 과제 수행 시간, 활동 공간 등을 고려하여 조절하고, 과제를 학생들이 스스로 선택하게 함으로써 학습자의 참여 동기를 높이며 나아가 학습 성취 경험을 높일 수 있다. 활동 방법에서도 학습자의 특성을 고려하여 일제식, 과제식, 질문식, 협동식 등의 다양한 방법을 적용하도록 한다.

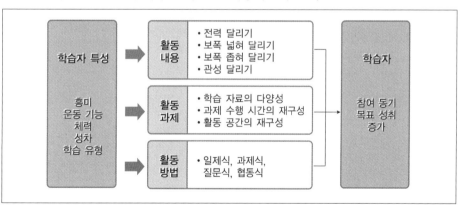

◎ 학습자의 특성을 고려한 수준별 수업

ⓒ 자기 주도적 교수·학습 환경 조성 : 학생들이 스스로 학습 내용을 파악하고, 주어진 과제를 체계적이며 적극적으로 해결할 수 있도록 교수·학습 환경을 조성한다. 학생들의 관심을 고려한 과제 제시, 자신감을 향상시키는 동기 유발 전략을 마련하고, 주요 학습 내용과 방법을 학생들이 활동 상황 속에서 스스로 탐색하며 이해할 수 있도록 탐구적 교수·학습 자료를 제공하며, 신체활동 시 적극적인 연습과 교정이

이루어질 수 있도록 체계적으로 학습 과제를 구성하고, 시설 및 기자재를 효율적으로 조직하도록 한다.

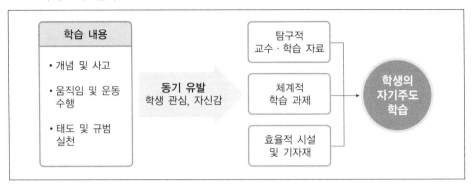

◎ 자기 주도적 교수·학습 환경 조성

ⓓ 전인적 발달을 위한 통합적 교수·학습 : 체육 교과의 학습은 학습자가 신체활동에 포함된 심동적, 정의적, 인지적 역량을 균형 있게 체험하여 전인적으로 성장·발달할 수 있도록 다양한 활동을 통합적으로 제공한다. 이를 위해 신체활동을 직접 체험하는 학습 활동뿐만 아니라 다양한 간접 학습 활동(예 읽기, 쓰기, 감상하기, 조사하기, 토론하기 등)을 포함하여 통합적으로 지도한다.

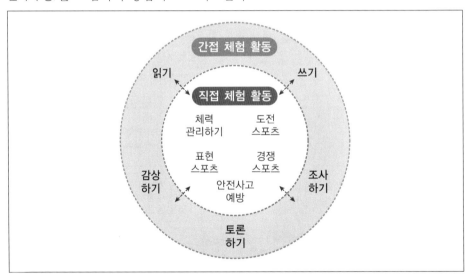

◎ 전인적 발달을 위한 통합적 교수·학습

ⓔ 맞춤형 교수·학습 방법의 선정과 활용 : 체육과 학습 내용의 특성을 고려하여, 학습의 효과를 높일 수 있는 가장 적합한 수업 모형과 스타일, 교수·학습 전략, 수업 기법을 선정하며, 이를 실천할 수 있는 시설 및 교육 기자재 등을 마련한다. 각 영역과 신체활동별로 특정한 수업 모형이나 전략에 의존하기보다는 수업이 이루어지는 맥락을 고려하여 적합한 수업 모형이나 전략을 선정하거나 이를 창의적으로 변형하는 등 교육과정이 의도하는 범위 안에서 다양한 교수·학습 방법을 적용할 필요가 있다.

또한, 지속적인 수업 평가를 통해 실제 적용한 수업 모형과 방법의 개선점을 파악함으로써 교수·학습 방법의 타당성을 높여야 한다.

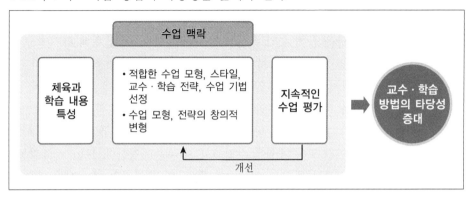

⌃ 수업 개선을 위한 반성적 체육 수업

ⓕ 정과 외 체육 활동과 연계한 교수·학습: 정과 체육 활동을 통해 배운 내용을 기반으로 생활 속에서 지속적으로 신체활동에 참여하며 체육과 역량을 발휘할 수 있는 자율성 및 실천력을 길러줄 필요가 있다. 이를 위해서는 학교스포츠클럽 활동에 참여하는 등 일상생활에서 지속적으로 신체활동을 실천할 수 있는 다양한 방법들을 체육 수업을 통해 안내하거나 생활 속 신체활동의 실천 경험들을 체육 수업의 소재로 삼는 등 일상의 신체활동을 촉진시킬 수 있는 교수·학습 방법을 모색할 필요가 있다. 체육 수업과 정과 외 체육 활동을 연계할 때 신체활동의 기본적인 원리와 방법들은 체육 수업에서 학습하고 정과 외 체육에서는 학습한 내용의 자율적 실천을 강조하도록 한다.

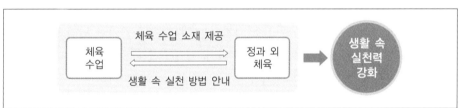

⌃ 정과 외 체육 활동과의 연계를 통한 생활 실천력 강화

ⓛ 교수·학습의 계획: 교수·학습 계획은 교수 학습 환경을 구성하는 제반 요소(학급 규모, 시간, 시설 및 용·기구, 학습자의 특성 등)들을 고려하여 수업 목표 도달을 위한 효율성과 안전성을 높일 수 있도록 유기적으로 계획한다. 또한, 교수·학습 계획을 실천하는 데 있어 발생 가능한 우발적 상황에 대비하여 계획의 다양성과 유연성을 확보한다.

ⓐ 교육과정 운영 계획: 단위 학교에서는 교육과정에 제시된 내용 영역(건강, 도전, 경쟁, 표현, 안전)에 근거하여 각 영역별 성취기준을 반드시 지도한다. 이를 위해 체육 교과 협의회를 통해 지도 계획을 수립하고, 해당 과목에서 제시된 모든 성취기준이 학습될 수 있도록 해야 한다.

- 연간 교육과정 운영 계획 수립 : 적절한 수업 시간의 확보 및 영역별 분배는 활동 중심의 체육 학습에서 성취도를 결정하는 중요한 요소이다. 따라서 먼저 주 단위로 배정된 체육 교과에대한 기본 시수를 확보할 수 있어야 하며, 정상적인 교육과정 운영을 통해 수업 손실을 방지해야 한다. 이를 위해 학기 초 단위 학교의 연간 학사 일정을 바탕으로 교내·외 체육 대회, 현장 학습 등의 학교 행사를 사전에 확인하여 산출될 수 있는 수업 가능 일수와 시간을 명확하게 파악하고, 실제 수업 시수를 바탕으로 수업 활동 내용을 선별하여 조직, 계획할 수 있어야 한다.

  다양한 내용에 대한 학습 기회를 보장하기 위해 특정 영역의 내용에 편중되지 않도록 연간 교육 계획을 수립하고 시수를 배정한다. 또한, 신체활동을 중심으로 한 영역의 통합 계획을 수립한다. 특히, 안전 영역의 학습 내용 요소는 타 영역과 연계하여 지도함으로써 안전 확보를 위한 실질적 능력을 강화시키도록 한다. 단, 통합은 해당 영역들의 내용 요소 학습에 누락이 없어야 하며 영역 설정의 취지에서 어긋나지 않는 범위에서 가능하다. 또한, 체력 증진 등 장기간의 실천 내용이 포함된 영역은 학기 초와 학기 말에 영역을 분할하여 편성하거나 주당 시수 중 1시간을 해당 영역에 편성하는 등 융통성 있는 계획을 수립하여 지도한다.

ⓑ 교수·학습 운영 계획

- 영역의 특성과 학습 주제 고려 : 동일한 신체활동을 수행할지라도 수업 의도에 따라 다른 결과가 나타날 수 있기 때문에 교수·학습 계획 수립 시 영역의 특성과 학습 주제를 명확히 인식해야 한다. 특히, 영역별 학습을 통해 습득하고자 하는 역량이 무엇인지 판단하고 이를 위해 강조해야 하는 학습 중점을 선정하고 학습 과정을 조직한다. 예를 들어, 신체 수련을 강조하는 도전 영역의 수업에서 이루어지는 달리기는 건강을 위한 달리기와는 달리 속도 기록을 단축시키기 위한 목적으로 다양한 연습과 시도를 하게 되며, 이에 도전을 위한 시도와 분석, 수련과 반성의 과정이 보다 강조되어야 한다.

- 학생의 사전 학습 경험 및 발달 특성 분석 : 체육 수업 중 학생들의 사전 학습 경험 및 발달 특성을 고려하는 것은 학습자 중심 수업을 지향하려는 방안 중 하나이다. 학생 개인이 가지고 있는 사전 학습 경험은 수업 내용과 직·간접적으로 관련되는 신체활동의 경험뿐만 아니라 지적, 정서적 경험 전체를 의미한다. 이를 위해 교사는 교수·학습 운영을 계획할 때 학생들의 흥미와 수준을 파악하고 학생들의 다양한 사전 학습 경험을 존중함으로써 학생에게 유의미한 경험을 제공할 수 있는 활동을 구성해야 한다.

- 시설 및 용·기구 확보 : 수업에 필요한 시설과 용·기구의 수요를 파악하여 가급적 적합한 시설과 충분한 수량을 확보하고자 노력해야 한다. 부득이 일정 수요를 확보하지 못하는 경우, 동일한 교육적 가치와 효과를 가져 올 수 있는 다른 용·

기구로 대체 또는 보완하거나, 인근 학교, 지역 사회 시설을 이용하는 등의 대안을 마련한다. 이때 교육적 효과와 안전을 충분히 고려하여야 하며, 위험 요소가 확인될 경우 다른 신체활동을 선정하는 것이 바람직하다.

ⓒ 교수·학습 활동 계획

- **학습 활동의 재구성**: 성취기준에 보다 쉽게 도달할 수 있도록 영역의 특성과 학습 주제, 학생의 특성 및 가용 자원, 학습 환경을 고려하여 학습 활동을 재구성한다. 예를 들어, 경기장의 형태와 사용하는 도구, 신체활동에 참여하는 인원수와 조직의 형태, 실행 규칙 등을 변형하여 활동을 구성할 수 있다. 또한, 학습 활동의 재구성 시 학생들의 의견을 적극적으로 수렴하거나 재구성 과정 일부에 학생들을 참여시킴으로써 참여 동기를 높이고 학습 활동에 대한 이해도를 높일 수 있다. 단 학습 활동의 재구성이 목표 도달에 갖는 효과성과 안전성을 충분히 고려해야 한다.

- **평등한 학습 기회 제공**: 평등한 학습 기회를 제공한다는 것이 모든 학습자가 동일한 내용과 방식으로 학습해야 한다는 것을 의미하는 것은 아니다. 학습자가 처해 있는 상황을 고려하여 체육 학습의 기회가 다양하고 합리적으로 제공되어야 한다는 것을 의미한다. 특히, 성별, 체력 및 운동 기능의 차이, 장애로 인해 불이익을 받거나 참여에 제한이 이루어지지 않도록 주의한다. 예를 들어, 규칙과 방법을 변형하여 다양한 체력 수준과 운동 기능을 가진 학생들이 평등하게 참여할 수 있는 활동을 구성한다. 특히, 다양한 과제 혹은 역할을 제시하여 활동에 적극적으로 참여할 수 있도록 유도함으로써 수업에 소외되는 학생이 없도록 해야 한다.

- **통합적인 학습 활동 구성**: 지식, 기능, 태도가 통합된 형태의 교과 역량을 기르기 위해서는 영역별 성취기준의 내용들을 다양한 관점에서 통합적으로 학습할 수 있도록 지도해야 한다. 예를 들어, 경쟁의 의미에 대한 내용을 학습함에 있어 교육과정, 교과서에 제시된 진술문을 바탕으로 경쟁의 개념적 특성을 파악할 수 있으며 게임의 구성과 활동에 직접 참여하는 과정을 통해 경쟁의 구조를 파악하고 경쟁이 갖는 공정과 협동의 의미를 체험해 볼 수도 있다. 특히, 학습자가 경쟁의 의미를 다양한 관점에서 의미를 파악하고 내면화할 수 있도록 다양한 활동을 제시할 필요가 있다. 또한, 필요 시 신체활동을 중심으로 단위 수업과 관련된 여러 성취기준의 내용들을 통합하여 지도할 수 있다.

- **학습자 관리와 안전 고려**: 학년 또는 학기 초에 수업 규칙을 수립하고 일관성 있게 적용함으로써 학생들을 효율적으로 관리하고 학생들의 부적절한 행동을 예방하거나 최소화하도록 한다. 또한, 학생들의 안전사고를 예방하기 위해 안전 수칙과 절차를 마련하고 이를 학생들에게 공지하여 준다. 특히, 선택한 신체활동의 특성을 고려한 준비 운동 및 정리 운동을 실시하여 활동 및 학습에서 안전한 조건을 갖추도록 지도하며, 수업 전·후 체육 시설 및 장비에 대한 점검을 통해 안전사고

의 발생을 사전에 예방할 수 있도록 한다. 또한, 도전 또는 경기 상황 등에서 과도한 목표 성취 욕구와 지나친 경쟁심으로 운동 손상 사고가 발생할 수 있으므로 이에 대한 안내를 충분히 실시한다.

② 평가

㉠ 평가의 방향 : 평가는 교육과정과의 연계성, 평가 내용의 균형성, 평가 방법의 타당성과 신뢰성을 확보하여야 하며, 핵심역량 개발과 개인차를 고려한 성취기준을 수립하여 적용하도록 한다.

ⓐ 교육과정과의 연계성

- 평가는 교육과정과 연계되어야 한다. 즉, 국가 및 지역 수준의 체육과 교육과정에서 추구하는 목적과 목표를 파악하고, 이를 근거로 단위 학교의 체육과 교육과정을 계획·실천하여 의도한 교육적 효과가 어느 정도 성취되었는지 평가하는 일련의 과정이 연계성 있게 진행되어야 한다.
- 평가는 수업 목표 및 교수·학습 활동과 일관되어야 한다. 즉, 수업 목표 달성을 위해 지도된 교수·학습 활동과 평가 내용이 서로 상이하지 않도록 일관성을 유지하여야 한다.

ⓑ 평가 내용의 균형성

- 평가는 교육과정에 제시된 건강, 도전, 경쟁, 표현, 안전의 전 영역을 대상으로 균형 있게 실시하여야 한다. 즉, 5개 영역의 평가 비중은 단위 학교의 실정에 따라 차이는 있을 수 있으나, 특정 영역에 치우쳐 지나친 평가 비중을 두거나 축소되는 일이 없도록 유의한다.
- 평가는 건강, 도전, 경쟁, 표현, 안전의 각 영역별 내용 요소의 평가 비중은 달리하여 실시할 수 있다. 즉, 5개 영역의 각 내용 요소의 평가는 성취기준에 따라 균형 있게 평가하되 그 비중은 교과 협의회를 거쳐 달리할 수 있다.

ⓒ 평가 방법과 평가 도구의 다양성

- 평가는 학습의 결과뿐만 아니라 학습의 과정을 포함하여 실시한다.
- 평가는 단편적 기능 또는 일회성 기록 측정 위주의 평가를 지양하고, 수업 목표와 교수·학습 내용에 따라 다양한 평가 요소를 제시하고 충분한 시간을 확보하여 평가한다.
- 평가의 타당도와 신뢰도를 높이기 위해 평가 목표와 내용, 방법이 밀접하게 관련되도록 점검하고, 다양한 유형의 방법을 활용하여 평가한다.
- 평가는 양적 평가와 질적 평가를 병행하고, 실제성과 종합성이 확보되고 핵심역량의 성취정도를 파악할 수 있는 평가를 비중 있게 실시한다.
- 평가는 교사에 의한 평가뿐만 아니라, 상호 평가, 자기 평가 등 학생이 주체가 된 평가를 병행하여 실시할 수 있다.

ⓛ 평가의 계획 : 평가 계획은 체육과 교육과정에서 제시한 학년군의 내용에 따라 학년군별
평가 계획을 구체적으로 수립한 후, 학년 초 또는 학기 초에 이를 학생들에게 공지하도
록 한다. 종합적이고 공정한 평가가 이루어 질 수 있도록 평가 계획 수립 시 학교의 평
가 지침을 토대로 평가의 내용, 성취기준 및 성취수준, 방법, 도구 등을 마련한다.

ⓐ 평가 내용 선정
- 평가 내용은 교육과정 내용 요소를 바탕으로, 수업 목표와 학습 내용에 제시된 요
소뿐만 아니라 신체활동에 내재된 핵심역량에 대한 학습 내용을 고루 포함한다.
- 평가의 범위는 교수 · 학습 활동을 통해 지도된 전체 영역을 대상으로 실시하되,
내용 영역에 따라 평가 비중을 달리할 수 있다. 단, 평가 내용의 균형성을 위해
특정 내용에 편중되지 않도록 유의한다.
- 평가는 내용과 방법에 있어 구체성을 확보하여야 한다. 즉, 교육 내용 및 방법에
적합한 평가가 이루어질 수 있도록 단위 교수 · 학습 계획을 면밀히 검토하고 이
에 상응하는 평가 내용과 시기, 도구 및 방법을 구체적으로 계획하여야 한다. 이를
위해 교수 · 학습 계획 단계에서 평가 계획표를 함께 작성하여 활용한다.
- 동료 또는 자기 평가와 같은 학습자 평가를 실시할 경우 평가자에 적합한 내용을
선별해 수준에 맞게 제시한다.

ⓑ 성취기준 및 성취수준의 선정
- 평가를 위한 성취기준 및 성취수준은 해당 평가와 관련된 교육과정 성취기준과
단위 학교 수업 내용을 바탕으로 개발한다.
- 평가에 적용하는 성취기준은 독립적 혹은 통합하여 선정할 수 있다. 예를 들어,
경기 수행을 위하여 경기 기능의 과학적 원리를 적용하며, 경기 방법을 연습하고,
수행 중 페어플레이를 발휘하는 성취기준 각각을 혹은 이를 통합한 성취기준을
선정할 수 있다.
- 성취수준은 점수화 및 등급화를 위한 기능의 단순 분류나 기록의 명시보다는 영
역별 내용 요소에 따른 기능의 도달 정도를 구체적으로 나타낼 수 있는 행동 수준
으로 진술하고, 평가 등급은 양적 요소와 질적 요소를 모두 포함하여 각각의 수준
에 맞게 진술되도록 한다.
- 동일한 목표 성취 행동으로 된 성취기준 및 성취수준을 적용하기보다는 주어진
과제에 대한 수행 능력 및 변화 정도를 목표의 수준에 따라 서로 다르게 평가하여
이를 통해 차후 교수 · 학습 내용에 대한 참여 동기를 높이고, 개개인의 신체활동
실천에 도움을 줄 수 있도록 한다.

ⓒ 평가 방법 및 도구 선정 · 개발
- 평가 방법은 학습 목표 및 평가 목적에 적합하게 선정하도록 한다. 다양한 평가
방법의 특징과 장단점을 파악한 후 학생의 특성과 수준을 고려하고, 다양한 평가

목적(학습의 과정 또는 결과에 대한 평가, 학생의 학습 성취도 파악, 교수·학습 과정의 개선 등)을 고려하여 가장 적합한 평가 방법을 선정한다.

- 평가 도구는 기존의 체육과 평가에서 활용되고 있던 것을 사용하거나 새로 개발하여 사용할 수 있다. 기존의 평가 도구를 그대로 혹은 수정하여 사용할 때에는 평가 도구의 용도 및 특성과 검사 도구의 신뢰도, 타당도 등을 구체적으로 검토한 후 선택해야 한다. 그리고 교사(학년 또는 체육 교과 협의회 포함)가 새로운 평가 도구를 직접 개발하기 위해서는 평가 대상, 평가 시기, 평가 장소, 채점 방식, 시설 및 장비, 평가 인원 등을 고려하도록 한다.

ⓒ 평가 결과의 활용

ⓐ 평가 결과는 다음에 이루어질 교수·학습 계획을 수립하는 데 활용한다. 학습자 개개인의 평가 결과를 분석하여 이후의 학습 과제의 수준과 활동 방법을 계획하고 결정하기 위한 기초 자료로 활용한다. 또한, 학습자 전체에게 나타나는 평가 결과의 특징을 분석하여 교수·학습 방법의 개선에 활용한다.

ⓑ 평가 결과는 학습자와 학부모가 쉽게 이해하도록 구체적으로 재구성하여 안내한다. 결과를 통해 학습자가 생활 속에서 스스로 학습 주제와 관련된 신체활동 수행 계획을 수립하고 지속적으로 실천하는 데 도움을 주도록 한다.

ⓒ 특히, 개인별 평가 결과를 자신의 건강 관리, 진로 진학, 여가 활용 등과 연계하여 건전하고 즐거운 신체활동 계획을 수립하고 실천하기 위한 기초 자료로 활용하도록 한다.

2. 운동과 건강

(1) 성격

> 고등학교 운동과 건강은 일상생활 속에서 계획적으로 신체활동을 수행하면서 신체적, 정신적, 사회적으로 건강한 삶을 영위하는 데 필요한 지식과 운동의 생활화를 위한 실천 능력을 함양하는 과목이다.

고등학교 운동과 건강 과목은 체육 과목의 건강 영역과 밀접한 과목으로 일상생활에서 운동에 참여하여 신체적, 정신적, 사회적 가치와 효과를 이해하고 건강한 자아, 건전한 사회적 자질을 기르며 운동을 통한 건강 생활을 지속적으로 실천하는 인간상을 추구한다.

이를 위해 운동과 건강 과목에서는 현대인의 건강을 위협하는 건강 문제 발생의 원인을 파악하고 활동적인 '삶'과 연계된 다양한 운동의 지속적인 참여를 통해 건강 생활 유지를 위한 운동의 중요성을 이해하여 바른 생활 습관을 형성한다. 또한, 지속적이고 체계적인 자기 건강 관리를 실천하고 운동 참여과정에서 발생할 수 있는 예기치 않은 손상의 위험으로부터 자신과 타인의 안전을 지키며, 효과적으로 대처할 수 있는 능력을 기른다.

(2) 목표

운동과 건강은 건강관리를 위해 운동을 안전하게 수행할 수 있는 능력과 자질의 함양을 목표로 한다. 즉, 일상생활에서 운동의 중요성과 역할을 이해하고 운동의 생활화를 통해 건강을 증진하고 관리할 수 있는 건강 생활 습관을 형성하는 데 중점을 둔다.

① 건강에 대한 이해를 바탕으로 운동과 건강의 관계를 이해하고 자기 관리 능력을 길러 건강 관리를 생활화한다.

② 운동과 자세, 비만, 체력, 정서와의 관계를 이해하고 건강관리 능력을 길러 일상생활에서 체육 활동에 적용하며 건강을 유지·증진한다.

③ 운동과 손상의 관계를 이해하고 안전사고 예방·대처 능력을 길러 실생활에 적용하며 안전한 운동 환경 조성에 힘쓴다.

(3) 내용 체계 및 성취기준

① 내용 체계

영역	핵심 개념	일반화된 지식	내용 요소	기능
운동과 건강의 관계	운동 습관 운동 효과	• 건강은 자신의 신체 이해를 바탕으로 하여 건강한 생활 습관을 형성하고 증진하는 활동을 통해 관리된다. • 규칙적인 운동 참여는 건강한 삶과 자기 관리의 기초가 된다.	• 생활 습관과 건강 관리 • 건강과 운동 효과 • 운동과 자기 관리	• 탐구하기 • 관리하기 • 판단하기 • 생활화하기
운동과 건강 관리	체격 관리 체력 관리 정신 관리	• 바른 자세를 위한 운동의 생활화는 적절한 체력의 발달과 건강에 기여한다. • 체력은 적절한 신체활동을 꾸준히 실천함으로써 향상된다. • 운동은 정신적 긴장 완화, 스트레스 해소, 기분 전환, 정서적 만족감 증대에 도움을 준다.	• 운동과 자세 관리 • 운동과 비만 관리 • 운동과 체력 증진 • 운동과 정서 조절	• 탐구하기 • 관리하기 • 평가하기 • 생활화하기
운동과 안전	운동 손상 운동 안전	• 운동 손상의 예방과 대처에 대한 이해와 실천 방법은 안전한 신체활동을 위해 기본적으로 준비되어야 하는 사항이다. • 안전한 운동 환경은 적극적이고 활기찬 운동 참여를 돕고, 운동 효과를 높인다.	• 운동 손상의 유형과 특성 • 운동 손상의 예방과 대처 • 안전한 운동 환경	• 탐구하기 • 예방하기 • 대처하기 • 관리하기

② 성취기준

㉠ 운동과 건강의 관계: 운동과 건강의 관계 영역에서는 건강과 건강 관리의 개념 이해와 건강한 생활 습관 형성을 통해 건강 관리를 실천하며, 건강에 유익한 운동들의 특성과 효과를 비교함으로써 운동이 건강에 미치는 관계를 이해한다. 이러한 과정을 통해 건강 및 건강 관리의 개념을 바탕으로 자신의 신체 이해와 건강한 생활 습관을 형성하고 운동 참여를 통한 건강의 증진 및 건강 관리의 태도를 기르는 데 목적이 있다.

이를 달성하기 위해 생활 습관과 건강 관리, 건강과 운동 효과, 운동과 자기 관리 등을 학습하며, 규칙적인 운동에 참여함으로써 건강한 삶을 영위하는 자기 관리 능력을 기른다.

> [12운건01 – 01] 생활 습관과 건강 관리에 대한 이해를 바탕으로 건강한 생활 습관 형성에 필요한 건강 관리 방법을 탐색한다.
> [12운건01 – 02] 건강 유지·증진에 도움이 되는 여러 유형의 운동 특성과 효과를 비교, 분석하여 건강과 운동의 관계를 파악한다.
> [12운건01 – 03] 심신의 건강 유지 및 증진을 위한 방안으로 일상생활에서 지속적으로 운동에 참여하여 건강을 관리한다.

ⓐ 교수·학습 방법 및 유의 사항
- 생활 습관과 건강 관리는 일상생활에서 쉽게 접할 수 있고 지속적으로 실천할 수 있는 운동이나 스포츠와 연관 지어 교수·학습 활동이 이루어지도록 한다.
- 건강과 운동 효과는 여러 유형의 운동 특성과 효과를 비교, 분석하여 운동과 건강의 관계를 쉽고 깊이 있게 이해할 수 있도록 학습 내용을 구성하고, 학습 결과가 구체적인 실천으로 연계될 수 있도록 한다.
- 운동과 건강의 관계는 학생들이 자신의 신체 이해를 바탕으로 적합한 운동을 실천하고 분석 및 반성하는 과정에서 자연스럽게 건강한 생활 습관을 형성할 수 있도록 하는 교수·학습 활동으로 구성하고, 학년 또는 학기 단위에 걸쳐 가급적 장기적으로 교수·학습이 이루어 질 수 있도록 지도한다.

ⓑ 평가 방법 및 유의 사항
- 차시 단위 또는 일부 내용 요소의 성취도 평가는 지양하고 생활 습관과 건강관리, 건강과 운동 효과, 운동과 자기 관리 등의 전체 내용 요소를 평가하되, 각 내용 요소에 대한 평가 비중을 달리할 수 있다.
- 일상생활에서 건강한 생활 습관 형성을 위한 실천으로서 '운동의 생활화' 요소들의 적용 및 변화를 평가하는 데 평가의 초점을 맞춘다.
- 운동의 참여와 규칙적인 실천이 건강한 삶을 위한 자기 관리를 목적으로 수행될 수 있는지 이에 대한 '자기 관리' 능력에 평가의 초점을 맞춘다.
- 이론 중심의 평가를 지양하고 생활화와 실천 능력, 태도의 변화 등을 종합적으로 평가한다.

- 평가 결과는 운동과 건강의 관계 영역의 학습 활동 수행에 대한 피드백을 제공하는 데 활용한다.

ⓛ 운동과 건강관리 : 운동과 건강관리 영역에서는 지속적 운동 참여로 건강관리 실천을 적용하여 올바른 자세 유지 및 교정, 체중 관리를 통한 비만 예방 및 해소, 신체활동 참여를 통한 체력 유지 및 증진, 운동 참여를 통한 정서 조절 방법을 학습한다. 즉, 일상생활에서의 규칙적이며 지속적인 운동 실천으로 자세 관리, 비만 관리, 체력 증진, 정서 조절 등의 자기 건강관리의 태도와 능력을 기르는 데 목적이 있다.

이를 달성하기 위해 운동과 자세 관리, 운동과 비만 관리, 운동과 체력 증진, 운동과 정서 조절 등을 학습하며, 규칙적인 운동 참여에서 오는 심리적 효과를 활용하여 정신 관리 능력을 기른다.

> [12운건02 – 01] 바르지 못한 자세로 생기는 각종 신체 질환에 대한 이해를 토대로 바른 자세유지를 위한 자세 교정을 탐색하여 지속적으로 바른 자세를 관리한다.
> [12운건02 – 02] 운동 부족으로 인한 생활 습관병과 대사량의 개념에 근거하여 비만의 예방 및 관리에 필요한 운동 계획을 수립하고 지속적인 운동을 비만 관리에 적용한다.
> [12운건02 – 03] 건강한 삶을 위한 체력의 중요성에 대한 이해를 바탕으로 여러 체력 요소를 측정하여 평가하고 체력 관리를 위해 스스로 운동 계획을 수립하여 적용한다.
> [12운건02 – 04] 운동의 정서적 효과에 대한 이해를 바탕으로 활력 있는 생활과 스트레스 관리에 도움이 되는 운동을 비교하고 자신의 정서 조절에 적합한 운동을 선택하여 적용한다.

ⓐ 교수·학습 방법 및 유의 사항

- 운동과 자세 관리는 건강한 몸을 위한 자세와 관련해 신체 질환 예방 및 자세의 교정과 유지를 위한 습관 형성을 주요 학습 내용으로 선정하며, 자세 교정 및 바른 자세 유지를 실천하는 데 적합한 운동이나 스포츠를 활용한다.
- 운동과 비만 관리는 운동 부족에 의한 생활 습관병과 대사량의 개념을 근거로 해 비만 예방과 관리를 할 수 있는 신체활동 학습을 주요 내용으로 선정하며, 비만의 예방 및 관리에 적합한 신체활동을 학습 활동으로 구성한다.
- 운동과 체력 증진은 건강한 삶을 위한 체력을 주요 학습 내용으로 선정하며, 학습 결과로 생활에서 구체적인 체력 증진 계획을 수립, 적용할 수 있도록 여러 체력 요인을 측정·평가하고 스스로 운동 계획을 수립하며 체력 관리를 하는 데 알맞은 운동이나 스포츠를 수행 및 활용할 수 있는 학습 활동이 이루어지도록 한다.
- 운동과 정서 조절은 운동의 정서적 효과, 정서 조절에 도움이 되는 운동 탐색을 주요 학습 내용으로 선정하며 정서 조절을 하는 데 알맞은 운동이나 스포츠를 학습 활동으로 구성한다.
- 운동과 건강관리 영역은 학년 또는 학기 단위에 걸쳐 지속적으로 지도하여 바른 자세 유지와 운동의 생활화, 적절한 신체활동의 실천, 운동에 의한 정서 조절 등의 다양한 측면에서 건강관리를 생활화할 수 있도록 한다.

ⓑ 평가 방법 및 유의 사항
- 차시 단위 또는 일부 내용 요소의 성취도 평가는 지양하고 운동과 자세 관리, 운동과 비만 관리, 운동과 체력 증진, 운동과 정서 조절 등의 전체 내용 요소를 고르게 평가하되, 각 내용 요소에 대한 평가 비중을 달리할 수 있다.
- 일상생활에서의 건강한 생활 습관과 규칙적인 운동 참여 습관 형성, 지속적인 운동 실천을 통한 운동의 생활화에 비중을 두고 다각적인 건강관리 능력 함양에 평가의 초점을 맞춘다.
- 건강한 삶과 자세 관리, 비만 관리, 체력 증진, 정서 조절 등에서 자신에게 적용되는 목적에 따라 규칙적인 운동 실천을 수행할 수 있는 '자기 관리' 능력에 평가의 초점을 맞춘다.
- 이론 중심의 평가를 지양하고 운동의 생활화와 건강관리 실천 능력, 태도의 변화 등을 종합적으로 평가한다.
- 평가 결과는 운동과 건강관리 영역의 학습 활동 수행에 대한 피드백을 제공하는 데 활용한다.

ⓒ 운동과 안전 : 운동과 안전 영역에서는 다양한 운동 손상의 종류를 이해하고 운동 손상 예방과 대처 방법을 실천하며 안전한 환경에서 운동하는 습관을 갖도록 지도한다. 운동과 안전의 학습을 통해 운동에 참여할 때 운동 손상 예방과 대처 그리고, 안전한 운동 환경 조성의 실천을 할 수 있도록 운동에서의 안전 관리 태도를 기르는 데 목적이 있다. 이를 달성하기 위해 운동 손상에 대한 유형과 특성, 예방과 대처를 이해하고, 또한 안전한 운동 환경을 학습하며 실제 운동 상황에서의 안전 관리를 생활화할 수 있는 자기 관리 능력을 기른다.

[12운건03 – 01] 운동 과정에서 발생할 수 있는 다양한 운동 손상의 유형과 특성을 탐색한다.
[12운건03 – 02] 운동 과정에서 발생할 수 있는 운동 손상을 예방하고, 운동 손상이 발생했을 때 적절한 대처 요령 및 처치 방법을 적용한다.
[12운건03 – 03] 기구, 시설, 환경 등 운동 안전사고 발생 위험 요인을 탐색하고 운동 환경 안전도의 평가를 통해 운동 안전 대책 및 방법을 마련하여 운동사고 예방 및 관리에 적용한다.

ⓐ 교수·학습 방법 및 유의 사항
- 운동 손상의 유형과 특성은 개인이 운동 수행 중 발생할 수 있는 다양한 손상을 학습 내용으로 선정한다.
- 신문기사, 잡지, 뉴스 등의 대중 매체나 시청각 자료를 충분히 활용하여 운동과 관련되는 다양한 손상 사례들을 이해할 수 있도록 지도한다.
- 운동 손상의 예방과 대처에 대한 이해와 실천은 상황별 이해를 바탕으로 다양한 실습을 통해 운동 손상에 대한 대처 능력을 기를 수 있도록 지도한다.

- 안전한 운동 환경은 운동 안전사고 발생 위험 요인 탐색, 운동 안전 대책 및 방법을 학습 내용으로 선정하고, 학교 내 운동 환경의 안정성을 직·간접적으로 확인해 보도록 한다.
- 운동과 안전 영역은 학년 또는 학기 단위에 걸쳐 운동 안전사고 예방과 대비 활동을 꾸준히 실천할 수 있도록 지도 계획을 수립한다.

ⓑ 평가 방법 및 유의 사항

- 차시 단위 또는 일부 내용 요소의 성취도 평가는 지양하고 운동 손상의 유형과 특성, 운동 손상의 예방과 대처, 안전한 운동 환경 등의 전체 내용 요소를 고르게 평가하되, 각 내용 요소에 대한 평가 비중을 달리할 수 있다.
- 운동과 안전 영역에서는 운동 손상의 유형과 특성에 따른 올바른 예방과 대처를 수행할 수 있는 능력을 중심으로 평가한다.
- 이론 중심의 평가를 지양하고 운동 손상의 유형과 특성, 운동 손상의 예방과 대처, 안전한 운동 환경 등의 학습 내용이 종합적으로 적용될 수 있도록 평가한다.
- 평가 결과는 운동과 안전 영역의 학습 활동 수행에 대한 피드백을 제공하는데 활용한다.

◎ 고등학교 운동과 건강 과목 신체활동 예시

영역	신체활동 예시
운동과 건강의 관계	• 건강 생활 운동 습관 형성, 건강 관리 운동 계획 수립 등 건강 및 건강 관리를 이해하는 데 적합한 신체활동 • 운동 체력, 건강 체력 등 운동과 건강의 관계를 이해하는 데 적합한 신체활동 • 자기 건강 관리 실천에 용이한 신체활동
운동과 건강 관리	• 바르게 걷기, 체조, 스트레칭, 요가 등과 같이 자세 관리와 관련된 운동이나 스포츠 • 조깅, 건강 달리기, 자전거 타기, 줄넘기, 수영 등과 같이 비만 관리와 관련된 운동이나 스포츠 • 체력 증진에 도움이 되고, 건강 체력 요소를 향상할 수 있는 운동이나 스포츠 • 태권도, 양궁, 검도, 골프 등과 같이 정서의 안정 및 조절에 도움이 되는 운동이나 스포츠
운동과 안전	• 운동 손상 사례 조사 및 분석 활동 등 • 운동 손상 예방 및 대처 활동, 운동 안전 관리 활동 등 • 운동 손상 위험요인 탐색 활동, 운동 안전 대책 및 방법 등

※ 신체활동의 교육과정의 목적에 근거하여 선택하되, 학교의 교육 여건을 고려하여 다른 영역의 신체활동 예시나 새로운 신체활동을 선택할 수 있다. 단, 단위 학교의 교과 협의회를 통해 결정한다.

⑷ 교수·학습 및 평가의 방향

① 교수·학습

　㉠ 교수·학습의 방향 : 체육과의 교수·학습은 학습자와의 적극적인 상호 작용을 통해 학습 내용을 탐색하고 적용하는 것을 지향한다. 이를 위해 교사 중심의 일방향적 교육 내용 전달을 지양하고 학습 환경의 특성에 맞는 다양한 교수·학습 방법을 구안하고 변용하여 지도하도록 한다.

　　ⓐ 체육과 역량 함양을 지향하는 교수·학습 : 체육과의 역량은 신체활동을 체험하고 그 가치를 내면화함으로써 습득되는 지식, 기능, 태도의 종합적인 능력을 의미한다. 체육과 역량의 함양을 위해서는 운동과 건강을 학습하기 위한 신체활동의 각 영역별 역량과 학습의 내용 요소, 학생들에게 기대되는 수행 능력, 성취기준의 관계를 이해하고 이를 체계적으로 경험할 수 있는 교수·학습 활동을 마련해야 한다. 예를 들어, 다양한 체력 운동을 선택해 운동과 건강 및 체력과의 관계를 실질적으로 이해하고 자신의 체력에 대한 분석 능력과 적합한 운동을 기획하는 능력을, 요가를 선택해 자신에게 필요한 체격과 자세 관리 및 필요한 정서조절을 실천하는 능력을, 자신이 수행하는 학습 및 운동 상황에 요구되는 안전과 관련된 합리적 판단 능력을 기르도록 구성된 교수·학습 활동을 체험하며 이를 통해 궁극적으로 건강 관리 능력을 함양할 수 있도록 한다. 이러한 건강관리 능력은 자기 관리 역량, 지식 정보 처리 역량, 공동체 역량 등 총론의 핵심 역량과 연계해 일상생활에서 발휘될 수 있도록 지도한다.

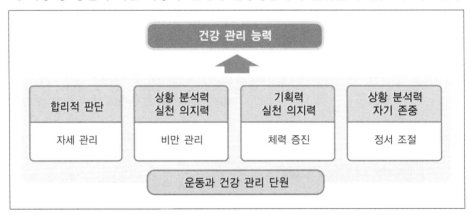

◈ 체육과 역량 함양을 지향하는 교수·학습

　　ⓑ 학습자 특성을 고려한 수준별 수업 : 학생들은 신체활동에 대한 흥미, 운동 기능, 체력, 성차, 학습 유형이 다르기 때문에 학습 활동의 방식에 따라 성취 결과가 다르게 나타날 수 있다. 따라서 학습자의 다양한 특성을 이해하고 활동 내용, 활동 과제, 활동 방법을 다양하게 구성함으로써 목표 달성의 기회를 제공해야 한다. 예를 들어, 운동과 건강 관리에서 자세 관리의 경우 활동 내용을 바르게 걷기뿐만 아니라 맨손체조, 스트레칭, 요가 등 다양하게 제시하고, 활동 과제의 유형과 수준은 학습 자료, 과제

수행 시간, 활동 공간의 재구성 등에 기반하여 조절하고, 과제를 학생들이 스스로 선택하게 함으로써 학습자의 참여 동기를 높이며 나아가 학습 성취 경험을 높일 수 있다. 활동 방법에서도 학습자의 특성을 고려하여 일제식, 과제식, 질문식, 협동식 등의 다양한 방법을 적용하도록 한다.

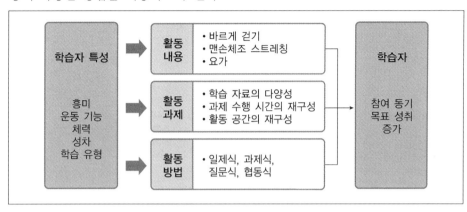

⌃ 학습자의 특성을 고려한 수준별 수업

ⓒ 자기 주도적 교수·학습 환경 조성 : 학생들이 스스로 학습 내용을 파악하고, 주어진 과제를 체계적이며 적극적으로 해결할 수 있도록 교수·학습 환경을 조성한다. 학생들의 관심을 고려한 과제 제시, 자신감을 향상시키는 동기 유발 전략을 마련하고, 주요 학습 내용과 방법을 학생들이 활동 상황 속에서 스스로 탐색하며 이해할 수 있도록 탐구적 교수·학습 자료를 제공하며, 신체활동 시 적극적인 연습과 교정이 이루어질 수 있도록 학습 과제, 시설 및 기자재를 효율적으로 조직하도록 한다.

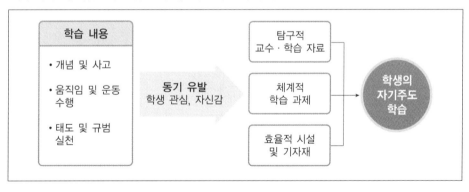

⌃ 자기 주도적 교수·학습 환경 조성

ⓓ 전인적 발달을 위한 통합적 교수·학습 : 운동과 건강 과목의 학습은 학습자가 신체활동에 포함된 심동적, 정의적, 인지적 역량을 균형 있게 체험하여 전인적으로 성장·발달할 수 있도록 다양한 활동을 통합적으로 제공한다. 이를 위해 신체활동을 직접 체험하는 학습 활동뿐만 아니라 다양한 간접 학습 활동(**예** 읽기, 쓰기, 감상하기, 조사하기, 토론하기 등)을 포함하여 통합적으로 지도한다.

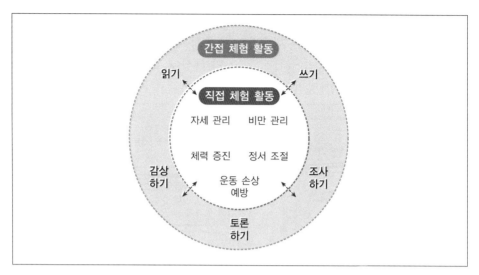

◎ 전인적 발달을 위한 통합적 교수 · 학습

ⓔ 맞춤형 교수 · 학습 방법의 선정과 활용 : 체육과 학습 내용의 특성을 고려하여, 학습의 효과를 높일 수 있는 가장 적합한 수업 모형과 스타일, 교수 · 학습 전략, 수업 기법을 선정하며, 이를 실천할 수 있는 시설 및 교육 기자재 등을 마련한다. 각 영역과 신체활동별로 특정한 수업 모형이나 전략에 의존하기보다는 수업이 이루어지는 맥락을 고려하여 적합한 수업 모형이나 전략을 선정하거나 이를 창의적으로 변형하는 등 교육과정이 의도하는 범위 안에서 다양한 교수 · 학습 방법을 적용할 필요가 있다. 또한, 지속적인 수업 평가를 통해 실제 적용한 수업 모형과 방법의 개선점을 파악함으로써 교수 · 학습 방법의 타당성을 높여야 한다.

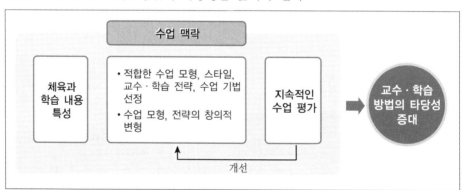

◎ 수업 개선을 위한 반성적 체육 수업

ⓕ 정과 외 체육 활동과 연계한 교수 · 학습 : 정과 체육 활동을 통해 배운 내용을 기반으로 생활 속에서 지속적으로 신체활동에 참여하며 체육과 역량을 발휘할 수 있는 자율성 및 실천력을 길러줄 필요가 있다. 이를 위해서는 학교스포츠클럽 활동에 참여하는 등 일상생활에서 지속적으로 신체활동을 실천할 수 있는 다양한 방법들을 체

육 수업을 통해 안내하거나 생활 속 신체활동의 실천 경험들을 체육 수업의 소재로 삼는 등 일상의 신체활동을 촉진시킬 수 있는 교수·학습 방법을 모색할 필요가 있다. 체육 수업과 정과 외 체육 활동과 연계할 때 운동을 통한 건강 관리의 기본적인 원리와 방법들은 체육 수업에서 학습하고 정과 외 체육에서는 학습한 내용의 자율적 실천을 강조하도록 한다.

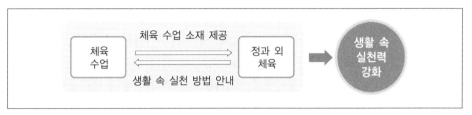

◈ 정과 외 체육 활동과의 연계를 통한 생활 실천력 강화

ⓛ 교수·학습의 계획 : 교수·학습 계획은 교수 학습 환경을 구성하는 제반 요소(학급 규모, 시간, 시설 및 용·기구, 학습자의 특성 등)들을 고려하여 수업 목표 도달을 위한 효율성과 안전성을 높일 수 있도록 유기적으로 계획한다. 또한, 교수·학습 계획을 실천하는 데 있어 발생 가능한 우발적 상황에 대비하여 계획의 다양성과 유연성을 확보한다.

ⓐ 교육과정 운영 계획 : 단위 학교에서는 교육과정에 제시된 내용 영역(운동과 건강의 관계, 운동과 건강 관리, 운동과 안전)에 근거하여 각 영역별 성취기준을 반드시 지도한다. 이를 위해 체육 교과 협의회를 통해 지도 계획을 수립하고, 해당 과목에서 제시된 모든 성취기준이 학습될 수 있도록 해야 한다.

• 연간 교육과정 운영 계획 수립 : 적절한 수업 시간의 확보 및 영역별 분배는 활동 중심의 체육 학습에서 성취도를 결정하는 중요한 요소이다. 따라서 먼저 주 단위로 배정된 체육 교과에 대한 기본 시수를 확보할 수 있어야 하며, 정상적인 교육과정 운영을 통해 수업 손실을 방지해야 한다. 이를 위해 학기 초 단위 학교의 연간 학사 일정을 바탕으로 교내·외 체육 대회, 현장 학습 등의 학교 행사를 사전에 확인하여 산출될 수 있는 수업 가능 일수와 시간을 명확하게 파악하고, 실제 수업 시수를 바탕으로 수업 활동 내용을 선별하여 조직, 계획할 수 있어야 한다. 다양한 내용에 대한 학습 기회를 보장하기 위해 특정 영역의 내용에 편중되지 않도록 연간 교육 계획을 수립하고 시수를 배정한다. 또한, 신체활동을 중심으로 한 영역의 통합 계획을 수립한다. 특히, 안전 영역의 학습 내용 요소는 타 영역과 연계하여 지도함으로써 안전 확보를 위한 실질적 능력을 강화시키도록 한다. 단, 통합은 해당 영역들의 내용 요소 학습에 누락이 없어야 하며 영역 설정의 취지에서 어긋나지 않는 범위에서 가능하다. 또한, 체력 증진 등 장기간의 실천 내용이 포함된 영역은 학기 초와 학기 말에 영역을 분할하여 편성하거나 주당 시수 중 1시간을 해당 영역에 편성하는 등 융통성 있는 계획을 수립하여 지도한다.

ⓑ 교수·학습 운영 계획

- **영역의 특성과 학습 주제 고려**: 동일한 신체활동을 수행할지라도 수업 의도에 따라 다른 결과가 나타날 수 있기 때문에 교수·학습 계획 수립 시 영역의 특성과 학습 주제를 명확히 인식해야 한다. 특히, 영역별 학습을 통해 습득하고자 하는 역량이 무엇인지 판단하고 이를 위해 강조해야 하는 학습 중점을 선정하고 학습 과정을 조직한다. 예를 들어, 운동과 건강을 강조하는 영역의 수업에서 이루어지는 달리기는 도전이나 신체의 수련을 위한 달리기와는 구별하여 건강을 증진시키기 위해 꾸준하고 규칙적인 실천을 바탕으로 활동 참여를 구안하게 되며, 이와 관련된 체력의 진단 및 개인별로 적절한 운동 계획과 방법 그리고 실천 과정 등이 보다 강조되어야 한다.

- **학생의 사전 학습 경험 및 발달 특성 분석**: 체육 수업 중 학생들의 사전 학습 경험 및 발달 특성을 고려하는 것은 학습자 중심 수업을 지향하려는 방안 중 하나이다. 학생 개인이 가지고 있는 사전 학습 경험은 수업 내용과 직·간접적으로 관련되는 신체활동의 경험뿐만 아니라 지적, 정서적 경험 전체를 의미한다. 이를 위해 교사는 교수·학습 운영을 계획할 때 학생들의 흥미와 수준을 파악하고 학생들의 다양한 사전 학습 경험을 존중함으로써 학생에게 유의미한 경험을 제공할 수 있는 활동을 구성해야 한다.

- **시설 및 용·기구 확보**: 수업에 필요한 시설과 용·기구의 수요를 파악하여 가급적 적합한 시설과 충분한 수량을 확보하고자 노력해야 한다. 부득이 일정 수요를 확보하지 못하는 경우, 동일한 교육적 가치와 효과를 가져 올 수 있는 다른 용·기구로 대체 또는 보완하거나, 인근 학교, 지역 사회 시설을 이용하는 등의 대안을 마련한다. 이때 교육적 효과와 안전을 충분히 고려하여야 하며, 위험 요소가 확인될 경우 다른 신체활동을 선정하는 것이 바람직하다.

ⓒ 교수·학습 활동 계획

- **학습 활동의 재구성**: 성취기준에 보다 쉽게 도달할 수 있도록 영역의 특성과 학습 주제, 학생의 특성 및 가용 자원, 학습 환경을 고려하여 학습 활동을 재구성한다. 예를 들어, 경기장의 형태와 사용하는 도구, 신체활동에 참여하는 인원수와 조직의 형태, 실행 규칙 등을 변형하여 활동을 구성할 수 있다. 또한, 학습 활동의 재구성 시 학생들의 의견을 적극적으로 수렴하거나 재구성 과정 일부에 학생들을 참여시킴으로써 참여 동기를 높이고 학습 활동에 대한 이해도를 높일 수 있다. 단 학습 활동의 재구성이 목표 도달에 갖는 효과성과 안전성을 충분히 고려해야 한다.

- **평등한 학습 기회 제공**: 평등한 학습 기회를 제공한다는 것이 모든 학습자가 동일한 내용과 방식으로 학습해야 한다는 것을 의미하는 것은 아니다. 학습자가 처해 있는 상황을 고려하여 체육 학습의 기회가 다양하고 합리적으로 제공되어야 한다

는 것을 의미한다. 특히, 성별, 체력 및 운동 기능의 차이, 장애로 인해 불이익을 받거나 참여에 제한이 이루어지지 않도록 주의한다. 예를 들어, 규칙과 방법을 변형하여 다양한 체력 수준과 운동 기능을 가진 학생들이 평등하게 참여할 수 있는 활동을 구성한다. 특히, 다양한 과제 혹은 역할을 제시하여 활동에 적극적으로 참여할 수 있도록 유도함으로써 수업에 소외되는 학생이 없도록 해야 한다.

- **통합적인 학습 활동 구성** : 지식, 기능, 태도가 통합된 형태의 교과 역량을 기르기 위해서는 영역별 성취 기준의 내용들을 다양한 관점에서 통합적으로 학습할 수 있도록 지도해야 한다. 예를 들어, 운동과 체력 증진에 대한 내용을 학습함에 있어 교육과정, 교과서에 제시된 진술문을 바탕으로 체력의 중요성을 파악할 수 있으며 체력을 측정하고 평가하는 과정을 통해 체력 관리의 방법을 파악하고 운동 계획을 수립하여 적용해 볼 수도 있다. 특히, 학습자가 건강의 관점에서 체력 관리의 중요성을 파악하고 내면화 할 수 있도록 다양한 활동을 제시할 필요가 있다. 또한, 필요 시 신체활동을 중심으로 단위 수업과 관련된 여러 성취기준의 내용들을 통합하여 지도할 수 있다.

- **학습자 관리와 안전 고려** : 학년 또는 학기 초에 수업 규칙을 수립하고 일관성 있게 적용함으로써 학생들을 효율적으로 관리하고 학생들의 부적절한 행동을 예방하거나 최소화하도록 한다. 또한, 학생들의 안전사고를 예방하기 위해 안전 수칙과 절차를 마련하고 이를 학생들에게 공지하여 준다. 특히, 선택한 신체활동의 특성을 고려한 준비 운동 및 정리 운동을 실시하여 활동 및 학습에서 안전한 조건을 갖추도록 지도하며, 수업 전·후 체육 시설 및 장비에 대한 점검을 통해 안전사고의 발생을 사전에 예방할 수 있도록 한다. 또한, 도전 또는 경기 상황 등에서 과도한 목표 성취 욕구와 지나친 경쟁심으로 운동 손상 사고가 발생할 수 있으므로 이에 대한 안내를 충분히 실시한다.

② 평가

㉠ 평가의 방향 : 평가는 교육과정과의 연계성, 평가 내용의 균형성, 평가 방법의 타당성과 신뢰성을 확보하여야 하며, 핵심역량 개발과 개인차를 고려한 성취기준을 수립하여 적용하도록 한다.

ⓐ 교육과정과의 연계성

- 평가는 교육과정과 연계되어야 한다. 즉, 국가 및 지역 수준의 체육과 교육과정에서 추구하는 목적과 목표를 파악하고, 이를 근거로 단위 학교의 체육과 교육과정을 계획·실천하여 의도한 교육적 효과가 어느 정도 성취되었는지 평가하는 일련의 과정이 연계성 있게 진행되어야 한다.

- 평가는 수업 목표 및 교수·학습 활동과 일관되어야 한다. 즉, 수업 목표 달성을 위해 지도된 교수·학습 활동과 평가 내용이 서로 상이하지 않도록 일관성을 유지하여야 한다.

ⓑ 평가 내용의 균형성
- 평가는 교육과정에 제시된 운동과 건강의 관계, 운동과 건강관리, 운동과 안전의 전 영역을 대상으로 균형 있게 실시하여야 한다, 즉, 3개 영역의 평가 비중은 단위 학교의 실정에 따라 차이가 있을 수 있을 수 있으나, 특정 영역에 치우쳐 지나친 평가 비중을 두거나 축소되는 일이 없도록 유의한다.
- 평가는 운동과 건강의 관계, 운동과 건강관리, 운동과 안전의 각 영역별 내용 요소의 평가 비중은 달리하여 실시할 수 있다. 즉, 3개 영역의 각 내용 요소의 평가는 성취기준에 따라 균형 있게 평가하되 그 비중은 교과 협의회를 통해 달리할 수 있다.

ⓒ 평가 방법과 평가 도구의 다양성
- 평가는 학습의 결과뿐만 아니라 학습의 과정을 포함하여 실시한다.
- 평가는 단편적 기능 또는 일회성 기록 측정 위주의 평가를 지양하고, 수업 목표와 교수·학습 내용에 따라 다양한 평가 요소를 제시하고 충분한 시간을 확보하여 평가한다.
- 평가의 타당도와 신뢰도를 높이기 위해 평가 목표와 내용, 방법이 밀접하게 관련되도록 점검하고, 다양한 유형의 방법을 활용하여 평가한다.
- 평가는 양적 평가와 질적 평가를 병행하고, 실제성과 종합성이 확보되고 핵심 역량의 성취정도를 파악할 수 있는 평가를 비중 있게 실시한다.
- 평가는 교사에 의한 평가뿐만 아니라, 상호 평가, 자기 평가 등 학생이 주체가 된 평가를 병행하여 실시할 수 있다.

ⓒ 평가의 계획: 평가 계획은 체육과 교육과정에서 제시한 학년군의 내용에 따라 학년군별 평가 계획을 구체적으로 수립한 후, 학년 초 또는 학기 초에 이를 학생들에게 공지하도록 한다. 종합적이고 공정한 평가가 이루어질 수 있도록 평가 계획 수립 시 학교의 평가 지침을 토대로 평가의 내용, 성취기준 및 성취수준, 방법, 도구 등을 마련한다.

ⓐ 평가 내용 선정
- 평가 내용은 교육과정 내용 요소를 바탕으로, 수업 목표와 학습 내용에 제시된 요소뿐만 아니라 신체활동에 내재된 핵심역량에 대한 학습 내용을 고루 포함한다.
- 평가의 범위는 교수·학습 활동을 통해 지도된 전체 영역을 대상으로 실시하되, 내용 영역에 따라 평가 비중을 달리할 수 있다. 단, 평가 내용의 균형성을 위해 특정 내용에 편중되지 않도록 유의한다.
- 평가는 내용과 방법에 있어 구체성을 확보하여야 한다. 즉, 교육 내용 및 방법에 적합한 평가가 이루어 질 수 있도록 단위 교수·학습 계획을 면밀히 검토하고 이에 상응하는 평가 내용과 시기, 도구 및 방법을 구체적으로 계획하여야 한다. 이를 위해 교수·학습 계획 단계에서 평가 계획표를 함께 작성하여 활용한다.

- 동료 또는 자기 평가와 같은 학습자 평가를 실시할 경우 평가자에 적합한 내용을 선별해 수준에 맞게 제시한다.

ⓑ 성취기준 및 성취수준의 선정
- 평가를 위한 성취기준 및 성취수준은 해당 평가와 관련된 교육과정 성취기준과 단위 학교 수업 내용을 바탕으로 개발한다.
- 평가에 적용하는 성취기준은 독립적 혹은 통합하여 선정할 수 있다. 예를 들어, 건강 관리를 위해 자세를 관리하고, 비만을 관리하며, 체력도 증진하는 성취기준 각각을 혹은 이를 통합한 성취기준을 선정할 수 있다.
- 성취수준은 점수화 및 등급화를 위한 기능의 단순 분류나 기록의 명시보다는 영역별 내용 요소에 따른 기능의 도달 정도를 구체적으로 나타낼 수 있는 행동 수준으로 진술하고, 평가 등급은 양적 요소와 질적 요소를 모두 포함하여 각각의 수준에 맞게 진술되도록 한다.
- 동일한 목표 성취 행동으로 된 성취기준 및 성취수준을 적용하기보다는 주어진 과제에 대한 수행 능력 및 변화 정도를 목표의 수준에 따라 서로 다르게 평가하여 이를 통해 차후 교수・학습 내용에 대한 참여 동기를 높이고, 개개인의 신체활동 실천에 도움을 줄 수 있도록 한다.

ⓒ 평가 방법 및 도구 선정・개발
- 평가 방법은 학습 목표 및 평가 목적에 적합하게 선정하도록 한다. 다양한 평가 방법의 특징과 장단점을 파악한 후 학생의 특성과 수준을 고려하고, 다양한 평가 목적(학습의 과정 또는 결과에 대한 평가, 학생의 학습 성취도 파악, 교수・학습 과정의 개선 등)을 고려하여 가장 적합한 평가 방법을 선정한다.
- 평가 도구는 기존의 체육과 평가에서 활용되고 있던 것을 사용하거나 새로 개발하여 사용할 수 있다. 기존의 평가 도구를 그대로 혹은 수정하여 사용할 때에는 평가 도구의 용도 및 특성과 검사 도구의 신뢰도, 타당도 등을 구체적으로 검토한 후 선택해야 한다. 그리고 교사(학년 또는 체육 교과 협의회 포함)가 새로운 평가 도구를 직접 개발하기 위해서는 평가 대상, 평가 시기, 평가 장소, 채점 방식, 시설 및 장비, 평가 인원 등을 고려하도록 한다.

ⓒ 평가 결과의 활용
ⓐ 평가 결과는 다음에 이루어질 교수・학습 계획을 수립하는 데 활용한다. 학습자 개개인의 평가 결과를 분석하여 이후의 학습 과제의 수준과 활동 방법을 계획하고 결정하기 위한 기초 자료로 활용한다. 또한, 학습자 전체에게 나타나는 평가 결과의 특징을 분석하여 교수・학습 방법의 개선에 활용한다.
ⓑ 평가 결과는 학습자와 학부모가 쉽게 이해하도록 구체적으로 재구성하여 안내한다. 결과를 통해 학습자가 생활 속에서 스스로 학습 주제와 관련된 신체활동 수행 계획을 수립하고 지속적으로 실천하는 데 도움을 주도록 한다.

© 특히, 개인별 평가 결과를 자신의 건강관리, 진로 진학, 여가 활용 등과 연계하여 건전하고 즐거운 신체활동 계획을 수립하고 실천하기 위한 기초 자료로 활용하도록 한다.

3 선택 중심 교육과정 - 진로 선택

1. 스포츠 생활

(1) 성격

> 고등학교 스포츠 생활은 생활 속에서 실천되는 스포츠의 역할과 가치를 이해하고, 스포츠를 수행하는 데 필요한 지식과 기능을 습득하며, 자발적이고 지속적으로 스포츠에 참여할 수 있는 태도를 길러 스포츠 참여를 통해 활기찬 생활을 영위할 수 있는 능력을 함양하는 과목이다.

고등학교 스포츠 생활 과목은 체육 과목의 도전, 경쟁, 표현 영역과 밀접한 과목으로 평생 체육으로서 스포츠의 다양한 가치를 이해하고 건강한 자아, 건전한 사회적 자질을 겸비하여 스포츠 참여를 생활화함으로써 체육 문화를 지속적으로 실천하고 향유하는 건강한 인간상을 추구한다.

이를 위해 스포츠 생활 과목에서는 학생들이 활동적인 삶과 연계된 다양한 스포츠를 집중적으로 체험함으로써 스포츠 생활화를 위한 기본 소양을 계발하도록 한다. 기존의 학습했던 체육 과목에서 보다 심화된 스포츠의 내용을 바탕으로 다양한 스포츠 문화를 체득하여 스포츠를 생활화함으로써 신체 수련 능력, 게임 수행 능력, 신체 표현 능력을 함양한다. 또한, 스포츠 참여 과정에서 발생할 수 있는 스포츠 안전사고의 위험으로부터 안전을 확보하기 위한 실천 능력을 기른다.

(2) 목표

스포츠 생활은 도전, 경쟁, 표현 스포츠 활동에 참여하면서 스포츠 문화를 이해하고, 스포츠에 대한 긍정적 태도를 함양하며 스포츠 생활화를 목표로 한다. 즉, 일상생활에서 스포츠 문화의 중요성과 역할을 이해하고 스포츠 생활화를 통해 삶의 질을 제고하며 안전한 스포츠 참여 태도를 기르는 데 중점을 둔다.

① 스포츠에 대한 의미와 관련 지식을 이해하고 스포츠에 참여하면서 스포츠 문화와 윤리를 체득하고 실천한다.

② 스포츠에서의 도전, 경쟁 및 표현의 의미와 관계를 이해하고 스포츠 참여와 생활화를 위한 긍정적 가치 인식 및 실천 능력을 함양한다.

③ 스포츠와 안전사고의 관계를 이해하고 안전사고 예방·대처 능력을 길러 안전한 스포츠 환경의 조성과 안전 의식을 실천한다.

(3) 내용 체계 및 성취기준

① 내용 체계

영역	핵심 개념	일반화된 지식	내용 요소	기능
스포츠 가치	스포츠 의미 스포츠 문화 스포츠 정신	• 스포츠는 신체적 건강, 심리적 안녕, 사회적 발달에 도움을 주는 제도화된 신체활동이다. • 스포츠 문화는 사회적 기능, 제도화, 스포츠와 관련된 관행, 가치, 규범 등에 의해 형성된다. • 스포츠 참여 과정에서 스포츠맨십과 페어플레이 정신의 실천은 윤리적 태도 형성에 기여한다.	• 스포츠의 역할과 특성 • 스포츠와 사회 문화 • 스포츠와 경기 문화 • 스포츠 윤리	• 탐구하기 • 분석하기 • 판단하기 • 실천하기
스포츠 수행	도전 의지 대인 관계 여가 선용	• 스포츠 참여를 비롯하여 생활에서 자신의 설정한 목표 달성을 위해 노력하고 꾸준히 심신을 수련하도록 하는 데에 도전 의지가 필수적이다. • 스포츠 상황에서 경기 예절을 지키며 서로를 존중하고 배려하는 과정을 통해 대인 관계가 긍정적으로 발달된다. • 일상생활에서의 스포츠 참여와 이를 통해 얻을 수 있는 신체적, 정서적인 효과는 삶의 활력소가 되고 건강하고 여유로운 삶을 갖도록 한다.	• 스포츠와 도전 • 스포츠와 경쟁 • 스포츠와 표현 • 스포츠와 여가 생활	• 실천하기 • 소통하기 • 계획하기 • 생활화하기
스포츠 안전	스포츠 경기 안전 스포츠 관람 안전 스포츠 안전 환경	• 스포츠 경기에서의 규칙 준수는 자신과 타인의 약속이며 안전하게 스포츠를 즐기기 위한 기본 요소이다. • 경기 관람 시 안전 수칙 및 지침 준수는 자신과 타인을 고려하여 모두에게 요구되는 기본적인 생활 예절이다. • 쾌적하고 안전한 스포츠 환경의 조성 및 관리는 즐겁고 안정된 스포츠 참여를 돕는다.	• 스포츠 안전사고의 유형과 특성 • 스포츠 안전사고의 예방과 대처 • 스포츠 환경과 안전	• 분석하기 • 탐색하기 • 대처하기 • 관리하기

② 성취기준

　㉠ **스포츠 가치** : 스포츠 가치 영역에서는 스포츠의 의미, 경기 문화, 윤리 등과 관련된 스포츠의 문화 현상을 이해하고 스포츠 참여를 통해 스포츠의 관행, 규범, 제도 등 스포츠 문화를 체험하여 스포츠 윤리를 실천한다. 이러한 과정을 통해 스포츠 정신을 기름으로써 스포츠 참여 과정에서 요구되는 스포츠맨십과 페어플레이 정신 등의 윤리 의식을 갖도록 하는 데 목적이 있다.

이를 달성하기 위해 스포츠의 역할과 특성, 스포츠와 사회 문화, 스포츠와 경기 문화, 스포츠 윤리 등 스포츠에 담긴 가치를 학습하고, 다양한 역할의 스포츠 활동에 참여하여 스포츠의 의미와 스포츠 문화를 체험하고 느낄 수 있도록 하며, 이 과정에서 스포츠 윤리를 실천할 수 있는 공동체 의식을 기른다.

> [12스생01 - 01] 현대 사회에서 제도화된 스포츠의 의미를 이해하고 스포츠의 역할과 특성을 탐색한다.
> [12스생01 - 02] 스포츠가 문화에 미치는 영향과 문화가 스포츠에 미치는 영향을 비교·분석하여 문화로서의 스포츠를 이해한다.
> [12스생01 - 03] 스포츠의 관행, 규범, 제도 등 스포츠 경기와 관련된 문화를 분석하여 스포츠 경기에서 요구되는 경기 문화를 판단한다.
> [12스생01 - 04] 스포츠 참여 과정에서 스포츠맨십과 페어플레이 정신을 발휘하고 윤리적 태도를 함양한다.

　ⓐ 교수·학습 방법 및 유의 사항
　　• 스포츠 가치 영역은 일상생활에서 찾아보기 쉽고 참여가 용이하며 신체활동 학습에 개인차가 있는 학생들에게도 적용하기 적합한 스포츠를 소재로 학습활동을 구성한다.
　　• 스포츠 의미와 문화에서는 신문기사, 잡지, 뉴스 등의 대중 매체나 시청각 자료를 충분히 활용하여 이해하기 쉽도록 지도한다.
　　• 스포츠 정신에서는 스포츠맨십과 페어플레이가 발휘되는 스포츠 경기 상황이나 비신사적인 행위가 벌어지는 상황을 보여주고 학생 스스로 가치 판단을 내릴 수 있는 기회를 제공하고, 동일한 갈등 상황에 대해 토론하여 자신과 타인의 생각을 나눠볼 수 있도록 교수·학습 상황을 진행한다.
　　• 스포츠 가치 영역은 학년 또는 학기 단위에 걸쳐 지속적으로 지도하여 스포츠 문화를 생활 속에서 자주 접하도록 하고, 이를 통해 스포츠의 의미와 가치를 자연스럽게 익힐 수 있도록 지도한다.
　ⓑ 평가 방법 및 유의 사항
　　• 차시 단위 또는 일부 내용 요소의 성취도 평가는 지양하고 스포츠의 역할과 특성, 스포츠와 사회문화, 스포츠와 경기문화, 스포츠 윤리의 전체 내용 요소를 고르게 평가하되, 각 내용 요소에 대한 평가 비중을 달리할 수 있다.

- 이론 중심의 평가를 지양하고 스포츠 이해의 학습을 통해 체득되는 생활화와 실천 능력, 태도의 변화 등을 종합적으로 평가한다.
- 평가 결과는 스포츠 가치 영역의 학습 활동 수행에 대한 피드백을 제공하는데 활용한다.

ⓒ **스포츠 수행**: 스포츠 수행 영역에서는 도전 계획을 수립하여 스포츠 상황에서 도전을 수행함으로써 심신을 수련하고, 경쟁을 통해 스포츠 경기 예절의 준수와 상호 존중 및 배려를 실천하며, 스포츠 표현 활동에 참여하여 심리적 감상 및 비평의 안목을 습득하고, 여가 시간에 스포츠를 생활화할 수 있는 기반을 형성한다. 이러한 과정을 통해 도전 의지를 함양하고 긍정적 대인 관계를 형성하며, 감상 및 비평의 안목을 기르는 한편, 여가 선용의 태도를 기르는 데 목적이 있다.

이를 달성하기 위해 스포츠와 도전, 스포츠와 경쟁, 스포츠와 표현, 스포츠와 여가 생활 등을 학습하고 일상에서 지속적으로 스포츠에 참여해 스포츠 문화를 즐길 수 있는 태도를 기른다.

> [12스생02 – 01] 스포츠 활동에 대한 도전 계획을 수립하고 스포츠 도전 상황에서 목적한 성취를 위해 인내하고 지속적으로 수련할 수 있는 실천 의지를 함양한다.
> [12스생02 – 02] 스포츠 활동에 참여하면서 스포츠 경쟁의 의미를 이해하고 스포츠를 통해 서로를 존중하고 배려하는 태도로 상호 작용을 함으로써 긍정적 대인 관계를 형성한다.
> [12스생02 – 03] 스포츠 표현의 동작과 원리를 바탕으로 스포츠 표현 작품을 발표하고 감상·비평을 실천한다.
> [12스생02 – 04] 스포츠 참여의 목적과 가치를 이해하고 여가 선용을 위한 스포츠 참여 계획을 수립하여 지속적으로 참여한다.

ⓐ 교수·학습 방법 및 유의 사항
- 스포츠 수행 영역에서는 수업의 목적에 적절하도록 도전 스포츠, 경쟁 스포츠, 표현 스포츠 중 하나의 스포츠 또는 여러 개의 스포츠를 선택하여 가치와 연결된 수행을 지도한다.
- 스포츠 수행 영역에서는 기본 기능을 익히는 차원의 활동보다는 실제 경기 상황에서 다양한 경기 전략과 전술을 발휘할 수 있도록 지도한다.
- 스포츠 수행 영역의 계획 및 실천은 학교의 교육 여건을 고려하고 학습자들이 참여하기 쉬운 스포츠를 활용하고, 스포츠 교육에 적합한 모형을 적극 활용하도록 한다.
- 스포츠 수행 영역은 학년 또는 학기 단위에 걸쳐 지속적으로 지도하고, 학교 스포츠클럽 활동과 연계하여 실천함으로써 스포츠를 생활화하도록 하며, 미래에 평생 스포츠 활동의 토대가 될 수 있도록 한다.

ⓑ 평가 방법 및 유의 사항
- 차시 단위 또는 일부 내용 요소의 성취도 평가는 지양하고 스포츠와 도전, 스포츠와 경쟁, 스포츠와 표현, 스포츠와 여가 생활의 전체 내용 요소를 고르게 평가하되, 각 내용 요소에 대한 평가 비중을 달리할 수 있다.
- 스포츠에 필요한 기능 보다 영역에서 추구하는 핵심 개념을 중심으로 스포츠와 도전에서는 도전 의지와 실천, 심련수련을, 스포츠와 경쟁에서는 스포츠 경쟁의 의미 이해, 대인 관계 증진, 경기 예절 준수, 상호 존중 및 배려의 태도를, 스포츠와 표현에서는 신체 움직임의 심미적 표현, 작품 발표, 감상을 주로 평가한다.
- 이론 중심의 평가를 지양하고 경기 수행 능력과 스포츠 참여 태도 등을 종합적으로 평가한다.
- 평가 결과는 스포츠 수행 영역의 학습 활동 수행에 대한 피드백을 제공하는데 활용한다.

ⓒ 스포츠 안전 : 스포츠 안전 영역에서는 스포츠에 내재된 안전의 개념과 안전 수칙 등을 이해하고 스포츠 경기 및 관람에서 발생할 수 있는 스포츠 안전사고의 위험으로부터 안전을 확보하며 안전한 스포츠 환경을 조성할 수 있도록 지도한다. 이러한 과정을 통해 스포츠 상황에서 나타날 수 있는 안전사고의 예방 및 대처 능력과 함께 스포츠에 관련된 안전 의식을 기르는 데 목적이 있다.
이를 달성하기 위해 스포츠 안전 사고의 유형과 특성, 스포츠 안전사고의 예방과 대처를 이해하고, 안전한 스포츠 환경을 학습하며, 실제 스포츠 상황에서의 안전 관리를 생활화할 수 있는 자기 관리 능력을 기른다.

> [12스생03 - 01] 스포츠 상황에서 발생할 수 있는 다양한 안전사고의 유형과 특성을 탐색한다.
> [12스생03 - 02] 스포츠 상황에서 발생할 수 있는 안전사고를 예방하고, 안전사고가 발생했을 때 적절한 대처 요령 및 처치 방법을 적용한다.
> [12스생03 - 03] 스포츠 안전에 영향을 미치는 기후, 시설, 장비 등의 환경적 요소를 조사하고 분석하여 스포츠 활동에 적용한다.

ⓐ 교수·학습 방법 및 유의 사항
- 스포츠 안전사고의 유형과 특성은 스포츠 상황에서 개인 또는 대인, 그리고 단체에 나타날 수 있는 다양한 손상과 사고를 학습 내용으로 선정한다.
- 대중 매체에 보도된 스포츠 안전사고 사례 등을 시청각 자료를 활용하여 소개하고, 일상생활이나 주변에서 일어난 스포츠 안전사고 사례에 관해 발표하여 공유하도록 한다.
- 스포츠 경기 및 관람 안전은 가급적 학교 내 경기를 관람하거나 주변 경기장을 직접 방문하여 상황별 스포츠 안전 수칙을 직접 수립하도록 하고, 학교 여건에 따라 간접적인 체험 활동으로 지도한다.

- 스포츠 환경과 안전은 단지 환경뿐만 아니라 사례를 중심으로 한 다양한 원인 분석 및 처리 결과 파악, 그리고 예방 및 대응책 등을 다각도로 고찰하여 전후 관계 및 맥락 속에서 환경과 안전을 이해할 수 있도록 한다.
- 스포츠 안전 영역은 매 시간 혹은 매 단원에 일정 시간을 다루어 실질적으로 스포츠 활동에서의 안전사고 예방과 대비가 될 수 있도록 한다.

ⓑ 평가 방법 및 유의 사항

- 차시 단위 또는 일부 내용 요소의 성취도 평가는 지양하고 스포츠 안전사고의 유형과 특성, 스포츠 안전사고의 예방과 대처, 스포츠 환경과 안전의 전체 내용 요소를 고르게 평가하되, 각 내용 요소에 대한 평가 비중을 달리할 수 있다.
- 스포츠 안전 영역에서는 스포츠 안전사고의 유형과 특성에 따른 올바른 예방과 대처를 수행할 수 있는 능력을 중심으로 평가한다.
- 스포츠 환경과 안전은 스포츠 안전의 환경적 요소 조사·분석 및 스포츠에 대한 적용 능력을 중심으로 평가한다.
- 분절된 이론 중심의 평가를 지양하고 스포츠 안전의 이해, 스포츠 경기 및 관람 안전, 스포츠 환경과 안전 등을 종합적으로 평가한다.
- 평가 결과는 스포츠 안전 영역의 학습 활동 수행에 대한 피드백을 제공하는데 활용한다.

◈ 고등학교 스포츠 생활 과목 신체활동 예시

영역	신체활동 예시
스포츠 가치	스포츠의 의미, 경기 문화, 윤리 등과 관련된 스포츠의 문화 현상을 체험하기 적합한 운동이나 스포츠
스포츠 수행	• 육상경기, 경영, 체조, 태권도, 골프, 스포츠 클라이밍 등과 같이 도전을 수반하는 형태의 운동이나 스포츠 • 축구, 농구, 배구, 배드민턴, 탁구, 테니스, 야구 등과 같이 경쟁을 수반하는 형태의 운동이나 스포츠 • 댄스스포츠, 치어리딩, 라인댄스, 살사 등과 같이 표현을 수반하는 형태의 운동이나 스포츠
스포츠 안전	• 스포츠 안전 수칙 조사 및 분석, 스포츠 안전사고 탐색 등 • 스포츠 안전사고 예방 및 대처 활동, 스포츠 관람 안전사고 예방 및 대처 활동 등 • 스포츠 안전 환경 요소 탐색 활동, 스포츠 안전 환경 조성 활동 등

※ 신체활동의 교육과정의 목적에 근거하여 선택하되, 학교의 교육 여건을 고려하여 다른 영역의 신체활동 예시나 새로운 신체활동을 선택할 수 있다. 단, 단위 학교의 교과 협의회를 통해 결정한다.

⑷ 교수·학습 및 평가의 방향

① 교수·학습

㉠ 교수·학습의 방향 : 체육과의 교수·학습은 학습자와의 적극적인 상호 작용을 통해 학습 내용을 탐색하고 적용하는 것을 지향한다. 이를 위해 교사 중심의 일방향적 교육 내용 전달을 지양하고 학습 환경의 특성에 맞는 다양한 교수·학습 방법을 구안하고 변용하여 지도하도록 한다.

ⓐ 체육과 역량 함양을 지향하는 교수·학습 : 체육과의 역량은 신체활동을 체험하고 그 가치를 내면화함으로써 습득되는 지식, 기능, 태도의 종합적인 능력을 의미한다. 체육과 역량의 함양을 위해서는 신체활동의 각 영역별 역량과 학습의 내용 요소, 학생들에게 기대되는 수행 능력, 성취기준의 관계를 이해하고 이를 체계적으로 경험할 수 있는 교수·학습 활동을 마련해야 한다. 예를 들어, 몇 가지 올림픽 종목들을 선택하여 각 종목과 관련된 스포츠 문화나 스포츠맨십을 탐구하고 비교하는 능력을 기르고, 그중 탁구를 선택해 시간을 계획하여 타인과 경기 예절을 지키며 즐길 수 있는 경기 능력과 타인 존중을 함양하는 한편, 탁구와 관련된 안전수칙을 지키고 자신이 설정한 목표를 달성하기 위한 연습 및 수련으로 구성된 교수·학습 활동에 참여하여 경기 수행 능력을 함양할 수 있도록 한다. 궁극적으로 경기·수행 능력을 함양할 수 있도록 한다. 이러한 경기 수행 능력은 의사소통 역량, 공동체 역량, 창의적 사고 역량 등 총론의 핵심 역량과 연계해 일상생활에서 발휘될 수 있도록 지도한다.

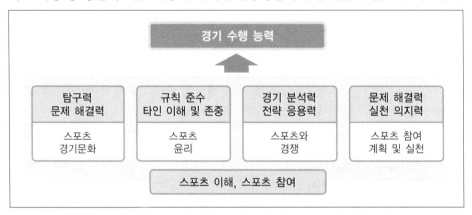

◔ 체육과 역량 함양을 지향하는 교수·학습

ⓑ 학습자 특성을 고려한 수준별 수업 : 학생들은 신체활동에 대한 흥미, 운동 기능, 체력, 성차, 학습 유형이 다르기 때문에 학습 활동의 방식에 따라 성취 결과가 다르게 나타날 수 있다. 따라서 학습자의 다양한 특성을 이해하고 활동 내용, 활동 과제, 활동 방법을 다양하게 구성함으로써 목표 달성의 기회를 제공해야 한다. 예를 들어, 스포츠와 도전에서 높이뛰기의 경우 활동 내용을 110cm 넘기뿐만 아니라 90cm 넘기, 100cm 넘기, 120cm 넘기 등 다양한 높이를 제시하고, 활동 과제의 유형과 수준은

학습 자료, 과제 수행 시간, 활동 공간의 재구성 등에 기반하여 조절하고, 과제를 학생들이 스스로 선택하게 함으로써 학습자의 참여 동기를 높이며 나아가 학습 성취 경험을 높일 수 있다. 활동 방법에서도 학습자의 특성을 고려하여 일제식, 과제식, 질문식, 협동식 등의 다양한 방법을 적용하도록 한다.

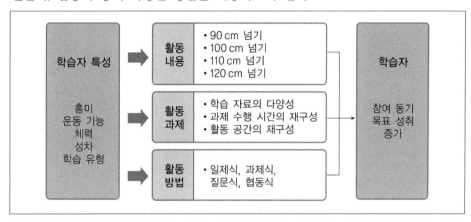

◎ 학습자의 특성을 고려한 수준별 수업

ⓒ 자기 주도적 교수·학습 환경 조성: 학생들이 스스로 학습 내용을 파악하고, 주어진 과제를 체계적이며 적극적으로 해결할 수 있도록 교수·학습 환경을 조성한다. 학생들의 관심을 고려한 과제 제시, 자신감을 향상시키는 동기 유발 전략을 마련하고, 주요 학습 내용과 방법을 학생들이 활동 상황 속에서 스스로 탐색하며 이해할 수 있도록 탐구적 교수·학습 자료를 제공하며, 신체활동 시 적극적인 연습과 교정이 이루어질 수 있도록 학습 과제, 시설 및 기자재를 효율적으로 조직하도록 한다.

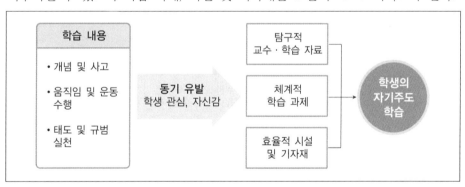

◎ 자기 주도적 교수·학습 환경 조성

ⓓ 전인적 발달을 위한 통합적 교수·학습: 스포츠 생활 과목의 학습은 학습자가 신체활동에 포함된 심동적, 정의적, 인지적 역량을 균형 있게 체험하여 전인적으로 성장·발달할 수 있도록 다양한 활동을 통합적으로 제공한다. 이를 위해 신체활동을 직접 체험하는 학습 활동뿐만 아니라 다양한 간접 학습 활동(예 읽기, 쓰기, 감상하기, 조사하기, 토론하기 등)을 포함하여 통합적으로 지도한다.

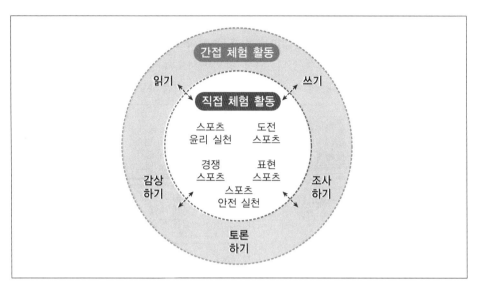

◈ 전인적 발달을 위한 통합적 교수·학습

ⓔ 맞춤형 교수·학습 방법의 선정과 활용 : 체육과 학습 내용의 특성을 고려하여, 학습의 효과를 높일 수 있는 가장 적합한 수업 모형과 스타일, 교수·학습 전략, 수업 기법을 선정하며, 이를 실천할 수 있는 시설 및 교육 기자재 등을 마련한다. 각 영역과 신체활동별로 특정한 수업 모형이나 전략에 의존하기보다는 수업이 이루어지는 맥락을 고려하여 적합한 수업 모형이나 전략을 선정하거나 이를 창의적으로 변형하는 등 교육과정이 의도하는 범위 안에서 다양한 교수·학습 방법을 적용할 필요가 있다. 또한, 지속적인 수업 평가를 통해 실제 적용한 수업 모형과 방법의 개선점을 파악함으로써 교수·학습 방법의 타당성을 높여야 한다.

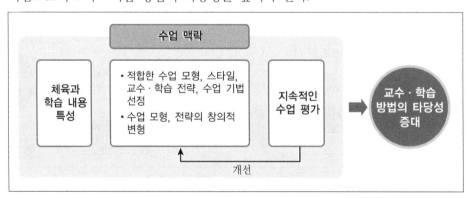

◈ 수업 개선을 위한 반성적 체육 수업

ⓕ 정과 외 체육 활동과 연계한 교수·학습 : 정과 체육 활동을 통해 배운 내용을 기반으로 생활 속에서 지속적으로 신체활동에 참여하며 체육과 역량을 발휘할 수 있는 자율성 및 실천력을 길러줄 필요가 있다. 이를 위해서는 학교스포츠클럽 활동에 참여하는 등 일상생활에서 지속적으로 신체활동을 실천할 수 있는 다양한 방법들을 체

육 수업을 통해 안내하거나 생활 속 신체활동의 실천 경험들을 체육 수업의 소재로 삼는 등 일상의 신체활동을 촉진시킬 수 있는 교수·학습 방법을 모색할 필요가 있다. 체육 수업과 정과 외 체육 활동과 연계할 때 신체활동의 기본적인 원리와 방법들은 체육 수업에서 학습하고 정과 외 체육에서는 학습한 내용의 자율적 실천을 강조하도록 한다.

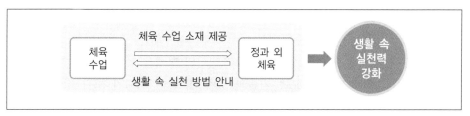

◉ 정과 외 체육 활동과의 연계를 통한 생활 실천력 강화

ⓛ **교수·학습의 계획**: 교수·학습 계획은 교수 학습 환경을 구성하는 제반 요소(학급 규모, 시간, 시설 및 용·기구, 학습자의 특성 등)들을 고려하여 수업 목표 도달을 위한 효율성과 안전성을 높일 수 있도록 유기적으로 계획한다. 또한, 교수·학습 계획을 실천하는 데 있어 발생 가능한 우발적 상황에 대비하여 계획의 다양성과 유연성을 확보한다.

ⓐ **교육과정 운영 계획**: 단위 학교에서는 교육과정에 제시된 내용 영역(스포츠 가치, 스포츠 수행, 스포츠 안전)에 근거하여 각 영역별 성취기준을 반드시 지도한다. 이를 위해 체육교과 협의회를 통해 지도 계획을 수립하고, 해당 과목에서 제시된 모든 성취기준이 학습될 수 있도록 해야 한다.

• 연간 교육과정 운영 계획 수립: 적절한 수업 시간의 확보 및 영역별 분배는 활동 중심의 체육 학습에서 성취도를 결정하는 중요한 요소이다. 따라서 먼저 주 단위로 배정된 체육 교과에 대한 기본 시수를 확보할 수 있어야 하며, 정상적인 교육과정 운영을 통해 수업 손실을 방지해야 한다. 이를 위해 학기 초 단위 학교의 연간 학사 일정을 바탕으로 교내·외 체육 대회, 현장 학습 등의 학교 행사를 사전에 확인하여 산출될 수 있는 수업 가능 일수와 시간을 명확하게 파악하고, 실제 수업 시수를 바탕으로 수업 활동 내용을 선별하여 조직, 계획할 수 있어야 한다. 다양한 내용에 대한 학습 기회를 보장하기 위해 특정 영역의 내용에 편중되지 않도록 연간 교육 계획을 수립하고 시수를 배정한다. 또한, 신체활동을 중심으로 한 영역의 통합 계획을 수립한다. 특히, 안전 영역의 학습 내용 요소는 타 영역과 연계하여 지도함으로써 안전 확보를 위한 실질적 능력을 강화시키도록 한다. 단 통합은 해당 영역들의 내용 요소 학습에 누락이 없어야 하며 영역 설정의 취지에서 어긋나지 않는 범위에서 가능하다. 또한, 스포츠 참여 계획 및 실천 등 장기간의 실천 내용이 포함된 영역은 학기 초와 학기 말에 영역을 분할하여 편성하거나 주당 시수 중 1시간을 해당 영역에 편성하는 등 융통성 있는 계획을 수립하여 지도한다.

ⓑ 교수·학습 운영 계획
- **영역의 특성과 학습 주제 고려** : 동일한 신체활동을 수행할지라도 수업 의도에 따라 다른 결과가 나타날 수 있기 때문에 교수·학습 계획 수립 시 영역의 특성과 학습 주제를 명확히 인식해야 한다. 특히, 영역별 학습을 통해 습득하고자 하는 역량이 무엇인지 판단하고 이를 위해 강조해야 하는 학습 중점을 선정하고 학습 과정을 조직한다. 예를 들어, 스포츠와 경쟁의 수업에서 이루어지는 농구는 수련을 강조하는 영역의 수업에서 이루어지는 농구와는 구별하여 팀 경기에서의 역할을 고려한 경기 수행 능력과 스포츠맨십의 형성을 목적으로 학습이 이루어지며, 이와 관련된 경쟁 스포츠 기술과 전략 및 참여 태도가 보다 강조되어야 한다.
- **학생의 사전 학습 경험 및 발달 특성 분석** : 체육 수업 중 학생들의 사전 학습 경험 및 발달 특성을 고려하는 것은 학습자 중심 수업을 지향하려는 방안 중 하나이다. 학생 개인이 가지고 있는 사전 학습 경험은 수업 내용과 직·간접적으로 관련되는 신체활동의 경험뿐만 아니라 지적, 정서적 경험 전체를 의미한다. 이를 위해 교사는 교수·학습 운영을 계획할 때 학생들의 흥미와 수준을 파악하고 학생들의 다양한 사전 학습 경험을 존중함으로써 학생에게 유의미한 경험을 제공할 수 있는 활동을 구성해야 한다.
- **시설 및 용·기구 확보** : 수업에 필요한 시설과 용·기구의 수요를 파악하여 가급적 적합한 시설과 충분한 수량을 확보하고자 노력해야 한다. 부득이 일정 수요를 확보하지 못하는 경우, 동일한 교육적 가치와 효과를 가져 올 수 있는 다른 용·기구로 대체 또는 보완하거나, 인근 학교, 지역 사회 시설을 이용하는 등의 대안을 마련한다. 이때 교육적 효과와 안전을 충분히 고려하여야 하며, 위험 요소가 확인될 경우 다른 신체활동을 선정하는 것이 바람직하다.

ⓒ 교수·학습 활동 계획
- **학습 활동의 재구성** : 성취기준에 보다 쉽게 도달할 수 있도록 영역의 특성과 학습 주제, 학생의 특성 및 가용 자원, 학습 환경을 고려하여 학습 활동을 재구성한다. 예를 들어, 경기장의 형태와 사용하는 도구, 신체활동에 참여하는 인원수와 조직의 형태, 실행 규칙 등을 변형하여 활동을 구성할 수 있다. 또한, 학습 활동의 재구성 시 학생들의 의견을 적극적으로 수렴하거나 재구성 과정 일부에 학생들을 참여시킴으로써 참여 동기를 높이고 학습 활동에 대한 이해도를 높일 수 있다. 단 학습 활동의 재구성이 목표 도달에 갖는 효과성과 안전성을 충분히 고려해야 한다.
- **평등한 학습 기회 제공** : 평등한 학습 기회를 제공한다는 것이 모든 학습자가 동일한 내용과 방식으로 학습해야 한다는 것을 의미하는 것은 아니다. 학습자가 처해 있는 상황을 고려하여 체육 학습의 기회가 다양하고 합리적으로 제공되어야 한다는 것을 의미한다. 특히, 성별, 체력 및 운동 기능의 차이, 장애로 인해 불이익을

받거나 참여에 제한이 이루어지지 않도록 주의한다. 예를 들어, 규칙과 방법을 변형하여 다양한 체력 수준과 운동 기능을 가진 학생들이 평등하게 참여할 수 있는 활동을 구성한다. 특히, 다양한 과제 혹은 역할을 제시하여 활동에 적극적으로 참여할 수 있도록 유도함으로써 수업에 소외되는 학생이 없도록 해야 한다.

- **통합적인 학습 활동 구성** : 지식, 기능, 태도가 통합된 형태의 교과 역량을 기르기 위해서는 영역별 성취 기준의 내용들을 다양한 관점에서 통합적으로 학습할 수 있도록 지도해야 한다. 예를 들어, 경쟁의 의미에 대한 내용을 학습함에 있어 교육과정, 교과서에 제시된 진술문을 바탕으로 경쟁의 개념적 특성을 파악할 수 있으며 게임의 구성과 활동에 직접 참여하는 과정을 통해 경쟁의 구조를 파악하고 경쟁이 갖는 공정과 협동의 의미를 체험해 볼 수도 있다. 특히, 학습자가 경쟁의 의미를 다양한 관점에서 파악하고 내면화할 수 있도록 다양한 활동을 제시할 필요가 있다. 또한, 필요 시 신체활동을 중심으로 단위 수업과 관련된 여러 성취기준의 내용들을 통합하여 지도할 수 있다.

- **학습자 관리와 안전 고려** : 학년 또는 학기 초에 수업 규칙을 수립하고 일관성 있게 적용함으로써 학생들을 효율적으로 관리하고 학생들의 부적절한 행동을 예방하거나 최소화하도록 한다. 또한, 학생들의 안전사고를 예방하기 위해 안전 수칙과 절차를 마련하고 이를 학생들에게 공지하여 준다. 특히, 선택한 신체활동의 특성을 고려한 준비 운동 및 정리 운동을 실시하여 활동 및 학습에서 안전한 조건을 갖추도록 지도하며, 수업 전·후 체육 시설 및 장비에 대한 점검을 통해 안전사고의 발생을 사전에 예방할 수 있도록 한다. 또한, 도전 또는 경기 상황 등에서 과도한 목표 성취 욕구와 지나친 경쟁심으로 운동 손상 사고가 발생할 수 있으므로 이에 대한 안내를 충분히 실시한다.

② 평가

㉠ 평가의 방향 : 평가는 교육과정과의 연계성, 평가 내용의 균형성, 평가 방법의 타당성과 신뢰성을 확보하여야 하며, 핵심역량 개발과 개인차를 고려한 성취기준을 수립하여 적용하도록 한다.

ⓐ 교육과정과의 연계성

- 평가는 교육과정과 연계되어야 한다. 즉, 국가 및 지역 수준의 체육과 교육과정에서 추구하는 목적과 목표를 파악하고, 이를 근거로 단위 학교의 체육과 교육과정을 계획·실천하여 의도한 교육적 효과가 어느 정도 성취되었는지 평가하는 일련의 과정이 연계성 있게 진행되어야 한다.

- 평가는 수업 목표 및 교수·학습 활동과 일관되어야 한다. 즉, 수업 목표 달성을 위해 지도된 교수·학습 활동과 평가 내용이 서로 상이하지 않도록 일관성을 유지하여야 한다.

ⓑ 평가 내용의 균형성
- 평가는 교육과정에 제시된 스포츠 가치, 스포츠 수행, 스포츠 안전의 전 영역을 대상으로 균형 있게 실시하여야 한다. 즉, 3개 영역의 평가 비중은 단위 학교의 실정에 따라 차이는 있을 수 있을 수 있으나, 특정 영역에 치우쳐 지나친 평가 비중을 두거나 축소되는 일이 없도록 유의한다.
- 평가는 스포츠 가치, 스포츠 수행, 스포츠 안전의 각 영역별 내용 요소의 평가 비중은 달리하여 실시할 수 있다. 즉, 3개 영역의 각 내용 요소의 평가는 성취 기준에 따라 균형 있게 평가하되 그 비중은 교과 협의회를 통해 달리할 수 있다.

ⓒ 평가 방법과 평가 도구의 다양성
- 평가는 학습의 결과뿐만 아니라 학습의 과정을 포함하여 실시한다.
- 평가는 단편적 기능 또는 일회성 기록 측정 위주의 평가를 지양하고, 수업 목표와 교수·학습 내용에 따라 다양한 평가 요소를 제시하고 충분한 시간을 확보하여 평가한다.
- 평가의 타당도와 신뢰도를 높이기 위해 평가 목표와 내용, 방법이 밀접하게 관련되도록 점검하고, 다양한 유형의 방법을 활용하여 평가한다.
- 평가는 양적 평가와 질적 평가를 병행하고, 실제성과 종합성이 확보되고 핵심 역량의 성취정도를 파악할 수 있는 평가를 비중 있게 실시한다.
- 평가는 교사에 의한 평가뿐만 아니라, 상호 평가, 자기 평가 등 학생이 주체가 된 평가를 병행하여 실시할 수 있다.

ⓛ 평가의 계획: 평가 계획은 체육과 교육과정에서 제시한 학년군의 내용에 따라 학년군별 평가 계획을 구체적으로 수립한 후, 학년 초 또는 학기 초에 이를 학생들에게 공지하도록 한다. 종합적이고 공정한 평가가 이루어질 수 있도록 평가 계획 수립 시 학교의 평가 지침을 토대로 평가의 내용, 성취기준 및 성취수준, 방법, 도구 등을 마련한다.

ⓐ 평가 내용 선정
- 평가 내용은 교육과정 내용 요소를 바탕으로, 수업 목표와 학습 내용에 제시된 요소뿐만 아니라 신체활동에 내재된 핵심역량에 대한 학습 내용을 고루 포함한다.
- 평가의 범위는 교수·학습 활동을 통해 지도된 전체 영역을 대상으로 실시하되, 내용 영역에 따라 평가 비중을 달리할 수 있다. 단, 평가 내용의 균형성을 위해 특정 내용에 편중되지 않도록 유의한다.
- 평가는 내용과 방법에 있어 구체성을 확보하여야 한다. 즉, 교육 내용 및 방법에 적합한 평가가 이루어 질 수 있도록 단위 교수·학습 계획을 면밀히 검토하고 이에 상응하는 평가 내용과 시기, 도구 및 방법을 구체적으로 계획하여야 한다. 이를 위해 교수·학습 계획 단계에서 평가 계획표를 함께 작성하여 활용한다.

- 동료 또는 자기 평가와 같은 학습자 평가를 실시할 경우 평가자에 적합한 내용을 선별해 수준에 맞게 제시한다.

ⓑ 성취기준 및 성취수준의 선정

- 평가를 위한 성취기준 및 성취수준은 해당 평가와 관련된 교육과정 성취기준과 단위 학교 수업 내용을 바탕으로 개발한다.
- 성취수준은 점수화 및 등급화를 위한 기능의 단순 분류나 기록의 명시보다는 영역별 내용 요소에 따른 기능의 도달 정도를 구체적으로 나타낼 수 있는 행동 수준으로 진술하고, 평가 등급은 양적 요소와 질적 요소를 모두 포함하여 각각의 수준에 맞게 진술되도록 한다.
- 동일한 목표 성취 행동으로 된 성취기준 및 성취수준을 적용하기보다는 주어진 과제에 대한 수행 능력 및 변화 정도를 목표의 수준에 따라 서로 다르게 평가하여 이를 통해 차후 교수·학습 내용에 대한 참여 동기를 높이고, 개개인의 신체활동 실천에 도움을 줄 수 있도록 한다.

ⓒ 평가 방법 및 도구 선정·개발

- 평가 방법은 학습 목표 및 평가 목적에 적합하게 선정하도록 한다. 다양한 평가 방법의 특징과 장단점을 파악한 후 학생의 특성과 수준을 고려하고, 다양한 평가 목적(학습의 과정 또는 결과에 대한 평가, 학생의 학습 성취도 파악, 교수·학습 과정의 개선 등)을 고려하여 가장 적합한 평가 방법을 선정한다.
- 평가 도구는 기존의 체육과 평가에서 활용되고 있던 것을 사용하거나 새로 개발하여 사용할 수 있다. 기존의 평가 도구를 그대로 혹은 수정하여 사용할 때에는 평가 도구의 용도 및 특성과 검사 도구의 신뢰도, 타당도 등을 구체적으로 검토한 후 선택해야 한다. 그리고 교사(학년 또는 체육 교과 협의회 포함)가 새로운 평가 도구를 직접 개발하기 위해서는 평가 대상, 평가 시기, 평가 장소, 채점 방식, 시설 및 장비, 평가 인원 등을 고려하도록 한다.

ⓒ 평가 결과의 활용

ⓐ 평가 결과는 다음에 이루어질 교수·학습 계획을 수립하는 데 활용한다. 학습자 개개인의 평가 결과를 분석하여 이후의 학습 과제의 수준과 활동 방법을 계획하고 결정하기 위한 기초 자료로 활용한다. 또한, 학습자 전체에게 나타나는 평가 결과의 특징을 분석하여 교수·학습 방법의 개선에 활용한다.

ⓑ 평가 결과는 학습자와 학부모가 쉽게 이해하도록 구체적으로 재구성하여 안내한다. 결과를 통해 학습자가 생활 속에서 스스로 학습 주제와 관련된 신체활동 수행 계획을 수립하고 지속적으로 실천하는 데 도움을 주도록 한다.

ⓒ 특히, 개인별 평가 결과를 자신의 건강 관리, 진로 진학, 여가 활용 등과 연계하여 건전하고 즐거운 신체활동 계획을 수립하고 실천하기 위한 기초 자료로 활용하도록 한다.

2. 체육 탐구

(1) 성격

> 고등학교 체육 탐구는 체육이 내포한 인문 및 자연과학의 심화된 지식을 바탕으로 체육을 종합적으로 이해하고, 이를 운동이나 스포츠 수행 등의 신체활동과 진로 설계에 적용할 수 있는 능력을 함양하는 과목이다.

고등학교 체육 탐구 과목은 운동이나 스포츠의 다양한 가치와 역할, 체육에 대한 심화된 지식을 이해하고 체육 활동을 인문적, 자연적 관점에서 종합적으로 학습함으로써 체육을 통해 건전한 사회 변화를 추구하고 지속적으로 실천하는 인간상을 추구한다.

이를 위해 체육 탐구 과목에서는 활동적인 삶과 연계된 다양한 체육 활동을 중심으로 역사적, 과학적, 문화적 측면에서 체육을 감상하고 비평하는 등의 체육 탐구 실천 능력을 기르며, 체육과 관련된 진로와 직업의 세계를 탐구하여 체육에 대한 자신의 진로를 결정하는 능력을 기른다. 또한, 체육에서의 인간 움직임, 역사, 가치, 그리고 과학적 원리를 탐색하고 적용함으로써 체육 전문가의 기초 소양을 함양한다.

(2) 목표

체육 탐구 과목은 학생들이 인문적·자연적 관점에서 체육 활동을 탐구하고 분석하여 체육에 대한 심화된 지식을 학습함으로써 체육 진로를 효율적으로 준비할 수 있는 능력과 자질을 함양하는 것을 목표로 한다. 즉, 체육의 본질과 과학적 원리를 이해하고 체육 활동에 적용하여 체육의 전문적 지식을 습득하며, 체육 관련 진로 및 직업 선택의 기초적 토대를 마련하는 데 중점을 둔다.

① 체육의 의미, 역사, 가치를 탐구하여 체육 활동에 적용함으로써 체육의 본질을 인문적으로 이해한다.

② 체육의 사회학적, 심리학적, 생리학적, 역학적 원리를 탐구하여 체육 활동에 적용함으로써 과학적 사고와 탐구 능력을 기른다.

③ 체육 관련 진로에 대한 이해를 바탕으로 계획을 수립하고 진로준비 과정을 실천하는 능력을 기른다.

(3) 내용 체계 및 성취기준

① 내용 체계

영역	핵심 개념	일반화된 지식	내용 요소	기능
체육의 본질	체육의 의미 체육의 역사 체육의 가치	• 체육은 인간 움직임에 대한 이해를 바탕으로 체육 활동을 통해 삶의 가치를 향상시킨다. • 체육은 시대의 변천에 따라 점차 제도화되고 다양한 형식과 내용으로 변화·발전하고 있다.	• 체육의 의미와 가치 • 체육의 생성과 발전 • 현대 사회에서의 체육의 기능과 역할	• 비교하기 • 분석하기 • 탐구하기 • 발표하기

		• 체육은 사회가 발전함에 따라 문화, 교육적 측면을 포함한 많은 분야에서 비중과 가치가 높아지고 있다.		
체육과 과학	인문과학적 원리 자연과학적 원리	• 체육 활동은 운동 및 스포츠의 생리학적, 역학적, 심리학적, 사회학적 현상을 과학적으로 이해함으로써 통찰된다. • 체육 활동에서 스포츠의 과학적 원리에 대한 이해와 적용은 운동 및 스포츠 수행 능력 향상에 기여한다.	• 체육의 사회학적 원리와 적용 • 체육의 심리학적 원리와 적용 • 체육의 생리학적 원리와 적용 • 체육의 역학적 원리와 적용	• 탐구하기 • 비교하기 • 분석하기 • 적용하기
체육과 진로	적성 직업 진로 설계	• 체육 관련 흥미, 적성, 성격, 신체적 조건 등의 고려는 체육 관련 직업 선택 시 필수적이다. • 체육 직업 의식은 일과 직업으로서 체육을 이해하고 체육 진로와 직업 정보를 탐구하며 경험함으로써 형성된다. • 체육에 대한 진로 의사 결정 능력은 체육 진로 계획을 수립하고 체계적으로 준비함으로써 개발된다.	• 체육 적성과 관련 역량 • 체육과 직업의 유형별 특성 • 체육 진로의 설계	• 탐구하기 • 평가하기 • 분석하기 • 계획하기 • 적용하기

② 성취기준

㉠ 체육의 본질 : 체육의 본질 영역에서는 인간움직임과 체육의 시대적 변천 과정을 이해하고 사회 발전에 따른 체육의 가치를 학습하는데 중점을 둔다. 이러한 과정을 통해 체육의 의미와 가치를 다양한 관점에서 인식하고 설명할 수 있는 능력을 기르는 데 목적이 있다. 이를 달성하기 위해 체육의 의미와 가치, 체육의 생성과 발전, 현대 사회에서의 체육의 기능과 역할 등을 학습하고 체육의 본질을 탐색함으로써 창의적 사고 능력을 체득한다.

> [12체탐01 － 01] 인간의 움직임과 신체활동에 담긴 체육의 의미, 개념과 가치를 분석하여 체육의 의미를 탐구한다.
> [12체탐01 － 02] 인류 역사와 체육의 생성과 발전 과정을 비교·분석하고, 인류 역사와의 관계에 대한 탐구를 통해 체육 발달의 역사를 설명한다.
> [12체탐01 － 03] 체육의 사회, 문화, 교육적 기능과 역할에 대한 분석을 통해 현대 사회에서 체육이 지니는 의미와 가치를 여러 관점에서 설명한다.

ⓐ 교수·학습 방법 및 유의 사항

• 체육의 의미와 가치에서는 놀이, 운동, 게임, 스포츠, 체육 등과 관련 지어 인간의 움직임과 신체활동에 담긴 의미와 가치를 학습 내용으로 선정하고, 일상 생활에

서 놀이, 운동, 게임, 스포츠, 체육 등의 성격이 명확히 드러나는 신체활동들을 비교할 수 있노록 지도한다.

- 체육의 생성과 발전에서는 인류 역사를 체육사의 관점과 연계하여 파악할 수 있도록 체육 관련 사건을 중심으로 교수 · 학습 활동이 이루어지도록 한다.
- 현대 사회에서의 체육의 기능과 역할은 체육의 의미와 가치를 체득하기 쉬운 스포츠 활동을 활용하여 교수 · 학습 활동이 이루어지도록 한다.
- 체육의 본질 영역은 학년 또는 학기 단위에 걸쳐 지속적으로 지도함으로써 체육의 본질에 대한 개념을 정립하고 관련된 인식을 심화시킴으로써 체육의 역사, 의미, 가치에 대한 여러 관점을 이해할 수 있도록 한다.

ⓑ 평가 방법 및 유의 사항
- 차시 단위 또는 일부 내용 요소의 성취도 평가는 지양하고 체육의 의미와 가치, 체육의 생성과 발전, 현대 사회에서의 체육의 기능과 역할의 전체 내용 요소를 고르게 평가하되, 각 내용 요소에 대한 평가 비중을 달리할 수 있다.
- 체육의 의미, 개념과 가치 탐구, 체육의 본질 이해, 인류 역사와 체육의 생성 및 발전 과정, 인류 역사와의 관계 탐구 등에 대한 학습 성취 수준을 평가한다.
- 현대 사회에서 체육이 지니는 의미와 가치에 대한 사회, 문화, 교육적 측면의 기능과 역할을 분석하고 스포츠 활동과 연계하여 설명하거나 적용할 수 있는 신체 수련 능력과 경기 수행 능력의 평가에 초점을 맞춘다.
- 평가 결과는 체육의 본질 영역의 학습 활동 수행에 대한 피드백을 제공하는데 활용한다.

ⓒ 체육과 과학 : 체육과 과학 영역에서는 스포츠에서 활용되는 심리학적, 사회학적, 생리학적, 역학적인 원리와 방법을 이해하며 여러 가지 스포츠 활동에서 나타나는 현상에 대해 체육 과학을 활용하여 탐구하고 적용한다. 이러한 과정을 통해 스포츠 현상을 과학적 원리와 관점에서 설명하고 적용하는 능력을 기르는 데 목적이 있다.

이를 달성하기 위해 체육의 사회학적 원리와 적용, 체육의 심리학적 원리와 적용, 체육의 생리학적 원리와 적용, 체육의 역학적 원리와 적용 등을 학습하고, 스포츠 참여에서 과학적 원리를 적용하고 최적의 스포츠 수행을 탐구하는 능력을 체득한다.

[12체탐02 – 01] 스포츠 현상을 사회학적으로 이해하고, 다양한 스포츠 활동을 사회학적 원리에 따라 분석하고 적용한다.
[12체탐02 – 02] 스포츠 활동을 심리학적으로 이해하고, 다양한 스포츠 활동을 심리학적 원리에 따라 분석하고 적용한다.
[12체탐02 – 03] 스포츠 활동을 생리학적으로 이해하고, 다양한 스포츠 활동을 생리학적 원리에 따라 분석하고 적용한다.
[12체탐02 – 04] 스포츠 활동을 역학적으로 이해하고, 다양한 스포츠 활동을 역학적 원리에 따라 분석하고 적용한다.

ⓐ 교수·학습 방법 및 유의 사항
- 스포츠의 사회학적 원리, 심리학적 원리, 생리학적 원리, 역학적 원리는 각각의 원리가 쉽게 이해될 수 있고 직접 탐색 및 적용하기 용이한 스포츠를 활용하여 교수·학습이 이루어지도록 한다.
- 스포츠 과학에서는 다양한 영상 매체와 시청각 자료를 충분히 활용하여 사례 및 상황별 이해가 쉽도록 지도한다.
- 스포츠 과학에서는 과학적인 원리를 학습하는 차원에 머무르지 말고, 실제 스포츠 활동을 수행하는 과정에서 과학적 원리를 적용하여 경기 수행력을 높일 수 있도록 지도한다.
- 체육과 과학 영역은 학년 또는 학기 단위에 걸쳐 지속적으로 지도함으로써 과학적 방법을 적용하여 스포츠 수행 능력을 향상할 수 있도록 한다.

ⓑ 평가 방법 및 유의 사항
- 차시 단위 또는 일부 내용 요소의 성취도 평가는 지양하고 스포츠의 사회학적 원리 탐색 및 체험, 스포츠의 심리학적 원리 탐색 및 체험, 스포츠의 생리학적 원리 탐색 및 체험, 스포츠의 역학적 원리 탐색 및 체험의 전체 내용 요소에 걸쳐 고르게 평가하되, 각 내용 요소에 대한 평가 비중을 달리할 수 있다.
- 스포츠 활동이나 현상을 사회학, 심리학, 생리학, 역학의 관점에서 원리를 탐색하고 체험하는 데 평가의 초점을 둔다.
- 이론 중심의 평가를 지양하고 스포츠 참여를 통해 스포츠의 과학적 원리를 탐색하여 적용하고 체험하는 실제 학습 과정을 중심으로 평가한다.
- 평가 결과는 체육과 과학 영역의 학습 활동 수행에 대한 피드백을 제공하는데 활용한다.

ⓒ 체육과 진로 : 체육과 진로 영역에서는 체육 직업 역량을 탐구하여 체육 적성을 설명하고 체육 직업의 유형별 특성을 분석하여 체육 진로 탐색을 이해한다. 이러한 과정을 통해 체육 진로에 대한 자기 관리 태도를 기르는 데 목적이 있다.

이를 위해 체육 진로를 준비할 수 있도록 체육 적성과 관련 역량, 체육과 직업의 유형별 특성, 체육 진로의 설계를 학습하고 자기 관리 능력을 기른다.

> [12체탐03 - 01] 체육 적성과 관련 역량을 이해하기 위해 체육 관련 흥미, 적성, 성격, 신체적 조건 등의 체육 직업 역량을 탐구하고 체육 적성에 대해 설명한다.
> [12체탐03 - 02] 체육과 관련된 직업을 유형별로 분류하여 유형별 특성을 분석하고 체육 직업에 대한 자기 적성과의 관련성을 파악한다.
> [12체탐03 - 03] 다양한 체육 관련 진로와 직업의 선택을 위해 필요한 관련 분야의 진로 정보를 수집하여 분석하고 체육 진로를 탐색하는 데 적용한다.
> [12체탐03 - 04] 자신의 적성에 적합한 체육 관련 진로 계획을 수립하여 진로에서 요구되는 조건이나 자격을 갖출 수 있도록 체육 진로를 설계하고 준비한다.

ⓐ 교수·학습 방법 및 유의 사항

- 체육 적성과 관련 역량에서는 체육의 진로 및 직업을 학습 내용으로 선정하고 체육 관련 흥미, 적성, 성격, 신체적 조건 등을 객관적으로 파악할 수 있는 검사 도구를 활용하도록 한다.
- 체육 직업 유형의 분류 및 특성 분석 과정이 자기 적성을 탐색하고 판단하는데 도움이 되도록 한다.
- 체육 관련 진로와 직업 분야에 대한 정보를 수집하여 분석하고 이를 학생 자신의 체육 진로 탐색에 활용할 수 있도록 하며, 체육 진로 계획 수립 및 진로 준비 실천으로 이어질 수 있도록 지도한다.
- 체육과 진로 영역은 학년 또는 학기 단위에 걸친 지속적인 참여를 바탕으로 체육 진로 준비 활동을 할 수 있도록 한다.

ⓑ 평가 방법 및 유의 사항

- 차시 단위 또는 일부 내용 요소의 성취도 평가는 지양하고 체육 적성과 관련 역량, 체육과 직업의 유형별 특성, 체육 진로와 설계의 전체 내용 요소를 고르게 평가하되, 각 내용 요소에 대한 평가 비중을 달리할 수 있다.
- 체육 적성과 관련 역량은 체육의 진로 및 직업과 체육 직업 역량에 대한 이해에 평가의 초점을 둔다.
- 체육과 직업의 유형별 특성은 체육 직업 유형의 분류 및 특성 분석, 자기 적성과 관련성에 평가의 초점을 둔다.
- 체육 진로의 설계는 체육 관련 진로와 직업 관련 분야 진로 정보 수집 및 분석과 적용, 진로 계획 수립, 체육 진로 조건이나 자격 탐색에 평가의 초점을 둔다.
- 이론 중심의 평가를 지양하고 체육 적성의 이해, 직업으로서 체육, 체육 진로 탐색, 체육 진로 계획과 준비 등의 실제 적용 가능한 실천 내용으로서의 학습 성취를 평가한다.
- 평가 결과는 체육과 진로 영역의 학습 활동 수행에 대한 피드백을 제공하는데 활용한다.

◈ 고등학교 체육 탐구 과목 신체활동 예시

영역	신체활동 예시
체육의 본질	체육의 의미와 가치, 체육의 생성과 발전, 현대 사회에서의 체육의 기능과 역할과 관련된 체육의 사회, 문화, 교육 등의 인문학적인 내용을 쉽게 이해 혹은 체험하는데 적합한 활동
체육과 과학	• 달리기, 등산, 잠영 등과 같이 운동의 생리학적 원리를 탐색하고 체험하기 용이한 운동이나 스포츠 종목 • 멀리뛰기, 높이뛰기, 기계체조, 수영, 스케이트, 스키, 플라잉디스크 등과 같이 운동의 역학적 원리를 탐색하고 체험하기 용이한 운동이나 스포츠 종목

	• 양궁, 골프, 사격, 볼링, 권투, 하이 다이빙 등과 같이 운동의 심리학적 원리를 탐색하고 체험하기 용이한 운동이나 스포츠 • 축구, 농구, 배구, 핸드볼, 킨볼, 플로어볼 등과 같이 운동의 사회학적 원리를 탐색하고 체험하기 용이한 운동이나 스포츠
체육과 진로	• 체육 관련 직업 조사 및 분석, 운동학습능력검사(IBT), 체육직업적성검사 등 • 체육·스포츠 직종 분류, 체육·스포츠 직종별 특성 분석 등 • 체육 진로 정보 수집 및 분석, 체육 진로 선택 등 • 체육 진로 계획 수립, 선택한 체육 진로 준비 활동 등

※ 신체활동의 교육과정의 목적에 근거하여 선택하되, 학교의 교육 여건을 고려하여 다른 영역의 신체활동 예시나 새로운 신체활동을 선택할 수 있다. 단, 단위 학교의 교과 협의회를 통해 결정한다.

(4) 교수·학습 및 평가의 방향

① 교수·학습

㉠ 교수·학습의 방향 : 체육과의 교수·학습은 학습자와의 적극적인 상호 작용을 통해 학습 내용을 탐색하고 적용하는 것을 지향한다. 이를 위해 교사 중심의 일방향적 교육 내용 전달을 지양하고 학습 환경의 특성에 맞는 다양한 교수·학습 방법을 구안하고 변용하여 지도하도록 한다.

ⓐ 체육과 역량 함양을 지향하는 교수·학습 : 체육과의 역량은 신체활동을 체험하고 그 가치를 내면화함으로써 습득되는 지식, 기능, 태도의 종합적인 능력을 의미한다. 체육과 역량의 함양을 위해서는 신체활동의 각 영역별 역량과 학습의 내용 요소, 학생들에게 기대되는 수행 능력, 성취기준의 관계를 이해하고 이를 체계적으로 경험할 수 있는 교수·학습 활동을 마련해야 한다. 예를 들어, 기계체조의 철봉운동을 선택하여 체육의 본질을 학습할 경우, 학생들은 단원 전체에 걸쳐 체육의 인문학 체험과 관련된 인간움직임, 역사, 가치 등에 대한 교수·학습 활동을 체험하며, 체육과 과학을 학습할 경우, 학생들은 단원 전체에 걸쳐서 과학적 원리와 관련되어 사회학적, 심리학적, 생리학적, 역학적 원리에 대한 교수·학습 활동을 체험하고 이를 통해 궁극적으로 창의적 사고 역량 및 자기 관리 역량 등 총론의 핵심 역량과 연계해 일상생활에서 발휘될 수 있도록 지도한다.

ⓑ 학습자 특성을 고려한 수준별 수업 : 학생들은 신체활동에 대한 흥미, 운동 기능, 체력, 성차, 학습 유형이 다르기 때문에 학습 활동의 방식에 따라 성취 결과가 다르게 나타날 수 있다. 따라서 학습자의 다양한 특성을 이해하고 활동 내용, 활동 과제, 활동 방법을 다양하게 구성함으로써 목표 달성의 기회를 제공해야 한다. 예를 들어, 체육의 생리학적 원리를 탐색하고 적용하여 지구력 향상을 체험하는 경우 활동 내용을 오래달리기뿐만 아니라 장거리 수영, 10층 계단 오르기, 사이클링 등 다양하게 제시하고, 활동 과제의 유형과 수준은 학습 자료, 과제 수행 시간, 활동 공간의 재구성 등에 기반하여 조절하고, 과제를 학생들이 스스로 선택하게 함으로써 학습자의 참여

동기를 높이며 나아가 학습 성취 경험을 높일 수 있다. 활동 방법에서도 학습자의 특성을 고려하여 일제식, 과제식, 질문식, 협동식 등의 다양한 방법을 적용하도록 한다.

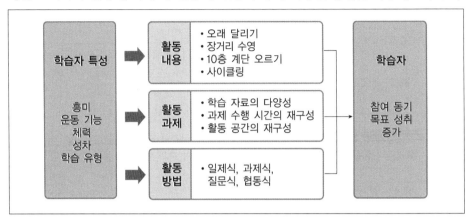

◈ 학습자의 특성을 고려한 수준별 수업

ⓒ 자기 주도적 교수·학습 환경 조성 : 학생들이 스스로 학습 내용을 파악하고, 주어진 과제를 체계적이며 적극적으로 해결할 수 있도록 교수·학습 환경을 조성한다. 학생들의 관심을 고려한 과제 제시, 자신감을 향상시키는 동기 유발 전략을 마련하고, 주요 학습 내용과 방법을 학생들이 활동 상황 속에서 스스로 탐색하며 이해할 수 있도록 탐구적 교수·학습 자료를 제공하며, 신체활동 시 적극적인 연습과 교정이 이루어질 수 있도록 학습 과제, 시설 및 기자재를 효율적으로 조직하도록 한다.

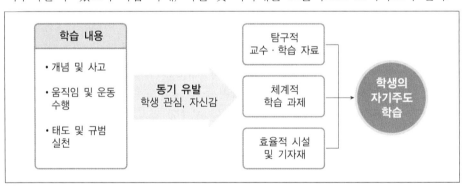

◈ 자기 주도적 교수·학습 환경 조성

ⓓ 전인적 발달을 위한 통합적 교수·학습 : 체육 탐구 과목의 학습은 학습자가 신체활동에 포함된 심동적, 정의적, 인지적 역량을 균형 있게 체험하여 전인적으로 성장·발달할 수 있도록 다양한 활동을 통합적으로 제공한다. 이를 위해 신체활동을 직접 체험하는 학습 활동뿐만 아니라 다양한 간접 학습 활동(예 읽기, 쓰기, 감상하기, 조사하기, 토론하기 등)을 포함하여 통합적으로 지도한다.

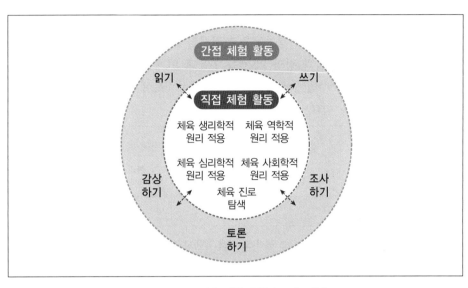

⊙ **전인적 발달을 위한 통합적 교수 · 학습**

ⓔ **맞춤형 교수 · 학습 방법의 선정과 활용** : 체육과 학습 내용의 특성을 고려하여, 학습의
효과를 높일 수 있는 가장 적합한 수업 모형과 스타일, 교수 · 학습 전략, 수업 기법
을 선정하며, 이를 실천할 수 있는 시설 및 교육 기자재 등을 마련한다. 각 영역과
신체활동별로 특정한 수업 모형이나 전략에 의존하기보다는 수업이 이루어지는 맥
락을 고려하여 적합한 수업 모형이나 전략을 선정하거나 이를 창의적으로 변형하는
등 교육과정이 의도하는 범위 안에서 다양한 교수 · 학습 방법을 적용할 필요가 있
다. 또한, 지속적인 수업 평가를 통해 실제 적용한 수업 모형과 방법의 개선점을 파
악함으로써 교수 · 학습 방법의 타당성을 높여야 한다.

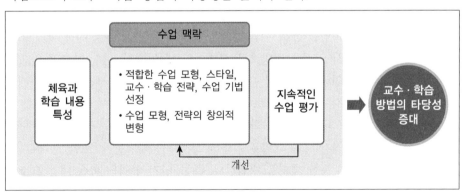

⊙ **수업 개선을 위한 반성적 체육 수업**

ⓕ **정과 외 체육 활동과 연계한 교수 · 학습** : 정과 체육 활동을 통해 배운 내용을 기반으
로 생활 속에서 지속적으로 신체활동에 참여하며 체육과 역량을 발휘할 수 있는 자
율성 및 실천력을 길러줄 필요가 있다. 이를 위해서는 학교스포츠클럽 활동에 참여
하는 등 일상생활에서 지속적으로 신체활동을 실천할 수 있는 다양한 방법들을 체

육 수업을 통해 안내하거나 생활 속 신체활동의 실천 경험들을 체육 수업의 소재로 삼는 등 일상의 신체활동을 촉진시킬 수 있는 교수·학습 방법을 모색할 필요가 있다. 체육 수업과 정과 외 체육 활동과 연계할 때 신체활동의 기본적인 원리와 방법들은 체육 수업에서 학습하고 정과 외 체육에서는 학습한 내용의 자율적 실천을 강조하도록 한다.

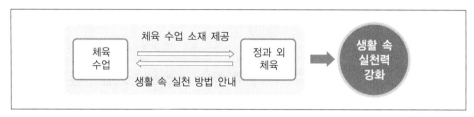

△ 정과 외 체육 활동과의 연계를 통한 생활 실천력 강화

ⓒ 교수·학습의 계획: 교수·학습 계획은 교수 학습 환경을 구성하는 제반 요소(학급 규모, 시간, 시설 및 용·기구, 학습자의 특성 등)들을 고려하여 수업 목표 도달을 위한 효율성과 안전성을 높일 수 있도록 유기적으로 계획한다. 또한, 교수·학습 계획을 실천하는 데 있어 발생 가능한 우발적 상황에 대비하여 계획의 다양성과 유연성을 확보한다.

ⓓ 교육과정 운영 계획: 단위 학교에서는 교육과정에 제시된 내용 영역(체육의 본질, 체육과 과학, 체육과 진로)과 성취기준을 반드시 지도한다. 이를 위해 체육 교과 협의회를 통해 지도 계획을 수립하고, 해당 과목에서 제시된 모든 성취기준이 학습될 수 있도록 해야 한다.

• 연간 교육과정 운영 계획 수립: 적절한 수업 시간의 확보 및 영역별 분배는 활동 중심의 체육 학습에서 성취도를 결정하는 중요한 요소이다. 따라서 먼저 주 단위로 배정된 체육 교과에 대한 기본 시수를 확보할 수 있어야 하며, 정상적인 교육과정 운영을 통해 수업 손실을 방지해야 한다. 이를 위해 학기 초 단위 학교의 연간 학사 일정을 바탕으로 교내·외 체육 대회, 현장 학습 등의 학교 행사를 사전에 확인하여 산출될 수 있는 수업 가능 일수와 시간을 명확하게 파악하고, 실제 수업 시수를 바탕으로 수업 활동 내용을 선별하여 조직, 계획할 수 있어야 한다. 다양한 내용에 대한 학습 기회를 보장하기 위해 특정 영역의 내용에 편중되지 않도록 연간 교육 계획을 수립하고 시수를 배정한다. 또한, 신체활동을 중심으로 한 영역의 통합 계획을 수립한다. 특히, 안전 영역의 학습 내용 요소는 타 영역과 연계하여 지도함으로써 안전 확보를 위한 실질적 능력을 강화시키도록 한다. 단 통합은 해당 영역들의 내용 요소 학습에 누락이 없어야 하며 영역 설정의 취지에서 어긋나지 않는 범위에서 가능하다. 또한, 진로 계획 및 준비 등 장기간의 실천 내용이 포함된 영역은 학기 초와 학기 말에 영역을 분할하여 편성하거나 주당 시수 중 1시간을 해당 영역에 편성하는 등 융통성 있는 계획을 수립하여 지도한다.

ⓑ 교수 · 학습 운영 계획

- **영역의 특성과 학습 주제 고려** : 동일한 신체활동을 수행할지라도 수업 의도에 따라 다른 결과가 나타날 수 있기 때문에 교수 · 학습 계획 수립 시 영역의 특성과 학습 주제를 명확히 인식해야 한다. 특히, 영역별 학습을 통해 습득하고자 하는 역량이 무엇인지 판단하고 이를 위해 강조해야 하는 학습 중점을 선정하고 학습 과정을 조직한다. 예를 들어, 생리학적 관점과 관련된 영역의 수업에서 이루어지는 달리기는 건강이나 도전을 위한 달리기와는 달리 최고의 운동 수행이나 달리기에 내재된 운동 기제를 파악하고자 하는 목적으로 생리학적인 원리의 파악과 적용을 하게 되며, 이와 관련된 분석적 사고 과정과 변화와 발전을 위한 스포츠 상황에의 적용에 대한 학습 과정이 보다 강조되어야 한다.

- **학생의 사전 학습 경험 및 발달 특성 분석** : 체육 수업 중 학생들의 사전 학습 경험 및 발달 특성을 고려하는 것은 학습자 중심 수업을 지향하려는 방안 중 하나이다. 학생 개인이 가지고 있는 사전 학습 경험은 수업 내용과 직 · 간접적으로 관련되는 신체활동의 경험뿐만 아니라 지적, 정서적 경험 전체를 의미한다. 이를 위해 교사는 교수 · 학습 운영을 계획할 때 학생들의 흥미와 수준을 파악하고 학생들의 다양한 사전 학습 경험을 존중함으로써 학생에게 유의미한 경험을 제공할 수 있는 활동을 구성해야 한다.

- **시설 및 용 · 기구 확보** : 수업에 필요한 시설과 용 · 기구의 수요를 파악하여 가급적 적합한 시설과 충분한 수량을 확보하고자 노력해야 한다. 부득이 일정 수요를 확보하지 못하는 경우, 동일한 교육적 가치와 효과를 가져 올 수 있는 다른 용 · 기구로 대체 또는 보완하거나, 인근 학교, 지역 사회 시설을 이용하는 등의 대안을 마련한다. 이때 교육적 효과와 안전을 충분히 고려하여야 하며, 위험 요소가 확인될 경우 다른 신체활동을 선정하는 것이 바람직하다.

ⓒ 교수 · 학습 활동 계획

- **학습 활동의 재구성** : 성취기준에 보다 쉽게 도달할 수 있도록 영역의 특성과 학습 주제, 학생의 특성 및 가용 자원, 학습 환경을 고려하여 학습 활동을 재구성한다. 예를 들어, 경기장의 형태와 사용하는 도구, 신체활동에 참여하는 인원수와 조직의 형태, 실행 규칙 등을 변형하여 활동을 구성할 수 있다. 또한, 학습 활동의 재구성 시 학생들의 의견을 적극적으로 수렴하거나 재구성 과정 일부에 학생들을 참여시킴으로써 참여 동기를 높이고 학습 활동에 대한 이해도를 높일 수 있다. 단 학습 활동의 재구성이 목표 도달에 갖는 효과성과 안전성을 충분히 고려해야 한다.

- **평등한 학습 기회 제공** : 평등한 학습 기회를 제공한다는 것이 모든 학습자가 동일한 내용과 방식으로 학습해야 한다는 것을 의미하는 것은 아니다. 학습자가 처해 있는 상황을 고려하여 체육 학습의 기회가 다양하고 합리적으로 제공되어야 한다

는 것을 의미한다. 특히, 성별, 체력 및 운동 기능의 차이, 장애로 인해 불이익을 받거나 참여에 제한이 이루어지지 않도록 주의한다. 예를 들어, 규칙과 방법을 변형하여 다양한 체력 수준과 운동 기능을 가진 학생들이 평등하게 참여할 수 있는 활동을 구성한다. 특히, 다양한 과제 혹은 역할을 제시하여 활동에 적극적으로 참여할 수 있도록 유도함으로써 수업에 소외되는 학생이 없도록 해야 한다.

- **통합적인 학습 활동 구성**: 지식, 기능, 태도가 통합된 형태의 교과 역량을 기르기 위해서는 영역별 성취 기준의 내용들을 다양한 관점에서 통합적으로 학습할 수 있도록 지도해야 한다. 예를 들어, 축구를 지도할 경우, 축구의 유래와 역사를 다루면서 과학적 관점을 별도의 단원에서 지도하기보다는 축구의 규칙이 정해진 사회학적 관점, 축구 기술에 적용되는 역학적 관점, 축구 경기 상황에 작용하는 심리학적, 생리학적 관점을 동시에 다루어 축구에 대한 통합적인 이해와 체험이 가능하도록 지도한다. 또한, 필요 시 신체활동을 중심으로 단위 수업과 관련된 여러 성취기준의 내용들을 통합하여 지도할 수 있다.

- **학습자 관리와 안전 고려**: 학년 또는 학기 초에 수업 규칙을 수립하고 일관성 있게 적용함으로써 학생들을 효율적으로 관리하고 학생들의 부적절한 행동을 예방하거나 최소화하도록 한다. 또한, 학생들의 안전사고를 예방하기 위해 안전 수칙과 절차를 마련하고 이를 학생들에게 공지하여 준다. 특히, 선택한 신체활동의 특성을 고려한 준비 운동 및 정리 운동을 실시하여 활동 및 학습에서 안전한 조건을 갖추도록 지도하며, 수업 전·후 체육 시설 및 장비에 대한 점검을 통해 안전사고의 발생을 사전에 예방할 수 있도록 한다. 또한, 도전 또는 경기 상황 등에서 과도한 목표 성취 욕구와 지나친 경쟁심으로 운동 손상 사고가 발생할 수 있으므로 이에 대한 안내를 충분히 실시한다.

② 평가

㉠ **평가의 방향**: 평가는 교육과정과의 연계성, 평가 내용의 균형성, 평가 방법의 타당성과 신뢰성을 확보하여야 하며, 핵심역량 개발과 개인차를 고려한 성취기준을 수립하여 적용하도록 한다.

ⓐ **교육과정과의 연계성**

- 평가는 교육과정과 연계되어야 한다. 즉, 국가 및 지역 수준의 체육과 교육과정에서 추구하는 목적과 목표를 파악하고, 이를 근거로 단위 학교의 체육과 교육과정을 계획·실천하여 의도한 교육적 효과가 어느 정도 성취되었는지 평가하는 일련의 과정이 연계성 있게 진행되어야 한다.

- 평가는 수업 목표 및 교수·학습 활동과 일관되어야 한다. 즉, 수업 목표 달성을 위해 지도된 교수·학습 활동과 평가 내용이 서로 상이하지 않도록 일관성을 유지하여야 한다.

ⓑ 평가 내용의 균형성
- 평가는 교육과정에 제시된 체육의 본질, 체육과 과학, 체육과 진로의 전 영역을 대상으로 균형 있게 실시하여야 한다, 즉, 3개 영역의 평가 비중은 단위 학교의 실정에 따라 차이는 있을 수 있을 수 있으나, 특정 영역에 치우쳐 지나친 평가 비중을 두거나 축소되는 일이 없도록 유의한다.
- 평가는 체육의 본질, 체육과 과학, 체육과 진로의 각 영역별 내용 요소의 평가비중은 달리하여 실시할 수 있다. 즉, 3개 영역의 각 내용 요소의 평가는 성취 기준에 따라 균형 있게 평가하되 그 비중은 교과 협의회를 통해 달리할 수 있다.

ⓒ 평가 방법과 평가 도구의 다양성
- 평가는 학습의 결과뿐만 아니라 학습의 과정을 포함하여 실시한다.
- 평가는 단편적 기능 또는 일회성 기록 측정 위주의 평가를 지양하고, 수업 목표와 교수·학습 내용에 따라 다양한 평가 요소를 제시하고 충분한 시간을 확보하여 평가한다.
- 평가의 타당도와 신뢰도를 높이기 위해 평가 목표와 내용, 방법이 밀접하게 관련되도록 점검하고, 다양한 유형의 방법을 활용하여 평가한다.
- 평가는 양적 평가와 질적 평가를 병행하고, 실제성과 종합성이 확보되고 핵심 역량의 성취정도를 파악할 수 있는 평가를 비중 있게 실시한다.
- 평가는 교사에 의한 평가뿐만 아니라, 상호 평가, 자기 평가 등 학생이 주체가 된 평가를 병행하여 실시할 수 있다.

ⓛ 평가의 계획: 평가 계획은 체육과 교육과정에서 제시한 학년군의 내용에 따라 학년군별 평가 계획을 구체적으로 수립한 후, 학년 초 또는 학기 초에 이를 학생들에게 공지하도록 한다. 종합적이고 공정한 평가가 이루어질 수 있도록 평가 계획 수립 시 학교의 평가 지침을 토대로 평가의 내용, 성취기준 및 성취수준, 방법, 도구 등을 마련한다.

ⓐ 평가 내용 선정
- 평가 내용은 교육과정 내용 요소를 바탕으로, 수업 목표와 학습 내용에 제시된 요소뿐만 아니라 신체활동에 내재된 핵심역량에 대한 학습 내용을 고루 포함한다.
- 평가의 범위는 교수·학습 활동을 통해 지도된 전체 영역을 대상으로 실시하되, 내용 영역에 따라 평가 비중을 달리할 수 있다. 단, 평가 내용의 균형성을 위해 특정 내용에 편중되지 않도록 유의한다.
- 평가는 내용과 방법에 있어 구체성을 확보하여야 한다. 즉, 교육 내용 및 방법에 적합한 평가가 이루어 질 수 있도록 단위 교수·학습 계획을 면밀히 검토하고 이에 상응하는 평가 내용과 시기, 도구 및 방법을 구체적으로 계획하여야 한다. 이를 위해 교수·학습 계획 단계에서 평가 계획표를 함께 작성하여 활용한다.
- 동료 또는 자기 평가와 같은 학습자 평가를 실시할 경우 평가자에 적합한 내용을 선별해 수준에 맞게 제시한다.

ⓑ 성취기준 및 성취수준의 선정
- 평가를 위한 성취기준 및 성취수준은 해당 평가와 관련된 교육과정 성취기준과 단위 학교 수업 내용을 바탕으로 개발한다.
- 성취수준은 점수화 및 등급화를 위한 기능의 단순 분류나 기록의 명시보다는 영역별 내용 요소에 따른 기능의 도달 정도를 구체적으로 나타낼 수 있는 행동 수준으로 진술하고, 평가 등급은 양적 요소와 질적 요소를 모두 포함하여 각각의 수준에 맞게 진술되도록 한다.
- 동일한 목표 성취 행동으로 된 성취기준 및 성취수준을 적용하기보다는 주어진 과제에 대한 수행 능력 및 변화 정도를 목표의 수준에 따라 서로 다르게 평가하여 이를 통해 차후 교수·학습 내용에 대한 참여 동기를 높이고, 개개인의 신체활동 실천에 도움을 줄 수 있도록 한다.

ⓒ 평가 방법 및 도구 선정·개발
- 평가 방법은 학습 목표 및 평가 목적에 적합하게 선정하도록 한다. 다양한 평가 방법의 특징과 장단점을 파악한 후 학생의 특성과 수준을 고려하고, 다양한 평가 목적(학습의 과정 또는 결과에 대한 평가, 학생의 학습 성취도 파악, 교수·학습 과정의 개선 등)을 고려하여 가장 적합한 평가 방법을 선정한다.
- 평가 도구는 기존의 체육과 평가에서 활용되고 있던 것을 사용하거나 새로 개발하여 사용할 수 있다. 기존의 평가 도구를 그대로 혹은 수정하여 사용할 때에는 평가 도구의 용도 및 특성과 검사 도구의 신뢰도, 타당도 등을 구체적으로 검토한 후 선택해야 한다. 그리고 교사(학년 또는 체육 교과 협의회 포함)가 새로운 평가 도구를 직접 개발하기 위해서는 평가 대상, 평가 시기, 평가 장소, 채점 방식, 시설 및 장비, 평가 인원 등을 고려하도록 한다.

ⓒ 평가 결과의 활용
ⓐ 평가 결과는 다음에 이루어질 교수·학습 계획을 수립하는 데 활용한다. 학습자 개개인의 평가 결과를 분석하여 이후의 학습 과제의 수준과 활동 방법을 계획하고 결정하기 위한 기초 자료로 활용한다. 또한, 학습자 전체에게 나타나는 평가 결과의 특징을 분석하여 교수·학습 방법의 개선에 활용한다.
ⓑ 평가 결과는 학습자와 학부모가 쉽게 이해하도록 구체적으로 재구성하여 안내한다. 결과를 통해 학습자가 생활 속에서 스스로 학습 주제와 관련된 신체활동 수행 계획을 수립하고 지속적으로 실천하는 데 도움을 주도록 한다.
ⓒ 특히, 개인별 평가 결과를 자신의 건강관리, 진로 진학, 여가 활용 등과 연계하여 건전하고 즐거운 신체활동 계획을 수립하고 실천하기 위한 기초 자료로 활용하도록 한다.

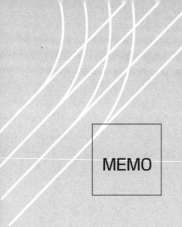

MEMO

최병식
전공체육

체육교육학 Ⅰ

체육교육과정론

2022 개정
체육과 교육과정

Chapter 03 | 2022 개정 체육과 교육과정

1 공통 교육과정

1. 체육

교육과정 설계의 개요

체육과는 활동적이고 창의적인 삶, 건강하고 주도적인 삶, 신체활동 문화를 향유하며 사회 속에서 바람직하고 더불어 사는 삶을 추구한다.

체육과가 추구하는 삶은 세 가지 신체활동 역량을 갖춤으로써 실현된다. 첫째, '움직임 수행 역량'은 신체활동 형식에 적합한 움직임의 기능과 방법을 효율적, 심미적으로 발휘할 수 있는 능력으로 운동, 스포츠, 표현 활동 과정에서 움직임에 필요한 지식, 기능, 태도를 다양한 상황에 적용하며 발달한다. 둘째, '건강 관리 역량'은 체력 및 신체적, 정신적, 사회적 건강을 유지하고 증진하는 능력으로 체육과 내용 영역에서 학습한 신체활동을 일상생활에서 실천하고, 개인과 사회적 측면에서 건강을 저해하는 요소에 적극적으로 대처하며 함양된다. 셋째, '신체활동 문화 향유 역량'은 다양한 신체활동 문화를 전 생애 동안 즐기며 타인과 상호작용할 수 있는 능력으로 각 신체활동 형식의 특성을 이해하고 인류가 축적한 문화적 소양을 내면화하여 공동체 속에서 실천하면서 길러진다.

신체활동 역량은 총론이 추구하는 인간상을 실현하는 기반이 된다. 자기 주도성은 건강한 삶을 위해 다양한 건강 관련 문제를 적극적, 주도적으로 해결하는 과정에서 학습되고, 창의적 사고는 신체적으로 활동적인 삶을 사는 데 필요한 움직임을 다양한 환경에서 수행하고 적용함으로써 길러지며, 포용성과 시민성은 신체활동에 참여하며 공동체의 가치 있는 규범과 문화를 인식하고 공유함으로써 함양된다.

체육과의 내용은 '운동', '스포츠', '표현'의 세 가지 영역으로 구성되며, 이는 움직임 기술의 발달을 통해 조직화되고 제도화된 신체활동 형식이다. '운동' 영역은 체력과 운동 기능 향상, 건강 증진을 목적으로 수행하는 신체활동 형식으로, 체력 운동과 건강 활동으로 구분된다. '스포츠' 영역은 제도화되고 조직화된 신체활동과 다양한 환경과의 상호작용을 통해 생태적 결합을 추구하는 신체활동 형식으로, 기술의 수월성을 겨루는 '기술형 스포츠', 전략에 따라 승패가 결정되는 '전략형 스포츠', 다양한 환경 맥락에 따라 활동 특성이 나타나는 '생태형 스포츠'로 분류된다. '표현' 영역은 생각과 감정을 연속된 움직임과 다양한 동작으로 표현하는 신체활동 형식이다.

영역별 핵심 아이디어는 '운동', '스포츠', '표현'이라는 신체활동 형식의 개인적, 사회적 가치, 활동의 원리와 맥락, 실천 및 활용 방식에 따라 설정되었다. 운동은 건강한 삶의 기반이 되고, 건강은 체력 및 건강 증진 운동과 다양한 건강 활동을 통해 증진되며, 운동을 통해 습득한 건강한 생활 습관은 주도적이고 행복한 삶을 견인한다. 스포츠는 인간이 제도화된 규범과 문화를 통해 타인과 소통하며 사회 속에서 더불어 사는 존재로 성장하도록 하며, 표현은 생각과 감정의 심미적이고 창의적인 움직임을 통해 자유롭고 주체적인 삶을 살아가도록 한다.

내용 요소는 영역별 핵심 아이디어에 따라 '지식·이해', '과정·기능', '가치·태도'의 세 가지 범주로 제시되었다. '지식·이해' 요소는 체육과의 내용 지식을 구성하는 명제적 지식(각 내용 영역에서 이해해야 하는 개념이나 원리 등)과 방법적 지식(명제적 지식을 실제 상황에서 수행할 수 있는 기술이나 활동 방법 등)을 의미한다.

'과정·기능' 요소는 체육과의 '지식·이해' 요소를 탐구하는 절차적 지식과 결과적으로 발휘할 수 있는 능력을 의미하며, '가치·태도' 요소는 이러한 신체활동의 학습 과정에서 습득되는 바람직한 성품을 의미한다. 특히 체육과의 내용 요소에는 총론에서 강조하는 '핵심 역량', '생태교육', '민주시민교육' 등의 가치와 언어, 수리, 디지털 소양 등의 '기초 소양'을 반영하여 총론의 목표를 체육과에서 구현할 수 있도록 하였다.

내용 요소는 아래 표와 같이 학년군별 내용 요소의 선정 원리에 따라 계열화되었다. 첫째, '지식·이해' 요소의 명제적 지식은 지식을 구성하는 내용 수준에 따라 개념과 원리로 구분되었고, 방법적 지식은 움직임 기술의 수준에 따라 신체활동 입문을 위한 기초 기술, 신체활동 참여를 위한 복합 기술, 제도화된 활동을 목표로 하는 응용 기술로 분류되었다. '가치·태도' 요소는 주관적 수준으로 나타나는 개인적 태도, 타인과의 관계 속에서 나타나는 대인적 태도, 보편적인 사회적 규범 수준에서 요구되는 사회적 태도로 분류되었다. 또한 '과정·기능' 요소는 '지식·이해', '가치·태도' 요소별로 학습 과정 및 결과에서 요구되는 행동을 학년군별 발달 수준에 맞게 제시하였다.

◈ 학년군별 내용 요소의 선정 원리

내용 학년군	지식·이해		가치·태도	과정·기능
	명제적 지식	방법적 지식		
3~4학년군	개념적 수준 ↓ 원리적 수준 ↓ 이론적 수준	입문을 위한 기초 기술 ↓ 참여를 위한 복합 기술 ↓ 제도화된 활동을 위한 응용 기술 ↓ 정식 활동의 심화 및 전문 기술	개인 ↓ 대인 ↓ 사회	인지, 시도, 수용 ↓ 분석, 적용, 실천 ↓ 평가, 구성, 지속
5~6학년군				
중학교 1~3학년군				
고등학교				

(1) 성격 및 목표

① 성격

체육과는 신체활동의 학습을 통해 활동적이고 창의적인 삶, 건강하고 주도적인 삶, 신체활동 문화를 향유하며 사회 속에서 바람직하고 더불어 사는 삶의 자질을 길러주는 교과이다. 신체활동은 놀이, 게임, 운동, 스포츠, 표현 등의 맥락에서 계획적, 의도적으로 수행되는 움직임으로, 신체 능력과 건강을 증진하고, 다양한 기술과 전략을 바탕으로 타인 및 환경과 상호작용하는 과정에서 형성된 삶의 양식이다.

인간은 움직임 기술을 바탕으로 운동, 스포츠, 표현 활동을 실천하며 일상생활과 여가활동에서 활동적인 삶을 영위할 수 있다. 운동 실천과 전략적 경기 수행, 심미적 표현과 같은 신체활동 체험을 통해 인간은 주변 세계와 적극적으로 상호작용하며 창의적으로 대응한다.

신체활동은 건강하고 주도적인 삶의 기초로 신체적, 정신적, 사회적 건강을 위한 필수적인 활동이다. 건강한 삶은 현대 사회의 기후 환경 위기, 좌식화된 생활 방식, 개인화된 사회 구조 등으로 인한 신체적, 정신적, 사회적 건강 문제를 적극적으로 내서하려는 주도적인 노력을 통해 실현된다. 또한 신체활동은 인간이 신체와 관련된 고유한 문화를 향유하고 사회의 다양한 구성원과 더불어 살도록 한다. 인류의 문명화 과정에서 신체활동 문화는 신체적 수월성을 겨루는 경기 문화, 인간의 삶을 풍요롭게 하는 놀이 및 여가 문화, 신체적 움직임이 미적으로 승화한 표현 문화, 제도화된 신체활동에 내재한 정신문화, 건강한 생활을 추구하는 과정에서 형성된 건강 문화 등 다양한 문화 양식으로 발전해 왔다. 이러한 신체활동 문화는 바람직한 인간관계의 기초가 되며 책임 있고 협력적인 태도, 공정하고 호혜적인 관계와 더불어 생태환경과의 조화로운 삶을 경험할 수 있는 기반이 된다.

이를 실현하기 위해 체육과에서는 첫째, 학습자가 기본 움직임 기술을 익히고, 신체활동 형식과 관련된 개념, 기술, 전략 등을 습득하며, 일상생활에서 신체활동을 계획하고 실천하도록 한다. 둘째, 연구와 실천을 통해 축적된 신체활동에 관한 이론적·경험적 지식을 이해하고 생활 속에서 적용하고 즐기며 다양한 안목을 기르도록 한다. 셋째, 다양한 신체활동 경험을 성찰하며 자신과 세계와의 관계를 인식함으로써 신체활동에 내재한 가치와 태도를 실천하도록 한다. 즉, 체육과 학습을 통해 학습자는 신체활동 문화에 입문하고, 운동, 스포츠, 표현 등의 신체활동 형식과 관련된 움직임 지식, 기술, 태도를 습득하며, 이를 기반으로 체육과가 추구하는 삶의 방식을 생애 전반에 걸쳐 실천할 수 있는 역량을 함양한다. 또한 이러한 신체활동 역량을 운동, 스포츠, 표현 맥락뿐만 아니라 일상생활과 직무, 여가활동 등에서 효과적이고 효율적으로 발휘할 수 있다.

따라서 체육과는 학습자가 전 생애에 걸쳐 체력과 건강, 움직임에 대한 기능과 지식, 다양한 신체활동에 참여하려는 의지와 태도를 길러 적극적으로 신체활동에 참여하며, 신체활동 문화를 깊이 이해하고 실천함으로써 건강하고 활기찬 삶을 생활화하고, 타인 및 세계와 소통하며 바람직한 민주 시민으로 성장할 수 있도록 한다.

② **목표**

체육과는 활동적이고 창의적인 삶, 건강하고 주도적인 삶, 신체활동 문화를 향유하며 사회 속에서 바람직하고 더불어 사는 삶을 영위할 수 있는 신체활동 역량을 기르는 것을 목표로 한다.

㉠ 움직임 관련 지식을 이해하고, 움직임의 목적과 환경에 적합하게 움직임 기술을 수행하며, 움직임 수행에 필요한 가치와 태도를 실천한다.

㉡ 건강 관련 지식을 이해하고, 생애 전반에 걸쳐 건강을 증진 및 관리하며, 건강의 증진과 관리에 필요한 가치와 태도를 실천한다.

㉢ 신체활동의 고유한 문화 특성을 이해하고, 신체활동 문화를 일상생활에서 누리며, 다양한 문화 양식에 내재한 가치와 태도를 실천한다.

(2) 내용 체계 및 성취기준

① 내용 체계

◈ 운동

핵심 아이디어	• 운동은 체력과 건강을 관리하는 주요 방법으로, 생애 전반에 걸쳐 건강한 삶의 토대 가 된다. • 체력은 건강의 기초가 되며, 건강은 신체적 특성에 맞는 운동과 생활 습관을 계획하 고 관리함으로써 증진된다. • 인간은 생활 속에서 운동을 즐기고, 심신의 건강을 유지하며, 행복한 삶을 영위한다.		
구분 **범주**	**내용 요소**		
	초등학교		중학교
	3~4학년	5~6학년	1~3학년
지식 · 이해	• 운동과 체력 • 기본 체력운동 방법 • 운동과 건강 • 건강한 생활 습관	• 건강 체력과 운동 체력 • 체력 종류별 운동 방법 • 운동과 성장 발달 • 안전한 생활 습관	• 체력 증진의 원리 • 체력 증진 운동 방법 • 체력 관리의 원리 • 체력 관리 운동 방법 • 운동 처방의 원리 • 운동 처방 방법　　• 신체 건강의 특성 • 신체 건강 활동 • 정신 건강의 특성 • 정신 건강 활동 • 사회적 건강의 특성 • 사회적 건강 활동
과정 · 기능	• 운동과 체력의 관계 파악하기 • 기본 체력 운동 시도하기 • 운동과 건강의 관계 파악하기 • 건강한 생활 습관 시도하기 • 안전하게 활동하기	• 건강 체력과 운동 체력의 의미와 요소 파악하기 • 체력을 측정하고 다양한 운동 시도하기 • 운동과 성장 발달의 관계 파악하기 • 운동과 생활 속 안전사고 예방 방법 탐색하며 대처하기 • 안전하게 활동하기	• 체력 운동 원리 분석하기 • 체력 요소별 운동 방법 적용하기 • 건강 활동 특성 분석하기 • 건강 활동 방법 실천하기 • 안전하게 활동하기
가치 · 태도	• 긍정적 신체 인식 • 운동 및 건강에 관한 관심 • 운동 및 건강 습관 실천 의지	• 체력 운동 참여의 근면성 • 체력 증진을 위한 끈기 • 성장 발달의 차이 공감 • 안전사고에서의 침착성	• 체력 문제 해결 의지 • 운동 실천의 자기 주도성 • 자율적인 건강 추구 • 자신과 공동체에 대한 안전의식

◈ <u>스포츠</u>

범주 \ 구분	내용 요소		
	초등학교		중학교
	3~4학년	5~6학년	1~3학년
핵심 아이디어	• 스포츠는 인간이 제도화된 규범과 움직임 기술을 바탕으로 타인 및 주변 세계와 소통하며 바람직한 구성원으로 성장하는 데 이바지한다. • 스포츠는 인간이 환경과 상호작용하고 다양한 기술과 창의적인 전략을 발휘하며 한계를 극복하는 과정에서 발달한다. • 인간은 스포츠를 다양한 방식으로 체험함으로써 움직임의 즐거움을 느끼고 활동적인 삶의 태도를 배운다.		
지식·이해	• 스포츠와 움직임 기술 • 기본 움직임 기술의 종류와 수행 방법 • 스포츠에서의 기본 움직임 기술 수행 방법	• 기술형·전략형·생태형 스포츠의 유형 • 기술형·전략형·생태형 스포츠의 유형별 움직임 기술 응용 방법 • 기술형·전략형·생태형 스포츠의 활동 방법과 기본 전략	• 기술형·전략형·생태형 스포츠의 역사와 특성 • 기술형·전략형·생태형 스포츠의 경기 기능과 수행 원리 • 기술형·전략형·생태형 스포츠의 경기 방법과 전략
과정·기능	• 스포츠의 의미와 유형 이해하기 • 기본 움직임 기술과 스포츠의 관계 파악하기 • 기본 움직임 기술의 종류 파악하고 시도하기 • 스포츠 유형별 움직임 기술 종류 파악하기 • 스포츠 유형별 움직임 기술 시도하기 • 안전하게 움직이기	• 기술형·전략형·생태형 스포츠의 유형 파악하기 • 기술형·전략형·생태형 스포츠의 유형별 움직임 기술 응용 방법 활용하기 • 기술형·전략형·생태형 스포츠의 기본 전략 적용하기 • 안전하게 활동하기	• 기술형·전략형·생태형 스포츠 유형별 역사와 특성 비교하기 • 기술형·전략형·생태형 스포츠 유형별 수행 원리를 경기 기능에 적용하기 • 기술형·전략형·생태형 스포츠 유형별 경기 방법과 전략을 경기에 활용하기 • 안전하게 경기하기

| 가치·태도 | • 움직임 수행의 자신
감과 적극성
• 최선을 다하는 태도
• 게임 규칙 준수
• 스포츠 환경에 대한
개방성
• 스포츠 활동 참여의
적극성 | • 목표 달성 의지
• 상대 기술 인정
• 팀원과의 협력
• 구성원 배려
• 스포츠 환경을 아끼
는 태도
• 스포츠 환경에 감사
하는 태도 | • 경기 수련에 대한 인내심
• 도전적 경기 태도
• 팀워크와 신뢰
• 페어플레이
• 스포츠 환경 개선을 위한 공동체
의식
• 스포츠 환경에 친화적인 태도 |

◎ 표현

| 핵심
아이디어 | • 표현 활동은 인간이 신체 움직임에 생각과 감정을 담아 심미적으로 표현하는 과정
에서 창의적인 삶의 태도를 형성하고, 예술적 신체활동 문화를 향유할 수 있도록
한다.
• 표현 활동은 기본 움직임에 표현 원리가 적용되어 다양한 유형으로 구현되며, 구성
및 창작의 과정을 통해 발달한다.
• 인간은 다양한 표현 활동을 체험함으로써 움직임의 심미적 가치를 내면화하며 자유
롭고 주체적으로 사는 방법을 터득한다. |

범주 \ 구분	내용 요소		
	초등학교		중학교
	3~4학년	5~6학년	1~3학년
지식·이해	• 표현 활동과 움직임 기술 • 기본 움직임 기술의 표현 방법	• 표현 활동의 유형 • 표현 활동의 유형별 움직임 기술 응용 방법 • 표현 활동의 유형별 움직임 기술 구성	• 표현 활동의 역사와 특성 • 표현 활동의 동작과 표현 원리 • 표현 활동의 창작과 감상
과정·기능	• 표현 활동의 움직임 기술 파악하고 시도 하기 • 다양한 방법으로 움 직임 기술 표현하기	• 표현 활동의 유형 파 악하기 • 표현 활동의 유형별 움직임 기술 응용 방 법 활용하기 • 표현 활동의 유형별 움직임 기술 구성하 고 발표하기	• 표현 활동의 유형별 역사와 특성 비교하기 • 표현 활동의 유형별 동작 표현하기 • 표현 활동의 유형별 원리 적용하기 • 표현 활동의 유형별 작품 창작하 고 감상하기
가치·태도	• 움직임 표현에 대한 호기심 • 움직임 표현에 대한 감수성	• 다양한 표현 활동 유형 에 대한 수용적 태도 • 움직임 표현의 심미 성 추구	• 표현의 독창성 • 다양한 표현 활동에 대한 개방성 • 예술적 표현에 대한 공감과 비평 의식

② 성취기준

㉠ 초등학교 3~4학년

ⓐ 운동

> [4체01 - 01] 운동과 체력의 의미를 이해하고 관계를 파악한다.
> [4체01 - 02] 기본 체력운동의 방법과 절차를 익히며 자신의 수준에 맞는 운동을 시도한다.
> [4체01 - 03] 운동과 건강의 의미를 이해하고 관계를 파악한다.
> [4체01 - 04] 건강을 위한 바른 생활 습관을 이해하고 생활 속에서 규칙적으로 실천한다.
> [4체01 - 05] 자신의 신체적 특징을 긍정적으로 인식하고 운동 계획을 세워 안전하게 활동한다.
> [4체01 - 06] 운동과 건강한 생활 습관 형성에 관심을 갖고 적극적으로 실천한다.

- 성취기준 해설
  - [4체01-01]은 운동이 신체 변화와 체력 증진에 미치는 영향을 이해하기 위해 설정하였다. 운동과 체력의 의미를 이해하고 운동 전후의 신체 및 체력의 변화와 특성을 파악하여 운동의 중요성을 인식하도록 한다.
  - [4체01-02]는 체력 증진을 위한 기본 운동 방법과 절차를 체험하며 자신의 신체 특성과 체력 수준에 맞게 운동하기 위해 설정하였다. 준비 운동, 본 운동, 정리 운동의 단계별 목적과 주안점을 파악하면서 운동 방법과 절차를 익히고, 자신의 신체 특성과 체력 수준에 적합한 운동을 선택하여 안전하게 시도하도록 한다.
  - [4체01-03]은 운동과 건강의 관계를 이해하기 위해 설정하였다. 건강의 의미와 운동이 건강을 유지, 증진하는 데 미치는 영향을 탐색하고 운동의 필요성을 파악하도록 한다.
  - [4체01-04]는 건강을 유지하는 바른 생활 습관을 이해하고 일상생활에서 적극적으로 실천하는 습관을 기르기 위해 설정하였다. 건강한 생활 습관이 신체적 건강뿐만 아니라 정신적, 사회적 건강에도 영향을 미친다는 점을 이해하고, 건강 증진을 위한 생활 태도와 행동을 가정, 학교, 지역사회에서 규칙적으로 실천하도록 한다.
  - [4체01-05]는 기본 체력운동을 통해 자신에게 적합한 운동 계획을 세우고 실천하기 위해 설정하였다. 체격, 체형, 체력 등 개인마다 다른 신체 특성을 긍정적으로 인식하고 자신의 신체 특성에 맞는 운동을 안전하고 효과적으로 수행하도록 한다.
  - [4체01-06]은 운동을 통한 건강한 생활 습관 형성의 의지를 기르기 위해 설정하였다. 자신의 운동 및 생활 습관을 점검해 보고, 건강 유지, 증진의 저해 요인을 삼가며, 적절한 운동과 바람직한 생활 태도에 관심을 갖고 적극적으로 실천할 수 있는 의지를 갖도록 한다.

• 성취기준 적용 시 고려 사항

- 3~4학년군 운동 영역에서는 자신의 체력 수준에 맞는 운동을 하며 즐거움을 느끼고, 체력과 건강을 증진하면서 정서적, 사회적 건강을 유지할 수 있도록 운동과 일상생활에서의 건강 활동을 체험하도록 한다.

- 체력 운동에서는 학습자가 자신의 신체 특성과 수준을 고려한 운동 방법을 다양하게 탐색하고 실천하도록 운영한다. 단순한 흥미 위주의 활동을 지양하고 자신의 체력 수준을 점검하며 체력의 중요성을 인식할 수 있는 활동을 선정한다. 건강 활동에서는 학습자 스스로 생활 습관을 점검하면서 건강에 대해 적극적인 관심을 두고 올바른 생활 습관 실천 의지를 가질 수 있도록 운영한다. 이론 중심의 수업보다는 생활 속의 다양한 신체활동을 체험하면서 바람직한 생활 태도를 습관화할 수 있도록 활동을 구성한다.

- 3~4학년군의 발달 특성, 학습자의 흥미와 신체활동 능력을 고려하여 수업을 운영한다. 체력 증진에 도움이 되는 다양한 기본 운동 방법을 흥미 있게 구성하여 운동에 관한 관심과 욕구를 가질 수 있도록 한다. 또한 건강한 생활 습관을 자기 주도적으로 실천할 수 있도록 일상생활에서 쉽게 실천할 수 있는 생활 방식을 활용하며, 더욱 생동감 있게 학습할 수 있도록 디지털 기기와 온라인 프로그램의 모의 상황 또는 가상현실 등 다양한 자료를 활용한다.

- 3~4학년군 운동 영역에서는 운동과 체력, 기본 운동 방법, 운동과 건강, 건강한 생활 습관에 관한 이해력, 체력과 건강을 효과적으로 관리하기 위한 운동 수행 능력, 일상생활에서 운동과 건강에 적극적인 관심을 갖고 실천할 수 있는 능력을 균형 있게 평가한다.

- 체력 운동에서 학습자의 체력 증진 수준을 평가할 때는 단순히 체력 측정 결과 중심으로 평가하기보다는 자신의 체력 증진을 위한 자기 주도적인 계획 수립과 실천, 관리의 과정을 전개했는지를 종합적으로 평가한다. 건강 활동에서는 운동에 기초하면서도 그 밖의 건강과 신체의 안전에 긍정적인 영향을 미칠 수 있는 다양한 건강 행동 및 생활 습관을 일상생활에서 실천하는지를 평가한다.

- 3~4학년군 운동 영역 지식에 관한 이해력은 운동과 건강 관련 기본 지식을 중심으로 평가하고, 운동 및 건강 활동 수행 능력과 태도는 건강과 신체의 안전에 영향을 미칠 수 있는 다양한 운동 및 건강 습관을 일상생활에서 꾸준하게 실천하는 과정과 결과를 보여주는 체크리스트, 개인일지, 운동 기능 검사 등을 활용하여 평가한다.

- 3~4학년군 운동 영역에서는 범교과 학습 주제인 안전·건강 교육과 연계하여 학교와 일상생활에서 안전하고 건강한 생활의 기본 습관을 형성할 수 있도록 체험 중심의 교수·학습을 운영하고, 학습자의 변화 과정을 다양한 방법으로 평가한다.

ⓑ 스포츠

> [4체02 – 01] 스포츠의 의미와 유형을 파악한다.
>
> [4체02 – 02] 기본 움직임 기술의 의미와 종류를 이해하고 스포츠와의 관계를 파악한다.
>
> [4체02 – 03] 움직임 요소에 따른 기본 움직임 기술의 수행 방법을 파악하고 시도한다.
>
> [4체02 – 04] 기본 움직임 기술을 연결한 복합적인 움직임 기술을 파악하고 시도한다.
>
> [4체02 – 05] 기술형 스포츠에 적합한 기본 움직임 기술을 파악하고 시도한다.
>
> [4체02 – 06] 전략형 스포츠에 적합한 기본 움직임 기술을 파악하고 시도한다.
>
> [4체02 – 07] 생태형 스포츠에 적합한 기본 움직임 기술을 파악하고 시도한다.
>
> [4체02 – 08] 움직임 기술 수행에 자신감을 갖고 적극적으로 시도한다.
>
> [4체02 – 09] 게임 활동에 최선을 다하고 규칙을 지킨다.
>
> [4체02 – 10] 다양한 스포츠 환경에 개방적인 태도를 갖고 적극적이고 안전하게 스포츠 활동에 참여한다.

- 성취기준 해설

  - [4체02-01]은 스포츠의 의미와 유형을 이해하기 위해 설정하였다. 일정한 규칙과 방법에 따라 경기 기술을 수행하고 환경과의 상호작용을 통해 발달한 스포츠의 개념과 기술형, 전략형, 생태형 스포츠의 유형별 특성을 이해하도록 한다.
  - [4체02-02]는 기본 움직임 기술의 의미, 종류(이동 움직임, 비이동 움직임, 조작 움직임)와 특성을 파악하기 위해 설정하였다. 기본 움직임 기술의 종류를 다양하게 탐색하면서 스포츠 활동에 기초가 되는 기본 움직임 기술의 특성과 스포츠 활동 수행과의 관계를 파악하도록 한다.
  - [4체02-03]은 움직임 요소의 의미를 이해하고, 기본 움직임 기술을 다양한 상황에서 시도하기 위해 설정하였다. 이동 움직임, 비이동 움직임, 조작 움직임 기술을 단계적으로 익히고, 움직임 요소(신체, 노력, 공간, 관계)에 변화를 주어 안전하고 효과적으로 기본 움직임 기술을 수행하도록 한다.
  - [4체02-04]는 기본 움직임 기술을 연결하여 다양하고 복합적인 움직임 기술을 수행하기 위해 설정하였다. 움직임 기술의 종류별(이동 움직임 기술 내 호핑과 스키핑의 연결 등), 종류 간(조작 움직임 기술의 치기와 이동 움직임 기술의 달리기의 연결 등)에 기본 움직임을 다양한 방식으로 연결하여 기본 움직임보다 심화된 복합적인 움직임 기술을 익히고, 간단한 게임 상황에서 시도하도록 한다.
  - [4체02-05]는 기술형 스포츠 유형에 적합한 움직임 기술을 탐색하고 수행하기 위해 설정하였다. 움직임 기술의 수월성을 겨루는 기술형 스포츠 활동에서 활용되는 다양한 기능과 관련된 움직임 기술의 효과적 수행 방법(앞뒤 구르기, 옆돌기, 전력 달리기, 헤엄치기, 발차기 등)을 익히고, 간단한 게임 상황에서 시도하도록 한다.

- [4체02-06]은 전략형 스포츠 유형에 적합한 움직임 기술을 탐색하고 수행하기 위해 설정하였다. 움직임 기술과 전략에 따라 승패가 결정되는 전략형 스포츠 활동의 다양한 기능과 관련된 움직임 기술의 효과적 수행 방법(공던지기와 잡기, 공몰기, 공차기와 멈추기, 공치기와 받기, 라켓으로 치기 등)을 익히고, 기본적인 전략을 세워 간단한 게임 상황에서 시도하도록 한다.

- [4체02-07]은 생태형 스포츠 유형에 적합한 움직임 기술을 탐색하고 수행하기 위해 설정하였다. 생활 주변과 자연환경에서 이루어지는 다양한 생태형 스포츠 활동과 관련된 움직임 기술의 수행 방법(균형 잡고 이동하기, 타고 버티기, 잡고 오르기 등)을 익히고, 간단한 활동 상황에서 안전하게 시도하도록 한다.

- [4체02-08]은 기본 움직임 기술의 지속적인 시도를 통해 움직임 기술 수행에 대한 자신감을 기르기 위해 설정하였다. 기본 움직임 기술을 체계적으로 숙달하고, 간단한 규칙을 적용한 활동 상황에서 적극적으로 시도하며 움직임 기술 수행에 대한 자신감을 갖도록 한다.

- [4체02-09]는 게임 활동을 수행하며 정해진 규칙을 지키고 최선을 다하는 태도를 기르기 위해 설정하였다. 다양한 유형의 스포츠 활동에 임하는 마음가짐, 구성원에 대한 태도, 규칙 준수의 필요성, 최선의 가치 등을 실제 활동 과정에서 느끼고 실천하도록 한다.

- [4체02-10]은 스포츠 활동을 즐길 수 있는 환경에 개방적인 태도를 갖고 적극적이고 안전하게 활동하는 태도를 기르기 위해 설정하였다. 가정, 학교, 지역사회 체육 시설, 자연환경 등 다양하고 도전적인 스포츠 환경을 적극적으로 수용하고 활용하되, 안전 수칙을 숙지하여 안전사고를 예방하는 태도를 실천하도록 한다.

• 성취기준 적용 시 고려 사항

- 3~4학년군 스포츠 영역에서는 스포츠의 개념을 이해하고 다양한 유형의 스포츠 활동을 수행하는데 요구되는 기본 움직임과 복합적인 움직임을 탐색하고 간단한 게임 상황에서 시도하도록 한다. 특히 3~4학년군 스포츠 영역은 움직임의 체계적 발달을 위한 입문 단계로서 이동 움직임, 비이동 움직임, 조작 움직임 기술을 신체, 노력, 공간, 관계와 연결한 다양한 복합 움직임 기술의 수행 능력을 기를 수 있도록 충분한 학습 기회를 제공한다.

- 스포츠 유형별 기본 기능과 관련된 기본 움직임 기술을 습득하기 위해 신체, 노력, 공간, 관계의 변화에 따라 다양한 기술을 단계적으로 향상할 수 있는 학습 활동을 선정하고 조직한다. 스포츠 유형에 적합한 기본 움직임 기술과 복합적인 움직임 기술을 연결하여 간단한 게임 상황에서 시도하고 익힐 수 있도록 활동을 구성한다. 기본 움직임 기술을 수행할 기회를 충분히 제공하며, 스포츠 경기 방법 자체보다 기본 움직임의 수행 능력을 충실하게 습득할 수 있도록 운영한다.

－3~4학년군 스포츠 영역에서는 스포츠 수행에 필요한 다양한 기본 움직임 기술을 탐색하고 간단한 활동 상황에서 기본 움직임 기술을 시도하고 습득하는 것을 평가한다. 다양한 기본 움직임 기술의 정확하고 효과적인 수행 능력 습득에 평가의 초점을 맞추고, 이를 활용한 움직임 기술의 연결 능력과 스포츠 유형별 기본 기능에 적합한 복합 움직임 기술의 수행 능력을 평가한다.

－기본 움직임 기술을 움직임의 요소에 따라 실제로 다양하게 수행할 수 있는지를 평가하도록 한다. 일회성 평가를 지양하고 간단한 게임 상황에서 각각의 움직임 기술을 상황에 맞게 수행할 수 있는지를 평가한다. 이를 위해 움직임 기술 수행 능력 평가, 체크리스트, 자기 평가 등의 다양한 평가 방법을 학습 상황에 맞게 활용한다.

－3~4학년군 스포츠 영역의 지식에 관한 이해력은 스포츠의 의미와 유형에 관한 이해를 간단한 질의응답이나 평가지를 통해 확인할 수 있으며, 스포츠 관련 움직임 수행 능력은 기본 움직임 기능 및 복합 움직임 기능을 조작적 상황 또는 게임 상황에서 평가할 수 있다. 가치·태도의 실천 능력은 지속적인 태도 변화를 관찰하거나 체크리스트, 성찰 일지, 관찰 등의 평가 방법과 함께 수업 상황에서의 실천 여부를 중심으로 평가한다.

－3~4학년군 스포츠 영역에서는 다양한 기본 움직임을 탐색하고 습득하는 과정을 통해 개인별 특성을 존중하고, 상호 존중 및 공동체 의식을 함양할 수 있도록 교수·학습을 계획하고 평가한다.

ⓒ 표현

> [4체03 － 01] 표현 활동의 의미와 기본 움직임 기술과의 관계를 파악한다.
> [4체03 － 02] 움직임 요소에 따른 기본 움직임 기술의 표현 방법을 파악하고 시도한다.
> [4체03 － 03] 기본 움직임 기술을 활용하여 사물이나 자연을 모방하여 표현한다.
> [4체03 － 04] 기본 움직임 기술을 활용하여 느낌이나 생각을 표현한다.
> [4체03 － 05] 기본 움직임 기술을 리듬에 맞춰 표현한다.
> [4체03 － 06] 기본 움직임 기술을 도구를 활용하여 표현한다.
> [4체03 － 07] 움직임의 심미적 표현에 대한 호기심과 감수성을 나타낸다.

• 성취기준 해설

－[4체03-01]은 표현 활동의 의미, 표현 활동과 기본 움직임 기술과의 관계를 이해하기 위해 설정하였다. 표현 활동에서의 움직임 기술과 운동 및 스포츠 영역에서의 움직임 기술의 차이를 이해함으로써 표현 활동에서 움직임 기술의 창의적이고 심미적인 특성을 이해하도록 한다.

- [4체03-02]는 움직임 요소에 따른 다양한 기본 움직임 기술을 학습함으로써 표현 활동의 기본 수행 능력을 기르기 위해 설정하였다. 이동 움직임, 비이동 움직임, 조작 움직임 기술을 체험하되 신체, 노력, 공간, 관계 등 움직임 요소의 변화에 따라 기본 움직임 기술을 창의적이고 심미적으로 표현하도록 한다.

- [4체03-03]은 기본 움직임 기술을 활용한 모방 표현 능력을 기르기 위해 설정하였다. 기본 움직임 기술을 활용하여 사물, 인물, 자연 현상 등의 모양과 움직임을 모방하여 표현하는 방법을 탐색하고 그 특징을 살려 표현하도록 한다.

- [4체03-04]는 기본 움직임 기술을 활용한 추상 표현 능력을 기르기 위해 설정하였다. 기본 움직임 기술을 활용하여 느낌과 생각 등을 동작으로 표현하는 방법을 탐색하고 창의적으로 표현하도록 한다.

- [4체03-05]는 기본 움직임 기술을 활용한 리듬 표현 능력을 기르기 위해 설정하였다. 기본 움직임 기술을 활용하여 박자, 강약, 빠르기, 패턴에 맞춰 표현하는 방법을 탐색하고 리듬감을 살려 표현하도록 한다.

- [4체03-06]은 기본 움직임 기술을 활용한 도구 표현 능력을 기르기 위해 설정하였다. 기본 움직임 기술을 활용하여 줄, 공, 천, 훌라후프 등 도구의 특성을 활용한 표현 방법을 탐색하고 도구의 조작과 움직임을 연결하여 표현하도록 한다.

- [4체03-07]은 움직임을 심미적으로 표현하는 것에 대한 호기심과 감수성을 갖도록 설정하였다. 기본 움직임 기술을 아름답게 표현하며 움직임을 심미적으로 표현하는 다양한 자극에 관심을 갖고 운동이나 스포츠 기술과는 다른 감성을 느낄 수 있도록 한다.

• 성취기준 적용 시 고려 사항

- 3~4학년군 표현 영역에서는 표현 활동의 의미와 움직임 기술의 관계에 관한 이해를 바탕으로, 움직임 요소에 따른 표현 기술을 파악하고, 모방 및 추상 표현 방법, 리듬, 도구 등을 활용한 표현 방법을 탐색하여 발표함으로써 표현 활동의 기본 능력을 기르도록 한다. 표현에 관한 이해의 폭을 넓힐 수 있도록 다양한 표현 사례를 직·간접적으로 학습할 기회를 제공한다.

- 모방 표현 방법을 학습하면서 모방 대상의 움직임을 충분히 관찰하고 자유로운 방식으로 표현할 수 있는 학습 분위기를 조성하며, 자연 현상과 주변 환경을 모방 대상으로 설정함으로써 생태전환적 관점에서 환경을 이해할 기회를 제공한다. 추상 표현 방법의 경우 느낌이나 생각을 자유롭게 나타내고, 타인의 표현 방법을 존중하는 허용적인 학습 분위기를 조성한다. 리듬 표현에서는 음악뿐만 아니라 자연 현상이나 생활에서 나타나는 규칙적, 불규칙적 리듬에 따라 신체 표현을 할 수 있도록 표현 대상을 다양화한다. 도구를 활용한 표현의 경우 사전에 안전한 도구 사용 방법을 충분히 숙지하고 그 특징을 파악하여 표현 활동에 활용하도록 한다.

- 기본 움직임 기술의 표현 방법은 자기 주도적 학습을 통해 다양한 움직임 요소를 반영한 기본 움직임 기술을 탐색할 기회를 제공하고, 탐색한 움직임을 모둠별로 공유할 수 있도록 협력 중심의 수업을 설계하고 운영할 수 있다. 또한 협력하여 만든 작품을 서로 발표하고 감상하는 과정을 통해 표현을 위한 움직임 기술을 넓게 탐색하도록 한다.
- 3~4학년군 표현 영역에서는 생각과 느낌을 자유롭게 움직임으로 표현하는 과정에서 인간의 신체적 자유에 대한 기본 권리와 행복추구권을 연계하고, 다양한 표현 방식을 이해하고 존중하는 태도를 학습하도록 한다.
- 3~4학년군 표현 영역에서는 표현과 움직임 기술의 관계, 움직임 요소에 따른 다양한 기본 움직임 기술의 이해력, 표현 방법에 따른 움직임 기술의 수행과 구성 능력, 표현 활동 과정에서 나타나는 움직임에 관한 호기심과 감수성을 균형 있게 평가한다.
- 모방 대상의 특징을 움직임의 관점에서 파악하고 표현하는 능력, 생각과 느낌을 움직임으로 표현하는 능력, 리듬에 맞춰 다양한 요소에 따라 움직임을 표현하는 능력, 도구의 특성을 활용하여 심미적으로 표현하는 능력을 종합적으로 평가한다.
- 3~4학년군 표현 영역에서 표현의 의미와 움직임 기술의 관계에 대한 지식은 지필평가 외에 실제 움직임 표현 과정에서의 이해력을 중심으로 평가한다. 움직임 표현 능력은 표현 동작 검사, 관찰 평가, 프로젝트 평가 등을 활용하여 움직임 기술과 표현 방법의 선택, 동작 수행, 구성의 과정을 종합적으로 평가한다. 가치·태도에 관한 평가는 표현 활동의 적극성과 긍정적인 태도 변화를 관찰하거나 수행 일지, 감상문 등을 통해 평가할 수 있다.

◈ 초등학교 3~4학년군의 신체활동 예시

영역	세부 영역	신체활동 예시
운동	기본 체력운동	• 체력운동 관련 기본 움직임 기술(걷기, 달리기, 매달리기, 버티거나 굽히기, 밀기, 당기기 등) • 체력운동 기능(오래 달리거나 걷기, 팔굽혀펴기, 윗몸말아올리기, 왕복달리기 등)
	건강 운동 및 생활 습관	• 건강 생활 습관(자세, 체중 및 체형 관리, 위생, 식습관, 정서 관리 활동 등) • 운동 생활 습관(맨손체조, 산책, 계단 오르기, 생활 주변 운동기구 활용하기 등)

스포츠	기본 움직임의 기초 기술	• 이동 움직임(방향 전환 달리기, 뛰기, 구르기, 물에서 이동하기 등) • 비이동 움직임(균형잡기, 구부리기, 회전하기, 물에 뜨기 등) • 조작 움직임(던지기, 굴리기, 차기, 잡기, 치기, 튀기기, 몰기, 타기 등)
	스포츠 유형별 움직임 기술	• 기술형 스포츠 유형별 움직임(앞뒤 구르기, 옆돌기, 전력 달리기, 헤엄치기, 발차기 등) • 전략형 스포츠 유형별 움직임(공던지기와 잡기, 공몰기, 공차기와 멈추기, 공치기와 받기, 라켓으로 치기 등) • 생태형 스포츠 유형별 움직임(균형 잡고 이동하기, 타고 버티기, 잡고 오르기 등)
표현	기본 움직임의 기초 표현	• 이동 움직임 표현(워킹, 점핑, 호핑, 스키핑, 갤러핑, 리핑, 슬라이딩 등) • 비이동 움직임 표현(펴기, 접기, 비틀기, 제자리 돌기, 털기, 흔들기 등) • 조작 움직임 표현(들기, 돌리기 등)
	기본 움직임의 표현 방법	• 추상 표현(언어 표현, 느낌이나 생각 표현하기 등) • 모방 표현(사물 표현, 인물 표현, 자연 현상 표현하기 등) • 리듬 표현(박자, 강약, 빠르기, 패턴에 따라 표현하기 등) • 도구 표현(줄, 공, 천, 훌라후프 등을 활용하여 표현하기 등)

ⓛ 초등학교 5~6학년

ⓐ 운동

> [6체01 - 01] 건강 체력과 운동 체력의 의미와 요소를 파악하고 다양한 운동 방법을 탐색한다.
> [6체01 - 02] 건강 체력과 운동 체력을 측정하고 자신의 체력 수준에 맞는 운동을 시도한다.
> [6체01 - 03] 성장 발달의 의미와 특성을 이해하고 운동과의 관계를 파악한다.
> [6체01 - 04] 운동 및 생활 속 위험 상황, 성장 발달을 저해하는 생활 방식의 문제점을 파악하고 예방 및 대처 방법을 익혀 안전하게 활동한다.
> [6체01 - 05] 체력 운동을 끈기 있게 규칙적으로 수행한다.
> [6체01 - 06] 성장과 발달 과정에서 나타나는 신체적, 정서적, 사회적 특성과 차이를 공감하고 위험 상황에 침착하게 대처한다.

• 성취기준 해설

  - [6체01-01]은 3, 4학년군에서 학습한 기본 운동 방법을 체력 요소별로 구분하여 이해하고 체력 요소별로 다양한 운동 방법을 탐색하기 위해 설정하였다. 체력을 건강 체력과 운동 체력으로 구분하고, 유형별 체력 요소를 이해하며, 학습자 스스로 자신의 수준에 적합한 체력 요소별 운동 방법을 찾도록 한다.

  - [6체01-02]는 자신의 건강 체력과 운동 체력 수준을 파악하여 체력을 증진할 수 있는 다양한 운동 방법을 선택하고 실천하기 위해 설정하였다. 자신의 우수한 체력과 부족한 체력이 무엇인지를 파악하고, 특히 부족한 체력을 기르기 위해 체력 수준에 적합한 운동 방법을 탐색하여 꾸준하게 실천하도록 한다.

Chapter
03

- [6체01-03]은 자신의 성장 발달을 이해하고, 운동이 성장 발달에 미치는 긍정적인 영향을 이해하기 위해 설정하였다. 성장에 따른 신체적, 정서적 변화, 특히 제2차 성징에 대한 이해를 바탕으로 자신의 성장 발딜 양싱을 긍정적으로 파악하고, 사춘기에 운동이 신체적, 정서적, 사회적 성장 발달에 바람직한 영향을 미친다는 점을 이해하도록 한다.

- [6체01-04]는 운동과 일상생활에서 발생할 수 있는 다양한 안전사고의 유형과 성장 발달을 저해하는 생활 방식의 문제점을 파악하고 침착하게 대처하기 위해 설정하였다. 운동 시설이나 용·기구, 지상·수상·빙상 등의 다양한 운동 환경에서 발생할 수 있는 안전사고, 건강한 성장 발달에 부정적인 생활 습관(흡연, 음주, 약물 오·남용 등), 안전을 위협하는 생활 및 자연 환경을 탐색하며 건강하고 안전한 생활 습관을 실천하도록 한다.

- [6체01-05]는 체력 증진에 필요한 끈기와 근면성을 기르기 위해 설정하였다. 단기간에 증진되기 어려운 체력 운동의 특성상, 학습자가 운동 과정에서 쉽게 포기하지 않도록 체력 증진을 저해하는 개인적, 환경적 조건을 탐색하고 극복하면서 체력 운동을 규칙적으로 수행하도록 한다.

- [6체01-06]은 성장과 발달 과정에서 개인별 차이를 공감하며, 안전을 위협하는 위험 상황에 대처하기 위해 설정하였다. 자신의 신체적, 정서적, 사회적 건강 특성이 다른 사람과 어떤 차이가 있고, 그러한 차이를 공감하는 것이 자신과 공동체에 어떤 영향을 미치는지를 실제 사례를 통해 이해하도록 한다.

• 성취기준 적용 시 고려 사항

- 5~6학년군 운동 영역에서는 체력 유형별로 각 체력 요소에 적합한 운동을 선정하고 자기 수준에 맞는 운동 방법을 찾아 실천하도록 한다. 운동을 통해 신체의 성장과 발달 및 체력 향상뿐만 아니라 정서적, 사회적 성장 발달과의 관계를 파악할 수 있도록 교수·학습을 운영한다.

- 체력 운동에서는 건강 체력과 운동 체력의 요소를 학습자가 이해하기 쉬운 수준으로 안내하고, 체력 요소별로 다양한 운동 방법을 선정하며, 끈기와 근면함을 바탕으로 자신의 체력을 점진적으로 증진할 수 있도록 단계적으로 학습을 운영한다. 건강 활동에서는 신체 성장에 따른 신체적 변화와 제2차 성징에 대한 이해와 함께 양성평등 감수성을 갖출 수 있도록 운영하고, 다양한 운동을 시도해 보면서 운동이 신체의 성장과 발달, 정서적 건강, 사회적 관계에 긍정적인 영향을 미친다는 것을 체험하도록 한다.

- 건강 체력과 운동 체력의 측정 결과를 참고하여 자신의 체력 강점과 약점을 파악하고, 수준에 적합한 운동을 선정하여 안전하게 활동할 수 있도록 운영한다. 개인별 성장 및 발달 속도의 차이, 성별에 따른 차이를 인권 보호 및 양성 평등적 관점에서 수용할 수 있도록 하며, 디지털 도구와 프로그램을 활용하여 지속적이고 자기 주도적인 건강 관리와 체력 운동을 실천하도록 한다.
- 5~6학년군 운동 영역에서는 개인적, 사회적으로 올바른 생활 양식의 실천을 민주시민 교육과 양성평등 및 상호 존중의 인권 교육과 연계하여 학습하도록 한다.
- 5~6학년군 운동 영역에서는 건강 체력과 운동 체력, 체력 요소별 운동 방법, 운동과 성장 발달, 안전한 생활 습관에 관한 이해력, 체력 측정 결과를 바탕으로 다양한 운동을 안전하게 시도할 수 있는 운동 및 건강 활동 수행 능력, 일상생활에서 체력 운동에 끈기 있고 꾸준하게 참여하면서 개인별 차이를 공감하고 수용하는 태도를 균형 있게 평가한다.
- 체력 운동에서는 체력 측정 결과 자체보다는 자신의 체력 수준에 적합한 체력 운동을 선정하고 계획하여 안전하게 실천하는 과정을 중심으로 평가한다. 건강 활동은 학습자가 운동이나 건강 활동을 하면서 자신과 타인의 신체적, 정서적 성장 발달의 차이를 공감하고 배려하면서 건강하고 안전한 생활 습관을 실천하는 태도를 평가한다.
- 5~6학년군의 운동 영역의 지식은 체력 운동 및 건강 활동 과정에서의 이해력을 중심으로 평가한다. 체력 운동 및 건강 활동 수행 능력과 태도는 체력 및 건강을 증진할 수 있는 다양한 운동 및 건강 습관을 일상생활에서 꾸준하게 실천하는 과정과 결과를 체력 및 건강 검사, 체크리스트, 개인일지 등을 활용하거나 디지털 도구 및 온라인 교수·학습 방법을 적용하여 평가한다.

ⓑ 스포츠

> [6체02 - 01] 기술형 스포츠의 의미와 유형을 파악다.
> [6체02 - 02] 기술형 스포츠 유형별로 기본 움직임 기술을 응용한 기본 기능을 파악하고 수행한다.
> [6체02 - 03] 기술형 스포츠 유형별 활동 방법을 파악하고 기본 전략을 게임 활동에서 수행한다.
> [6체02 - 04] 전략형 스포츠의 의미와 유형을 파악한다.
> [6체02 - 05] 전략형 스포츠 유형별로 기본 움직임 기술을 응용한 기본 기능을 파악하고 수행한다.
> [6체02 - 06] 전략형 스포츠 유형별 활동 방법을 파악하고 기본 전략을 게임 활동에서 수행한다.
> [6체02 - 07] 생태형 스포츠의 의미와 유형을 파악한다.
> [6체02 - 08] 생태형 스포츠 유형별로 기본 움직임 기술을 응용한 기본 기능을 파악하고 수행한다.
> [6체02 - 09] 생태형 스포츠 유형별 활동 방법을 파악하고 기본 전략을 게임 활동에서 수행한다.
> [6체02 - 10] 스포츠 활동에 참여하며 목표를 달성하기 위한 의지를 실천하고 상대의 기술을 인정한다.
> [6체02 - 11] 스포츠 활동에 참여하며 팀원과 협력하고 구성원을 배려한다.
> [6체02 - 12] 스포츠 활동에 참여하며 환경을 아끼고 감사하는 태도를 실천한다.

- 성취기준 해설
  - [6체02-01]은 기술형 스포츠의 의미와 유형을 이해하기 위해 설정하였다. 기술의 수월성을 추구하는 기술형 스포츠의 의미를 이해하고 다양한 환경(지상, 수상, 빙상 등)에서의 움직임 기록 향상을 위한 기록형, 일련의 절차와 방법이 정해진 움직임을 정확하게 수행하는 동작형, 상대방의 신체적 기량과 겨루는 투기형으로 구분하여 유형별 움직임의 세부 특성을 파악하도록 한다.
  - [6체02-02]는 기록형, 동작형, 투기형 스포츠에서 기본 움직임 기술을 응용한 기본 기능을 효과적으로 활용하기 위해 설정하였다. 속도와 거리, 정확성에 도전하는 기록형 스포츠의 기본 기능(도움닫기 하여 멀리뛰기, 목표물에 정확히 던지기 등), 절차와 방법이 정해진 움직임을 수행하는 동작형 스포츠의 기본 기능(손 짚고 옆돌기, 다리 벌려 뛰어넘기 등), 상대방과 신체적 기술을 겨루는 투기형 스포츠의 기본 기능(발차기, 다리 걸기 등)을 게임 상황에 맞게 효율적으로 수행하도록 한다.
  - [6체02-03]은 기록형, 동작형, 투기형 스포츠의 활동 방법과 기본 전략을 활용하기 위해 설정하였다. 기록형, 동작형, 투기형 스포츠를 변형한 게임 활동의 경기 방법을 이해하고, 기록 측정과 분석, 동작 수행의 점검과 분석, 자신과 상대의 기량 확인과 분석 등 기술형 스포츠의 기본 전략을 파악하고 수행하도록 한다.

- [6체02-04]는 전략형 스포츠의 의미와 유형을 이해하기 위해 설정하였다. 움직임 기능 수행 능력과 전략에 따라 승패가 결정되는 전략형 스포츠의 의미를 이해하고 스포츠의 유형을 상대 영역으로 이동하여 정해진 지점으로 공을 보내 득점하는 영역형, 동일 공간에서 공격과 수비를 번갈아 하며 정해진 구역을 돌아 점수를 얻는 필드형, 네트 너머에 있는 상대 영역에 공을 보내 넘기지 못하게 하여 득점하는 네트형으로 구분하여 각각의 세부 특성을 파악하도록 한다.

- [6체02-05]는 영역형, 필드형, 네트형 스포츠에서 기본 움직임 기술을 응용한 기본 기능을 효과적으로 활용하기 위해 설정하였다. 패스, 드리블, 숏 등과 같은 영역형 스포츠의 기본 기능, 포구, 송구, 타격, 주루 등과 같은 필드형 스포츠의 기본 기능, 서브, 리시브, 토스, 스트로크(스매싱) 등과 같은 네트형 스포츠의 기본 기능을 변형게임이나 뉴스포츠 수준의 게임 상황에 맞게 효율적으로 수행하도록 한다.

- [6체02-06]은 영역형, 필드형, 네트형 스포츠의 활동 방법과 기본 전략을 활용하기 위해 설정하였다. 영역형, 필드형, 네트형 스포츠를 변형한 게임이나 뉴스포츠와 같은 게임 활동에 참여하며 경기 방법을 파악하고, 공간 만들기, 공간 차단하기, 골 넣기와 막기, 빈 곳으로 공 치기, 구역과 역할 나누어 수비하기, 빈 곳으로 공 넘기기, 유기적으로 역할 분담하기 등 전략형 스포츠의 기본 전략을 파악하고 수행하도록 한다.

- [6체02-07]은 생태형 스포츠의 의미와 유형을 이해하기 위해 설정하였다. 다양한 환경 맥락에 따라 활동 특성이 나타나는 생태형 스포츠의 의미에 관한 이해를 바탕으로 생활 주변의 환경을 이용하여 활동하는 생활환경형, 자연환경과 상호작용하며 활동하는 자연환경형으로 구분하여 유형별 세부 특성을 파악하도록 한다.

- [6체02-08]은 생활환경형, 자연환경형 스포츠에서 기본 움직임 기술을 응용한 기본 기능을 효과적으로 활용하기 위해 설정하였다. 주변 생활환경에서 할 수 있는 골프형 게임, 디스크형 게임, 자전거 타기, 롤러스케이팅, 클라이밍 활동, 민속놀이 등과 자연환경에서 체험할 수 있는 등산 활동, 캠핑 활동, 수상 활동, 설상 활동 등 생태형 스포츠의 기본 기능을 익혀 주변의 다양한 활동 상황에 맞게 환경친화적으로 수행하도록 한다.

- [6체02-09]는 생활환경형, 자연환경형 스포츠의 활동 방법과 기본 전략을 활용하기 위해 설정하였다. 생활환경형, 자연환경형 스포츠를 변형한 게임이나 뉴스포츠 수준의 활동에 참여하며 활동 방법을 파악하고 스포츠 환경에 적합한 활동의 선정과 장비 사용, 안전하고 환경친화적인 활동과 정리 등 생태형 스포츠의 기본 활동 방법과 전략을 파악하고 수행하도록 한다.

- [6체02-10]은 스포츠 활동에 참여하며 목표 달성을 위한 의지와 상대 기술을 인정하는 태도를 기르기 위해 설정하였다. 스스로 목표를 설정하고 책임감 있게 꾸준히 실천하도록 하며, 함께 참여하는 상대 팀과 구성원의 우수한 기술을 인정하고 배우는 태도를 실천하도록 한다.
- [6체02-11]은 스포츠에 참여하며 팀원과 협력하고 구성원을 배려하는 태도를 기르기 위해 설정하였다. 민주적인 의사결정을 통해 역할을 분담하고 전략을 수립하는 등 팀원과의 협력을 강조하며, 기능 수행에 어려움을 겪는 학습자를 도와주고 배려함으로써 팀의 활동 성과를 공유하도록 한다.
- [6체02-12]는 스포츠 활동 환경을 아끼고 감사하는 태도를 기르기 위해 설정하였다. 주변의 다양한 스포츠 시설 및 용·기구 현황을 탐색하고 이를 적극적으로 활용하면서 학교 및 지역사회가 제공하는 스포츠 복지의 중요성을 이해하도록 한다. 또한 스포츠 환경을 아끼고 보존함으로써 지속해서 혜택을 누릴 수 있다는 점에 감사함을 느낄 수 있도록 한다.

• 성취기준 적용 시 고려 사항

- 5~6학년군 스포츠 영역에서는 3~4학년에서 학습한 스포츠와 움직임에 관한 지식, 기본 움직임 기술과 스포츠 유형별 기본 기능 및 태도를 바탕으로 기술형, 전략형, 생태형 스포츠의 의미와 유형, 기본 기능과 연계한 움직임 기술의 응용 방법과 기본 전략을 학습할 수 있도록 한다. 특히 스포츠 활동을 체험할 수 있는 주변 환경을 아끼는 태도와 목표 달성을 위한 의지를 발휘하며 경기 결과에 집착하지 않고 팀원과 협력하며 동료를 배려하는 태도를 꾸준히 실천할 수 있도록 교수·학습을 운영한다.
- 기술형 스포츠에서는 동작형, 기록형, 투기형 스포츠의 유형별 목표 달성에 효과적인 응용 기능, 활동 방법, 전략을 파악하고 시도하는 데 중점을 둔다. 기본 움직임 기술을 경기에서 활용할 수 있는 응용 기능으로 발전시켜 학습하면서 기록을 향상하거나, 동작의 정확성을 추구하며, 상대의 기술에 맞춰 상호작용하는 기술형 스포츠의 특징을 학습할 수 있는 변형게임이나 뉴스포츠 등의 활동을 선정하고 운영한다.
- 전략형 스포츠에서는 영역형, 필드형, 네트형 스포츠의 유형별로 개인 또는 팀의 전략을 겨루는 활동에 효과적인 응용 기능, 활동 방법, 전략을 파악하고 시도하는 데 중점을 둔다. 학습자가 활동 방법과 기본 전략을 협력적으로 수행하고 역할을 맡으며 민주적 의사결정 과정을 경험하도록 활동을 조직하고, 전략형 스포츠의 기본 전략을 학습할 수 있는 변형게임이나 뉴스포츠 등의 활동을 선정하고 운영한다.

- 생태형 스포츠에서는 자연환경형, 생활환경형 스포츠 유형별로 환경과 상호작용하며 즐길 수 있는 활동에 유용한 응용 기능, 활동 방법, 전략을 파악하고 시도하는 데 중점을 둔다. 단위 학교의 환경을 고려한 활동으로 재구성하여 직접 체험하거나 디지털 기술을 활용하여 다양한 활동을 간접적으로 체험할 수 있도록 한다. 또한 가족이나 친구들과 함께 학교 밖 여가활동으로 이어질 수 있는 실천 방법을 안내하고 주변 환경을 보호하는 활동(플로킹, 플로깅 등)을 병행하여 생태적 감수성을 높이도록 한다.
- 스포츠 영역에서는 교내외 체육 시설 이용에 따른 안전사고를 예방할 수 있도록 교수·학습을 운영한다.
- 5~6학년군 스포츠 영역에서는 기술형·전략형·생태형 스포츠의 의미와 유형, 활동 방법과 기본 전략에 관한 이해력, 스포츠 유형별 기본 기능의 습득을 위한 움직임 기술의 응용 방법과 활동 수행 능력, 목표 달성 과정에서 인내하고 팀원과 협력하며 상대를 배려하고 스포츠 환경을 아끼고 감사하는 태도를 균형 있게 평가한다.
- 기술형 스포츠에서는 학습자 수준별로 목표 달성 여부, 수행 과정에서의 변화 정도를 평가한다. 전략형 스포츠에서는 개인별 기본 움직임 기술의 응용 기능 및 전략 수행 능력과 함께 팀별 활동 수행 능력을 함께 평가한다. 생태형 스포츠에서는 생활 및 자연환경의 활용 능력뿐만 아니라 자연환경을 보호하기 위한 활동을 병행함으로써 스포츠 환경을 아끼고 감사하는 태도를 함께 평가한다.
- 5~6학년군의 스포츠 영역 지식에 관한 이해력은 자기 점검 및 경기 분석 보고서, 포트폴리오 등을 활용하고, 기본 움직임 기술을 응용한 게임의 기본 기능은 동작 분석용 애플리케이션 등 디지털 도구를 활용한 평가, 게임 수행 능력은 활동 중 기본 기능과 전략을 평가할 수 있는 체크리스트 등을 활용한다. 교육환경의 제약으로 생태형 스포츠를 학습하기 힘든 경우, 간접 체험 활동을 통해 평가할 수 있다.

ⓒ 표현

[6체03 − 01] 표현 활동의 의미와 유형을 파악한다.
[6체03 − 02] 스포츠 표현에서 움직임 기술을 응용한 기본 동작을 파악하고 표현한다.
[6체03 − 03] 스포츠 표현의 기본 동작을 다양하게 구성하여 발표하고 감상한다.
[6체03 − 04] 전통 표현에서 움직임 기술을 응용한 기본 동작을 파악하고 표현한다.
[6체03 − 05] 전통 표현의 기본 동작을 다양하게 구성하여 발표하고 감상한다.
[6체03 − 06] 현대 표현에서 움직임 기술을 응용한 기본 동작을 파악하고 표현한다.
[6체03 − 07] 현대 표현의 기본 동작을 다양하게 구성하여 발표하고 감상한다.
[6체03 − 08] 다양한 표현 활동 유형을 수용하고, 움직임 표현의 아름다움을 추구한다.

- 성취기준 해설
  - [6체03-01]은 표현 활동 의미와 유형을 이해하기 위해 설정하였다. 스포츠에서 신체 움직임의 심미성을 다루는 스포츠 표현, 민족의 고유한 전통을 신체 움직임으로 표현한 전통 표현, 자유로운 형식으로 움직임을 표현하는 현대 표현의 유형별로 다양한 작품을 직·간접적으로 체험함으로써 기본 동작과 구성 방법의 공통점과 차이점을 중심으로 특징을 파악하도록 한다.
  - [6체03-02]는 스포츠 표현의 기본 움직임 기술과 응용 동작을 탐색하고 심미적으로 표현하기 위해 설정하였다. 신체활동의 예술적 아름다움을 추구하는 스포츠 표현의 기본 동작에 적합한 움직임 기술의 응용 동작을 심미적으로 표현하도록 한다.
  - [6체03-03]은 스포츠 표현에 적합한 움직임 기술의 응용 동작을 활용하여 작품을 구성하고 표현하기 위해 설정하였다. 스포츠 표현에 적합한 움직임 기술의 응용 동작을 창의적으로 구성하고, 개인 또는 모둠별로 간단한 작품을 만들어 발표하며 작품의 의도와 동작의 심미성을 감상하도록 한다.
  - [6체03-04]는 우리나라와 세계 여러 민족과 지역에서 전해 내려오는 전통 표현에서 기본 움직임 기술을 응용한 동작의 문화적 특징을 파악하고 그 특성을 살려 표현하기 위해 설정하였다. 전통 표현의 기본 동작에 적합한 움직임 기술의 응용 동작을 문화적 특색이 드러나게 표현하도록 한다.
  - [6체03-05]는 전통 표현에 적합한 움직임 기술의 응용 동작을 활용하여 작품을 구성하고 표현하기 위해 설정하였다. 다양한 전통 표현에 담긴 역사와 특성을 이해하고 전통 표현의 움직임 기술 응용 동작을 문화적 특성에 따라 구성한다. 개인 또는 모둠별로 간단한 작품을 만들어 발표하며 작품의 의도와 동작이 갖는 전통적 의미를 감상하도록 한다.
  - [6체03-06]은 현대 표현에서 기본 움직임 기술을 응용한 동작의 자유로움이 갖는 특징을 파악하고 창의적으로 표현하기 위해 설정하였다. 기본 동작에 적합한 움직임 기술 응용 동작을 기존의 표현 방법이나 틀에 얽매이지 않고 자유롭고 창의적으로 표현하도록 한다.
  - [6체03-07]은 현대 표현에 적합한 움직임 기술의 응용 동작을 활용하여 작품을 구성하고 표현하기 위해 설정하였다. 현대 표현에 적합한 움직임 기술의 응용 동작을 표현의 주제와 자유로운 흐름을 고려하여 구성한다. 개인 또는 모둠별로 간단한 작품을 만들어 발표하며 작품의 의도를 현대 사회의 문화적 특징과 비교하며 감상하도록 한다.
  - [6체03-08]은 다양한 표현 활동 유형을 긍정적으로 수용하고 움직임 표현의 아름다움을 추구하도록 설정하였다. 다양한 표현 유형에 담긴 의미와 표현 특성을 직·간접적으로 탐색하며 표현 문화에 대한 이해의 폭을 확장하고 움직임 표현의 아름다움을 추구하도록 한다.

• 성취기준 적용 시 고려 사항

– 5~6학년군 표현 영역에서는 3~4학년군에서 학습한 표현과 움직임에 관한 지식, 기본 움직임 기술과 표현 유형별 기본 움직임 기술 및 태도를 바탕으로 스포츠 표현, 전통 표현, 현대 표현의 의미와 유형, 기본 움직임 기술의 심미적 응용 동작과 구성 방법을 학습하도록 한다. 스포츠 표현, 전통 표현, 현대 표현의 유형별 다양한 사례를 직·간접적으로 체험함으로써 공통점과 차이점을 인식할 수 있도록 교수·학습을 운영한다.

– 스포츠 표현에서는 기술적 표현과 예술적 표현이 강조되는 활동을 중심으로 신체활동을 선정하되 움직임이나 동작의 개수, 난이도를 고려하여 절차와 규칙을 간소화한 형식으로 활동을 구성한다. 전통 표현에서는 우리나라와 세계 여러 나라의 전통 표현을 체험함으로써 문화와 관련된 움직임 표현의 특성을 파악할 수 있도록 하며, 다양한 문화를 존중하고 수용하는 태도를 기를 수 있도록 한다. 현대 표현의 경우 최근의 문화적 변화를 반영한 다양한 표현 사례를 직·간접적으로 체험할 기회를 제공함으로써 표현 문화의 개인적, 사회적 가치를 인식하도록 하며, 창의적이고 자유로운 표현이 가능한 분위기를 조성한다.

– 표현 유형별 의미와 특징을 활동 과정에서 자연스럽게 이해할 수 있도록 하며, 언어와 이미지, 영상 등을 활용한다. 표현 유형별 움직임 기술의 응용 동작은 기본 및 복합 움직임 기술을 표현 유형별 동작에 맞게 연결하되, 다양한 표현 동작을 학습자 스스로 탐색할 수 있도록 한다. 모둠별 협력 수업을 통해 표현 동작을 공유하고 개선할 수 있도록 운영하고, 동작의 연결, 대형의 선택, 예술적 표현 방법 등 표현 동작과 구성 방법을 설계하며, 작품의 의도와 표현 동작의 심미적 특성을 고려하여 기본적인 감상이 이루어지도록 한다. 특히 모둠별 작품 구성 및 발표 과정에서 발생할 수 있는 안전사고를 예방할 수 있도록 교수·학습을 운영한다.

– 5~6학년군 표현 영역에서는 표현 유형에 따라 심미성을 추구하는 다양한 표현 방식을 존중하는 태도를 기를 수 있도록 한다. 이를 위해 세계 여러 나라의 전통 표현을 체험하면서 문화와 전통의 다양성을 존중하는 다문화 교육과 연계하여 운영할 수 있다.

– 5~6학년군 표현 영역에서는 표현 활동 유형별 움직임 기술의 공통점과 차이점에 관한 이해, 유형별 특성을 반영한 움직임 기술의 표현 능력, 작품을 구성하고 감상할 수 있는 능력, 다양한 표현 활동 유형을 수용하는 태도와 움직임 표현의 아름다움을 추구하는 태도를 균형 있게 평가한다.

– 스포츠 표현은 움직임 기술의 수행과 함께 심미적 표현 능력, 전통 표현에서는 표현에 담긴 문화적 특성을 이해하고 동작을 구성하여 발표하는 능력, 현대 표현에서는 타인의 작품을 공감하고 자신의 생각과 감정을 자유롭게 표현하며 감상하는 능력을 종합적으로 평가한다.

‑ 5~6학년군 표현 영역에서 표현 활동 유형별 의미와 특성에 관한 지식은 단순 지필평가보다는 유형별 표현 활동 과정에서의 이해력을 평가한다. 유형별 움직임 표현 능력은 표현 동작 평가, 관찰 평가, 동료 평가, 포트폴리오 평가 등을 활용하며, 유형별 특성이 잘 드러나도록 표현 방법의 선택, 수행, 구성 및 감상의 과정을 종합적으로 평가한다. 가치·태도에 관한 평가는 다양한 표현 활동 유형을 수용하고 표현 유형별 움직임의 아름다움을 추구하는 태도를 확인할 수 있는 관찰 평가, 개인일지, 감상문 등의 평가 방법을 활용한다.

◎ 초등학교 5~6학년군의 신체활동 예시

영역	세부 영역	신체활동 예시
운동	건강 체력 및 운동 체력	• 건강체력 관련 운동(근력, 근지구력, 심폐지구력, 유연성 운동 등) • 운동체력 관련 운동(순발력, 민첩성, 평형성, 협응성 운동 등)
	성장 및 안전 활동	• 성장 관련 활동(신체 변화 및 제2차 성징 이해 활동, 감정 수용 및 조절 활동, 관계 형성 활동, 성 건강 활동 등) • 안전 활동(운동 관련 안전사고 예방 및 대처 활동, 생활 안전사고 예방 및 대처 활동, 자연환경 변화 대처 활동 등)
스포츠	기술형 스포츠 유형별 활동	• 기록형(육상 활동, 경영 활동, 빙상 활동, 표적 활동 등) • 동작형(매트 활동, 뜀틀 활동, 평균대 활동 등) • 투기형(태권도 활동, 씨름 활동 등)
	전략형 스포츠 유형별 활동	• 영역형(축구형 게임, 농구형 게임, 핸드볼형 게임, 럭비형 게임, 하키형 게임 등) • 필드형(야구형 게임 등) • 네트형(배구형 게임, 배드민턴형 게임, 족구형 게임, 탁구형 게임, 테니스형 게임 등)
	생태형 스포츠 유형별 활동	• 생활환경형(골프형 활동, 플라잉디스크형 활동, 자전거타기형 활동, 인라인스케이팅 활동, 스포츠클라이밍 활동, 민속놀이 등) • 자연환경형(오리엔티어링, 등산 활동, 캠핑 활동, 수상 활동, 설상 활동, 승마 활동 등)
표현	스포츠 표현 활동	• 창작체조 활동, 음악줄넘기 활동 등
	전통 표현 활동	• 우리나라의 민속무용 활동, 외국의 민속무용 활동 등
	현대 표현 활동	• 라인댄스 활동, 댄스스포츠 활동, 스트리트댄스 활동 등

ⓒ 중학교 1~3학년

ⓐ 운동

[9체01 - 01] 체력 증진의 의미를 이해하고 원리를 분석한다.
[9체01 - 02] 자신의 체력 수준에 맞는 체력 증진 운동을 실천한다.
[9체01 - 03] 체력 관리의 의미를 이해하고 원리를 분석한다.
[9체01 - 04] 자신의 체력을 진단하고 적합한 체력 관리 방법을 실천한다.
[9체01 - 05] 운동 처방의 의미를 이해하고 원리를 분석한다.
[9체01 - 06] 자신의 신체 조건이나 체력에 맞게 운동 처방 계획을 수립하고 안전하게 실천한다.
[9체01 - 07] 신체 건강의 의미를 이해하고 신체 건강 활동의 종류와 특성을 분석한다.
[9체01 - 08] 자신에게 적합한 신체 건강 활동 방법을 실천한다.
[9체01 - 09] 정신 건강의 의미를 이해하고 정신 건강 활동의 종류와 특성을 분석한다.
[9체01 - 10] 자신에게 적합한 정신 건강 활동 방법을 실천한다.
[9체01 - 11] 사회적 건강의 의미를 이해하고 사회적 건강을 위한 활동의 종류와 특성을 분석한다.
[9체01 - 12] 사회적으로 적합한 건강 활동 방법을 실천한다.
[9체01 - 13] 체력 운동을 하며 실천 의지와 인내심을 보이고 자기 주도적으로 문제를 해결한다.
[9체01 - 14] 건강 활동을 자율적으로 실천하며 자신과 공동체에 대한 안전을 추구한다.

• 성취기준 해설

- [9체01-01]은 체력 증진의 의미와 원리를 이해함으로써 효과적으로 체력 운동을 계획하기 위해 설정하였다. 체력 증진에 작용하는 과부하의 원리, 개별성의 원리, 점진성의 원리 등의 개념을 이해하고 분석하도록 한다.

- [9체01-02]는 체력 증진 원리에 따라 체력 요소별 운동 방법을 자신의 체력 수준에 적합하게 실천하기 위해 설정하였다. 체력 요소별로 심화된 수준의 체력 운동 방법을 이해하고 실천하도록 한다.

- [9체01-03]은 체력 관리의 의미와 원리를 이해함으로써 효과적으로 자신의 체력 관리 방법을 계획하기 위해 설정하였다. 일상생활에서 체력을 유지하거나 증진하는데 필요한 주 단위의 유산소성 운동, 유연성 운동, 근력 및 근지구력 운동, 좌식 생활 최소화 등 체력 관리의 기본 원리를 이해하고 분석하도록 한다.

- [9체01-04]는 일상생활에서 체력 관리 원리에 따라 체력 운동을 실천하기 위해 설정하였다. 일상생활에서 스스로 체력을 진단한 후 계획, 실행, 평가의 절차에 따라 체력 관리에 필요한 운동을 습관화하도록 한다.

- [9체01-05]는 운동 처방의 의미와 구성 요소를 이해함으로써 체력 증진 목표와 수준에 따라 맞춤형 운동 처방을 계획하기 위해 설정하였다. 운동 빈도, 운동 강도, 운동 시간, 운동 형태 등의 요소를 이해하고 각 요소가 운동 처방에 어떻게 활용되는지를 이해하고 분석하도록 한다.

- [9체01-06]은 운동 처방 원리에 따라 자신의 신체 조건이나 체력에 맞는 맞춤형 운동 처방을 실천하기 위해 설정하였다. 자신의 체격과 체력 발달 수준 검사, 운동 처방 목적 등을 고려하여 내용 설계, 실행, 평가 단계에 맞춰 운동 처방 프로그램을 안전하게 실천하도록 한다.
- [9체01-07]은 신체 건강을 유지하기 위한 활동을 이해함으로써 신체적으로 건강한 생활을 계획하기 위해 설정하였다. 운동 습관, 식이 관리, 약물과 기호품 관리, 질병 예방 등 신체 건강에 영향을 미치는 다양한 활동과 실천 방법, 효과 등을 이해하고 분석하도록 한다.
- [9체01-08]은 자신에게 필요한 신체 건강 활동을 실천하기 위해 설정하였다. 걷기, 스트레칭 등의 운동, 바른 자세, 올바른 식생활 및 기호품 관리, 약물 오남용 예방, 질병 예방 활동 등의 건강 활동을 일상생활에서 지속해서 실천하도록 한다.
- [9체01-09]는 정신 건강을 유지하기 위한 활동을 이해함으로써 정서적, 심리적으로 건강한 생활을 계획하기 위해 설정하였다. 스트레스 및 감정 조절 등 정신 건강에 영향을 미치는 다양한 활동과 실천 방법 및 효과 등을 이해하고 분석하도록 한다.
- [9체01-10]은 자신에게 필요한 정신 건강 활동을 실천하기 위해 설정하였다. 호흡법, 근육 이완법, 요가, 필라테스 등의 건강 활동을 일상생활에서 지속해서 실천하도록 한다.
- [9체01-11]은 사회적 건강을 유지하기 위한 활동을 이해함으로써 사회 구성원으로서 건강하고 안전한 생활을 계획하기 위해 설정하였다. 양성평등 및 성 건강, 생활 안전 등 가정, 학교, 지역사회 공동체에서 자신과 타인, 집단의 건강한 생활에 필요한 방법을 이해하고 분석하도록 한다.
- [9체01-12]는 사회 구성원에게 필요한 건강 활동을 실천하기 위해 설정하였다. 양성평등 및 성 건강 관련 활동, 생활 안전 활동, 재난·재해 예방 및 대처 활동, 응급처치 활동 등을 일상생활에서 지속해서 실천하며 긍정적인 사회적 관계를 형성해 나가도록 한다.
- [9체01-13]은 체력 운동을 지속해서 실천하기 위해 설정하였다. 체력 운동 과정에서 발생할 수 있는 시간적, 공간적 제약과 개인의 의지 등의 문제를 이겨내고 목표와 활동 방법을 주어진 환경에 맞게 수정하여 자기 주도적으로 활동을 지속하도록 한다.
- [9체01-14]는 건강 활동을 자율적으로 실천하는 능력을 기르기 위해 설정하였다. 자신의 건강뿐만 아니라 타인과의 관계, 사회 전체의 건강한 환경 조성을 위한 바람직한 태도를 실천하도록 한다. 개인의 자율성과 주도성을 바탕으로 공동체의 건강을 위해 타인과 함께 건강하고 안전한 환경을 조성하는 일에 적극적으로 참여하도록 한다.

- 성취기준 적용 시 고려 사항
  - 중학교 1~3학년군 운동 영역에서는 초등학교에서 학습한 체력과 건강의 기본 지식, 운동 및 활동 방법, 태도를 심화하여 자신에게 적합한 운동을 체계적이고 자기 주도적으로 계획하고 실천할 수 있도록 교수·학습을 운영한다. 또한 신체적, 정신적, 사회적 건강 활동에 참여하며 건강한 생활 습관을 형성함으로써 개인의 심신 건강 및 사회적 건강 활동을 일상생활에서 꾸준하게 실천할 수 있도록 교수·학습을 운영한다.
  - 체력 운동은 다양한 체력 증진과 관리의 원리를 충분히 이해하고 자신의 체력 수준을 파악하여 적합한 운동 방법을 개인 또는 모둠별로 탐색하고 실천할 수 있도록 교수·학습을 운영한다. 건강 활동에서는 개인의 신체적, 정신적 건강 증진과 더불어 사회적 건강 증진을 통해 민주시민으로서의 태도를 기르고 안전한 환경을 조성한다.
  - 체력 운동의 원리와 건강 활동을 분석할 수 있도록 수업을 운영한다. 체력과 건강을 증진 및 관리하기 위한 운동과 활동 방법을 탐색하고 실천하는 과정에서 개별 체력 수준이나 신체 조건에 따라 자신에게 적합한 운동 방법을 선택하고 증진할 수 있도록 하며, 일상생활에서 쉽게 이용할 수 있는 용·기구, 시설을 활용한다. 또한 체력과 건강을 측정, 관리, 평가하는 과정에서 다양한 디지털 도구와 프로그램을 자기 주도적으로 활용하도록 한다. 체력과 건강의 중요성을 올바르게 인식하고 신체적, 정신적, 사회적 건강이 균형 있게 증진될 수 있도록 하며, 체력과 건강 수준의 차이로 인해 수업에서 소외되는 학습자가 없도록 한다.
  - 개인의 건강과 공동체의 안전한 환경 조성에 관한 다양한 주제, 사회적 쟁점과 문제에 대해 자기 생각을 적극적으로 표현하고 토론하도록 유도하며 건강 관련 문제를 함께 이해하고 해결하는 태도를 학습하도록 한다.
  - 중학교 1~3학년군 운동 영역에서는 체력 운동의 원리와 방법, 건강의 의미와 종류 및 특성을 분석할 수 있는 이해력, 체력과 건강을 증진하고 관리하기 위하여 자신에게 적합한 운동을 계획하고 지속해서 실천할 수 있는 건강 관리 능력, 체력 운동과 건강 활동의 가치를 생활 속에서 실천할 수 있는 능력을 균형 있게 평가한다.
  - 체력 운동에서는 체력 증진, 체력 관리, 운동 처방의 원리에 대한 올바른 이해와 적합한 운동 방법을 적용하여 실천하는 것에 중점을 두어 평가한다. 건강 활동에서는 건강의 의미에 대한 이해와 건강 증진에 필요한 활동을 규칙적으로 실천하는 데 중점을 두어 평가한다. 특히 체력과 건강 증진에 대한 실천 의지와 인내심을 가지고 자기 주도적으로 운동하는 태도를 평가한다.

- 중학교 1~3학년군 운동 영역 지식에 관한 이해력은 탐구 보고서 등을 활용하여 실생활과 연계된 내용을 평가하고, 건강 관리 능력은 체력 및 건강 수준을 스스로 점검하고 확인할 수 있는 체크리스트나 운동 및 건강 실천 포트폴리오 등을 활용하여 과정을 중시하는 평가가 이루어지도록 한다. 영역별 가치·태도의 실천 능력은 활동 일지, 활동 영상 제작 등 학습자 수준에 적합하고 흥미 있는 평가 방법을 활용한다.

ⓑ 스포츠

[9체02 - 01] 동작형 스포츠의 역사와 특성을 탐색하고 비교한다.

[9체02 - 02] 동작형 스포츠의 수행 원리를 적용하여 경기 기능을 수련하고 향상한다.

[9체02 - 03] 동작형 스포츠의 경기 방법을 이해하고 경기 전략을 상황에 맞게 활용하며 안전하게 경기한다.

[9체02 - 04] 기록형 스포츠의 역사와 특성을 탐색하고 비교한다.

[9체02 - 05] 기록형 스포츠의 수행 원리를 적용하여 경기 기능을 수련하고 향상한다.

[9체02 - 06] 기록형 스포츠의 경기 방법을 이해하고 경기 전략을 상황에 맞게 활용하며 안전하게 경기한다.

[9체02 - 07] 투기형 스포츠의 역사와 특성을 탐색하고 비교한다.

[9체02 - 08] 투기형 스포츠의 수행 원리를 적용하여 경기 기능을 수련하고 향상한다.

[9체02 - 09] 투기형 스포츠의 경기 방법을 이해하고 경기 전략을 상황에 맞게 활용하며 안전하게 경기한다.

[9체02 - 10] 영역형 스포츠의 역사와 특성을 탐색하고 비교한다.

[9체02 - 11] 영역형 스포츠의 수행 원리를 적용하여 경기 기능을 수행하고 향상한다.

[9체02 - 12] 영역형 스포츠의 경기 방법을 이해하고 경기 전략을 활용하며 안전하게 경기한다.

[9체02 - 13] 필드형 스포츠의 역사와 특성을 탐색하고 비교한다.

[9체02 - 14] 필드형 스포츠의 수행 원리를 적용하여 경기 기능을 수행하고 향상한다.

[9체02 - 15] 필드형 스포츠의 경기 방법을 이해하고 경기 전략을 활용하며 안전하게 경기한다.

[9체02 - 16] 네트형 스포츠의 역사와 특성을 탐색하고 비교한다.

[9체02 - 17] 네트형 스포츠의 수행 원리를 적용하여 경기 기능을 수행하고 향상한다.

[9체02 - 18] 네트형 스포츠의 경기 방법을 이해하고 경기 전략을 활용하며 안전하게 경기한다.

[9체02 - 19] 생활환경형 스포츠의 역사와 특성을 탐색하고 비교한다.

[9체02 - 20] 생활환경형 스포츠의 수행 원리를 적용하여 기능을 수행하고 향상한다.

[9체02 - 21] 생활환경형 스포츠의 활동 방법을 이해하고 활동 전략을 활용하며 안전하게 경기한다.

[9체02 - 22] 자연환경형 스포츠의 역사와 특성을 탐색하고 비교한다.

[9체02 - 23] 자연환경형 스포츠의 수행 원리를 적용하여 기능을 수행하고 향상한다.

[9체02 - 24] 자연환경형 스포츠의 활동 방법을 이해하고 활동 전략을 활용하며 안전하게 경기한다.

[9체02 - 25] 스포츠의 연습과 경기 과정에서 인내심을 발휘하여 적극적으로 도전한다.

[9체02 - 26] 스포츠의 연습과 경기 과정에서 구성원 간에 서로 신뢰하며 팀 목표를 달성하기 위해 노력하고 경기 예절을 갖추며 정정당당하게 참여한다.

[9체02 - 27] 스포츠 환경에 대한 친화적 태도와 지속가능한 스포츠 환경을 만들기 위한 공동체 의식을 발휘한다.

• 성취기준 해설

- [9체02-01, 04, 07]은 기술형(동작형, 기록형, 투기형) 스포츠의 역사와 특성을 이해함으로써 유형별 스포츠를 분류하고 종목별 공통점과 차이점을 구분하기 위해 설정하였다. 유형별 스포츠 종목별로 유래와 변천 과정, 인물, 기록, 사건 등을 탐색하고, 경기 방법과 전략 등의 특성을 비교하고 분석하도록 한다.

- [9체02-02, 05, 08]은 기술형(동작형, 기록형, 투기형) 스포츠의 수행 원리를 적용하여 경기 기능을 효율적으로 수행하기 위해 설정하였다. 유형별 스포츠의 경기 기능을 단계적으로 연습하면서 안정적으로 경기 기능을 수행할 수 있도록 문제점을 발견하고 향상하도록 한다.

- [9체02-03]은 동작형 스포츠의 경기 방법을 이해하고, 자신과 팀의 경기 능력, 시설 및 용·기구 등을 파악하여 경기 상황에 맞게 경기 전략을 활용하기 위해 설정하였다. 동작형 스포츠 경기를 수행하며 동작의 완성도에 중점을 두고, 경기 과정에서 공중 동작, 착지 중 낙상 등 운동으로 인한 손상 없이 안전하게 경기하며 사고 발생 시 신속하게 대처하도록 한다.

- [9체02-06]은 기록형 스포츠의 경기 방법을 이해하고, 상대 선수와 팀의 경기 능력, 시설 및 용·기구, 기후 조건 등을 파악하여 경기 상황에 맞게 경기 전략을 활용하기 위해 설정하였다. 기록형 스포츠 경기를 수행하며 기록 향상에 중점을 두고, 경기 과정에서 질주나 착지 중 낙상, 특정 근육의 집중적인 사용 등으로 인한 운동 손상 없이 안전하게 경기하며 사고 발생 시 신속하게 대처하도록 한다.

- [9체02-09]는 투기형 스포츠의 경기 방법을 이해하고, 상대 선수와 팀의 경기 능력, 시설 및 용·기구 등을 파악하여 공격과 방어에 적합한 경기 전략을 활용하기 위해 설정하였다. 투기형 스포츠 경기를 수행하며 상대의 기술에 맞서 겨루는 데 중점을 두고, 경기 과정에서 신체 접촉이나 타격 등으로 인한 운동 손상 없이 안전하게 경기하며 사고 발생 시 신속하게 대처하도록 한다.

- [9체02-10, 13, 16]은 전략형(영역형, 필드형, 네트형) 스포츠의 역사와 특성을 이해함으로써 유형별 스포츠를 분류하고 종목별 공통점과 차이점을 구분하기 위해 설정하였다. 유형별 스포츠와 종목별로 유래와 변천 과정, 인물, 기록, 사건 등을 탐색하고, 경기 방법과 전략 등의 특성을 비교하고 분석하도록 한다.

- [9체02-11, 14, 17]은 전략형(영역형, 필드형, 네트형) 스포츠의 수행 원리를 적용하여 경기 기능을 효율적이고 안정적으로 수행하기 위해 설정하였다. 유형별 스포츠의 경기 기능을 다양하고 복합적으로 연계하여 연습하면서 효율적으로 경기 기능을 수행할 수 있도록 문제점을 발견하고 향상하도록 한다.

- [9체02-12]는 영역형 스포츠의 경기 방법을 이해하고, 공격 및 수비 전략을 선수와 팀의 특성에 맞게 선택하여 경기 상황에서 팀원과 상호작용하며 상대의 영역에 침범하여 득점할 수 있는 전략을 활용하기 위해 설정하였다. 영역형 스포츠 경기를 수행하며 팀의 전략을 구상하는 데 중점을 두며, 경기 과정에서 상대와의 신체 접촉이나 충돌 등으로 인한 운동 손상 없이 안전하게 경기하며 사고 발생 시 신속하게 대처하도록 한다.

- [9체02-15]는 필드형 스포츠의 경기 방법을 이해하고, 공격 및 수비 전략을 선수와 팀의 특성에 맞게 선택하여 실제 경기 상황에서 팀원과 상호작용하며 공을 던지고 받거나 타격하여 득점할 수 있는 전략을 활용하기 위해 설정하였다. 필드형 스포츠 경기를 수행하며 공격과 수비 역할 수행에 중점을 두며, 경기 과정에서 상대와의 신체 접촉이나 용·기구와의 충돌 등으로 인한 운동 손상 없이 안전하게 경기하며 사고 발생 시 신속하게 대처하도록 한다.

- [9체02-18]은 네트형 스포츠의 경기 방법을 이해하고, 단식과 복식, 공격 및 수비 전환 시기 등의 경기 전략을 상황에 맞게 선택하여, 경기 상황에서 상대가 공을 받아넘기지 못하는 경기 전략을 활용하기 위해 설정하였다. 네트형 스포츠 경기를 수행하며 팀원과 호흡하여 공격과 수비를 빠르게 전환하는 데 중점을 두며, 경기 과정에서 구성원이나 용·기구와의 충돌, 점프와 착지 등으로 인한 운동 손상 없이 안전하게 경기하며 사고 발생 시 신속하게 대처하도록 한다.

- [9체02-19, 22]는 생태형(생활환경형, 자연환경형) 스포츠의 역사와 특성을 이해함으로써 주변 생활과 환경에서 즐길 수 있는 다양한 스포츠의 종목별 공통점과 차이점을 구분하기 위해 설정하였다. 생태형 스포츠 유형과 종목별로 유래와 변천 과정, 인물, 기록, 사건 등을 탐색하고, 유형별 경기 방법과 전략 등의 특성을 비교하고 분석하도록 한다.

- [9체02-20, 23]은 생태형(생활환경형, 자연환경형) 스포츠의 수행 원리를 적용하여 활동 기능을 생활환경 및 자연환경 조건에 적합하게 수행하기 위해 설정하였다. 스포츠의 기능을 다양한 생활공간과 기구를 활용하거나(생활환경형), 다양한 자연과 기후를 고려하여(자연환경형) 연습하면서 효율적으로 기능을 수행할 수 있도록 환경에 적응하며 발전시키도록 한다.

- [9체02-21]은 생활환경형 스포츠의 활동 방법을 이해하고 활동 상황에서 생활환경 조건을 고려한 활동 전략을 활용하기 위해 설정하였다. 가정, 집 주변, 지역사회 등의 생활환경에서 활동하며 공간, 시설 등의 환경 조건을 파악하는 데 중점을 둔다. 생활환경형 스포츠 실천 과정에서 물리적 환경에 대한 부적응, 환경의 불안정성 등으로 인한 운동 손상 없이 안전하게 활동하며 사고 발생 시 신속하게 대처하도록 한다.

- [9체02-24]는 자연환경형 스포츠의 활동 방법을 이해하고 활동 상황에서 자연환경과 생태 문화를 고려한 활동 전략을 활용하기 위해 설정하였다. 산, 강이나 바다, 하늘 등의 자연환경에서 활동하며 날씨, 장비 등의 환경 조건을 파악하는 데 중점을 둔다. 자연환경형 스포츠 실천 과정에서 기후나 자연환경의 변화, 용·기구의 불안정성 등으로 인한 운동 손상 없이 안전하게 활동하며 사고 발생 시 신속하게 대처하도록 한다.

- [9체02-25]는 스포츠의 연습 및 경기 과정의 어려움을 극복함으로써 스포츠에 대한 도전 정신을 기르기 위해 설정하였다. 스포츠 유형별 기능의 연습 및 활동 과정에서 자신 혹은 공동으로 설정한 목표를 달성하기 위해 자기 주도적으로 참여하고 인내하며 한계를 극복하도록 한다.

- [9체02-26]은 스포츠의 연습 및 경기 과정에서 서로 믿고 정정당당하게 최선을 다하며 도전적인 태도를 기르기 위해 설정하였다. 구성원을 존중하고 팀의 공동 목표를 위해 끝까지 노력하며, 경기에 대한 열정을 갖고 상대와 심판, 관중 앞에서 공정하고 품위 있게 경기하도록 한다.

- [9체02-27]은 스포츠 환경에 대한 생태전환적 태도를 기르기 위해 설정하였다. 스포츠의 연습 및 활동 과정에서 여러 환경 문제를 인식하고 구성원과 함께 개선하려는 공동체 의식을 보이며, 스포츠 환경에 대한 친화적인 태도로 활동하도록 한다.

• 성취기준 적용 시 고려 사항

- 중학교 1~3학년군 스포츠 영역에서는 초등학교에서 학습한 스포츠의 기본 지식과 기능, 태도를 바탕으로 기술형, 전략형, 생태형 스포츠 유형별로 역사와 특성, 경기 기능과 수행 원리, 경기 방법과 전략 수준으로 심화하여 학습하도록 한다. 특히 스포츠 활동 과정에서 타인 및 공동체와의 상호작용을 통해 민주시민 의식과 생태적 가치를 실천하고, 자기 주도적인 학습을 통해 움직임 및 기본 기능을 스포츠 유형별 경기 기능으로 발전시키며 일상생활에서 스포츠 활동을 꾸준히 실천할 수 있도록 교수·학습을 운영한다.

- 기술형 스포츠에서는 자신과 타인의 수준을 파악하여 체계적으로 목표를 계획하고 성취할 수 있도록 자기 주도적인 학습과 개인 또는 모둠별로 수준별, 맞춤형 교수·학습이 이루어지도록 한다. 전략형 스포츠에서는 팀의 공동 목표를 구성원과 협업하며 달성하기 위하여 협력 학습이 이루어지도록 한다. 생태형 스포츠에서는 지속가능한 환경을 위한 스포츠 활동을 위해 지역사회 스포츠 자원을 활용한 실생활 실천 중심의 학습을 강조하고 안전에 유의한다.

- 스포츠 유형 및 종목별 특성을 구분하고 다양한 측면에서 스포츠 문화를 분석할 수 있도록 수업을 운영한다. 스포츠의 경기 기능을 수행 원리에 맞게 연습하는 과정에서 자기 주도적으로 문제를 해결하고 학습자 중심의 교수·학습 방법을 활용하며, 스포츠 경기를 하며 모둠별 협력 학습을 통해 창의적인 전략을 적용한다. 학습 과정에서 학습자의 변형게임이나 뉴스포츠 경기를 활용하여 흥미와 성취의식을 높이고 경기 기능을 향상하도록 연계할 수 있다. 또한 디지털 도구를 활용하여 기능을 분석하고 체계적으로 개선할 수 있도록 하며, 가상현실이나 인공지능을 활용한 스포츠 게임 기술을 활용하여 스포츠 경기 수행 능력을 확장하도록 교수·학습을 운영할 수 있다.

- 스포츠 유형별 문화적(국가, 인종, 성별, 연령, 환경 등) 차이와 시대적 변화를 이해하고, 인간과 생태계가 상호 공존하는 환경 속에서 신체활동을 실천하며 더불어 살아가는 민주시민으로서의 태도를 학습하도록 한다. 또한 스포츠 영역에서는 교내외 체육 시설 이용에 따른 안전사고를 예방할 수 있도록 교수·학습을 운영한다.

- 중학교 1~3학년군 스포츠 영역에서는 스포츠 유형별 역사와 특성, 경기 기능과 수행 원리, 경기 방법 및 전략, 스포츠 활동의 가치에 관한 이해력, 경기 기능과 전략을 정확하고 효율적으로 수행할 수 있는 경기 수행 능력, 연습과 경기 과정에서 바람직한 스포츠의 가치와 태도를 실천할 수 있는 능력을 균형 있게 평가한다.

- 기술형 스포츠에서는 목표 설정과 단계적 성장 과정을 종합적으로 평가하며, 체력, 신체 특성 등의 개인차와 수준을 고려하여 평가한다. 전략형 스포츠에서는 개인 및 팀의 경기 수행 능력을 실제 경기를 통해 평가하고, 공동체 활동에 필요한 바람직한 태도를 평가한다. 생태형 스포츠에서는 다양한 환경 특성에 적응하고 유연하게 대처할 수 있는 능력을 평가한다.

- 중학교 1~3학년군 스포츠 영역 지식에 관한 이해력은 지필 검사뿐만 아니라 감상 및 분석 보고서, 포트폴리오 등을 활용하여 실생활과 연계된 이해력을 평가하고, 스포츠 경기 수행 능력은 개인별 경기 기능 검사와 함께 팀의 경기 수행 능력 검사 등을 활용하여 과정을 중시하는 평가가 이루어지도록 한다. 영역별 가치·태도 체크리스트나 개인 일지를 통해 스포츠의 가치를 내면화하고 성찰할 수 있도록 평가한다. 특히 디지털 도구를 활용하여 학습자의 학습 과정과 결과를 누적하여 기록함으로써 신체활동 역량을 종합적으로 평가한다.

ⓒ 표현

> [9체03 – 01] 스포츠 표현의 역사와 특성을 탐색하고 비교한다.
>
> [9체03 – 02] 스포츠 표현의 원리를 적용하여 동작을 심미적으로 표현한다.
>
> [9체03 – 03] 스포츠 표현의 특성과 원리를 반영한 작품을 창작하고 표현 요소를 고려하여 감상한다.
>
> [9체03 – 04] 전통 표현의 역사와 특성을 탐색하고 비교한다.
>
> [9체03 – 05] 전통 표현의 원리를 적용하여 동작을 심미적으로 표현한다.
>
> [9체03 – 06] 전통 표현의 특성과 원리를 반영한 작품을 창작하고 표현 요소를 고려하여 감상한다.
>
> [9체03 – 07] 현대 표현의 역사와 특성을 탐색하고 비교한다.
>
> [9체03 – 08] 현대 표현의 원리를 적용하여 동작을 심미적으로 표현한다.
>
> [9체03 – 09] 현대 표현의 특성과 원리를 반영한 작품을 창작하고 표현 요소를 고려하여 감상한다.
>
> [9체03 – 10] 움직임을 표현하고 창작하는 과정에서 독창적이고 개방적인 태도를 갖고 표현 활동 작품을 공감하고 비평한다.

- **성취기준 해설**

  - [9체03-01, 04, 07]은 표현(스포츠 표현, 전통 표현, 현대 표현)의 역사와 특성을 이해함으로써 표현 활동의 공통점과 차이점을 구분하기 위해 설정하였다. 표현 활동별 유래, 변천, 인물, 기록, 사건 등의 역사와 주제, 동작, 구성, 음악, 의상 등의 표현 요소별 특성을 비교하고 분석하도록 한다.

  - [9체03-02] 스포츠 표현의 원리를 적용하여 역동적이고 아름답게 동작을 표현하고 향상하도록 한다.

  - [9체03-03]은 스포츠 표현의 특성과 원리를 반영한 작품을 창작하고 체계적으로 감상하기 위해 설정하였다. 심미적 표현을 강조하는 스포츠 표현의 특성과 원리, 일련의 창작 과정을 고려하여 개인 또는 모둠별로 작품을 창작하고, 주제, 동작, 구성, 음악, 의상 등의 표현 요소를 고려하여 작품을 감상하도록 한다.

  - [9체03-05]는 전통 표현의 원리를 적용하여 동작을 표현하기 위해 설정하였다. 전통 표현의 원리를 적용하여 자연스럽고 아름답게 동작을 표현하고 향상하도록 한다.

  - [9체03-06]은 전통 표현의 특성과 원리를 반영한 작품을 창작하고 체계적으로 감상하기 위해 설정하였다. 전형적 표현을 강조하는 전통 표현의 특성과 원리, 일련의 창작 과정을 고려하여 개인 또는 모둠별로 작품을 창작하고, 주제, 동작, 구성, 음악, 의상 등의 표현 요소를 고려하여 작품을 감상하도록 한다.

  - [9체03-08]은 현대 표현의 원리를 적용하여 동작을 표현하기 위해 설정하였다. 현대 표현의 원리를 적용하여 자유롭고 아름답게 동작을 표현하고 향상하도록 한다.

- [9체03-09]는 현대 표현의 특성과 원리를 반영한 작품을 창작하고 체계적으로 감상하기 위해 설정하였다. 창조적 표현을 강조하는 현대 표현의 특성과 원리, 일련의 창작 과정을 고려하여 개인 또는 모둠별로 작품을 창작하고, 주제, 동작, 구성, 음악, 의상 등의 표현 요소를 고려하여 작품을 감상하도록 한다.
- [9체03-10]은 표현의 동작 수행, 창작, 감상의 전 과정을 통해 창의성과 비판적 능력을 기르기 위해 설정하였다. 동작 수행 및 창작 과정에서 독창성을 추구하고, 다양한 표현 문화를 수용하여, 작품 감상을 통해 예술적 표현에 대해 공감하고 비판적으로 바라보려는 태도를 함양하도록 한다.

• 성취기준 적용 시 고려 사항

- 중학교 1~3학년군 표현 영역에서는 초등학교에서 학습한 표현의 기본 지식과 기능, 태도를 바탕으로 스포츠 표현, 전통 표현, 현대 표현 유형별로 역사와 특성, 동작과 원리, 창작과 감상 수준으로 심화하여 학습할 수 있도록 한다. 특히 남녀 학습자 모두 흥미를 갖고 활동에 참여할 수 있도록 적절한 신체활동을 선정하고, 기존의 표현 동작을 토대로 자기 주도적인 학습을 통해 창의성을 발휘할 수 있도록 하며, 수행, 창작, 감상이 통합적으로 이루어질 수 있도록 교수·학습을 운영한다.
- 스포츠 표현에서는 동작 습득 자체에 초점을 두기보다는 독창적인 동작을 표현할 수 있도록 학습 과제를 구성하며, 용·기구 안전에 유의한다. 전통 표현에서는 여러 국가나 민족, 지역에서 전통을 존중하고 공감할 수 있도록 직접 체험 외에 보기, 읽기 등의 간접 체험이 이루어지도록 한다. 현대 표현에서는 정형화된 표현 방식에서 벗어나 다양하고 자유로운 움직임을 표현할 수 있도록 개인 또는 모둠별 창작 학습이 이루어지도록 하며, 표현 전반에 대한 직업군을 안내한다.
- 표현 유형 및 활동별 특성을 구분하고 다양한 관점에서 표현 활동을 분석할 수 있도록 수업을 운영한다. 표현의 동작을 표현 원리에 맞게 연습하는 과정에서 자기 주도적으로 문제를 해결하고 동작 수행 능력을 확장할 수 있는 교수·학습 방법을 활용하며, 디지털 도구를 활용하여 동작을 분석하고 체계적으로 개선할 수 있도록 한다. 창작 시 프로젝트식 수업을 통해 생태와 관련한 주제를 제시하거나 디지털 콘텐츠 형태로 작품을 제작할 수 있으며, 감상 시 모든 학습자가 자유롭게 발표하는 기회를 제공한다.
- 중학교 1~3학년군 표현 영역에서는 활동별 역사와 특성, 동작과 원리 등에 관한 이해력, 표현 동작을 원리에 맞게 효과적이고 독창적으로 수행할 수 있는 동작 표현 능력, 창작과 감상의 과정에서 독창성, 개방성, 공감과 비평의식의 가치와 태도 실천 능력을 균형 있게 평가한다.

- 스포츠 표현에서는 스포츠와 표현 간의 관계, 도구의 특성 등을 고려하여 독창적으로 동작을 표현할 수 있는지를 평가한다. 전통 표현에서는 전통 표현의 특성과 원리가 반영된 작품을 창작하고, 다양한 표현 문화에 대해 열린 태도를 나타내는지를 평가한다. 현대 표현에서는 자기 생각과 감정을 동작과 작품으로 자유롭게 표현하고, 자신이나 타인의 작품을 비판적으로 감상할 수 있는지를 평가한다.
- 중학교 1~3학년군 표현 영역 지식에 관한 이해력은 지필 검사뿐만 아니라 보고서, 감상문, 포트폴리오 등을 활용하여 실생활과 연계된 이해력을 평가하고, 동작 표현 능력을 객관적으로 판단하기 위해 개인 혹은 모둠별 표현 동작 평가, 창작 과제 평가, 실제 평가 등을 활용하되 체크리스트 등의 도구를 통합적으로 활용함으로써 평가의 신뢰도와 타당도를 확보한다. 또한 독창성, 개방성, 공감과 비평의식 등의 가치·태도를 평가하기 위해서는 활동 일지, 감상문, 창작보고서 등을 통해 표현의 가치를 내면화하고 성찰하도록 한다. 특히 디지털 도구를 활용하여 학습자의 학습 과정과 결과를 누적하여 기록함으로써 표현 능력을 종합적으로 평가한다.

◈ 중학교 1~3학년군의 신체활동 예시

영역	세부 영역		신체활동 예시
운동	체력 운동	체력 증진	• 유산소성 운동, 저항성 운동, 복합 운동, 순환 운동, 플라이오메트릭 운동 등
		체력 관리	• 체력 측정, 체력 운동 프로그램 설계 및 실행, 체력 평가 등
		운동 처방	• 체력 강화 처방 운동, 체중 조절 처방 운동, 자세 교정 처방 운동 등
	건강 활동	신체 건강 활동	• 건강 운동, 식이 관리 활동, 약물과 기호품 관리 활동, 질병 예방 활동 등
		정신 건강 활동	• 스트레스 및 감정 조절 활동(호흡법, 근육이완법, 요가, 필라테스 등)
		사회적 건강 활동	• 양성평등 및 성 건강 관련 활동, 생활 안전 활동, 재난·재해 예방 및 대처 활동, 응급처치 활동 등

		동작형 스포츠	• 마루, 평균대, 철봉, 도마 등
스포츠	기술형 스포츠	기록형 스포츠	• 육상, 경영, 스피드스케이팅, 국궁, 양궁 등
		투기형 스포츠	• 태권도, 택견, 씨름, 레슬링, 유도 등
	전략형 스포츠	영역형 스포츠	• 축구, 농구, 핸드볼, 럭비, 하키 등
		필드형 스포츠	• 야구, 소프트볼 등
		네트형 스포츠	• 배구, 배드민턴, 탁구, 테니스, 족구 등
	생태형 스포츠	생활환경형 스포츠	• 볼링, 인라인스케이팅, 사이클링, 스포츠클라이밍, 플라잉디스크 등
		자연환경형 스포츠	• 골프, 등반, 카약, 래프팅, 스키, 스노보드, 승마 등
표현		스포츠 표현	• 창작체조, 치어리딩, 리듬체조, 피겨스케이팅, 아티스틱스위밍 등
		전통 표현	• 민속무용(탈춤, 농악무, 사자춤, 코로브시카, 플라멩코 등) • 궁중무용(춘앵무, 향발무, 처용무, 발레 등)
		현대 표현	• 현대무용, 댄스스포츠, 라인댄스, 스트리트댄스 등

(3) 교수 · 학습 및 평가

① 교수 · 학습

　㉠ 교수 · 학습의 방향

　　ⓐ 신체활동 역량 함양을 위한 교수 · 학습 : 신체활동 역량의 함양을 위해 영역별 내용 요소를 깊이 있게 경험할 수 있는 다양한 수업 주제와 교수 · 학습 활동을 선정하고 지도한다. 신체활동을 위한 학습을 통해 신체활동 형식의 움직임 기술, 방법 등을 습득하며 신체활동을 효율적, 심미적으로 수행하고, 신체활동에 관한 학습을 통해 신체활동에 관한 이론적, 경험적 지식을 이해하고 안목을 기르며, 신체활동을 통한 학습에서 자신의 신체활동 경험을 성찰하며 사회 속에서 자신과 타인의 관계를 인식함으로써 신체활동의 의미 있는 가치와 태도를 함양하도록 한다.

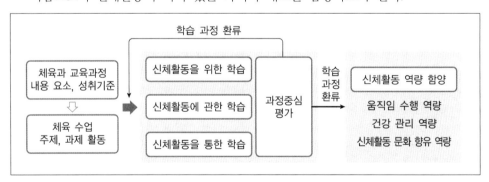

◢ 신체활동 역량 함양을 위한 교수 · 학습

ⓑ 움직임의 체계적 발달을 위한 교수·학습 : 움직임 수행 역량은 신체활동 역량의 핵심으로, 움직임의 개념적 요소와 기술, 전략을 체계적으로 학습함으로써 발달한다. 이를 위해 움직임 요소를 이해하고, 움직임의 원리를 기술 수행에 적용하여, 다양한 신체활동 상황에서 효과적인 의사결정과 전략을 발휘할 수 있도록 지도한다. 특히 움직임의 지식·이해, 과정·기능, 가치·태도를 학년군에 따라 계열적으로 학습하도록 신체활동의 상황과 조건을 발달 단계에 적합하게 조직하고 지도한다.

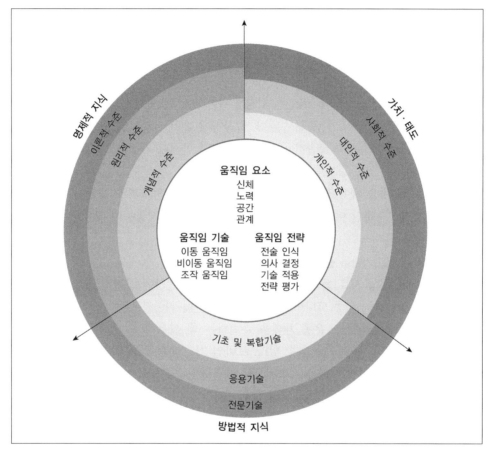

△ 움직임의 체계적 발달을 위한 교수·학습

ⓒ **자기 주도적 학습을 위한 맞춤형 교수·학습**: 학습자의 자기 주도적 학습을 촉진하기 위해서는 교사에 의해 안내된 학습과 학습자가 직접 설계한 학습을 병행하여 맞춤형 교수·학습이 이루어지도록 한다. 이를 위해 학습자가 스스로 학습 내용을 파악하고, 주어진 과제를 적극적으로 해결할 수 있도록 교수·학습 환경을 조성하며, 학습자의 관심과 특성을 고려한 수준별 과제 제시, 자신감을 높여주는 동기 유발 전략 등을 마련한다. 학습자 스스로 문제를 해결하기 위한 탐구적 교수·학습 자료를 제공하고 신체활동의 적극적인 연습과 교정이 이루어질 수 있도록 학습 과제, 시설 및 기자재를 안전하고 효율적으로 조직한다. 또한 영역과 활동의 특성을 고려하여 적합한 수업 모형 및 전략을 선정하거나 이를 창의적으로 변형함으로써 교수·학습의 타당성을 높인다.

ⓓ **신체활동의 시간적·공간적 확장을 위한 교수·학습**: 체육과 학습을 통해 습득한 신체활동의 지식, 기능, 태도는 생애 전반에 걸쳐 건강하고 행복한 삶의 토대가 된다. 따라서 학습자가 학습한 내용을 학교뿐만 아니라 가정 및 집 주변, 지역사회에서 실천할 수 있도록 자율성과 실천력을 길러주고, 교·내외 체육대회, 학교스포츠클럽 활동, 자율 체육 활동에 적극적으로 참여할 수 있도록 지도한다. 또한 학습자가 해당 학년군뿐만 아니라 생애주기별로 지속해서 신체활동에 참여하며 다양한 문화적 삶을 향유할 수 있도록 안내한다.

ⓔ **디지털 기술을 활용한 효율적 교수·학습**: 체육수업에서 디지털 도구, 매체, 소프트웨어, 영상 자료 등의 기술은 교수·학습 및 평가에 긍정적으로 활용될 수 있다. 예를 들어, 신체활동 모니터 도구로 수집된 신체활동 정보는 학습자가 자신의 신체활동 수준을 확인하고, 운동 계획을 수립하는 데 활용될 수 있으며, 신체활동 참여 동기를 높이는 데 도움을 줄 수 있다. 모바일 기기의 동작 인식 프로그램은 다양한 움직임과 기능 관련 피드백을 효과적으로 제공할 수 있다. 또한 엑서게이밍(exergaming)과 같이 가상현실, 증강현실, 인공지능 기반의 실감형 콘텐츠를 활용한 학습은 학교에서 학습하기 어려운 신체활동 체험을 가능하게 하거나 체험의 질을 확장시켜 줄 수 있다. 특히 디지털 기술은 체육수업 외의 신체활동 관리에 효과적으로 활용될 수 있다. 학습자는 디지털 매체로 전달된 과제를 시·공간의 제약에서 벗어나 확인할 수 있고, 교사는 학습자의 활동 결과를 실시간으로 모니터링하고 피드백할 수 있다. 따라서 학습 과정에서 온·오프라인을 연계하거나 디지털 기술을 활용함으로써 학습자의 신체활동 참여를 촉진하고 효율적인 학습 자료 관리가 이루어지도록 지도한다.

ⓕ 창의성과 인성 함양을 위한 통합적 교수·학습 : 체육과에서는 학습자의 창의성과 인성 함양을 위해 두 가지 측면으로 통합적 교수·학습 활동을 제공한다. 첫째, 학습자가 영역별 내용을 깊이 있게 학습할 수 있도록 직접 체험 활동과 함께 간접 체험 활동을 제공하도록 한다. 즉 신체활동의 직접 체험뿐만 아니라 신체활동과 관련된 다양한 문화 자원을 탐색함으로써 새롭고 창의적인 신체활동을 체험하고, 바람직한 삶의 가치를 느끼고 성찰할 수 있도록 한다. 둘째, 타 교과 및 범교과 학습 주제, 예를 들어 문학 및 예술적 감수성, 과학 및 수학적 분석력, 인성 및 민주시민 의식, 생태전환과 지속 가능한 발전 등의 주제를 체육과 학습 내용과 융합하여 학습함으로써 학습자가 체육과의 학습 내용을 다양한 분야와 연계하여 비판적으로 사고하고, 바람직한 가치 판단과 공동체의 삶의 방식을 폭넓게 수용하고 실천할 수 있도록 지도한다.

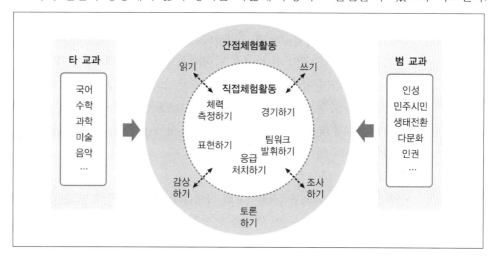

◎ 창의성과 인성 함양을 위한 통합적 교수·학습

ⓛ 교수·학습 방법

ⓐ 교육과정의 운영

• 학년군 단위 교육과정의 운영 : 단위 학교에서는 해당 학년군의 교육과정에서 제시한 모든 영역을 성취기준에 맞게 반드시 지도한다. 체육과의 학습 내용은 학년군 단위로 계획하여 구성하되, 운동, 스포츠, 표현 영역별 학습 내용은 학년별 수준을 고려하여 단위 학교에서 자율적으로 재편성할 수 있다. 이를 위해 학년 또는 체육 교과 협의회를 통해 학년군 단위 지도 계획을 수립하고 매년 연계하여 운영한다. 해당 학년군에서 제시된 모든 성취기준이 학습될 수 있도록 해야 하며, 학년별로 영역의 중복 학습이 이루어지지 않도록 한다.

- 연간 교육과정 운영 : 학기 초 단위 학교의 연간 학사 일정을 바탕으로 교내·외 체육 대회, 현장 학습 등의 학교 행사를 사전에 확인하여 수업 가능 일수와 시간을 파악하고, 실제 수업 시수를 바탕으로 수업 활동을 계획한다. 다양한 신체활동 형식의 학습 기회를 보장하기 위해 특정 영역의 내용에 편중되지 않도록 연간 교육 계획을 수립하고 시수를 배정한다. 내용 영역을 통합하여 계획을 수립할 경우, 각 영역의 내용 요소를 누락하지 않아야 하며 영역 설정의 취지를 벗어나지 않는 범위 내에서 통합할 수 있다. 체력 운동 등 장기간의 학습 활동이 필요한 영역은 학기 초와 학기 말에 영역을 나누어 편성하거나 학기 중 주당 1시간을 해당 영역에 편성하는 등 융통성 있게 운영한다.
- 온·오프라인 연계 교육과정의 운영 : 단위 학교에서는 교육환경의 변화에 적극적으로 대응하고 학교 안팎의 신체활동 학습 지원을 위해 온·오프라인을 연계한 교육과정 운영을 적극적으로 고려한다. 교사는 다양한 디지털 매체를 활용해 오프라인 학습의 시·공간적 한계를 넘어, 학습자의 흥미와 체력, 환경 특성 등을 고려한 온라인 과제 활동을 제공하고, 학습자 스스로 학습 과정을 모니터링하여 학습에 책임감 있게 참여하도록 지원한다. 오프라인 학습에서는 온라인 학습 내용과의 연계를 통해 학습 활동을 심화하고 교사와 학습자, 학습자와 학습자 간 상호작용이 충분히 이루어지도록 운영한다.

ⓑ 단원의 운영

- 영역의 특성을 고려한 단원 목표와 학습 활동의 선정 : 영역별 신체활동은 학년군별 내용 요소와 성취기준에 적합하게 선정한다. 단, 학교 여건 및 학습자 수준에 따라 다른 학년군의 신체활동을 선택할 수 있다. 예를 들어, 영역형 경쟁 단원에서 경기 시설 부재 또는 학생 수 부족 등으로 인해 정식 농구 수업이 어려운 경우, 농구형 게임(넷볼, 3대3 농구 등)을 선택하거나 경기를 변형하여 운영할 수 있다. 또한 같은 신체활동이라도 영역의 특성과 성취기준에 따라 학습 목표, 학습 내용 및 방법을 다르게 설정하도록 한다. 예를 들어, 기술형 스포츠 영역에서의 달리기는 건강 활동을 위한 달리기와는 다르게 기록 향상을 위한 트레이닝과 경기 수행을 위한 단계별 기능 및 기록 분석, 경기 전략이 강조되도록 한다.
- 학습자 수준을 고려한 교수·학습 활동의 다양화 : 학습자의 사전 학습 경험과 특성 등을 고려하여 학습자 수준에 맞는 교수·학습 활동을 계획하고 운영한다. 학습자의 사전 학습 경험은 수업 내용과 직·간접적으로 관련되는 신체활동의 경험뿐만 아니라 지적, 정서적 경험을 포함한다. 교사는 교수·학습 운영을 계획할 때 체력, 운동 기능, 신체 특성, 문화적 배경 등 학습자의 수준과 사전 학습 경험을 파악하여 평등한 학습 기회를 보장받도록 한다.

- 체육 시설 및 교육환경을 고려한 교수·학습 : 수업에 필요한 시설과 용·기구의 수요를 파악하여 교수·학습 운영에 적합한 환경을 구축해야 한다. 시설 및 용·기구가 부족한 경우, 교육과정의 성취기준과 동일한 교육적 가치와 효과를 가져올 수 있는 용·기구로 대체 또는 보완할 수 있으며, 이를 위해 주변 학교, 지역사회 시설을 이용하는 등의 대안을 마련한다. 이때 교육적 효과와 안전을 충분히 고려하고 학교 및 지역사회 시설 환경에 대한 존중과 생태적 가치를 실천하도록 한다.
- 차시별 수업 내용의 엄선과 위계적 조직 : 단원의 차시별 수업 내용은 영역별 내용 요소와 성취기준에 근거하여 선정하고, 해당 학년군 수준에 적합하게 조직한다. 이를 위해 신체활동의 유형과 종목(활동)이 영역의 성취기준 달성에 필요한 충분한 지식과 활동 내용을 제공할 수 있는지를 고려한다. 또한 차시별 수업 목표와 학습 내용을 교수·학습의 원리에 맞게 조직하기 위해 내용 요소와 학습 과제를 절차적, 위계적으로 분석하도록 한다.

ⓒ 수업의 운영

- 학습 활동의 재구성 : 영역의 특성과 성취기준을 준수하되, 단위 학교별 학습자의 특성 및 학습 환경을 고려하여 학습 활동을 재구성할 수 있다. 예를 들어, 경기장의 형태와 용·기구, 참여 인원과 조직, 경기 규칙 및 방법 등을 변형하여 학습 활동을 유연하게 조직할 수 있다. 학습 활동의 재구성 시 학습자의 의견을 적극적으로 수렴함으로써 참여 동기와 학습 활동에 대한 이해도를 높일 수 있다. 단, 목표 도달의 효과성과 안전성을 충분히 고려하여 학습 활동을 재구성한다.
- 학습 기회의 형평성 제고 : 모든 학습자에게 자기 수준에 맞는 평등한 학습 기회를 제공한다. 평등한 학습 기회는 모든 학습자에게 같은 학습 내용과 방법을 제공하는 것이 아니라, 학습자의 특성과 상황을 고려한 학습 과제를 제공함으로써 학습의 과정과 결과에서 모두 학습자가 목표를 성취하도록 지원하는 것이다. 특히, 체력, 운동 기능, 신체 특성, 문화적 차이로 인해 과제 참여가 제한되지 않도록 해야 한다. 예를 들어, 규칙과 방법을 변형하여 체력 및 운동 기능 수준별로 과제를 다양화하고 장애 유무, 문화의 특수성을 고려하여 시설 및 용·기구를 지원하는 등 개별 특성에 맞는 활동 과제와 환경을 제공한다. 또한 학습 활동에서 다양한 역할을 제시하여 활동에 적극적으로 참여할 수 있게 함으로써 수업에 소외되는 학습자가 없도록 한다.
- 학습자의 효율적 관리와 안전한 수업 분위기 조성 : 학년 또는 학기 초에 수업 규칙을 수립하고 일관성 있게 적용함으로써 학습자를 효율적으로 관리하고 부적절한 행동을 예방한다. 또한 안전사고를 예방하기 위해 안전 수칙과 절차를 마련하고 이를 학습자가 숙지하도록 한다. 신체활동의 특성을 고려한 준비 운동 및 정리 운동을 하고, 수업 전·후 체육 시설 및 장비 점검을 통해 안전사고를 예방한다. 또한 과도한 성취 욕구와 경쟁심으로 인해 운동 손상이나 안전사고가 발생하지 않도록 하며, 수업 과정에서 구성원을 상호 존중하고, 긍정적인 관계를 형성할 수 있도록 한다.

② 평가

㉠ 평가의 방향

ⓐ 신체활동 역량 함양을 위한 종합적 평가 : 신체활동 역량은 지식, 기능, 태도를 포괄하는 총체적 능력이며, 일상생활과 여가활동 등 삶의 다양한 맥락과 밀접하게 관련되어 있다. 따라서 학습의 결과로서 습득한 지식과 기능 그리고 내면화된 가치와 더불어, 학습의 과정에서 나타나는 지식의 이해 양상과 수행 과정, 학습 태도에 관한 능력을 종합적으로 평가할 수 있도록 수행 중심의 평가를 활용한다. 이를 위해 첫째, 평가 내용 측면에서는 내용 영역(운동, 스포츠, 표현)과 범주(지식·이해, 과정·기능, 가치·태도)에 따라 분류된 내용 요소를 균형 있게 평가한다. 둘째, 평가 방법 측면에서는 학습의 결과와 과정을 평가할 수 있도록 실제 맥락에서의 수행 능력을 평가한다. 셋째, 평가 도구 측면에서는 신체활동 역량의 성취 정도를 직·간접적으로 파악하고, 특히 인지적, 정의적 영역의 경우 서술형, 논술형, 보고서 등의 평가 도구를 다양하게 활용한다.

ⓑ 학습자의 성장 과정을 반영한 다양한 평가 : 학습자는 신체활동을 통해 체형, 체력, 운동 기능, 인성, 개념 등 다양한 측면으로 성장할 수 있다. 따라서 교사는 학습자의 성장을 다면적으로 평가해야 한다. 첫째, 학습 경험을 수업 전, 중, 후로 평가하여 학습자의 학습 과정을 지원한다. 일회성 평가를 지양하고, 교육의 목표와 내용, 교수·학습 및 평가의 일관성을 고려하여 학습 과정을 지속해서 평가함으로써 학습 결과뿐만 아니라 학습 과정에서 나타나는 학습자의 변화를 학습 활동 및 개선 자료로 활용한다. 둘째, 학습자의 성취수준은 교사뿐만 아니라 동료 학습자, 학습자 자신 등 다양한 주체가 평가하도록 한다. 셋째, 체육수업은 인지적, 심동적, 정의적 학습 맥락에서 이루어지기 때문에, 각 학습 맥락에서 나타나는 학습자 경험을 다양한 평가 방법 및 도구를 활용하여 평가하도록 한다. 이때, 다양한 디지털 매체를 활용하여 학습자가 자신의 학습 경험을 기록하고, 체계적으로 관리하도록 한다.

ⓒ 학습자의 수준을 고려한 맞춤형 평가 : 학습자의 신체활동에 대한 흥미와 동기, 체력, 기능 등의 수준을 고려하여 교사는 단원이나 수업의 출발점 단계에서 학습자 수준을 파악하고 이를 학습의 과정과 결과에 반영함으로써 학습자 수준을 고려한 맞춤형 평가를 시행한다. 즉 학습자의 출발점 수준에 따라 학습 과정을 체계적으로 관찰하고, 개인별 수준을 고려하여 학습을 통해 도달해야 하는 성취기준을 융통성 있게 설정할 수 있다. 학습자는 맞춤형 평가를 통해 자기 수준에 적합한 다양하고 구체적인 피드백을 제공 받을 수 있으며, 자신의 성취수준을 파악함으로써 학습에 대한 흥미와 동기를 유지할 수 있다.

ⓛ 평가 방법

ⓐ 평가 내용 선정

- 평가 범위는 교수·학습 활동을 통해 지도된 전 영역을 대상으로 하되, 내용 영역에 따라 평가 비중을 달리할 수 있다. 단, 평가 내용의 균형성을 고려하여 특정 영역에 편중되지 않도록 한다.
- 평가 내용에는 수업 목표와 학습 내용에 제시된 지식·이해, 과정·기능, 가치·태도 요소를 균형 있게 포함한다.
- 평가의 주체를 고려하여 평가 내용을 선정한다. 동료 또는 자기 평가와 같이 학습자가 주체가 된 평가를 할 경우, 평가의 목적에 부합하도록 평가 내용을 선별하고 구체적인 성취수준을 제공한다.

ⓑ 성취기준 및 성취수준 선정

- 평가를 위한 성취기준과 성취수준은 교육과정 성취기준, 단위 학교 수업 내용 등을 고려하여 선정한다.
- 평가를 위한 성취기준 선정 시 교수·학습의 내용과 방법 등을 고려하여 영역별 성취기준을 나누거나 통합할 수 있다. 단, 성취기준을 나누거나 통합할 경우, 내용 영역별 성취기준이 누락되지 않도록 한다.
- 성취수준은 점수화 및 등급화를 위한 기능의 단순 분류나 기록의 명시보다는 영역별 내용 요소에 따른 기능의 도달 정도를 구체적인 행동 수준으로 진술하고, 평가 등급(단계) 또한 양적 요소와 질적 요소를 모두 포함하여 수준에 맞게 진술한다.

ⓒ 평가 방법 및 도구의 선정

- 학습 목표 및 평가 목적에 적합하게 평가 방법을 선정한다. 다양한 평가 방법의 특징과 장·단점을 파악한 후 학습자의 특성과 수준을 고려하고, 평가 목적(학습의 과정 또는 결과에 대한 평가, 학습자의 학습 성취도 파악, 교수·학습 과정의 개선 등)을 고려하여 가장 적합한 평가 방법을 선정한다.
- 체육과 평가에서 활용되는 기존 평가 도구를 사용하거나 평가 내용에 적합한 도구를 개발하여 사용할 수 있다. 평가 도구의 선정 또는 개발 시 평가의 목적이나 내용에 대한 타당도 및 신뢰도를 면밀하게 검토하며, 디지털 도구를 활용할 경우, 학습자의 도구 접근성이나 활용도 등을 고려한다. 또한 평가의 효용성을 높이기 위해 평가 대상, 평가 시기, 평가 장소, 채점 방식, 시설 및 장비, 평가 인원 등을 고려한다.
- 모둠별 학습 활동의 경우, 개별 학습자의 역할이나 노력, 기여 정도를 평가할 수 있는 방안을 마련한다. 과제 수행의 계획 단계부터 구성원이 맡은 역할을 책임 있게 수행하도록 역할 분담과 참여 방법, 시기와 절차를 명확히 제시하며, 개인별 과제 기여도를 타당하게 평가할 수 있도록, 교사의 관찰 평가와 더불어 자기 평가와 동료 평가를 병행하여 실시한다.

ⓓ 평가 결과의 활용

- 평가 결과는 교수·학습을 수정하고 보완하는 데 활용한다. 개별 평가 자료는 학습 과제의 수준과 활동 방법을 수정하기 위한 기초 자료로 활용하며 전체 평가 결과의 특징을 분석하여 교수·학습 방법 전반을 개선하는 데 활용한다.
- 평가 결과의 활용성을 높이기 위해 학습자와 학부모가 쉽게 이해하도록 평가 결과를 재구성하여 안내한다. 이를 통해 학습자는 생활 속에서 학습 주제와 관련된 신체활동 수행 계획을 스스로 수립하고 지속해서 실천할 수 있다.
- 디지털 기술은 평가 결과의 누가 기록 및 체계적인 관리, 결과 분석에 활용될 수 있다. 학습자 스스로 디지털 도구를 활용하여 개인별 학습 과정과 평가 결과를 누가 기록하고 이를 활용함으로써 자신의 건강 관리, 진로 진학, 여가 활용 등과 연계하여 체계적인 신체활동 계획을 수립하고 실천하기 위한 기초 자료로 활용할 수 있다.

2 선택 중심 교육과정

🔍 교육과정 설계의 개요

고등학교 체육과 선택 중심 교육과정에서는 활동적이고 창의적인 삶, 건강하고 주도적인 삶, 신체활동 문화를 향유하며 사회 속에서 바람직하고 더불어 사는 삶을 영위할 수 있는 신체활동 역량의 지속적인 발달을 위해 초·중학교 〈체육〉에서 학습한 내용을 더욱 심화하여 학습한다. 또한 총론에서 추구하는 '자기 주도성'은 고등학교 체육과 선택 과목의 학습을 통해 운동을 체계적으로 계획하고 실천하며 건강을 자기 주도적으로 관리함으로써 심화된다. '창의적 사고'는 활동적인 삶을 영위하기 위해 스포츠의 기능 및 방법을 경기 전략에 맞게 창의적으로 적용하고, 표현 활동을 창작하는 과정을 통해 깊어지며, 스포츠 문화와 스포츠 과학을 비판적으로 분석하고 융합적 관점에서 학습함으로써 확장된다. '포용성'과 '시민성'은 신체활동에 내재한 가치 있는 사회적 규범과 문화를 생활화하는 과정에서 길러지며, 특히 스포츠퍼슨십과 환경친화적 태도를 발휘하며 신체활동 문화를 폭넓게 체험함으로써 심화된다.

🔹 고등학교 체육과 선택 과목의 구성

구분	일반 선택	진로 선택	융합 선택
과목명	• 체육1 • 체육2	• 운동과 건강 • 스포츠 문화 • 스포츠 과학	• 스포츠 생활1 • 스포츠 생활2

고등학교 체육과 선택 과목은 일반 선택, 진로 선택, 융합 선택 유형별로 구성되었으며, 과목의 구성 원리는 다음과 같다. 먼저 일반 선택 과목은 공통과목인 〈체육〉에서 학습한 '운동', '스포츠', '표현' 영역 전반을 심화하여 학습하도록 영역 간 내용의 연계성을 고려하여 〈체육1〉, 〈체육2〉로 구성되었다. 〈체육1〉은 스포츠의 생활화와 이를 통한 건강 증진을 위해 '건강 관리', '전략형 스포츠', '생태형 스포츠' 영역으로 구성되었으며, 〈체육2〉는 스포츠의 생활화와 움직임의 수월성 향상을 위해 '체력 증진', '기술형 스포츠', '표현' 영역으로 구성되었다.

진로 선택 과목은 체육 분야 진로를 건강 관련 계열과 스포츠 문화 및 과학 계열로 구분하여 학습할 수 있도록 〈운동과 건강〉, 〈스포츠 문화〉, 〈스포츠 과학〉으로 구성되었다. 〈운동과 건강〉은 '체력 운동'과 '건강 운동' 영역으로 구성되었으며, 건강 운동은 기술형 스포츠와 표현 활동을 포함한 다양한 건강 증진 운동을 포괄하여 학습하도록 하였다. 〈스포츠 문화〉는 스포츠를 다양한 문화적 측면에서 고찰하여 체육에 대한 폭넓은 안목을 갖고 다양한 양식으로 확장할 수 있도록 '스포츠 인문 문화'와 '스포츠 경기 문화' 영역으로 구성되었으며, 〈스포츠 과학〉은 스포츠의 사회과학적 원리와 자연과학적 원리를 탐구하여 체육교과 내의 이론과 실제를 통합할 수 있도록 '스포츠와 사회과학', '스포츠와 자연과학' 영역으로 구성되었다. 융합 선택 과목은 스포츠를 실생활에서 심화하여 체험하고 응용할 수 있도록 〈스포츠 생활1〉, 〈스포츠 생활2〉로 구성되었다. 스포츠 영역은 내용의 비중이 타 영역보다 크고, 영역 내 세부 영역의 비중도 다른 점을 고려하여 두 과목으로 구성되며, 〈스포츠 생활1〉은 '영역형 스포츠'와 '생활·자연환경형 스포츠', 〈스포츠 생활2〉는 '네트형 스포츠'와 '필드형 스포츠' 영역으로 구성되었다.

과목별 핵심 아이디어는 과목의 내용이 어떤 개인적, 사회적 가치를 담고 있으며, 활동의 원리와 맥락은 무엇인지, 인간이 해당 과목의 내용과 어떤 관계를 맺고 성장해 나가는지를 제시하였다.

과목별 내용 요소는 핵심 아이디어에 따라 '지식·이해', '과정·기능', '가치·태도'의 세 가지 범주로 제시되었다. '지식·이해' 요소는 체육과 내용 지식을 구성하는 명제적 지식(각 내용 영역에서 이해해야 하는 개념이나 원리)과 방법적 지식(명제적 지식을 실제 상황에서 수행할 수 있는 기술이나 활동 방법 등)이며, '과정·기능' 요소는 '지식·이해' 요소의 학습 과정을 통해 달성되기를 기대하는 행동이다. '가치·태도' 요소는 이러한 신체활동의 학습 과정에서 습득되는 바람직한 성품을 의미한다. 특히 과목별 내용 요소에는 총론에서 강조하는 '핵심 역량', '생태교육', '민주시민교육' 등의 가치와 언어, 수리, 디지털 소양 등의 '기초 소양'을 반영하여 총론의 목표를 체육과에서 구현할 수 있도록 하였다.

과목별 내용 요소는 초·중학교 〈체육〉의 내용 요소를 통합 및 심화하여 선정되었다. 지식·이해 범주의 내용 요소인 명제적 지식과 방법적 지식은 각각 이론적 수준, 심화 및 전문 기술 수준을 중심으로 선정되었으며, 가치·태도 내용 요소는 대인 및 사회적 수준을 중심으로 선정되었다. '과정·기능 요소'는 '지식·이해', '가치·태도'의 학습 과정 및 결과 행동을 과목별 내용 요소에 맞게 초·중학교급보다 높은 수준으로 제시하였다.

◉ 학년군별 내용 요소의 선정 원리

내용 / 학년군	지식·이해		가치·태도	과정·기능
	명제적 지식	방법적 지식		
3~4학년군	개념적 수준 ⬇ 원리적 수준 ⬇ 이론적 수준	입문을 위한 기초 기술 ⬇ 참여를 위한 복합 기술 ⬇ 제도화된 활동을 위한 응용 기술 ⬇ 정식 활동의 심화 및 전문 기술	개인 ⬇ 대인 ⬇ 사회	인지, 시도, 수용 ⬇ 분석, 적용, 실천 ⬇ 평가, 구성, 지속
5~6학년군				
중학교 1~3학년군				
고등학교				

1. 일반 선택 과목

(1) 체육1

① 성격 및 목표

㉠ 성격 : <체육1>은 중학교 <체육>의 건강 활동, 전략형 스포츠, 생태형 스포츠 영역을 더욱 심화하여 학습함으로써, 생애주기에 따라 건강을 유지 및 증진하고, 타인 및 환경과 상호작용하며 스포츠를 생활화할 수 있는 자질을 길러주는 과목이다.

건강한 삶은 가장 기본적인 욕구이자 행복한 삶의 기초이다. 인간의 수명은 지속해서 연장되는 반면 건강을 위협하는 다양한 문제들은 갈수록 심각해지는 현대 사회에서 건강한 삶을 영위할 수 있는 역량의 중요성이 날로 커지고 있다. 또한 스포츠는 인류의 역사와 함께 이어져 온 대표적인 문화 양식으로 스포츠에 참여하는 것은 삶을 풍요롭게 만들며 더불어 사는 삶에 기여한다.

이러한 측면에서 <체육1> 과목에서는 건강을 체계적으로 관리하는 생활 방식을 습관화하고, 전략형 스포츠와 생태형 스포츠를 생활 속에서 지속해서 실천함으로써 건강 문제를 주도적으로 개선하고 스포츠 친화적이며 활동적인 삶을 살아갈 수 있도록 하는 데 주안점을 둔다. 이를 위해 중학교 '체육'에서 학습한 신체적, 정신적, 사회적 건강 활동의 유형과 운동 방법을 토대로 신체활동이 건강에 영향을 미치는 기전과 효과를 깊이 있게 이해하고, 생애주기별 신체의 변화 특성에 맞게 건강을 꾸준히 관리할 수 있도록 한다. 또한 다양한 스포츠 경기 기능과 방법, 전략을 더욱 심화시키고, 스포츠 활동에 주기적으로 참여함으로써 타인과 적극적으로 소통하고 스포츠 수행에 대한 유능감을 높이며 스포츠를 생활화할 수 있도록 한다.

㉡ 목표 : <체육1> 과목은 활동적이고 창의적인 삶, 건강하고 주도적인 삶, 신체활동 문화를 향유하는 삶을 영위하는 데 필요한 신체활동 역량을 심화하고, 건강을 관리하고 스포츠를 생활화하며, 생태 감수성을 함양하는 것을 목표로 한다.

ⓐ 건강 관리의 원리와 방법을 체계적으로 이해하고, 생활 속에서 지속해서 안전하게 실천하며, 건강 관리에 필요한 가치와 태도를 실천한다.

ⓑ 전략형 스포츠의 문화를 폭넓게 탐색하고, 움직임의 과학적 원리와 방법을 경기에 적용하며, 전략형 스포츠 활동에 내재한 가치와 태도를 실천한다.

ⓒ 생태형 스포츠 문화를 폭넓게 탐색하고, 움직임의 과학적 원리와 방법을 경기에 적용하며, 생태형 스포츠 활동에 내재한 가치와 태도를 실천한다.

· ② 내용 체계 및 성취기준

　ⓒ 내용 체계

핵심 아이디어	• 건강은 자신의 건강 수준을 진단하고 생애주기별 건강 특성에 맞게 신체활동을 계획적으로 실천함으로써 증진된다. • 스포츠의 문화적 전통은 스포츠의 고유한 기술과 방법을 경기에 적용하고 제도화된 규범을 준수함으로써 유지된다. • 인간은 생활환경 및 자연환경 속에서 스포츠 문화를 누리고 타인과 공유하며 발전시켜 나간다.		
범주　　영역	건강 관리	전략형 스포츠	생태형 스포츠
지식·이해	• 신체활동의 효과 • 생애주기별 건강 관리 방법 • 건강 관리와 안전	• 전략형 스포츠의 문화 • 전략형 스포츠의 경기 기능과 과학적 원리 • 전략형 스포츠의 경기 방법 및 전략	• 생태형 스포츠의 문화 • 생태형 스포츠의 경기 기능과 과학적 원리 • 생태형 스포츠의 경기 방법 및 전략
과정·기능	• 신체활동 효과 탐구하기 • 건강 관리하기 • 안전사고에 대처하기	• 스포츠 문화 탐색하기 • 스포츠 경기 기능 분석하기 • 경기에 응용하기	
가치·태도	• 긍정적 자아 존중감	• 스포츠 기술 개선에 대한 적극성 • 스포츠 환경에 대한 생태 감수성	

　ⓒ 성취기준

　　ⓐ 건강 관리

> [12체육1 - 01 - 01] 신체활동이 건강에 영향을 미치는 기전과 효과를 탐구한다.
> [12체육1 - 01 - 02] 생애주기별 건강 관리 방법에 따라 건강을 체계적으로 관리하여 자아 존중감을 높인다.
> [12체육1 - 01 - 03] 건강 관리 측면에서 고려해야 할 다양한 안전 요소를 이해하고, 안전사고에 적절하게 대처한다.

• 성취기준 해설
　- [12체육1-01-01]은 신체활동이 신체에 긍정적인 변화를 미치는 과정과 원리를 과학적으로 이해하여 신체활동의 필요성을 인식하고, 자기 주도적 건강 관리에 필요한 신체활동을 구안하기 위해 설정하였다. 이를 위해 신체활동이 건강에 영향을 미치는 기전과 효과를 사회과학적, 자연과학적 측면에서 구체적으로 이해하도록 한다.

- [12체육1-01-02]는 생애주기별 건강의 중요성을 이해하고 특히 청소년기 건강 관리에 필요한 다양한 지식을 습득하여 건강을 체계적으로 관리하기 위해 설정하였다. 이를 위해 청소년기에 필요한 질병 예방, 영양 균형, 약물 오남용 및 음주, 흡연 예방, 운동 등 건강 결정 요인과 신체활동을 폭넓게 이해하고 실천함으로써 자아 존중감을 갖도록 한다.
- [12체육1-01-03] 질병 예방, 영양 균형, 약물 오남용 및 음주, 흡연 예방, 운동 등 건강 관리 활동과 생활 안전 방법을 구체적인 사례를 통해 이해하고, 안전사고 유형에 따른 안전사고 대처요령을 습득하도록 한다.

• 성취기준 적용 시 고려 사항
- 건강 관리 영역에서는 학기 단위에 걸친 지속적 참여를 통해 건강을 종합적이고 체계적으로 관리하는 데 적합한 신체활동을 선정한다.
- 건강 관리 영역에서는 다른 영역의 내용과 연계하여 운영할 수 있으며, 건강 관리와 안전 요소는 안전한 건강 관리와 안전교육 두 가지 측면의 교수·학습이 적절하게 이루어질 수 있도록 운영한다.
- 건강 관리 방법의 중요성과 필요성을 인식하여 건강 관리 활동에 적극적으로 참여할 수 있도록 운영한다.
- 질병 예방, 영양 균형, 약물 오남용 및 음주, 흡연 예방, 운동 등의 측면에서 건강 관리 활동을 지속해서 실천할 수 있는 다양한 활동을 제시하고, 디지털 도구를 활용하여 실천 내용을 기록하고 관리할 수 있도록 하며, 체육 관련 진로 설계와 연계할 수 있도록 운영한다.
- 일상생활에서 건강하고 안전한 생활 습관의 실천을 통한 생애주기별 건강 관리 및 운동의 생활화를 중심으로 평가한다.
- 자신에게 적합한 건강 관리 활동을 실천하는 과정을 평가하기 위해 건강 관리 일지, 보고서, 체크리스트, 포트폴리오 등을 활용하여 평가한다. 또한 학습자 스스로 장단점을 파악하고 자신의 학습을 개선하여 더욱 적극적으로 수업에 참여할 수 있도록 학습자가 평가의 주체가 되는 자기 평가나 동료 평가를 활용하여 평가할 수 있다.

ⓑ 전략형 스포츠

[12체육1 - 02 - 01] 전략형 스포츠 문화의 개념과 특성을 탐색한다.
[12체육1 - 02 - 02] 전략형 스포츠의 경기 기능을 과학적 원리에 따라 분석하고, 적극적으로 개선한다.
[12체육1 - 02 - 03] 전략형 스포츠의 경기 방법 및 전략을 이해하고, 경기 상황에 맞게 응용한다.

- 성취기준 해설
  - [12체육1-02-01]은 다양한 유형의 전략형 스포츠를 탐색하는 과정을 통해 전략형 스포츠 문화의 보편성과 특수성을 이해하기 위해 설정하였다. 이를 위해 물질문화(시설, 장비 등), 제도문화(규범, 기술체계 등), 관념문화(목표, 가치 등) 등 스포츠 경기 문화 측면에서 영역형, 필드형, 네트형 스포츠 문화를 비교·분석하도록 한다.
  - [12체육1-02-02] 패스, 드리블, 슛 등 전략형 스포츠 경기 기능 수행에 작용하는 사회과학적, 자연과학적 원리를 이해하고 이러한 원리를 바탕으로 경기 기능을 개선하도록 한다.
  - [12체육1-02-03]은 전략형 스포츠의 경기 방법과 전략이 어떠한 맥락에서 형성되고 만들어졌는지 탐구하여 전략형 스포츠를 깊이 있게 이해하고 경기 상황에 적절하게 적용하기 위해 설정하였다. 이를 위해 영역형, 필드형, 네트형 스포츠 경기에서 직면하게 되는 다양한 문제 상황의 해결을 위한 경기 기능의 활용, 공을 가지고 있는 경우와 그렇지 않은 경우의 움직임, 공격과 수비 상황에서의 전략적 움직임 등을 이해하고 경기에 응용하도록 한다.

- 성취기준 적용 시 고려 사항
  - 전략형 스포츠 영역에서는 스포츠 문화를 폭넓게 이해하고 경험함으로써 평생체육으로 활용할 수 있는 신체활동을 중심으로 선정하되, 특수교육 학생, 다문화 학생, 느린 학습자, 신체활동에 소극적인 학습자 등 다양한 학습자 및 학교 여건과 교내외 체육 활동에서의 안전 수칙을 고려한다.
  - 팀의 소통과 협력을 바탕으로 공동의 목표를 추구하고, 공격과 수비 상황에서 자신의 역할과 책임을 다해 동료를 믿고 배려하는 자세로 경기에 참여하며, 상대를 존중하고 예절을 지키면서 경기하는 과정을 통해 민주시민의 소양을 갖추도록 운영한다.
  - 일부 내용 요소를 평가하기보다는 경기 상황에 맞게 경기 기능과 전략을 수행하는 능력, 전략형 스포츠 문화에 대한 이해력, 스포츠 기술 개선에 대한 적극성 등 다양한 요소를 균형 있게 평가하고, 학습 결과와 학습 과정을 모두 평가한다.
  - 전략형 스포츠 문화에 대한 이해력은 지필 검사, 감상 및 분석 보고서, 포트폴리오 등을 활용하여 평가하고, 전략형 스포츠 경기 수행 능력은 개인별 경기 기능 평가와 경기를 통한 팀 경기 수행 능력 평가, 관찰기록을 통한 게임 수행 평가 등을 활용하여 평가한다. 또한 학습자 스스로 장단점을 파악하고 자신의 학습을 개선하여 더욱 적극적으로 수업에 참여할 수 있도록 학습자가 평가의 주체가 되는 자기 평가나 동료 평가를 활용하여 평가할 수 있다.

ⓒ 생태형 스포츠

> [12체육1 − 03 − 01] 생태형 스포츠 문화의 개념과 특성을 탐색하고, 스포츠 환경에 대한 생태
> 감수성을 실천한다.
> [12체육1 − 03 − 02] 생태형 스포츠의 경기 기능을 과학적 원리에 따라 분석하고, 적극적으로
> 개선한다.
> [12체육1 − 03 − 03] 생태형 스포츠의 경기 방법 및 전략을 이해하고, 경기 상황에 맞게 응용
> 한다.

• 성취기준 해설
  - [12체육1-03-01]은 다양한 유형의 생태형 스포츠를 탐색하는 과정을 통해 생태형 스포츠 문화의 보편성과 특수성을 이해하고, 생태형 스포츠의 사회적 가치를 공유하며 실천하기 위해 설정하였다. 이를 위해 물질문화(시설, 장비 등), 제도문화(규범, 기술체계 등), 관념문화(목표, 가치 등) 등 스포츠 경기 문화 측면에서 생활환경형, 자연환경형 스포츠 문화를 비교·분석하고, 생태형 스포츠 경기에 참여하는 과정에서 자기 주변의 생태적 상황, 변화 및 그 의미를 민감하게 포착하고 이해하며 생태환경의 소중함을 알고 더불어 살아가는 태도를 실천하도록 한다.
  - [12체육1-03-02] 생태형 스포츠 경기 기능 수행에 작용하는 사회과학적 원리, 자연과학적 원리를 이해하고 이러한 원리를 바탕으로 경기 기능을 개선하도록 한다.
  - [12체육1-03-03]은 생태형 스포츠의 경기 방법과 전략이 어떠한 맥락에서 형성되고 만들어졌는지 탐구하여 생태형 스포츠를 깊이 있게 이해하고 경기 상황에 적절하게 적용하기 위해 설정하였다. 이를 위해 생활환경형, 자연환경형 스포츠 경기에서 직면하게 되는 다양한 문제 상황의 해결을 위한 경기 기능의 활용, 경기 상황에 따른 전략적 움직임, 경기 결과에 영향을 미치는 환경 조건 등을 이해하고 경기에 응용하도록 한다.
• 성취기준 적용 시 고려 사항
  - 생태형 스포츠 영역에서는 여가 스포츠 문화를 폭넓게 이해하고 경험함으로써 평생 체육으로 활용할 수 있는 신체활동을 중심으로 선정하되, 특수교육 학생, 다문화 학생, 느린 학습자, 신체활동에 소극적인 학습자 등 다양한 학습자 및 학교 여건과 교내외 체육 활동에 따른 안전 수칙을 고려한다.
  - 존중, 공존, 평화, 문화 다양성, 지속가능성 등과 같이 생태형 스포츠에 내재한 가치의 학습을 통해 지속가능한 생태 문화를 인식하고 더불어 살아가기 위한 태도를 실천할 수 있도록 운영한다.

- 일부 내용 요소를 평가하기보다는 경기 상황에 맞게 경기 기능과 전략을 수행하는 능력, 생태형 스포츠 문화에 대한 이해력, 생태 감수성의 실천 등 다양한 요소를 균형 있게 평가하고, 학습 결과와 학습 과정을 모두 평가한다.
- 생태형 스포츠 문화에 대한 이해력은 지필 검사, 감상 및 분석 보고서, 포트폴리오 등을 활용하여 평가하고, 생태형 스포츠 경기 수행 능력은 개인별 경기 기능 평가와 경기를 통한 팀 경기 수행 능력 평가, 관찰기록을 통한 게임 수행평가 등을 통해 평가하며, 스포츠 환경에 대한 생태 감수성의 실천 능력은 토론, 체크리스트, 일지 등을 활용하여 평가한다. 또한 학습자 스스로 장단점을 파악하고 자신의 학습을 개선하여 더욱 적극적으로 수업에 참여할 수 있도록 학습자가 평가의 주체가 되는 자기 평가나 동료 평가를 활용하여 평가할 수 있다.

◎ 고등학교 〈체육1〉의 신체활동 예시

영역	신체활동 예시
건강 관리	• 질병 관리 및 공중 보건 활동, 식이 관리 활동, 약물 오·남용 및 음주·흡연 예방 활동, 정신 건강 관리 활동, 안전사고 예방 및 대처 활동 등
전략형 스포츠	• 영역형(축구, 농구, 핸드볼, 럭비, 하키 등) • 네트형(배구, 배드민턴, 테니스, 탁구, 족구 등) • 필드형(야구, 소프트볼, 크리켓 등)
생태형 스포츠	• 생활환경형(당구, 볼링, 사이클링, 인라인스피드, 스포츠클라이밍 등) • 자연환경형(골프, 등반, 서핑, 스키, 스노보드, 카약, 승마 등)

③ 교수·학습 및 평가

㉠ 교수·학습

ⓐ 교수·학습의 방향

- 신체활동 역량의 지속적인 발달을 위한 교수·학습이 이루어지도록 한다. 이를 위해 중학교 〈체육〉에서 학습한 건강 활동, 전략형 스포츠, 생태형 스포츠를 심화하여 학습할 수 있도록 다양한 수업 주제와 교수·학습 활동을 선정하고 조직한다.
- 학습자가 생애주기에 따라 건강을 유지 및 증진하고, 타인 및 환경과 상호작용하며 스포츠를 생활화할 수 있도록 자기 주도적 학습을 위한 맞춤형 교수·학습과 신체활동의 시간적·공간적 확장을 위한 교수·학습이 이루어지도록 한다. 이를 위해 학습자의 수준을 고려하여 적절한 동기 유발 전략을 마련하고 과제 및 학습 자료, 시설과 기자재 등을 효율적으로 조직한다. 또한 가정 및 집 주변, 지역사회에서 신체활동을 지속해서 실천하고 고등학교 시기에 적절한 신체활동에 참여하고 즐기는 방법과 체육 관련 진로를 설계하도록 지도한다.

- 디지털 기술을 활용하여 효율적인 교수·학습이 이루어지도록 한다. 이를 위해 교육과 정 운영의 전 과정에서 온·오프라인을 연계하고 다양한 디지털 매체를 활용함으로써 학습자의 신체활동 참여를 촉진하고 효율적인 학습 자료 관리가 가능하도록 지도한다.
- 창의성과 인성 함양을 위한 교수·학습이 이루어지도록 한다. 이를 위해 영역별 신체활동의 심동적, 정의적, 인지적 내용 요소를 균형 있게 학습할 수 있도록 직접 체험 활동과 함께 간접 체험 활동을 제공하고, 타 교과 및 범교과 학습 주제를 체육과 학습 내용과 융합하여 학습할 수 있도록 지도한다.

ⓑ 교수·학습 방법
- 교육과정에서 제시한 내용 영역과 영역별 성취기준을 반드시 지도한다. 내용 영역을 통합하여 계획을 수립할 경우, 각 영역의 내용 요소가 누락 되지 않아야 하며 영역 설정의 취지를 벗어나지 않는 범위 내에서 통합한다.
- 학습자가 생애주기에 따라 건강을 유지 및 증진하고, 타인 및 환경과 상호작용하며 스포츠를 생활화할 수 있도록, 영역의 성취기준 달성에 충분한 지식과 활동 내용을 제공할 수 있는 신체활동 유형과 종목을 선정한다.
- 학기 초 단위 학교의 학사 일정을 바탕으로 수업 가능 일수와 시간을 파악하고, 수업 장소와 기상 요건 등을 고려하여 수업 활동을 계획한다.
- 학습자의 사전 학습 경험 및 특성을 고려하여 학습자 수준에 맞는 교수·학습 활동을 계획하고 운영한다. 교수·학습 운영에 적합한 시설과 용·기구의 수요를 파악하여 충분한 수량을 확보한다.
- 모든 학습자에게 자기 수준에 맞는 학습 기회를 평등하게 제공하도록 교수·학습 활동을 계획하고 운영한다. 특수교육 학생, 다문화 학생, 느린 학습자, 신체활동에 소극적인 학습자 등 다양한 학습자를 고려하여 학습자가 자신의 수준에 적합한 학습에 참여할 수 있도록 다양한 학습 과제를 제시한다.
- 최소 성취수준 보장을 위해 과목 출석률 및 학업성취율의 이수 조건을 고려하여 영역별 최소 성취수준과 학습량을 설정하고, 수준별 학습, 단계적 학습, 개별 학습과 심화 보충 학습 등이 가능하도록 학생 맞춤형 교수·학습 자료를 구성하며, 학습자가 다양한 방식과 역할로 수업에 참여할 수 있도록 교수·학습 활동을 계획하고 운영한다.

ⓛ 평가
ⓐ 평가의 방향
- 생애주기에 따른 건강의 유지 및 증진, 타인 및 환경과의 상호작용, 스포츠 생활화를 위한 종합적 평가가 이루어지도록 한다. 건강 관리, 전략형 스포츠, 생태형 스포츠의 지식과 기능의 습득, 가치와 태도의 실천 등을 종합적으로 평가할 수 있도록 실제 맥락에서의 수행 능력을 평가한다.
- 학습자의 학습과 성장 과정을 반영한 다면적 평가가 이루어지도록 한다. 학습 결과와 더불어 학습 과정에서 나타나는 학습자의 과제 수행 및 학습 특성의 변화를 평가하고 평가 방법 및 도구, 평가 주체를 다양화하며 학생 성장을 다면적으로 평가한다.
- 특수교육 학생, 다문화 학생, 느린 학습자 등 다양한 특성을 고려한 학습자 맞춤형 평가와 학습자의 수준과 흥미를 반영한 다양한 교수·학습 방법의 구안을 위해 진단평가 및 형성평가를 적극적으로 활용하고, 최소 성취수준 보장을 위해 과정을 중시하는 평가가 이루어지도록 한다.

ⓑ 평가 방법
- 평가 범위는 교수·학습 활동을 통해 지도된 전 영역을 대상으로 하되, 내용 영역에 따라 평가 비중을 달리할 수 있다. 단, 평가 내용의 균형성을 고려하여 특정 영역에 편중되지 않도록 한다.
- 평가 내용에는 수업 목표와 학습 내용에 제시된 지식·이해, 과정·기능, 가치·태도 요소를 균형 있게 포함한다. 평가의 주체를 고려하여 평가 내용을 선정한다. 특히 동료 또는 자기 평가와 같이 학습자가 주체가 된 평가를 할 경우 구체적인 성취수준을 제공한다.
- 평가를 위한 성취기준 및 성취수준은 교육과정 성취기준과 단위 학교 수업 내용을 바탕으로 개발한다. 평가를 위한 성취기준은 교수·학습의 내용 및 방법을 고려하여 영역별 성취기준을 나누거나 통합할 수 있다.
- 성취수준은 점수화 및 등급화를 위한 기능의 단순 분류나 기록의 명시보다는 영역별 내용 요소에 따른 기능의 도달 정도를 구체적인 행동 수준으로 진술하고, 평가 등급(단계) 또한 양적 요소와 질적 요소를 모두 포함하여 수준에 맞게 진술한다.
- 평가 방법은 학습 목표 및 평가 목적에 적합하게 선정한다. 체육과 평가에서 활용되는 기존 평가 도구를 사용하거나 평가 내용에 적합한 도구를 개발하여 사용할 수 있다.
- 모둠별 학습 활동의 평가 시 개별 학습자의 역할 및 노력과 기여도를 평가하는 방안을 마련한다.

- 평가 결과는 교수·학습을 수정하고 보완하는 데 활용하며, 학습자와 학부모가 쉽게 이해하도록 구체적으로 재구성하여 안내한다.
- 평가 결과의 누가 기록 및 체계적인 관리, 결과 분석 등을 위해 디지털 도구를 활용할 수 있다.

(2) 체육2

① 성격 및 목표

ㄱ 성격: <체육2>는 중학교 <체육>의 체력 운동, 기술형 스포츠, 표현 영역을 더욱 심화하여 학습함으로써, 과학적 원리와 방법에 따라 체력을 증진하고 스포츠와 표현 활동의 수행 능력을 함양하여 생활화할 수 있는 자질을 길러주는 과목이다.

신체적 수월성의 추구와 표현 활동은 인류의 역사와 함께 이어져 왔다. 고대부터 현대에 이르기까지 신체를 극한까지 수련하여 수월성을 겨루는 경기와 신체활동을 이용한 표현 문화는 동서양을 막론하고 가장 기본적인 신체활동 문화의 영역이라고 할 수 있다. 체계적 운동을 통해 체력을 증진하고, 기술형 스포츠와 표현 활동에 참여하는 것은 신체활동 문화의 계승과 발전에 기반이 되며 신체적으로 활동적이며 주도적인 삶을 살아가는 데 중요한 역할을 한다.

이러한 측면에서<체육2> 과목에서는 체력을 체계적으로 증진하고 관리하며, 기술형 스포츠와 표현 활동을 일상생활에서 지속해서 실천함으로써 신체적 수월성과 창의적인 표현 능력을 가질 수 있도록 하는 데 주안점을 둔다. 이를 위해 중학교 <체육>에서 습득한 체력 증진, 체력 관리, 운동 처방의 원리 및 운동 방법을 토대로 과학적 원리를 적용하여 체계적으로 체력을 관리할 수 있도록 한다. 또한 기술형 스포츠의 기술적 정확성과 효율성을 높임으로써 신체 움직임에 대한 유능감을 향상하고 신체활동에 주도적으로 참여하며, 신체 움직임을 미적으로 표현하고 비판적으로 감상하는 활동을 통해 심미적이고 창의적인 안목을 가질 수 있도록 한다.

ㄴ 목표: <체육2> 과목은 활동적이고 창의적인 삶, 건강하고 주도적인 삶, 신체활동 문화를 향유하는 삶을 영위하는 데 필요한 신체활동 역량을 심화하고, 체력 증진과 신체적 수월성 추구에 필요한 자질을 함양하는 것을 목표로 한다.

    ⓐ 체력 증진 운동의 원리와 방법을 이해하고, 체력을 과학적이고 종합적으로 관리하며, 체력 관리에 필요한 가치와 태도를 실천한다.

    ⓑ 기술형 스포츠 문화를 폭넓게 탐색하고, 움직임의 과학적 원리와 방법을 경기에 적용하며, 스포츠 활동에 내재한 가치와 태도를 실천한다.

    ⓒ 표현 활동 문화를 폭넓게 탐색하고, 움직임의 미적 원리와 방법을 작품 창작에 적용하며, 표현 활동에 내재한 가치와 태도를 실천한다.

② 내용 체계 및 성취기준

㉠ 내용 체계

핵심 아이디어	• 체력은 과학적 원리에 따라 신체를 단련하고, 체계적이고 종합적으로 관리해야 증진된다. • 스포츠의 문화적 전통은 스포츠의 고유한 기술과 방법을 경기에 적용하고 제도화된 규범을 준수함으로써 유지된다. • 인간은 움직임을 통해 생각이나 느낌을 표현하고, 창작 작품을 비평하면서 표현 활동 문화를 발전시켜 나간다.		
범주 ＼ 영역	체력 증진	기술형 스포츠	표현 활동
지식·이해	• 체력 증진의 과학적 원리와 특성 • 체력의 종합적 관리 방법 • 체력 증진 운동과 안전	• 기술형 스포츠의 문화 • 기술형 스포츠의 경기 기능과 과학적 원리 • 기술형 스포츠의 경기 방법 및 전략	• 표현 활동의 문화 • 표현 활동의 동작과 미적 원리 • 표현 활동의 창작과 비평
과정·기능	• 과학적으로 체력 분석하기 • 체력 증진 운동 방법 적용하기 • 신체 위기 상황에 대처하기	• 스포츠 문화 탐색하기 • 스포츠 경기 기능 분석하기 • 경기에 응용하기	• 표현 활동 문화 탐색하기 • 표현 활동 동작 분석하기 • 표현 활동 작품 비평하기
가치·태도	• 위기 상황에서의 침착성	• 신체적 자기효능감	• 심미적 안목

㉡ 성취기준

ⓐ 체력 증진

> [12체육2 - 01 - 01] 체력 증진을 위한 과학적 원리와 특성을 이해하고, 체력 증진 운동에 적용한다.
> [12체육2 - 01 - 02] 체력을 과학적으로 분석하고, 종합적 관리 방법에 따라 체력을 증진한다.
> [12체육2 - 01 - 03] 체력 증진 운동에서 안전의 중요성을 이해하고 체력 증진 운동 시 발생할 수 있는 신체 위기 상황에 침착하게 대처한다.

• 성취기준 해설

‑ [12체육2-01-01]은 체력 증진 운동에 적용되는 원리들이 어떠한 과학적 지식을 바탕으로 구성된 것인지 이해하여 자기 주도적 체력 관리에 필요한 체력 증진 운동을 구안하기 위해 설정하였다. 이를 위해 과부하의 원리, 점진성의 원리, 개별성의 원리, 특수성의 원리, 전면성의 원리, 반복성의 원리 등 체력 증진 원리에 적용되는 사회과학적, 자연과학적 원리를 이해하고 체력 증진 운동에 활용하도록 한다.

- [12체육2-01-02]는 자신의 체력 수준을 과학적 방법을 통해 평가하여 그에 따른 종합적 관리 방법을 구안하고 실천하기 위해 설정하였다. 이를 위해 심폐지구력, 근력, 유연성, 신체 구성, 순발력, 민첩성, 평형성 등 다양한 체력 요소의 과학적 측정과 분석 방법, 맞춤형 운동 처방, 식단, 생활 습관 등 체력을 종합적으로 관리하는 방법을 이해하고 체계적으로 실천하도록 한다.
- [12체육2-01-03] 체력 증진 운동 시 발생할 수 있는 심정지, 골절, 근육과 건 좌상, 염좌, 타박상 등 신체 위기 상황에 적절하게 대처하는 방법을 이해하고 실제 위기 상황에 침착하게 대처하도록 한다.

• 성취기준 적용 시 고려 사항
- 체력 증진 영역에서는 다양한 체력 요소의 유지·증진이 가능하고 학습자의 체력 정도에 따라 수준별 학습이 가능한 신체활동을 선정한다.
- 체력 증진 영역은 다른 영역의 내용과 연계하여 운영할 수 있으며, 체력 증진의 중요성과 필요성을 인식하여 적극적으로 체력 관리 활동에 참여할 수 있도록 운영한다. 또한 신체 위기 상황에서 자신과 타인에 대한 대처 능력을 기를 수 있도록 교수·학습을 운영한다.
- 맞춤형 운동 처방, 식단, 생활 습관 등의 측면에서 체력 관리 활동을 지속해서 실천할 수 있는 다양한 활동을 제시하고, 디지털 기기를 활용하여 실천 내용을 기록하고 관리할 수 있도록 하며, 체육 관련 진로 설계와 연계할 수 있도록 운영한다.
- 일부 체력 요소의 성취도 평가는 지양하고 체계적이고 종합적인 관리 방법의 실천 여부를 중심으로 평가한다.
- 체력 증진 활동을 실천하는 과정을 평가하기 위해 체력 관리 일지, 보고서, 체크리스트, 포트폴리오 등을 활용하여 평가한다. 또한 학습자 스스로 장단점을 파악하고 자신의 학습을 개선하여 더욱 적극적으로 수업에 참여할 수 있도록 학습자가 평가의 주체가 되는 자기 평가나 동료 평가를 활용하여 평가할 수 있다.

ⓑ 기술형 스포츠

[12체육2 - 02 - 01] 기술형 스포츠 문화의 개념과 특성을 탐색하고, 지속적인 경기 참여를 통해 신체적 자기효능감을 높인다.
[12체육2 - 02 - 02] 기술형 스포츠의 경기 기능을 과학적 원리에 따라 분석한다.
[12체육2 - 02 - 03] 기술형 스포츠의 경기 방법 및 전략을 이해하고 경기 상황에 맞게 응용한다.

- 성취기준 해설
  - [12체육2-02-01]은 다양한 유형의 기술형 스포츠를 탐색하는 과정을 통해 기술형 스포츠 문화의 보편성과 특수성을 이해하고, 기술형 스포츠의 가치를 실천하기 위해 설정하였다. 이를 위해 물질문화(시설, 장비 등), 제도문화(규범, 기술체계 등), 관념문화(목표, 가치 등) 등 스포츠 경기 문화 측면에서 동작형, 기록형, 투기형 스포츠 문화를 비교·분석하고, 기술형 스포츠 경기에 참여하는 과정에서 자신의 신체 능력 수준에 대한 기대와 신념을 높이도록 한다.
  - [12체육2-02-02] 중심 이동, 도약, 회전 등 기술형 스포츠 경기 기능 수행에 작용하는 사회과학적, 자연과학적 원리를 이해하고 이러한 원리를 바탕으로 경기 기능을 개선하도록 한다.
  - [12체육2-02-03]은 기술형 스포츠의 경기 방법과 전략이 어떠한 맥락에서 형성되고 만들어졌는지 탐구하여 기술형 스포츠를 깊이 있게 이해하고 경기 상황에 적절하게 적용하기 위해 설정하였다. 이를 위해 자신의 기능 수준과 동작형, 기록형, 투기형 스포츠 경기에서 직면하게 되는 다양한 문제 상황의 해결을 위한 경기 기능의 활용, 경기 상황에 따른 전략적 움직임 등을 이해하고 경기에 응용하도록 한다.

- 성취기준 적용 시 고려 사항
  - 기술형 스포츠 영역에서는 스포츠 문화를 폭넓게 이해하고 경기 기능의 완성을 통해 수월성을 체험할 수 있도록 수준별 학습이 가능한 신체활동을 중심으로 선정하되, 특수교육 학생, 다문화 학생, 느린 학습자, 신체활동에 소극적인 학습자 등 다양한 학습자 및 학교 여건을 고려한다.
  - 기술형 스포츠 영역의 교수·학습 과정에서 발생할 수 있는 다양한 안전사고를 충분히 인지하여 안전사고를 예방한다.
  - 일부 내용 요소를 평가하기보다는 경기 상황에 맞게 경기 기능과 전략을 수행하는 능력, 기술형 스포츠 문화에 대한 이해력, 신체적 자기효능감의 향상 등 다양한 요소를 균형 있게 평가하고, 학습 결과와 학습 과정을 모두 평가한다.
  - 기술형 스포츠 문화에 대한 이해력은 지필 검사, 감상 및 분석 보고서, 포트폴리오 등을 활용하여 평가하고, 기술형 스포츠 경기 수행 능력은 개인별 경기 기능 평가와 경기를 통한 팀 경기 수행 능력 평가, 관찰기록을 통한 게임 수행 평가 등을 통해 평가하며, 신체적 자기효능감의 경우 체크리스트나 일지 등을 활용하여 평가할 수 있다. 또한 학습자 스스로 장단점을 파악하고 자신의 학습을 개선하여 더욱 적극적으로 수업에 참여할 수 있도록 학습자가 평가의 주체가 되는 자기 평가나 동료 평가를 활용하여 평가할 수 있다.

ⓒ 표현 활동

> [12체육2 − 03 − 01] 표현 활동 문화의 유형, 개념, 특성을 이해하고, 다양한 표현 활동 문화를
> 탐색한다.
> [12체육2 − 03 − 02] 표현 활동의 미적 원리를 이해하고, 표현 동작을 심층적으로 분석하여 창
> 의적으로 동작을 수행한다.
> [12체육2 − 03 − 03] 표현 주제에 맞게 창의적으로 작품을 창작하고 감상·비평함으로써 심미
> 적 안목을 갖는다.

- 성취기준 해설
  - [12체육2-03-01]은 표현 활동의 문화를 포괄적으로 탐색하기 위해 설정하였다. 표현 활동 문화의 유형인 수행 문화, 공연 문화, 감상 문화의 개념과 특성을 이해하고, 표현 활동 문화의 유형별 공통점과 차이점을 발견하도록 한다.
  - [12체육2-03-02]는 표현 활동의 동작 및 미적 원리에 대한 이해를 바탕으로 동작을 분석하고 수행하기 위해 설정하였다. 동작 특성, 표현 특성 등의 표현 방법을 바탕으로 표현 동작의 수행을 심층적으로 분석하고, 통일미, 변화미, 조화미, 역동미 등의 미적 요소와 원리를 이해하고 이를 바탕으로 표현 동작을 심층적으로 분석하여 더욱 아름답고 창의적으로 동작을 수행하도록 한다.
  - [12체육2-03-03]은 표현 활동에 대한 깊이 있는 체험을 통해 작품을 창작하고 비평하기 위해 설정하였다. 개인 혹은 모둠이 관심사를 반영하여 설정한 주제에 맞게 창의적으로 동작을 만들고 구성하며, 자신 혹은 타인의 작품을 감상하고 비평하는 과정에서 아름다움을 발견하고 분별할 수 있는 식견을 갖도록 한다.
- 성취기준 적용 시 고려 사항
  - 표현 영역에서는 생각이나 감정을 신체로 표현하고 표현 활동의 문화, 표현의 수행, 창작, 감상·비평을 폭넓게 이해하고 습득할 수 있으며 성별에 상관없이 흥미를 갖고 참여할 수 있는 신체활동을 선정한다.
  - 생각이나 느낌을 표현하는 데 적합한 동작을 익히고 신체 표현으로 의사소통을 하며 작품을 창작하는 일련의 과정을 모두 포함할 수 있도록 하며, 공연 활동에서 안전사고를 예방할 수 있도록 교수·학습을 운영한다.
  - 정형화된 표현 동작의 숙련도에 초점을 맞추기보다 독창적이고 개성 있는 동작과 작품을 창안해내는 능력에 중점을 두고, 다각적인 평가 도구를 활용하여 결과보다는 과정을 중시하는 평가가 이루어지도록 한다.
  - 과정을 중시하는 평가를 위해 체크리스트, 일지, 감상문, 창작보고서 등의 평가 방법을 자기 평가 혹은 동료 평가를 활용하여 평가할 수 있다.

◆ 고등학교 〈체육2〉의 신체활동 예시

영역	신체활동 예시
체력 증진	• 근력 및 근지구력 운동, 심폐지구력 운동, 유연성 운동, 순발력 및 민첩성 운동 등
기술형 스포츠	• 동작형(마루, 안마, 링, 도마, 철봉, 평균대, 평행봉 등) • 기록형(트랙 경기, 필드 경기, 경영, 스피드스케이팅, 국궁, 양궁, 사격 등) • 투기형(태권도, 씨름, 유도, 검도, 펜싱, 복싱 등)
표현 활동	• 스포츠 표현(리듬체조, 치어리딩, 피겨스케이팅, 아티스틱스위밍 등) • 전통 표현(강강술래, 탈춤, 춘앵무, 향발무, 검무, 플라멩코, 발레 등) • 현대 표현(현대무용, 댄스스포츠, 라인댄스, 스트리트댄스, 재즈댄스 등)

③ 교수·학습 및 평가

㉠ 교수·학습

ⓐ 교수·학습의 방향

- 신체활동 역량의 지속적인 발달을 위한 교수·학습이 이루어지도록 한다. 이를 위해 중학교 〈체육〉에서 학습한 체력 운동, 기술형 스포츠, 표현 활동을 심화하여 학습할 수 있도록 다양한 수업 주제와 교수·학습 활동을 선정하고 조직한다.
- 학습자가 과학적 원리와 방법에 따라 체력을 증진하고, 스포츠와 표현 활동의 수행 능력을 심화하여 생활화할 수 있도록 자기 주도적 학습을 위한 맞춤형 교수·학습과 신체활동의 시간적·공간적 확장을 위한 교수·학습이 이루어지도록 한다. 이를 위해 학습자의 수준을 고려하여 적절한 동기 유발 전략을 마련하고 과제 및 학습 자료, 시설과 기자재 등을 효율적으로 조직한다. 또한 가정 및 집 주변, 지역사회에서 신체활동을 지속해서 실천하고 고등학교 시기에 적절한 신체활동에 참여하고 즐기는 방법과 체육 관련 진로를 설계하도록 지도한다.
- 디지털 기술을 활용하여 효율적인 교수·학습이 이루어지도록 한다. 이를 위해 교육과정 운영의 전 과정에서 온·오프라인을 연계하고 다양한 디지털 매체를 활용함으로써 학습자의 신체활동 참여를 촉진하고 효율적인 학습 자료 관리가 가능하도록 지도한다.
- 창의성과 인성 함양을 위한 교수·학습이 이루어지도록 한다. 이를 위해 영역별 신체활동의 심동적, 정의적, 인지적 내용 요소를 균형 있게 학습할 수 있도록 직접 체험 활동과 함께 간접 체험 활동을 제공하고, 타 교과 및 범교과 학습 주제를 체육과 학습 내용과 융합하여 학습할 수 있도록 지도한다.

ⓑ 교수·학습 방법

- 교육과정에서 제시한 내용 영역과 영역별 성취기준을 반드시 지도한다. 내용 영역을 통합하여 계획을 수립할 경우, 각 영역의 내용 요소가 누락 되지 않아야 하며 영역 설정의 취지를 벗어나지 않는 범위 내에서 통합한다.

- 학습자가 과학적 원리와 방법에 따라 체력을 증진하고, 스포츠와 표현 활동의 수행 능력을 심화하여 생활화할 수 있도록, 영역의 성취기준 달성에 충분한 지식과 활동 내용을 제공할 수 있는 신체활동 유형과 종목을 선정한다.
- 학기 초 단위 학교의 학사 일정을 바탕으로 수업 가능 일수와 시간을 파악하고, 수업 장소와 기상 요건 등을 고려하여 수업 활동을 계획한다.
- 학습자의 사전 학습 경험 및 특성을 고려하여 학습자 수준에 맞는 교수·학습 활동을 계획하고 운영한다. 교수·학습 운영에 적합한 시설과 용·기구의 수요를 파악하여 충분한 수량을 확보한다.
- 모든 학습자에게 자기 수준에 맞는 학습 기회를 평등하게 제공하도록 교수·학습 활동을 계획하고 운영한다. 특수교육 학생, 다문화 학생, 느린 학습자, 신체활동에 소극적인 학습자 등 다양한 학습자를 고려하여 학습자가 자신의 수준에 적합한 학습에 참여할 수 있도록 다양한 학습 과제를 제시한다.
- 최소 성취수준 보장을 위해 과목 출석률 및 학업성취율의 이수 조건을 고려하여 영역별 최소 성취수준과 학습량을 설정하고, 수준별 학습, 단계적 학습, 개별 학습과 심화 보충 학습 등이 가능하도록 학생 맞춤형 교수·학습 자료를 구성하며, 학습자가 다양한 방식과 역할로 수업에 참여할 수 있도록 교수·학습 활동을 계획하고 운영한다.

ⓛ 평가

ⓐ 평가의 방향

- 과학적 원리와 방법에 따른 체력 증진과 스포츠와 표현 활동의 수행 능력의 심화 및 생활화를 위한 종합적 평가가 이루어지도록 한다. 체력 운동, 기술형 스포츠, 표현 활동의 지식과 기능의 습득, 가치와 태도의 실천 등을 종합적으로 평가할 수 있도록 실제 맥락에서의 수행 능력을 평가한다.
- 학습자의 학습과 성장 과정을 반영한 다면적 평가가 이루어지도록 한다. 학습 결과와 더불어 학습 과정에서 나타나는 학습자의 과제 수행 및 학습 특성의 변화를 평가하고 평가 방법 및 도구, 평가 주체를 다양화하며 학생 성장을 다면적으로 평가한다.
- 특수교육 학생, 다문화 학생, 느린 학습자 등 다양한 특성을 고려한 학습자 맞춤형 평가와 학습자의 수준과 흥미를 반영한 다양한 교수·학습 방법의 구안을 위해 진단평가 및 형성평가를 적극적으로 활용하고, 최소 성취수준 보장을 위해 과정을 중시하는 평가가 이루어지도록 한다.

ⓑ 평가 방법

- 평가 범위는 교수·학습 활동을 통해 지도된 전 영역을 대상으로 하되, 내용 영역에 따라 평가 비중을 달리할 수 있다. 단, 평가 내용의 균형성을 고려하여 특정 영역에 편중되지 않도록 한다.
- 평가 내용에는 수업 목표와 학습 내용에 제시된 지식·이해, 과정·기능, 가치·태도 요소를 균형 있게 포함한다. 평가의 주체를 고려하여 평가 내용을 선정한다. 특히 동료 또는 자기 평가와 같이 학습자가 주체가 된 평가를 할 경우 구체적인 성취수준을 제공한다.
- 평가를 위한 성취기준 및 성취수준은 교육과정 성취기준과 단위 학교 수업 내용을 바탕으로 개발한다. 평가를 위한 성취기준은 교수·학습의 내용 및 방법을 고려하여 영역별 성취기준을 나누거나 통합할 수 있다.
- 성취수준은 점수화 및 등급화를 위한 기능의 단순 분류나 기록의 명시보다는 영역별 내용 요소에 따른 기능의 도달 정도를 구체적인 행동 수준으로 진술하고, 평가 등급(단계) 또한 양적 요소와 질적 요소를 모두 포함하여 수준에 맞게 진술한다.
- 평가 방법은 학습 목표 및 평가 목적에 적합하게 선정한다. 체육과 평가에서 활용되는 기존 평가 도구를 사용하거나 평가 내용에 적합한 도구를 개발하여 사용할 수 있다.
- 모둠별 학습 활동의 평가 시 개별 학습자의 역할 및 노력과 기여도를 평가하는 방안을 마련한다.
- 평가 결과는 교수·학습을 수정하고 보완하는 데 활용하며, 학습자와 학부모가 쉽게 이해하도록 구체적으로 재구성하여 안내한다.
- 평가 결과의 누가 기록 및 체계적인 관리, 결과 분석 등을 위해 디지털 도구를 활용할 수 있다.

2. 진로 선택 과목

(1) 운동과 건강

① 성격 및 목표

㉠ 성격: <운동과 건강>은 중학교 <체육>의 건강 활동과 체력 운동 영역을 더욱 심화하여 학습함으로써, 운동을 바탕으로 건강을 관리하고, 상황과 맥락에 맞는 개인 맞춤형 트레이닝을 통해 체력을 증진하며, 운동을 생활화하는 능력을 길러주는 과목이다. 개인과 사회의 건강을 위협하는 다양한 문제들이 갈수록 심각해지는 현대 사회에서 운동은 건강한 삶을 영위하는 데 중요한 역할을 한다. 운동은 신체적, 정신적 질환 예방과 사회적 건강에 필수적이며, 체계적이고 과학적인 체력 증진 트레이닝은 체력의 관리에 반드시 필요하다. 건강 관리의 목적과 수준에 적합한 운동을 선택하여 지속해서 참여하는 것은 건강하고 행복한 삶을 살아가는 데 중요한 역할을 한다.

이러한 측면에서 <운동과 건강> 과목에서는 운동을 건강 관리 목적에 맞게 체계적으로 계획하고 체력 증진 트레이닝 프로그램을 실천하며, 운동 손상을 예방하고 관리함으로써 자신의 건강을 능동적으로 관리하고 적정 체력 수준을 유지하면서 활기차게 생활할 수 있도록 하는 데 주안점을 둔다. 이를 위해 중학교 <체육>에서 습득한 건강 활동과 체력 운동에 관한 과학적 방법을 토대로 신체적, 정신적, 사회적 건강 관리를 위한 운동 지식과 방법을 깊이 있고 체계적으로 학습하여 건강을 전문적으로 관리하고, 건강 관련 분야 진로를 탐색하고 설계할 수 있도록 한다. 또한 기술형 스포츠와 표현 활동의 다양한 신체활동을 활용하여 운동의 효과를 높이고, 건강을 체계적으로 관리할 수 있도록 하며, 학습자의 체력 발달 수준과 요구에 맞게 다양한 트레이닝 방법을 조합하여 프로그램을 구성하고 적용하며 체력 운동의 효과를 높일 수 있도록 한다.

ⓛ 목표 : <운동과 건강> 과목은 건강하고 주도적인 삶을 영위하는 데 필요한 신체활동 역량을 기르고, 건강 및 체력 관리 분야의 전문성 향상에 필요한 자질을 함양하는 것을 목표로 한다.

ⓐ 신체적, 정신적, 사회적 건강 관리 방법을 이해하고, 목적에 맞는 건강 운동 계획을 수립하고 습관화하며, 건강 관리에 필요한 가치와 태도를 실천한다.

ⓑ 트레이닝의 종류 및 방법, 운동 손상과 운동 재활의 개념을 이해하고, 목적에 맞게 트레이닝 프로그램을 적용하며, 체력 관리에 필요한 가치와 태도를 실천한다.

② 내용 체계 및 성취기준

㉠ 내용 체계

핵심 아이디어	• 운동은 건강을 관리하는 데 필수적이며, 체력은 상황과 맥락에 적합한 트레이닝을 통해 발달한다. • 운동에 따른 손상의 예방과 관리는 건강하고 활기찬 삶에 필수적인 요소이다.	
범주 ＼ 영역	건강 운동	체력 운동
지식·이해	• 운동과 건강 관리 • 기술형 스포츠와 건강 • 표현 활동과 건강	• 트레이닝의 종류와 방법 • 체력 증진 트레이닝 프로그램 • 운동 손상과 재활
과정·기능	• 건강 운동 계획하기 • 건강 관리하기 • 건강 관련 분야 진로 설계하기	• 트레이닝 프로그램 계획하기 • 트레이닝 프로그램 적용하기 • 운동 손상 관리하기
가치·태도	• 건강 관리에 대한 자기 주도성	• 체력 관리에 대한 자기 주도성

ⓛ 성취기준

ⓐ 건강 운동

> [12운건01 – 01] 운동이 신체적, 정신적 질환 예방과 사회적 건강에 미치는 효과를 파악하고,
> 운동의 목적과 자신의 수준에 적합한 건강 운동을 계획한다.
> [12운건01 – 02] 일일, 주간, 월간 건강 운동 프로그램을 계획하고 자기 주도적으로 실천하여
> 건강을 관리하고, 건강 관련 분야 진로를 설계한다.
> [12운건01 – 03] 기술형 스포츠를 이용한 건강 관리 방법을 탐색하고, 일상에서 실천하며 생활화한다.
> [12운건01 – 04] 표현 활동을 이용한 건강 관리 방법을 탐색하고, 일상에서 실천하며 생활화한다.

• 성취기준 해설

− [12운건01-01]은 건강에서 운동이 갖는 의미와 운동의 필요성을 명확하게 이해하고, 자기 주도적 건강 관리에 필요한 운동을 계획하기 위해 설정하였다. 운동이 건강에 미치는 효과를 뇌혈관질환, 심장질환, 대사질환, 불안증, 스트레스 등 다양한 질환의 예방과 건강한 인간관계 및 사회적 안녕 측면에서 구체적으로 이해하도록 한다.

− [12운건01-02]는 운동 목표에 따라 과학적 원리를 적용하여 운동 프로그램을 구안하여 실천하고, 건강 관련 분야 진로를 설계하기 위해 설정하였다. 자신의 수준에 맞게 운동 종류, 운동 강도, 운동 빈도, 운동 시간 등을 결정하여 하루, 일주일, 한 달 단위의 구체적인 운동 계획을 수립하여 실천하고, 건강 관련 분야 진로 정보를 수집하여 분석하며, 자기 적성에 맞는 진로 계획을 수립하여 건강 관련 분야 진로에서 요구되는 조건이나 자격을 갖출 수 있도록 진로를 설계하고 준비하도록 한다.

− [12운건01-03, 04]는 기술형 스포츠나 표현 활동이 건강에 미치는 효과를 이해하고, 운동 목표에 따라 자신에게 맞는 운동 프로그램을 실천하며 건강을 관리하기 위해 설정하였다. 자신의 운동 수준, 운동 환경, 운동 선호도 등을 고려하여 운동 종목을 선택하고, 운동 계획을 수립하여 실천함으로써 지속해서 건강을 관리하도록 한다.

• 성취기준 적용 시 고려 사항

− 건강 운동 영역에서는 기술형 스포츠와 표현 활동에서 보편적인 신체활동을 선택하되, 학기 단위에 걸친 지속적 참여를 통해 건강을 종합적이고 체계적으로 관리할 수 있는 신체활동을 선정한다.

− 건강 운동 영역에서는 선택한 신체활동을 지속해서 실천하여 건강을 관리할 수 있는 다양한 활동과 함께 신체활동의 학습이 가능하도록 운영한다.

− 기술형 스포츠와 건강, 표현 활동과 건강 요소의 경우 학습자가 선호하거나 관심 있는 신체활동을 선택하고 자신의 수준에 맞게 안전에 유의하며 활동하면서 자기 주도적으로 건강을 관리할 수 있도록 한다.

- 건강 관련 분야 진로와 관련된 직업 정보를 체계적으로 탐색하되, 건강 운동 및 체력 운동 분야를 폭넓게 살펴보도록 한다. 또한 진로 탐색 결과와 학습자의 흥미, 적성, 특기 등을 바탕으로 진로를 창의적으로 설계하고 적절한 계획을 수립하여 준비할 수 있도록 운영한다.
- 신체활동의 수행 능력, 운동 프로그램을 계획하고 일상생활에서 꾸준히 실천하여 건강을 자기 주도적으로 관리할 수 있는 능력, 건강 관련 분야 진로 설계 능력 등 다양한 요소를 균형 있게 평가하고, 학습 결과와 학습 과정을 모두 평가한다.
- 경기 수행 능력은 개인별 경기 기능 평가와 팀 경기 수행 능력 평가, 관찰기록을 통한 게임 수행평가 등을 활용하여 평가하고, 자기 주도적 건강 관리 활동과 진로 설계를 평가하기 위해 운동 일지, 보고서, 체크리스트, 포트폴리오 등을 활용하여 평가할 수 있다. 또한 학습자가 스스로 장단점을 파악하고 자신의 학습을 개선하여 더욱 적극적으로 수업에 참여할 수 있도록 학습자가 평가의 주체가 되는 자기 평가나 동료 평가를 활용하여 평가할 수 있다.

ⓑ 체력 운동

> [12운건02 − 01] 운동 처방에 따른 트레이닝의 종류와 방법을 이해하여 체력 증진을 위한 트레이닝 프로그램을 계획하고 체력 운동에 적용하며 자기 주도적으로 체력을 관리한다.
> [12운건02 − 02] 운동 손상의 원인과 기전을 이해하고, 적절한 응급처치와 재활 운동을 통해 운동 손상을 관리한다.

- 성취기준 해설
  - [12운건02-01]은 운동 처방에서 트레이닝의 효과와 중요성을 이해하고 관련 지식을 습득하여 자기 주도적으로 체력을 관리하기 위해 설정하였다. 인터벌 트레이닝, 서킷 트레이닝, 웨이트 트레이닝, 아이소메트릭 트레이닝, 스트레칭 등 체력 요소별 트레이닝 방법과 운동 목적에 따라 다양한 트레이닝 방법을 혼합하는 트레이닝 프로그램 구성 방법을 이해하고 이를 바탕으로 트레이닝 프로그램을 계획하고 체력 운동에 적용하여 체력을 관리하도록 한다.
  - [12운건02-02]는 운동 과정에서 발생할 수 있는 운동 손상에 대한 이해를 바탕으로 안전하게 운동하기 위해 설정하였다. 체력 증진 트레이닝 과정에서 발생할 수 있는 외상성 부상과 과사용 부상의 원인과 발생 기전을 이해하고, 상해의 종류에 따른 적절한 응급처치 방법과 재활 운동 방법을 통해 운동 손상을 관리하도록 한다.
- 성취기준 적용 시 고려 사항
  - 체력 운동 영역에서는 다양한 체력 요소의 유지·증진이 가능하고 학습자의 체력 수준에 따라 수준별 학습이 가능한 신체활동을 선정한다.

－ 체력 운동 영역은 다른 영역의 내용과 연계하여 운영할 수 있으며, 체력 증진의 중요성과 필요성을 인식하여 적극적으로 체력 관리 활동에 참여할 수 있도록 운영한다. 또한 운동 손상에 따른 응급처치 능력을 함양하여 다양한 상황에서 적절하게 대처하도록 교수·학습을 운영한다.

－ 체력 운동을 지속해서 실천할 수 있는 다양한 활동을 제시하고, 디지털 기기를 활용하여 실천 내용을 기록하고 관리할 수 있도록 하며, 체육 관련 진로 설계와 연계할 수 있도록 운영한다.

－ 일부 체력 요소의 성취도 평가는 지양하고 체계적이고 종합적인 관리 방법의 실천 여부를 중심으로 평가한다.

－ 체력 운동을 실천하는 과정은 체력 관리 일지, 보고서, 체크리스트, 포트폴리오 등을 활용하여 평가하며, 응급 처치와 운동 손상을 관리하는 방법은 활동 중심 으로 평가한다. 또한 학습자가 스스로 장단점을 파악하고 자신의 학습을 개선 하여 더욱 적극적으로 수업에 참여할 수 있도록 학습자가 평가의 주체가 되는 자기 평가나 동료 평가를 활용하여 평가할 수 있다.

◈ 고등학교 〈운동과 건강〉의 신체활동 예시

영역	신체활동 예시
건강 운동	• 건강 관리 운동(요가, 필라테스, 사이클링, 건강달리기, 하이킹, 등산, 캠핑 등) • 건강 관리를 위한 기술형 스포츠(육상, 경영, 스케이팅, 태권도, 씨름, 복싱, 유도, 검도 등) • 건강 관리를 위한 표현 활동(리듬체조, 치어리딩, 우리나라의 전통무용, 외국의 전통무용, 현대무용, 댄스스포츠, 라인댄스, 스트리트댄스, 재즈댄스 등) • 건강 관련 분야 진로 설계 활동
체력 운동	• 체력 증진 트레이닝(인터벌 트레이닝, 서킷 트레이닝, 웨이트 트레이닝, 아이소 메트릭 트레이닝, 응용 트레이닝(크로스핏, 스피닝 등) • 운동 손상 예방 및 응급처치 활동(스트레칭, 테이핑, 스포츠마사지, 약품 사용, 심폐소생술 등)

③ 교수·학습 및 평가

㉠ 교수·학습

ⓐ 교수·학습의 방향

• 신체활동 역량의 지속적인 발달을 위한 교수·학습이 이루어지도록 한다. 이를 위해 중학교 〈체육〉에서 학습한 건강 활동과 체력 운동을 심화하여 학습할 수 있도록 다양한 수업 주제와 교수·학습 활동을 선정하고 조직한다.

• 학습자가 생애주기에 따라 건강을 유지 및 증진하고, 타인 및 환경과 상호작용하 며 스포츠를 생활화할 수 있도록 자기 주도적 학습을 위한 맞춤형 교수·학습과 신체활동의 시간적·공간적 확장을 위한 교수·학습이 이루어지도록 한다. 이를

위해 학습자의 수준을 고려하여 적절한 동기 유발 전략을 마련하고 과제 및 학습 자료, 시설과 기자재 등을 효율적으로 조직한다. 또한 가정 및 집 주변, 지역사회에서 신체활동을 지속해서 실천하고 고등학교 시기에 적절한 신체활동에 참여하고 즐기는 방법과 체육 관련 진로를 설계하도록 지도한다.

- 디지털 기술을 활용하여 효율적인 교수·학습이 이루어지도록 한다. 이를 위해 교육과정 운영의 전 과정에서 온·오프라인을 연계하고 다양한 디지털 매체를 활용함으로써 학습자의 신체활동 참여를 촉진하고 효율적인 학습 자료 관리가 가능하도록 지도한다.

- 창의성과 인성 함양을 위한 교수·학습이 이루어지도록 한다. 이를 위해 영역별 신체활동의 심동적, 정의적, 인지적 내용 요소를 균형 있게 학습할 수 있도록 직접 체험 활동과 함께 간접 체험 활동을 제공하고, 타 교과 및 범교과 학습 주제를 체육과 학습 내용과 융합하여 학습할 수 있도록 지도한다.

ⓑ 교수·학습 방법

- 교육과정에서 제시한 내용 영역과 영역별 성취기준을 반드시 지도한다. 내용 영역을 통합하여 계획을 수립할 경우, 각 영역의 내용 요소가 누락 되지 않아야 하며 영역 설정의 취지를 벗어나지 않는 범위 내에서 통합한다.

- 학습자가 생애주기에 따라 건강을 유지 및 증진하고, 타인 및 환경과 상호작용하며 스포츠를 생활화할 수 있도록, 영역의 성취기준 달성에 충분한 지식과 활동 내용을 제공할 수 있는 신체활동 유형과 종목을 선정한다.

- 학기 초 단위 학교의 학사 일정을 바탕으로 수업 가능 일수와 시간을 파악하고, 수업 장소와 기상 요건 등을 고려하여 수업 활동을 계획한다.

- 학습자의 사전 학습 경험 및 특성을 고려하여 학습자 수준에 맞는 교수·학습 활동을 계획하고 운영한다. 교수·학습 운영에 적합한 시설과 용·기구의 수요를 파악하여 충분한 수량을 확보한다.

- 모든 학습자에게 자기 수준에 맞는 학습 기회를 평등하게 제공하도록 교수·학습 활동을 계획하고 운영한다. 특수교육 학생, 다문화 학생, 느린 학습자, 신체활동에 소극적인 학습자 등 다양한 학습자를 고려하여 학습자가 자신의 수준에 적합한 학습에 참여할 수 있도록 다양한 학습 과제를 제시한다.

- 최소 성취수준 보장을 위해 과목 출석률 및 학업성취율의 이수 조건을 고려하여 영역별 최소 성취수준과 학습량을 설정하고, 수준별 학습, 단계적 학습, 개별 학습과 심화 보충 학습 등이 가능하도록 학생 맞춤형 교수·학습 자료를 구성하며, 학습자가 다양한 방식과 역할로 수업에 참여할 수 있도록 교수·학습 활동을 계획하고 운영한다.

ⓛ 평가

ⓐ 평가의 방향

- 운동을 바탕으로 건강을 관리하고, 상황과 맥락에 맞는 트레이닝을 통해 개인 맞춤형 체력을 증진하며, 운동을 생활화하고 진로와 연계할 수 있는 능력의 종합적 평가가 이루어지도록 한다. 건강 활동과 체력 운동의 지식과 기능의 습득, 가치와 태도의 실천 등을 종합적으로 평가할 수 있도록 실제 맥락에서의 수행 능력을 평가한다.

- 학습자의 학습과 성장 과정을 반영한 다면적 평가가 이루어지도록 한다. 학습 결과와 더불어 학습 과정에서 나타나는 학습자의 과제 수행 및 학습 특성의 변화를 평가하고 평가 방법 및 도구, 평가 주체를 다양화하며 학생 성장을 다면적으로 평가한다.

- 특수교육 학생, 다문화 학생, 느린 학습자 등 다양한 특성을 고려한 학습자 맞춤형 평가와 학습자의 수준과 흥미를 반영한 다양한 교수·학습 방법의 구안을 위해 진단평가 및 형성평가를 적극적으로 활용하고, 최소 성취수준 보장을 위해 과정을 중시하는 평가가 이루어지도록 한다.

ⓑ 평가 방법

- 평가 범위는 교수·학습 활동을 통해 지도된 전 영역을 대상으로 하되, 내용 영역에 따라 평가 비중을 달리할 수 있다. 단, 평가 내용의 균형성을 고려하여 특정 영역에 편중되지 않도록 한다.

- 평가 내용에는 수업 목표와 학습 내용에 제시된 지식·이해, 과정·기능, 가치·태도 요소를 균형 있게 포함한다. 평가의 주체를 고려하여 평가 내용을 선정한다. 특히 동료 또는 자기 평가와 같이 학습자가 주체가 된 평가를 할 경우 구체적인 성취수준을 제공한다.

- 평가를 위한 성취기준 및 성취수준은 교육과정 성취기준과 단위 학교 수업 내용을 바탕으로 개발한다. 평가를 위한 성취기준은 교수·학습의 내용 및 방법을 고려하여 영역별 성취기준을 나누거나 통합할 수 있다.

- 성취수준은 점수화 및 등급화를 위한 기능의 단순 분류나 기록의 명시보다는 영역별 내용 요소에 따른 기능의 도달 정도를 구체적인 행동 수준으로 진술하고, 평가 등급(단계) 또한 양적 요소와 질적 요소를 모두 포함하여 수준에 맞게 진술한다.

- 평가 방법은 학습 목표 및 평가 목적에 적합하게 선정한다. 체육과 평가에서 활용되는 기존 평가 도구를 사용하거나 평가 내용에 적합한 도구를 개발하여 사용할 수 있다.

- 모둠별 학습 활동의 평가 시 개별 학습자의 역할 및 노력과 기여도를 평가하는 방안을 마련한다.

- 평가 결과는 교수·학습을 수정하고 보완하는 데 활용하며, 학습자와 학부모가 쉽게 이해하도록 구체적으로 재구성하여 안내한다.
- 평가 결과의 누가 기록 및 체계적인 관리, 결과 분석 등을 위해 디지털 도구를 활용할 수 있다.

(2) 스포츠 문화

① 성격 및 목표

㉠ 성격 : <스포츠 문화>는 중학교 <체육>의 스포츠 영역에 내재한 문화적 측면을 더욱 심화하여 학습함으로써, 인간이 스포츠 활동 과정에서 축적한 다양한 문화 양식을 이론적, 실제적으로 탐구하고 스포츠 경기와 통합하여 실천할 수 있는 자질을 길러주는 과목이다.

인간은 다양한 방식으로 스포츠를 경험한다. 스포츠에 직접 참여하기도 하고, 경기를 관람하며 간접적으로 참여하기도 한다. 최근에는 스포츠 관련 시, 소설, 수필, 자서전 등의 문학 작품을 읽거나 영화, 연극, 음악, 미술 등의 예술 작품으로 스포츠 문화를 보고 듣고 즐기기도 한다. 스포츠 관련 문학, 예술, 역사, 철학 등의 문화 속에는 스포츠의 정신과 바람직한 삶의 가치가 깃들어져 있으며, 이러한 스포츠 서사를 탐구하는 것은 스포츠 문화를 더욱 폭넓게 이해하고 교양 있는 시민으로서 문화적 소양을 갖추도록 해준다. 이러한 측면에서 <스포츠 문화> 과목에서는 스포츠 인문 문화와 경기 문화를 탐색하고, 스포츠 경기 과정에 이를 연계하고 접목함으로써 스포츠 문화를 다양하게 이해하고 실천하는 데 주안점을 둔다. 이를 위해 중학교 <체육>에서 습득한 스포츠의 역사 및 특성, 경기 기능, 방법, 전략 등을 토대로 스포츠 경기에 참여하면서 스포츠 문화를 경험하고 향유하며, 스포츠 경기대회에서 다양한 역할을 수행하면서 스포츠 문화에 대한 폭넓은 안목을 높이고, 스포츠 문화 분야 진로를 탐색하고 설계할 수 있도록 한다.

㉡ 목표 : <스포츠 문화> 과목은 활동적이고 창의적인 삶, 신체활동 문화를 향유하는 삶을 영위하는 데 필요한 신체활동 역량을 기르고, 스포츠 문화 분야의 전문성 향상에 필요한 자질을 함양하는 것을 목표로 한다.

ⓐ 스포츠의 인문적 특성을 비판적으로 탐구하고, 스포츠 대회에 참가하며, 다양한 방식으로 스포츠에 참가하며, 스포츠 인문 문화에 내재한 가치와 태도를 실천한다.

ⓑ 스포츠 경기 문화의 특성을 이해하고, 스포츠 대회를 주도적으로 기획하고 운영하며, 다양한 역할로 스포츠에 참가하며, 스포츠 경기 문화에 내재한 가치와 태도를 실천한다.

② 내용 체계 및 성취기준

㉠ 내용 체계

핵심 아이디어	• 스포츠 인문 문화 및 경기 문화 양식에 대한 성찰은 인간의 스포츠 향유를 다양하게 확장하고 행복한 삶으로 이끈다. • 인간은 스포츠 경기 문화를 사회 변화에 맞게 개선하고, 다양한 문화와 연계함으로써 스포츠를 문화적으로 발전시킨다.	
영역 범주	스포츠 인문 문화	스포츠 경기 문화
지식·이해	• 스포츠 인문 문화의 개념 및 특성 • 스포츠의 역사와 철학 • 스포츠의 문학과 예술	• 스포츠 경기 문화의 개념 및 특성 • 스포츠 경기 문화의 구성 체계 및 방법
과정·기능	• 스포츠 문화 비평하기 • 스포츠 대회 기획 및 운영하기 • 스포츠 대회 참여하기 • 스포츠 문화 분야 진로 설계하기	
가치·태도	• 스포츠 문화에 대한 비판적 태도 • 스포츠 문화에 대한 확산적 사고	

㉡ 성취기준

ⓐ 스포츠 인문 문화

> [12스문01 – 01] 스포츠 인문 문화의 개념 및 특성을 이해하고, 스포츠 대회에 다양한 방식으로 참여한다.
> [12스문01 – 02] 스포츠의 역사와 철학을 탐구하고, 스포츠의 문화를 비판적으로 분석한다.
> [12스문01 – 03] 스포츠를 주제로 한 다양한 문학과 예술을 비교·분석하고, 스포츠 인문 문화 분야 진로를 설계한다.

• 성취기준 해설
  – [12스문01-01]은 스포츠 경기에 직접 참여하는 방식과 다양한 인문 문화의 서사적 접근을 통한 간접 참여 방식의 중요성과 가치를 인식하기 위해 설정하였다. 스포츠를 매개로 하는 다양한 인문 문화(시, 소설, 수필, 희곡, 영화, 음악, 미술, 건축, 종교, 역사, 철학 등)에 대해 이해하고 창작·비평하며, 스포츠 경기를 수행하도록 한다.
  – [12스문01-02]는 스포츠의 역사와 철학의 탐구과정에서 올바른 스포츠 역사의식과 스포츠의 가치를 인식하는 능력을 기르기 위해 설정하였다. 스포츠의 역사(유래, 변천, 경기 유형, 인물, 기록, 사건 등)와 스포츠 철학(스포츠 윤리, 스포츠의 관례·의식 등)에 대해 깊이 있게 탐구하고, 스포츠 역사와 철학에 관련된 문화에 대한 가치 판단을 통해 스포츠 현상의 긍정적인 측면과 부정적인 측면을 이해하도록 한다.

— [12스문01-03]은 스포츠와 관련된 문학과 예술 분야에 대한 가치를 인식하고 스포츠 문화를 향유하며, 스포츠 인문 문화 분야 진로를 설계하기 위해 설정하였다. 스포츠 경험으로 창출된 시, 소설, 희곡, 수필 등과 같은 스포츠 문학과 음악, 연극, 영화, 회화, 조각 등과 같은 스포츠 예술 분야의 공통점과 차이점, 유사점을 발견하고, 서사적 형태의 스포츠 문학과 예술 고유의 가치를 명확하게 인식하도록 한다. 또한 스포츠 인문 문화 분야 진로 정보를 수집하여 분석하고, 자기 적성에 맞는 진로 계획을 수립하여 스포츠 인문 문화 분야 진로에서 요구되는 조건이나 자격을 갖출 수 있도록 진로를 설계하고 준비하도록 한다.

• 성취기준 적용 시 고려 사항

— 스포츠 인문 문화 영역의 학습은 스포츠 경기에 직접 참여하는 과정에서 이루어지도록 한다.

— 스포츠 인문 문화 영역의 신체활동은 생활 스포츠 활동과 연계되고 인문적 가치가 다양하게 드러나는 전통 스포츠 경기를 선정하되, 성별, 신체적, 문화적 차이로 소외되는 학습자 없이 참여할 수 있는 신체활동을 선정한다.

— 스포츠 인문 문화 영역에서는 선정된 신체활동과 관련된 역사, 철학, 문학, 예술 등 스포츠 인문 문화 영역의 서사적 학습 자료(시, 수필, 회화, 영화, 음악, 미술 등)를 다양하게 활용한다.

— 학습 자료를 준비할 때 학습자의 성별, 신체적, 문화적 차이를 고려하여 내용을 선정하고 스포츠 문화에 대한 부정적 관점이나 왜곡된 사실이 전달되지 않도록 한다.

— 스포츠 인문 문화 분야 진로와 관련된 직업 정보를 체계적으로 탐색하고, 진로 탐색 결과와 학습자의 흥미, 적성, 특기 등을 바탕으로 진로를 창의적으로 설계하고 준비할 수 있도록 지도한다.

— 스포츠 경기 수행 능력, 스포츠 인문 문화에 대한 이해 및 실천력, 스포츠 인문 문화 분야 진로 설계 능력 등 다양한 요소를 균형 있게 평가하고, 학습 결과와 학습 과정을 모두 평가한다.

— 스포츠 경기 수행 능력은 개인별 경기 기능 평가와 경기를 통한 팀 경기 수행 능력 평가, 관찰기록을 통한 게임 수행평가 등을 활용하여 평가하고, 스포츠 인문 문화에 대한 이해 및 실천력과 진로 설계 능력은 지필 검사, 감상 및 분석 보고서, 토론 및 발표, 포트폴리오 등을 활용하여 평가한다. 또한 학습자 스스로 장단점을 파악하고 자신의 학습을 개선하여 더욱 적극적으로 수업에 참여할 수 있도록 학습자가 평가의 주체가 되는 자기 평가나 동료 평가를 활용하여 평가할 수 있다.

ⓑ 스포츠 경기 문화

> [12스문02 – 01] 스포츠 경기 문화의 개념 및 특성을 이해하고, 스포츠 대회에 다양한 역할로 참여한다.
>
> [12스문02 – 02] 스포츠 경기 문화의 구성 체계 및 방법에 따라 스포츠 대회를 기획하고 운영하며, 스포츠 경기 문화 분야 진로를 설계한다.
>
> [12스문02 – 03] 스포츠 경기 문화의 가치를 이해하고, 스포츠 경기 문화를 다양한 분야와 접목한다.

- 성취기준 해설
  - [12스문02-01]은 스포츠 경기 문화의 개념과 특성을 이해함으로써 경기 참여 이외의 다양한 역할로 스포츠 대회에 참가하는 것의 중요성을 인식하기 위해 설정하였다. 운동 기능이 발전하여 성립한 스포츠 경기 문화(장비, 기술체계, 규범, 사상과 이념, 제도와 조직 등)에 대해 이해하고, 형식을 갖춘 스포츠 대회에 적극적으로 참가하는 태도와 스포츠 경기를 수행하도록 한다.
  - [12스문02-02]는 스포츠 경기 문화의 구성체계를 적합하게 반영하여 스포츠 대회를 기획하고 운영하며, 스포츠 경기 문화 분야 진로를 설계하기 위해 설정하였다. 물질문화(장비, 경기 용구 등), 제도문화(규범, 기술체계 등), 관념문화(목표, 가치 등)로 이루어진 스포츠 경기 문화의 구성체계를 이해하고, 제도와 조직(경기 구성원의 역할, 경기 절차, 운영 방법, 경기 단체 등)을 갖춘 스포츠 대회를 기획하고 운영한다. 또한 스포츠 경기 문화 분야에 관한 진로 정보를 수집하여 분석하고, 자기 적성에 맞는 진로 계획을 수립하여 스포츠 경기 문화 분야 진로에서 요구되는 조건이나 자격을 갖출 수 있도록 진로를 설계하고 준비하도록 한다.
  - [12스문02-03]은 스포츠 경기 문화가 타 분야와 융합하여 새로운 스포츠 문화를 창출할 수 있음을 인식하도록 설정하였다. 스포츠 경기 문화는 스포츠 참여의 다양성, 지역 및 국가적 스포츠 문화의 발전, 나아가 인종·언어·국경을 초월한 보편적 가치를 지니고 있음을 이해하고, 미래 스포츠 문화의 발전을 위해 스포츠 경기 문화를 인문, 사회, 과학 등 다양한 분야와 접목하는 확산적 사고를 갖도록 한다.
- 성취기준 적용 시 고려 사항
  - 스포츠 경기 문화 영역의 학습은 스포츠 경기에 직접 참여하는 과정에서 이루어지도록 한다.
  - 스포츠 경기 문화 영역에서는 학생 주도적인 스포츠 대회의 기획과 운영이 가능하게 하고, 성별, 신체적, 문화적 차이에 상관없이 모든 학습자의 참여가 가능하며, 스포츠 대회와 관련된 문화를 폭넓게 연계하여 스포츠 경기 대회를 수행할 수 있도록 운영한다.

- 경기 참여자와 축제 참여자 역할을 다양하게 마련하여 수업에 참여하는 모든 학습자가 역할을 맡아 활동할 수 있도록 스포츠 대회를 구성한다.
- 경기 절차 및 운영 방법을 이해하고 진행할 수 있도록 경기 문화 구성체계를 지도하며 스포츠 유형별 경기 및 관람, 대회 운영 과정에서 발생할 수 있는 안전사고를 예방하도록 교수·학습을 운영한다.
- 스포츠 경기 문화 분야 진로와 관련된 직업 정보를 체계적으로 탐색하고, 진로 탐색 결과와 학습자의 흥미, 적성, 특기 등을 바탕으로 진로를 창의적으로 설계하고 준비할 수 있도록 지도한다.
- 경기 수행 능력, 스포츠 경기 문화에 대한 이해 및 실천력, 스포츠 경기 문화 분야 진로 설계 능력 등 다양한 요소를 균형 있게 평가하고, 학습 결과와 학습 과정을 모두 평가한다.
- 스포츠 경기 수행 능력은 개인별 경기 기능 평가와 경기를 통한 팀 경기 수행 능력 평가, 관찰기록을 통한 게임 수행평가 등을 활용하여 평가하고, 스포츠 경기 문화에 대한 이해 및 실천력과 진로 설계 능력은 지필 검사, 감상 및 분석 보고서, 토론 및 발표, 포트폴리오 등을 활용하여 평가한다. 또한 학습자 스스로 장단점을 파악하고 자신의 학습을 개선하여 더욱 적극적으로 수업에 참여할 수 있도록 학습자가 평가의 주체가 되는 자기 평가나 동료 평가를 활용하여 평가할 수 있다.

◈ **고등학교 〈스포츠 문화〉의 신체활동 예시**

영역	신체활동 예시
스포츠 인문 문화	• 스포츠 종목 중 택 1 이상 • 스포츠 인문 문화 분야 진로 탐색 활동
스포츠 경기 문화	• 스포츠 종목 중 택 1 이상 • 스포츠 경기 문화 분야 진로 탐색 활동

③ 교수·학습 및 평가

㉠ 교수·학습

ⓐ 교수·학습의 방향

- 신체활동 역량의 지속적인 발달을 위한 교수·학습이 이루어지도록 한다. 이를 위해 스포츠 문화에 대한 안목과 스포츠 활동에서 실천할 수 있는 자질을 함양할 수 있도록 다양한 수업 주제와 교수·학습 활동을 선정하고 조직한다.

- 학습자가 스포츠 활동 과정에서 축적한 다양한 문화 양식을 이론적, 실제적으로 탐구함으로써 스포츠 경기와 통합하여 실천할 수 있도록 자기 주도적 학습을 위한 맞춤형 교수·학습과 신체활동의 시간적·공간적 확장을 위한 교수·학습이 이루어지도록 한다. 이를 위해 학습자의 수준을 고려하여 적절한 동기 유발 전략을 마련하고 과제 및 학습 자료, 시설과 기자재 등을 효율적으로 조직한다. 또한 가정 및 집 주변, 지역사회에서 신체활동을 지속해서 실천하고 고등학교 시기에 적절한 신체활동에 참여하고 즐기는 방법을 익히고 체육 관련 진로를 설계하도록 지도한다.
- 디지털 기술을 활용하여 효율적인 교수·학습이 이루어지도록 한다. 이를 위해 교육과정 운영의 전 과정에서 온·오프라인을 연계하고 다양한 디지털 매체를 활용함으로써 학습자의 신체활동 참여를 촉진하고 효율적인 학습 자료 관리가 가능하도록 지도한다.
- 창의성과 인성 함양을 위한 교수·학습이 이루어지도록 한다. 이를 위해 영역별 신체활동의 심동적, 정의적, 인지적 내용 요소를 균형 있게 학습할 수 있도록 직접 체험 활동과 함께 간접 체험 활동을 제공하고, 타 교과 및 범교과 학습 주제를 체육과 학습 내용과 융합하여 학습할 수 있도록 지도한다.

ⓑ 교수·학습 방법

- 교육과정에서 제시한 내용 영역과 영역별 성취기준을 반드시 지도한다. 내용 영역을 통합하여 계획을 수립할 경우, 각 영역의 내용 요소가 누락 되지 않아야 하며 영역 설정의 취지를 벗어나지 않는 범위 내에서 통합한다.
- 학습자가 스포츠 활동 과정에서 축적한 다양한 문화 양식을 이론적, 실제적으로 탐구함으로써 스포츠 경기와 통합하여 실천할 수 있도록, 영역의 성취기준 달성에 충분한 지식과 활동 내용을 제공할 수 있는 신체활동 유형과 종목을 선정한다.
- 학기 초 단위 학교의 학사 일정을 바탕으로 수업 가능 일수와 시간을 파악하고, 수업 장소와 기상 요건 등을 고려하여 수업 활동을 계획한다.
- 학습자의 사전 학습 경험 및 특성을 고려하여 학습자 수준에 맞는 교수·학습 활동을 계획하고 운영한다. 교수·학습 운영에 적합한 시설과 용·기구의 수요를 파악하여 충분한 수량을 확보한다.
- 모든 학습자에게 자기 수준에 맞는 학습 기회를 평등하게 제공하도록 교수·학습 활동을 계획하고 운영한다. 특수교육 학생, 다문화 학생, 느린 학습자, 신체활동에 소극적인 학습자 등 다양한 학습자를 고려하여 학습자가 자신의 수준에 적합한 학습에 참여할 수 있도록 다양한 학습 과제를 제시한다.

- 최소 성취수준 보장을 위해 과목 출석률 및 학업성취율의 이수 조건을 고려하여 영역별 최소 성취수준과 학습량을 설정하고, 수준별 학습, 단계적 학습, 개별 학습과 심화 보충 학습 등이 가능하도록 학생 맞춤형 교수·학습 자료를 구성하며, 학습자가 다양한 방식과 역할로 수업에 참여할 수 있도록 교수·학습 활동을 계획하고 운영한다.

ⓛ 평가

ⓐ 평가의 방향

- 스포츠 활동 과정에서 축적한 다양한 문화 양식을 이론적, 실제적으로 탐구함으로써 스포츠 경기와 통합하여 실천할 수 있는 능력을 기르기 위한 종합적 평가가 이루어지도록 한다. 스포츠 인문 문화와 경기 문화의 지식과 안목의 습득, 스포츠 활동을 통한 실천 등을 종합적으로 평가할 수 있도록 실제 맥락에서의 수행 능력을 평가한다.
- 학습자의 학습과 성장 과정을 반영한 다면적 평가가 이루어지도록 한다. 학습 결과와 더불어 학습 과정에서 나타나는 학습자의 과제 수행 및 학습 특성의 변화를 평가하고 평가 방법 및 도구, 평가 주체를 다양화하며 학생 성장을 다면적으로 평가한다.
- 특수교육 학생, 다문화 학생, 느린 학습자 등 다양한 특성을 고려한 학습자 맞춤형 평가와 학습자의 수준과 흥미를 반영한 다양한 교수·학습 방법의 구안을 위해 진단평가 및 형성평가를 적극적으로 활용하고, 최소 성취수준 보장을 위해 과정을 중시하는 평가가 이루어지도록 한다.

ⓑ 평가 방법

- 평가 범위는 교수·학습 활동을 통해 지도된 전 영역을 대상으로 하되, 내용 영역에 따라 평가 비중을 달리할 수 있다. 단, 평가 내용의 균형성을 고려하여 특정 영역에 편중되지 않도록 한다.
- 평가 내용에는 수업 목표와 학습 내용에 제시된 지식·이해, 과정·기능, 가치·태도 요소를 균형 있게 포함한다. 평가의 주체를 고려하여 평가 내용을 선정한다. 특히 동료 또는 자기 평가와 같이 학습자가 주체가 된 평가를 할 경우 구체적인 성취수준을 제공한다.
- 평가를 위한 성취기준 및 성취수준은 교육과정 성취기준과 단위 학교 수업 내용을 바탕으로 개발한다. 평가를 위한 성취기준은 교수·학습의 내용 및 방법을 고려하여 영역별 성취기준을 나누거나 통합할 수 있다.
- 성취수준은 점수화 및 등급화를 위한 기능의 단순 분류나 기록의 명시보다는 영역별 내용 요소에 따른 기능의 도달 정도를 구체적인 행동 수준으로 진술하고, 평가 등급(단계) 또한 양적 요소와 질적 요소를 모두 포함하여 수준에 맞게 진술한다.

- 평가 방법은 학습 목표 및 평가 목적에 적합하게 선정한다. 체육과 평가에서 활용되는 기존 평가 도구를 사용하거나 평가 내용에 적합한 도구를 개발하여 사용할 수 있다.
- 모둠별 학습 활동의 평가 시 개별 학습자의 역할 및 노력과 기여도를 평가하는 방안을 마련한다.
- 평가 결과는 교수·학습을 수정하고 보완하는 데 활용하며, 학습자와 학부모가 쉽게 이해하도록 구체적으로 재구성하여 안내한다.
- 평가 결과의 누가 기록 및 체계적인 관리, 결과 분석 등을 위해 디지털 도구를 활용할 수 있다.

(3) 스포츠 과학

① 성격 및 목표

㉠ 성격 : <스포츠 과학>은 중학교 <체육>의 스포츠 영역에 내재한 과학적 원리를 이론적, 실제적으로 더욱 심화하여 학습함으로써, 스포츠 현상을 체계적으로 분석하고 효율적으로 실천할 수 있는 자질을 길러주는 과목이다.

스포츠 현상은 사회과학 및 자연과학에 근거하여 분석할 수 있으며, 스포츠에 대한 과학적 분석은 스포츠 경기 기술뿐만 아니라 경기 방식 및 문화 양식에도 영향을 미친다. 스포츠 현상을 스포츠 심리학 및 스포츠 사회학, 운동생리학 및 운동 역학적 원리와 방법으로 탐구하는 것은 스포츠 현상에 대한 정확하고 깊이 있는 이해를 가능하게 하며, 이를 통해 스포츠에 대한 과학적 안목과 분석 능력을 갖출 수 있다.

이러한 측면에서 <스포츠 과학> 과목에서는 스포츠 현상을 사회과학적 원리와 자연과학적 원리에 근거하여 분석하고 스포츠 경기 참여 과정에 적용함으로써 스포츠에 대한 과학적 안목과 창의적 사고를 함양하는 데 주안점을 둔다. 이를 위해 중학교 <체육>에서 습득한 스포츠 경기 기능, 방법, 전략 등을 토대로 스포츠 경기에 참여하면서 스포츠를 효율적으로 수행하는 데 필요한 과학적 원리를 이론적 수준에서 적용하고 실천하는 과정을 통해 스포츠에 대한 과학적 안목과 수행 능력을 높이며, 스포츠 과학 분야 진로를 탐색하고 설계할 수 있도록 한다.

㉡ 목표 : <스포츠 과학> 과목은 활동적이고 창의적인 삶, 신체활동 문화를 향유하는 삶을 영위하는 데 필요한 신체활동 역량을 기르고, 스포츠 과학 분야의 전문성 향상에 필요한 자질을 함양하는 것을 목표로 한다.

ⓐ 스포츠와 사회과학과의 관계를 탐구하고, 스포츠 경기 활동에 적용함으로써 스포츠 현상을 사회과학적으로 이해하는 안목과 태도를 갖는다.

ⓑ 스포츠와 자연과학과의 관계를 탐구하고, 스포츠 경기 활동에 적용함으로써 스포츠 현상을 자연과학적으로 이해하는 안목과 태도를 갖는다.

② 내용 체계 및 성취기준

㉠ 내용 체계

핵심 아이디어	• 스포츠의 현상은 사회과학적 분석과 자연과학적 분석에 기초하여 원리가 밝혀지고 이론으로 정립된다. • 인간은 스포츠를 사회과학적, 자연과학적으로 탐구하고, 스포츠와 과학 분야의 융합적 관계를 발견하고 실제 스포츠에 적용한다.	
범주　　영역	스포츠와 사회과학	스포츠와 자연과학
지식·이해	• 스포츠와 사회과학의 관계 • 스포츠 심리·사회학적 현상과 원리 • 스포츠 경기 활동	• 스포츠와 자연과학의 관계 • 스포츠 생리·역학적 현상과 원리 • 스포츠 경기 활동
과정·기능	• 스포츠 현상을 과학적으로 탐구하기 • 스포츠 현상에 과학적 이론 적용하기 • 스포츠 경기 참여하기 • 스포츠 과학 분야 진로 설계하기	
가치·태도	• 스포츠와 과학을 융합하는 태도 • 스포츠에 대한 과학적 안목	

㉡ 성취기준

ⓐ 스포츠와 사회과학

> [12스과01 − 01] 스포츠와 사회과학의 관계를 이해하고, 스포츠 현상을 분석한 심리·사회학적 이론을 탐구하며, 스포츠 사회과학 분야 진로를 설계한다.
> [12스과01 − 02] 스포츠 경기 활동에 참여하며, 심리·사회학적 이론의 적용 가능성을 탐색하고 경기 상황에 적용한다.
> [12스과01 − 03] 스포츠와 심리·사회학적 이론을 융합하는 태도와 과학적 안목을 발휘한다.

• 성취기준 해설
 − [12스과01-01]은 심리학, 사회학 등 사회과학과 스포츠의 관계를 탐색함으로써 스포츠 사회과학의 기능과 역할의 중요성을 이해하고, 스포츠 사회과학 분야 진로를 설계하도록 설정하였다. 심리적 요인이 스포츠 행동에 미치는 영향, 스포츠 현상과 사회학적 이론 및 방법의 관계 등 다양한 측면을 탐구하며, 스포츠 사회과학 분야 진로 정보를 분석하고 자기 적성에 맞는 진로 계획을 수립하여 스포츠 사회과학 분야 진로에서 요구되는 조건이나 자격을 갖출 수 있도록 진로를 설계하고 준비하도록 한다.
 − [12스과01-02]는 실제 스포츠 참여 과정에서 나타나는 심리·사회학적 현상과 원리를 발견하고, 이를 스포츠 수행 능력 향상에 적용하기 위해 설정하였다. 다양한 유형의 스포츠 경기 참여 과정에서 심리학적 요인(성격, 불안, 동기, 귀인 이론, 목표 설정, 주의집중, 사회적 태만, 리더십, 응집력, 심상 훈련, 슬럼프 등)

과 사회학적 현상(스포츠와 정치, 경제, 교육, 미디어, 계층, 사회문제 등)을 탐색하고 스포츠 경기 상황에 적합하게 적용하도록 한다.

- [12스과01-03]은 스포츠 참여자 개인의 심리적 특성(유전적, 상황적, 집단적 특성, 운동 기능 학습 등)과 사회적 측면(정치, 경제, 교육, 미디어, 계층, 사회문제와 스포츠의 관계 등)을 객관적으로 분석하고, 스포츠와 사회과학과의 관계를 융합하는 태도와 스포츠에 대한 과학적 안목을 넓히도록 한다.

• 성취기준 적용 시 고려 사항
  - 스포츠와 사회과학 영역의 학습은 스포츠 경기에 직접 참여하는 과정에서 이루어지도록 한다.
  - 스포츠와 사회과학 영역의 신체활동은 스포츠의 사회학적 원리, 심리학적 원리가 쉽게 이해될 수 있고 스포츠 현상에 대한 탐색 및 적용이 편리한 스포츠를 선정한다.
  - 스포츠의 심리·사회학적 현상의 이해를 높이기 위해 다양한 영상 및 매체를 활용하고, 스포츠 경기 상황에서 디지털 도구를 활용하여 분석할 수 있도록 한다. 또한 심리·사회학적 원리를 탐구하는 차원을 넘어 스포츠 경기 활동을 수행하는 과정에 적용하여 경기 수행력을 높일 수 있도록 운영한다.
  - 스포츠 경기 활동을 통해 경험한 심리·사회학적 사례를 비교하고 판단하기 위해 관련된 도서, 신문 기사, 영상 자료 등을 활용하고 토의 및 토론을 통해 다양한 현상과 사례의 특성을 분석하며 스포츠에 대한 과학적 안목을 함양하도록 운영한다.
  - 스포츠 사회과학 분야 진로와 관련된 직업 정보를 체계적으로 탐색하고, 진로 탐색 결과와 학습자의 흥미, 적성, 특기 등을 바탕으로 진로를 창의적으로 설계하고 준비할 수 있도록 운영한다.
  - 스포츠 경기 수행 능력, 스포츠 사회과학의 이해와 적용 능력, 스포츠 사회과학 진로 설계 능력 등 다양한 요소를 균형 있게 평가하고, 학습 결과와 학습 과정을 모두 평가한다.
  - 스포츠 경기 수행 능력은 개인별 경기 기능 평가와 경기를 통한 팀 경기 수행 능력 평가, 관찰기록을 통한 게임 수행평가 등을 활용하여 평가하고, 스포츠 사회과학의 이해 및 적용 능력과 진로 설계 능력은 지필 검사, 일지, 감상 및 분석 보고서, 토론 및 발표, 포트폴리오 등을 활용하여 평가한다. 또한 학습자 스스로 장단점을 파악하고 자신의 학습을 개선하여 더욱 적극적으로 수업에 참여할 수 있도록 학습자가 평가의 주체가 되는 자기 평가나 동료 평가를 활용하여 평가할 수 있다.

ⓑ 스포츠와 자연과학

> [12스과02 – 01] 스포츠와 자연과학의 관계를 이해하고, 스포츠 현상을 분석한 생리·역학적
> 이론을 탐구하며, 스포츠 자연과학 분야의 진로를 설계한다.
> [12스과02 – 02] 스포츠 경기 활동에 참여하여 생리·역학적 이론의 적용 가능성을 탐색하고
> 경기 상황에 적용한다.
> [12스과02 – 03] 스포츠와 생리·역학적 이론을 융합하는 태도와 과학적 안목을 발휘한다.

• 성취기준 해설
  – [12스과02-01]은 자연과학과 스포츠의 관계를 이해함으로써 스포츠 자연과학의 기능과 역할의 중요성을 이해하고, 스포츠 자연과학 분야 진로를 설계하기 위해 설정하였다. 생리학, 물리학 등 자연과학과 스포츠의 관계를 이해하고, 스포츠 활동으로 나타나는 인체의 기능적 변화에 대한 법칙, 스포츠 활동 중 인체에 작용하는 여러 가지 힘과 관련된 법칙을 다양한 사례 중심으로 분석하며, 스포츠 자연과학 분야 진로 정보를 분석하고, 자기 적성에 맞는 진로 계획을 수립하여 스포츠 자연과학 분야 진로에서 요구되는 조건이나 자격을 갖출 수 있도록 진로를 설계하고 준비하도록 한다.
  – [12스과02-02]는 스포츠 참여 과정에서 나타나는 생리·역학적 현상과 원리를 발견하고, 이를 스포츠 수행 능력 향상에 적용하기 위해 설정하였다. 다양한 유형의 스포츠 경기 참여 과정에서 생리학적 변화(스포츠를 통한 근육, 신경, 호흡, 순환계, 에너지대사 등)와 역학적 원리(인체에 작용하는 힘, 운동의 법칙, 운동에너지, 지레의 작용, 무게중심 등)를 탐색하고 스포츠 경기 상황에 적합하게 적용하도록 한다.
  – [12스과02-03]은 스포츠를 통한 신체의 생리학적 변화(근육, 신경, 호흡, 순환계, 에너지대사 등)와 스포츠를 수행할 때 작용하는 역학적 측면(힘의 개념, 힘의 작용, 힘의 종류, 운동의 법칙, 운동의 형태, 운동에너지, 인체 움직임의 물리적 관계 등)을 객관적으로 분석하고, 스포츠와 자연과학과의 관계를 융합하는 태도와 스포츠에 대한 과학적 안목을 넓히도록 한다.

• 성취기준 적용 시 고려 사항
  – 스포츠와 자연과학 영역의 학습은 스포츠 경기에 직접 참여하는 과정에서 이루어지도록 한다.
  – 스포츠와 자연과학 영역의 신체활동은 스포츠의 생리·역학적 원리가 쉽게 이해될 수 있고 스포츠 현상에 대한 탐색 및 적용이 편리한 스포츠를 선정한다.
  – 스포츠의 생리·역학적 현상의 이해를 높이기 위해 다양한 영상 및 매체를 활용하고, 스포츠 경기 상황에서 디지털 도구를 활용하여 분석할 수 있도록 한다. 또한 생리·역학적 현상에 대한 원리를 탐구하고 스포츠 경기 활동을 수행하는 과정에 적용하여 경기 수행력을 높일 수 있도록 운영한다.

- 스포츠 과학 기반 융합 기술에 대한 안목을 확장하기 위해 첨단 기술이 적용된 스포츠 용품, 장비, 시설, 훈련기법 등과 관련된 사례를 학습 내용으로 제시하고 활용한다.
- 스포츠 자연과학 분야 진로와 관련된 직업 정보를 체계적으로 탐색하고, 진로 탐색 결과와 학습자의 흥미, 적성, 특기 등을 바탕으로 진로를 창의적으로 설계하고 준비할 수 있도록 운영한다.
- 스포츠 경기 수행 능력, 스포츠 자연과학의 이해와 적용 능력, 스포츠 자연과학 진로 설계 능력 등 다양한 요소를 균형 있게 평가하고, 학습 결과와 학습 과정을 모두 평가한다.
- 스포츠 경기 수행 능력은 개인별 경기 기능 평가와 경기를 통한 팀 경기 수행 능력 평가, 관찰기록을 통한 게임 수행평가 등을 활용하여 평가하고, 스포츠 자연과학의 이해 및 적용 능력과 진로 설계 능력은 지필 검사, 일지, 감상 및 분석 보고서, 토론 및 발표, 포트폴리오 등을 활용하여 평가한다. 또한 학습자 스스로 장단점을 파악하고 자신의 학습을 개선하여 더욱 적극적으로 수업에 참여할 수 있도록 학습자가 평가의 주체가 되는 자기 평가나 동료 평가를 활용하여 평가할 수 있다.

🔼 **고등학교 〈스포츠 과학〉의 신체활동 예시**

영역	신체활동 예시
스포츠 사회과학	• 스포츠 종목 중 택 1 이상 • 스포츠 사회과학 분야 진로 탐색 활동
스포츠 자연과학	• 스포츠 종목 중 택 1 이상 • 스포츠 자연과학 분야 진로 탐색 활동

③ 교수·학습 및 평가

㉠ 교수·학습

ⓐ 교수·학습의 방향

- 신체활동 역량의 지속적인 발달을 위한 교수·학습이 이루어지도록 한다. 이를 위해 스포츠 과학에 대한 안목과 창의력 사고력을 기를 수 있도록 다양한 수업 주제와 교수·학습 활동을 선정하고 조직한다.
- 학습자가 스포츠의 과학적 원리를 이론적, 실제적으로 탐구함으로써, 스포츠 현상을 체계적으로 분석하고 효율적으로 실천할 수 있도록 자기 주도적 학습을 위한 맞춤형 교수·학습과 신체활동의 시간적·공간적 확장을 위한 교수·학습이 이루어지도록 한다. 이를 위해 학습자의 수준을 고려하여 적절한 동기 유발 전략을 마련하고 과제 및 학습 자료, 시설과 기자재 등을 효율적으로 조직한다. 또한 가정 및 집 주변, 지역사회에서 신체활동을 지속해서 실천하고 고등학교 시기에 적절한 신체활동에 참여하고 즐기는 방법과 체육 관련 진로를 설계하도록 지도한다.

Chapter
03

- 디지털 기술을 활용하여 효율적인 교수·학습이 이루어지도록 한다. 이를 위해 교육과정 운영의 전 과정에서 온·오프라인을 연계하고 다양한 디지털 매체를 활용함으로써 학습자의 신체활동 참여를 촉진하고 효율적인 학습 자료 관리가 가능하도록 지도한다.
- 창의성과 인성 함양을 위한 교수·학습이 이루어지도록 한다. 이를 위해 영역별 신체활동의 심동적, 정의적, 인지적 내용 요소를 균형 있게 학습할 수 있도록 직접 체험 활동과 함께 간접 체험 활동을 제공하고, 타 교과 및 범교과 학습 주제를 체육과 학습 내용과 융합하여 학습할 수 있도록 지도한다.

ⓑ 교수·학습 방법

- 교육과정에서 제시한 내용 영역과 영역별 성취기준을 반드시 지도한다. 내용 영역을 통합하여 계획을 수립할 경우, 각 영역의 내용 요소가 누락 되지 않아야 하며 영역 설정의 취지를 벗어나지 않는 범위 내에서 통합한다.
- 학습자가 스포츠의 과학적 원리를 이론적, 실제적으로 탐구함으로써, 스포츠 현상을 체계적으로 분석하고 효율적으로 실천할 수 있도록, 영역의 성취기준 달성에 충분한 지식과 활동 내용을 제공할 수 있는 신체활동 유형과 종목을 선정한다.
- 학기 초 단위 학교의 학사 일정을 바탕으로 수업 가능 일수와 시간을 파악하고, 수업 장소와 기상 요건 등을 고려하여 수업 활동을 계획한다.
- 학습자의 사전 학습 경험 및 특성을 고려하여 학습자 수준에 맞는 교수·학습 활동을 계획하고 운영한다. 교수·학습 운영에 적합한 시설과 용·기구의 수요를 파악하여 충분한 수량을 확보한다.
- 모든 학습자에게 자기 수준에 맞는 학습 기회를 평등하게 제공하도록 교수·학습 활동을 계획하고 운영한다. 특수교육 학생, 다문화 학생, 느린 학습자, 신체활동에 소극적인 학습자 등 다양한 학습자를 고려하여 학습자가 자신의 수준에 적합한 학습에 참여할 수 있도록 다양한 학습 과제를 제시한다.
- 최소 성취수준 보장을 위해 과목 출석률 및 학업성취율의 이수 조건을 고려하여 영역별 최소 성취수준과 학습량을 설정하고, 수준별 학습, 단계적 학습, 개별 학습과 심화 보충 학습 등이 가능하도록 학생 맞춤형 교수·학습 자료를 구성하며, 학습자가 다양한 방식과 역할로 수업에 참여할 수 있도록 교수·학습 활동을 계획하고 운영한다.

ⓒ 평가

ⓐ 평가의 방향

- 스포츠의 과학적 원리를 이론적, 실제적으로 탐구함으로써, 스포츠 현상을 체계적으로 분석하고 효율적으로 실천할 수 있는 능력을 기르기 위한 종합적 평가가 이루어지도록 한다. 스포츠 과학에 대한 지식과 안목의 습득, 스포츠 경기 활동에 적용 등을 종합적으로 평가할 수 있도록 실제 맥락에서의 수행 능력을 평가한다.

- 학습자의 학습과 성장 과정을 반영한 다면적 평가가 이루어지도록 한다. 학습 결과와 더불어 학습 과정에서 나타나는 학습자의 과제 수행 및 학습 특성의 변화를 평가하고 평가 방법 및 도구, 평가 주체를 다양화하며 학생 성장을 다면적으로 평가한다.
- 특수교육 학생, 다문화 학생, 느린 학습자 등 다양한 특성을 고려한 학습자 맞춤형 평가와 학습자의 수준과 흥미를 반영한 다양한 교수·학습 방법의 구안을 위해 진단평가 및 형성평가를 적극적으로 활용하고, 최소 성취수준 보장을 위해 과정을 중시하는 평가가 이루어지도록 한다.

ⓑ 평가 방법

- 평가 범위는 교수·학습 활동을 통해 지도된 전 영역을 대상으로 하되, 내용 영역에 따라 평가 비중을 달리할 수 있다. 단, 평가 내용의 균형성을 고려하여 특정 영역에 편중되지 않도록 한다.
- 평가 내용에는 수업 목표와 학습 내용에 제시된 지식·이해, 과정·기능, 가치·태도 요소를 균형 있게 포함한다. 평가의 주체를 고려하여 평가 내용을 선정한다. 특히 동료 또는 자기 평가와 같이 학습자가 주체가 된 평가를 할 경우 구체적인 성취수준을 제공한다.
- 평가를 위한 성취기준 및 성취수준은 교육과정 성취기준과 단위 학교 수업 내용을 바탕으로 개발한다. 평가를 위한 성취기준은 교수·학습의 내용 및 방법을 고려하여 영역별 성취기준을 나누거나 통합할 수 있다.
- 성취수준은 점수화 및 등급화를 위한 기능의 단순 분류나 기록의 명시보다는 영역별 내용 요소에 따른 기능의 도달 정도를 구체적인 행동 수준으로 진술하고, 평가 등급(단계) 또한 양적 요소와 질적 요소를 모두 포함하여 수준에 맞게 진술한다.
- 평가 방법은 학습 목표 및 평가 목적에 적합하게 선정한다. 체육과 평가에서 활용되는 기존 평가 도구를 사용하거나 평가 내용에 적합한 도구를 개발하여 사용할 수 있다.
- 모둠별 학습 활동의 평가 시 개별 학습자의 역할 및 노력과 기여도를 평가하는 방안을 마련한다.
- 평가 결과는 교수·학습을 수정하고 보완하는 데 활용하며, 학습자와 학부모가 쉽게 이해하도록 구체적으로 재구성하여 안내한다.
- 평가 결과의 누가 기록 및 체계적인 관리, 결과 분석 등을 위해 디지털 도구를 활용할 수 있다.

3. 융합 선택 과목

(1) 스포츠 생활1

① 성격 및 목표

ⓐ 성격 : <스포츠 생활1>은 중학교 <체육>의 전략형 스포츠의 영역형 스포츠와 생태형 스포츠의 생활·자연환경형 스포츠를 심화하여 학습함으로써, 스포츠 경기 유형에 적합한 체력을 강화하고 더욱 고도화된 스포츠 경기 수행 능력을 발휘하여 스포츠를 생활화할 수 있는 능력을 길러주는 과목이다.

스포츠는 인류의 역사와 함께 전수되어 온 대표적인 문화 양식으로, 인간은 스포츠에 참여함으로써 더욱 풍요로운 삶, 타인과 더불어 사는 삶을 누릴 수 있다. 영역형 스포츠는 대중적인 스포츠로 일상에서 다양한 경로를 통해 직접 체험하거나 간접적으로 접할 기회가 많으며, 생활·자연환경형 스포츠도 일상에서 쉽게 접할 수 있고 자연 친화적 활동에 관심이 높아지면서 다양한 생활·자연환경형 스포츠가 보급되고 있다는 점에서 스포츠의 생활화 측면에서 중요한 역할을 한다.

이러한 측면에서 <스포츠 생활1> 과목에서는 영역형 스포츠와 생활·자연환경형 스포츠의 경기 특성을 더욱 깊이 이해하고, 경기 수행에 대한 유능감을 내면화하여 이를 생활화할 수 있도록 하는 데 주안점을 둔다. 이를 위해 중학교 <체육>에서 습득한 영역형 스포츠와 생활·자연환경형 스포츠의 문화, 체력, 경기 기능 및 전략 등을 더욱 심화하여 학습함으로써 스포츠에 대한 유능감을 높여 실생활에 응용하고 융합하며, 자신에게 적합한 평생 스포츠 활동을 선택하여 지속해서 실천할 수 있도록 한다.

ⓑ 목표 : <스포츠 생활1> 과목은 활동적이고 창의적인 삶, 신체활동 문화를 향유하는 삶을 영위하는 데 필요한 신체활동 역량을 기르고, 스포츠를 생활화할 수 있는 자질을 함양하는 것을 목표로 한다.

ⓐ 영역형 스포츠의 문화를 이해하고, 영역형 스포츠의 경기 수행 능력을 고도화하며, 영역형 스포츠에 내재한 가치와 태도를 실천한다.

ⓑ 생활·자연환경형 스포츠의 문화를 이해하고, 생활·자연환경형 스포츠의 경기 수행 능력을 고도화하며, 생활·자연환경형 스포츠에 내재한 가치와 태도를 실천한다.

② 내용 체계 및 성취기준

　㉠ 내용 체계

핵심 아이디어	• 스포츠 수행은 스포츠 유형별 기능을 경기 상황에 맞게 적용함으로써 고도화된다. • 인간은 영역형 스포츠와 생활·자연환경형 스포츠의 다양한 문화를 경험하고 제도화된 규범을 준수함으로써 바람직한 인성을 함양한다.	
영역 범주	영역형 스포츠	생활·자연환경형 스포츠
지식·이해	• 영역형 스포츠의 문화 • 영역형 스포츠와 체력 • 영역형 스포츠의 경기 기능과 과학적 원리 • 영역형 스포츠의 창의적 경기 전략	• 생활·자연환경형 스포츠의 문화 • 생활·자연환경형 스포츠와 체력 • 생활·자연환경형 스포츠의 경기 기능과 과학적 원리 • 생활·자연환경형 스포츠의 창의적 경기 전략
과정·기능	• 스포츠 문화 존중하기 • 스포츠 체력 강화하기 • 스포츠 경기 기능 전이하기 • 스포츠 경기 수행 고도화하기	
가치·태도	• 스포츠퍼슨십 • 스포츠 수행에 대한 유능감 • 스포츠에 대한 환경친화적 태도	

　㉡ 성취기준

　　ⓐ 영역형 스포츠

> [12스생1 – 01 – 01] 영역형 스포츠의 문화를 이해하고 존중하며, 스포츠퍼슨십을 실천한다.
> [12스생1 – 01 – 02] 영역형 스포츠에 필요한 체력을 강화하고, 경기 기능을 과학적으로 분석하여 발전시켜 다른 기능에 전이한다.
> [12스생1 – 01 – 03] 영역형 스포츠의 경기 수행 능력을 고도화하여 스포츠 수행에 대한 유능감을 높이고, 경기 전략을 창의적으로 발전시킨다.

　　• 성취기준 해설

　　　– [12스생1-01-01]은 축구, 농구, 핸드볼 등 영역형 스포츠를 경기 문화와 축제 문화 측면에서 깊이 있게 이해하고, 이를 바탕으로 영역형 스포츠 경기에 공정하게 임하고 상대와 심판, 관중을 향해 예의를 갖추며 승패를 떠나 결과에 승복하는 태도를 실천하도록 한다.

　　　– [12스생1-01-02]는 영역형 스포츠에 필요한 체력을 강화하고, 경기 기능 수행에 작용하는 사회과학적, 자연과학적 원리를 이해하며 이러한 원리를 바탕으로 경기 기능을 발전시켜 다른 기능의 학습에 긍정적인 영향을 미치도록 한다.

- [12스생1-01-03]은 경기 기능의 숙달, 과학적 원리의 적용, 경기 전략의 이해를 통해 경기 수행 능력을 고도화하고 영역형 스포츠 수행에 대한 유능감을 높여 영역형 스포츠를 생활화하기 위해 설정하였다. 영역형 스포츠 경기에서 직면하게 되는 다양한 문제 상황을 해결하기 위한 경기 기능의 활용, 공을 소유하고 있는 경우와 그렇지 않은 경우의 움직임, 공격과 수비 상황에서의 전략적 움직임 등을 이해하여 경기 수행 능력을 고도화하고, 이를 바탕으로 창의적인 경기 전략을 활용하여 경기를 수행하도록 한다.

• 성취기준 적용 시 고려 사항

  - 영역형 스포츠 영역에서는 스포츠 문화 전반을 이해하고 경험함으로써 평생 체육으로 활용될 능력과 태도의 기반을 다질 수 있도록 일상생활에서 쉽게 접할 수 있는 스포츠 활동을 선정하되, 특수교육 학생, 다문화 학생, 느린 학습자, 신체활동에 소극적인 학습자 등 다양한 학습자 및 학교 여건과 교내외 체육 시설 이용에 따른 안전사고를 예방할 수 있도록 교수·학습을 운영한다.

  - 영역형 스포츠 영역의 전반적인 경기 기능 및 전략과 경기 문화를 체험할 수 있도록 수업을 운영하며, 학습자가 익힌 경기 기능과 방법, 경기 전략을 정식 경기에 적용하고, 경기 운영, 심판법 등 영역형 스포츠 전반을 이해할 수 있도록 교수·학습을 운영한다.

  - 팀의 소통과 협력을 바탕으로 공동의 목표를 추구하고, 공격과 수비 상황에서 자신의 역할과 책임을 다해 동료를 믿고 배려하는 자세로 경기에 참여하며, 상대를 존중하고 예절을 지키면서 경기하는 과정을 통해 민주시민의 소양을 갖추도록 운영한다.

  - 일부 내용 요소를 평가하기보다는 경기 상황에 맞게 경기 기능과 전략을 수행하는 능력, 영역형 스포츠 문화에 대한 이해력, 스포츠퍼슨십의 실천역 등 다양한 요소를 균형 있게 평가하고, 학습 결과와 학습 과정을 모두 평가한다.

  - 영역형 스포츠 문화에 대한 이해력은 지필 검사, 감상 및 분석 보고서, 포트폴리오 등을 활용하여 평가하고, 영역형 스포츠 경기 수행 능력은 개인별 경기 기능 평가와 경기를 통한 팀 경기 수행 능력 평가, 관찰기록을 통한 게임 수행 평가 등을 통해 평가하며, 스포츠퍼슨십의 실천력은 체크리스트, 일지, 관찰보고서 등을 활용하여 평가한다. 또한 학습자 스스로 장단점을 파악하고 자신의 학습을 개선하여 더욱 적극적으로 수업에 참여할 수 있도록 학습자가 평가의 주체가 되는 자기 평가나 동료 평가를 활용하여 평가할 수 있다.

ⓑ 생활·자연환경형 스포츠

> [12스생1 − 02 − 01] 생활·자연환경형 스포츠의 문화를 이해하고 존중하며, 환경친화적 태도를 실천한다.
>
> [12스생1 − 02 − 02] 생활·자연환경형 스포츠에 필요한 체력을 강화하고, 경기 기능을 과학적으로 분석하여 발전시켜 다른 기능에 전이한다.
>
> [12스생1 − 02 − 03] 생활·자연환경형 스포츠의 경기 수행 능력을 고도화하여 스포츠 수행에 대한 유능감을 높이고, 경기 전략을 창의적으로 발전시킨다.

- 성취기준 해설
  - [12스생1-02-01]은 생활·자연환경형 스포츠를 경기 문화와 축제 문화 측면에서 깊이 있게 이해하고, 이를 바탕으로 생활·자연환경형 스포츠 경기에 참여하는 과정에서 자신의 활동이 주변 환경에 미치는 영향을 생각하고, 환경을 오염시키지 않고 환경과 어울려 활동하는 태도를 실천하도록 한다.
  - [12스생1-02-02]는 생활·자연환경형 스포츠에 필요한 체력을 강화하고, 생활·자연환경형 스포츠 경기 기능 수행에 작용하는 사회과학적, 자연과학적 원리를 이해하며 이러한 원리를 바탕으로 경기 기능을 개선하도록 한다.
  - [12스생1-02-03]은 경기 기능의 숙달, 과학적 원리의 적용, 경기 전략의 이해 등을 통해 경기 수행 능력을 고도화하고 생활·자연환경형 스포츠 수행에 대한 유능감을 높여 생활·자연환경형 스포츠를 생활화하기 위해 설정하였다. 생활·자연환경형 스포츠 경기에서 직면하게 되는 다양한 문제 상황을 해결하기 위한 경기 기능의 활용, 상황에 따른 전략적 움직임, 경기 결과에 영향을 미치는 환경 조건을 이해하여 경기 수행 능력을 고도화하고, 이를 바탕으로 창의적인 경기 전략을 활용하여 경기를 수행하도록 한다.
- 성취기준 적용 시 고려 사항
  - 생활·자연환경형 스포츠 영역에서는 스포츠 문화 전반을 이해하고 경험함으로써 평생 체육으로 활용될 능력과 태도의 기반을 다질 수 있도록 일상생활에서 쉽게 접할 수 있는 스포츠 활동을 선정하되, 특수교육 학생, 다문화 학생, 느린 학습자, 신체활동에 소극적인 학습자 등 다양한 학습자 및 학교 여건과 교내외 체육 시설 이용에 따른 안전사고를 예방할 수 있도록 교수·학습을 운영한다.
  - 생활·자연환경형 스포츠 영역의 전반적인 경기 기능 및 전략과 경기 문화를 체험할 수 있도록 수업을 운영하며, 과학적 지식을 바탕으로 경기 기능을 향상하고, 경기 상황에서 직면하는 다양한 문제 상황의 해결을 위해 적절한 기능과 창의적 전략의 활용이 가능하도록 운영한다.
  - 존중, 공존, 평화, 문화 다양성, 지속가능성 등과 같이 생활·자연환경형 스포츠에 내재된 가치의 학습을 통해 지속가능한 생태 문화를 인식하고 더불어 살아가기 위한 태도를 실천할 수 있도록 운영한다.

– 일부 내용 요소를 평가하기보다는 경기 상황에 맞게 경기 기능과 전략을 수행하는 능력, 생활·자연환경형 스포츠 문화에 대한 이해력, 환경친화적 태도의 실천력 등 다양한 요소를 균형 있게 평가하고, 학습 결과와 학습 과정을 모두 평가한다.

– 생활·자연환경형 스포츠 문화에 대한 이해력은 지필 검사, 감상 및 분석 보고서, 포트폴리오 등을 활용하여 평가하고, 생활·자연환경형 스포츠 경기 수행 능력은 개인별 경기 기능 평가와 경기를 통한 팀 경기 수행 능력 평가, 관찰기록을 통한 게임 수행평가 등을 통해 평가하며, 환경친화적 태도 실천력은 토론, 체크리스트, 일지 등을 활용하여 평가한다. 또한 학습자 스스로 장단점을 파악하고 자신의 학습을 개선하여 더욱 적극적으로 수업에 참여할 수 있도록 학습자가 평가의 주체가 되는 자기 평가나 동료 평가를 활용하여 평가할 수 있다.

◈ 고등학교 〈스포츠 생활1〉의 신체활동 예시

영역	신체활동 예시
영역형 스포츠	• 축구, 농구, 핸드볼, 럭비, 하키 등
생활·자연환경형 스포츠	• 당구, 볼링, 사이클링, 인라인 스피드, 스포츠클라이밍 등 • 골프, 등반, 산악자전거, 서핑, 승마, 스키, 스노보드, 조정, 패러글라이딩 등

③ 교수·학습 및 평가

㉠ 교수·학습

ⓐ 교수·학습의 방향

• 신체활동 역량의 지속적인 발달을 위한 교수·학습이 이루어지도록 한다. 이를 위해 중학교 〈체육〉에서 학습한 영역형 스포츠와 생활·자연환경형 스포츠를 심화하여 학습할 수 있도록 다양한 수업 주제와 교수·학습 활동을 선정하고 조직한다.

• 학습자가 스포츠 경기 유형에 적합한 체력을 강화하고 더욱 고도화된 스포츠 경기 수행 능력을 기를 수 있도록 자기 주도적 학습을 위한 맞춤형 교수·학습과 신체활동의 시간적·공간적 확장을 위한 교수·학습이 이루어지도록 한다. 이를 위해 학습자의 수준을 고려하여 적절한 동기 유발 전략을 마련하고 과제 및 학습 자료, 시설과 기자재 등을 효율적으로 조직한다. 또한 가정 및 집 주변, 지역사회에서 신체활동을 지속해서 실천하고 고등학교 시기에 적절한 신체활동에 참여하고 즐기는 방법과 체육 관련 진로를 설계하도록 지도한다.

• 디지털 기술을 활용하여 효율적인 교수·학습이 이루어지도록 한다. 이를 위해 교육과정 운영의 전 과정에서 온·오프라인을 연계하고 다양한 디지털 매체를 활용함으로써 학습자의 신체활동 참여를 촉진하고 효율적인 학습 자료 관리가 가능하도록 지도한다.

- 창의성과 인성 함양을 위한 교수·학습이 이루어지도록 한다. 이를 위해 영역별 신체활동의 심동적, 정의적, 인지적 내용 요소를 균형 있게 학습할 수 있도록 직접 체험 활동과 함께 간접 체험 활동을 제공하고, 타 교과 및 범교과 학습 주제를 체육과 학습 내용과 융합하여 학습할 수 있도록 지도한다.

ⓑ 교수·학습 방법

- 교육과정에서 제시한 내용 영역과 영역별 성취기준을 반드시 지도한다. 내용 영역을 통합하여 계획을 수립할 경우, 각 영역의 내용 요소가 누락 되지 않아야 하며 영역 설정의 취지를 벗어나지 않는 범위 내에서 통합한다.

- 학습자가 스포츠 경기 유형에 적합한 체력을 강화하고 더욱 고도화된 스포츠 경기 수행 능력을 기를 수 있도록, 영역의 성취기준 달성에 충분한 지식과 활동 내용을 제공할 수 있는 신체활동 유형과 종목을 선정한다.

- 학기 초 단위 학교의 학사 일정을 바탕으로 수업 가능 일수와 시간을 파악하고, 수업 장소와 기상 요건 등을 고려하여 수업 활동을 계획한다.

- 학습자의 사전 학습 경험 및 특성을 고려하여 학습자 수준에 맞는 교수·학습 활동을 계획하고 운영한다. 교수·학습 운영에 적합한 시설과 용·기구의 수요를 파악하여 충분한 수량을 확보한다.

- 모든 학습자에게 자기 수준에 맞는 학습 기회를 평등하게 제공하도록 교수·학습 활동을 계획하고 운영한다. 특수교육 학생, 다문화 학생, 느린 학습자, 신체활동에 소극적인 학습자 등 다양한 학습자를 고려하여 학습자가 자신의 수준에 적합한 학습에 참여할 수 있도록 다양한 학습 과제를 제시한다.

- 최소 성취수준 보장을 위해 과목 출석률 및 학업성취율의 이수 조건을 고려하여 영역별 최소 성취수준과 학습량을 설정하고, 수준별 학습, 단계적 학습, 개별 학습과 심화 보충 학습 등이 가능하도록 학생 맞춤형 교수·학습 자료를 구성하며, 학습자가 다양한 방식과 역할로 수업에 참여할 수 있도록 교수·학습 활동을 계획하고 운영한다.

ⓒ 평가

ⓐ 평가의 방향

- 스포츠 경기 유형에 적합한 체력을 강화하고 더욱 고도화된 스포츠 경기 수행 능력을 기르기 위한 종합적 평가가 이루어지도록 한다. 영역형 스포츠와 생활·자연환경형 스포츠의 지식과 기능의 습득, 가치와 태도의 실천 등을 종합적으로 평가할 수 있도록 실제 맥락에서의 수행 능력을 평가한다.

- 학습자의 학습과 성장 과정을 반영한 다면적 평가가 이루어지도록 한다. 학습 결과와 더불어 학습 과정에서 나타나는 학습자의 과제 수행 및 학습 특성의 변화를 평가하고 평가 방법 및 도구, 평가 주체를 다양화하며 학생 성장을 다면적으로 평가한다.

- 특수교육 학생, 다문화 학생, 느린 학습자 등 다양한 특성을 고려한 학습자 맞춤형 평가와 학습자의 수준과 흥미를 반영한 다양한 교수·학습 방법의 구안을 위해 진단평가 및 형성평가를 적극적으로 활용하고, 최소 성취수준 보장을 위해 과정을 중시하는 평가가 이루어지도록 한다.

ⓑ 평가 방법

- 평가 범위는 교수·학습 활동을 통해 지도된 전 영역을 대상으로 하되, 내용 영역에 따라 평가 비중을 달리할 수 있다. 단, 평가 내용의 균형성을 고려하여 특정 영역에 편중되지 않도록 한다.
- 평가 내용에는 수업 목표와 학습 내용에 제시된 지식·이해, 과정·기능, 가치·태도 요소를 균형 있게 포함한다. 평가의 주체를 고려하여 평가 내용을 선정한다. 특히 동료 또는 자기 평가와 같이 학습자가 주체가 된 평가를 할 경우 구체적인 성취수준을 제공한다.
- 평가를 위한 성취기준 및 성취수준은 교육과정 성취기준과 단위 학교 수업 내용을 바탕으로 개발한다. 평가를 위한 성취기준은 교수·학습의 내용 및 방법을 고려하여 영역별 성취기준을 나누거나 통합할 수 있다.
- 성취수준은 점수화 및 등급화를 위한 기능의 단순 분류나 기록의 명시보다는 영역별 내용 요소에 따른 기능의 도달 정도를 구체적인 행동 수준으로 진술하고, 평가 등급(단계) 또한 양적 요소와 질적 요소를 모두 포함하여 수준에 맞게 진술한다.
- 평가 방법은 학습 목표 및 평가 목적에 적합하게 선정한다. 체육과 평가에서 활용되는 기존 평가 도구를 사용하거나 평가 내용에 적합한 도구를 개발하여 사용할 수 있다.
- 모둠별 학습 활동의 평가 시 개별 학습자의 역할 및 노력과 기여도를 평가하는 방안을 마련한다.
- 평가 결과는 교수·학습을 수정하고 보완하는 데 활용하며, 학습자와 학부모가 쉽게 이해하도록 구체적으로 재구성하여 안내한다.
- 평가 결과의 누가 기록 및 체계적인 관리, 결과 분석 등을 위해 디지털 도구를 활용할 수 있다.

(2) 스포츠 생활2

① 성격 및 목표

㉠ 성격: <스포츠 생활2>는 중학교 <체육>의 전략형 스포츠 영역의 네트형 스포츠와 필드형 스포츠를 심화하여 학습함으로써, 스포츠 경기 유형에 적합한 체력을 강화하고 더욱 고도화된 스포츠 경기 수행 능력을 발휘하여 스포츠를 생활화 할 수 있는 능력을 길러주는 과목이다.

스포츠는 인류의 역사와 함께 전수되온 대표적인 문화 양식으로, 인간은 스포츠에 참여함으로써 더욱 풍요로운 삶, 타인과 더불어 사는 삶을 누릴 수 있다. 네트형 스포츠와 필드형 스포츠는 대표적인 생활 스포츠로 일상에서 다양한 경로를 통해 직접 체험하거나 간접적으로 접할 기회가 많으며, 대중적 관심이 지속해서 확대되고 있다는 점에서 스포츠의 생활화를 위해 매우 중요한 역할을 한다.

이러한 측면에서 <스포츠 생활2> 과목에서는 네트형 스포츠와 필드형 스포츠의 경기 특성을 더욱 깊이 이해하고, 경기 수행에 대한 유능감을 내면화하여 이를 생활화할 수 있도록 하는 데 주안점을 둔다. 이를 위해 중학교 <체육>에서 습득한 네트형 스포츠와 필드형 스포츠의 문화, 체력, 경기 기능 및 전략 등을 더욱 심화하여 학습함으로써 스포츠에 대한 유능감을 높여 실생활에 응용하고 융합하며, 자신에게 적합한 평생 스포츠 활동을 선택하여 지속해서 실천할 수 있도록 한다.

ⓒ 목표: <스포츠 생활2> 과목은 활동적이고 창의적인 삶, 신체활동 문화를 향유하는 삶을 영위하는 데 필요한 신체활동 역량을 기르고, 스포츠를 생활화할 수 있는 자질을 함양하는 것을 목표로 한다.

　ⓐ 네트형 스포츠의 문화를 이해하고, 네트형 스포츠의 경기 수행 능력을 고도화하며, 네트형 스포츠에 내재한 가치와 태도를 실천한다.

　ⓑ 필드형 스포츠의 문화를 이해하고, 필드형 스포츠의 경기 수행 능력을 고도화하고, 필드형 스포츠에 내재한 가치와 태도를 실천한다.

② 내용 체계 및 성취기준

　㉠ 내용 체계

핵심 아이디어	• 스포츠 경기 수행 능력은 스포츠 특성에 적합한 체력을 기르고, 유형별 경기 기능을 상황에 맞게 적용함으로써 고도화된다. • 인간은 네트형 스포츠와 필드형 스포츠의 다양한 문화를 경험하고 제도화된 규범을 준수함으로써 바람직한 인성을 함양한다.	
범주 ＼ 영역	네트형 스포츠	필드형 스포츠
지식·이해	• 네트형 스포츠의 문화 • 네트형 스포츠와 체력 • 네트형 스포츠의 경기 기능과 과학적 원리 • 네트형 스포츠의 창의적 경기 전략	• 필드형 스포츠의 문화 • 필드형 스포츠와 체력 • 필드형 스포츠의 경기 기능과 과학적 원리 • 필드형 스포츠의 창의적 경기 전략
과정·기능	• 스포츠 문화 존중하기 • 스포츠 체력 강화하기 • 스포츠 경기 기능 전이하기 • 스포츠 경기 수행 고도화하기	
가치·태도	• 스포츠퍼슨십 • 스포츠 수행에 대한 유능감	

ⓒ 성취기준

ⓐ 네트형 스포츠

> [12스생2 − 01 − 01] 네트형 스포츠의 문화를 이해하고 존중하며, 스포츠퍼슨십을 실천한다.
>
> [12스생2 − 01 − 02] 네트형 스포츠에 필요한 체력을 강화하고, 경기 기능을 과학적으로 분석하여 발전시켜 다른 기능에 전이한다.
>
> [12스생2 − 01 − 03] 네트형 스포츠의 경기 수행 능력을 고도화하여 스포츠 수행에 대한 유능감을 높이고, 경기 전략을 창의적으로 발전시킨다.

• 성취기준 해설

 − [12스생2-01-01]은 네트형 스포츠를 경기 문화와 축제 문화 측면에서 깊이 있게 이해하고, 이를 바탕으로 네트형 스포츠 경기에 공정하게 임하고 상대와 심판, 관중을 향해 예의를 갖추며 승패를 떠나 결과에 승복하는 태도를 실천하도록 한다.

 − [12스생2-01-02]는 네트형 스포츠에 필요한 체력을 강화하고, 경기 기능 수행에 작용하는 사회과학적, 자연과학적 원리를 이해하며 이러한 원리를 바탕으로 경기 기능을 발전시켜 다른 기능의 학습에 긍정적인 영향을 미치도록 한다.

 − [12스생2-01-03]은 경기 기능의 숙달, 과학적 원리의 적용, 경기 전략의 이해를 통해 경기 수행 능력을 고도화하고 네트형 스포츠 수행에 대한 유능감을 높여 네트형 스포츠를 생활화하기 위해 설정하였다. 배구, 탁구, 배드민턴 등 네트형 스포츠 경기에서 직면하게 되는 다양한 문제 상황을 해결하기 위한 경기 기능의 활용, 공을 직접 처리하는 경우와 그렇지 않은 경우의 움직임, 공격과 수비 상황에서의 전략적 움직임 등을 이해하여 경기 수행 능력을 고도화하고, 이를 바탕으로 창의적인 경기 전략을 활용하여 경기를 수행하도록 한다.

• 성취기준 적용 시 고려 사항

 − 네트형 스포츠 영역에서는 스포츠 문화 전반을 이해하고 경험함으로써 평생 체육으로 활용될 능력과 태도의 기반을 다질 수 있도록 일상생활에서 쉽게 접할 수 있는 스포츠 활동을 선정하되, 특수교육 학생, 다문화 학생, 느린 학습자, 신체활동에 소극적인 학습자 등 다양한 학습자 및 학교 여건과 교내외 체육 시설 이용에 따른 안전사고를 예방할 수 있도록 교수·학습을 운영한다.

 − 네트형 스포츠 영역에서는 전반적인 경기 기능 및 전략과 경기 문화를 체험할 수 있도록 수업을 운영하며, 학습자가 익힌 경기 기능과 방법, 경기 전략을 정식 경기에 적용하고, 경기 운영, 심판법 등 네트형 스포츠 전반을 이해할 수 있도록 교수·학습을 운영한다.

 − 협력, 소통, 배려, 공정 등과 같은 네트형 스포츠에 내재한 가치의 학습을 통해 더불어 살아가기 위한 태도를 함양하고 민주시민의 소양을 갖추도록 지도한다.

- 일부 내용 요소를 평가하기보다는 경기 상황에 맞게 경기 기능과 전략을 수행하는 능력, 네트형 스포츠 문화에 대한 이해력, 스포츠퍼슨십의 실천력 등 다양한 요소를 균형 있게 평가하고, 학습 결과와 학습 과정을 모두 평가한다.
- 네트형 스포츠 문화에 대한 이해력은 지필 검사, 감상 및 분석 보고서, 포트폴리오 등을 활용하여 평가하고, 네트형 스포츠 경기 수행 능력은 개인별 경기 기능 평가와 경기를 통한 팀 경기 수행 능력 평가, 관찰기록을 통한 게임 수행 평가 등을 통해 평가하며, 스포츠퍼슨십 실천력은 체크리스트, 일지, 관찰보고서 등을 활용하여 평가한다. 또한 학습자 스스로 장단점을 파악하고 자신의 학습을 개선하여 더욱 적극적으로 수업에 참여할 수 있도록 학습자가 평가의 주체가 되는 자기 평가나 동료 평가를 활용하여 평가할 수 있다.

ⓑ 필드형 스포츠

> [12스생2 − 02 − 01] 필드형 스포츠의 문화를 이해하고 존중하며, 스포츠퍼슨십을 실천한다.
> [12스생2 − 02 − 02] 필드형 스포츠에 필요한 체력을 강화하고, 경기 기능을 과학적으로 분석하여 발전시켜 다른 기능에 전이한다.
> [12스생2 − 02 − 03] 필드형 스포츠의 경기 수행 능력을 고도화하여 스포츠 수행에 대한 유능감을 높이고, 경기 전략을 창의적으로 발전시킨다.

- 성취기준 해설
  - [12스생2-02-01]은 필드형 스포츠를 경기 문화와 축제 문화 측면에서 깊이 있게 이해하고, 이를 바탕으로 필드형 스포츠 경기에 공정하게 임하고 상대와 심판, 관중을 향해 예의를 갖추며 승패를 떠나 결과에 승복하는 태도를 실천하도록 한다.
  - [12스생2-02-02]는 필드형 스포츠에 필요한 체력을 강화하고, 경기 기능 수행에 작용하는 사회과학적, 자연과학적 원리를 이해하며 이러한 원리를 바탕으로 경기 기능을 발전시켜 다른 기능의 학습에 긍정적인 영향을 미치도록 한다.
  - [12스생2-02-03]은 경기 기능의 숙달, 과학적 원리의 적용, 경기 전략의 이해를 통해 경기 수행 능력을 고도화하고 필드형 스포츠 수행에 대한 유능감을 높여 필드형 스포츠를 생활화하기 위해 설정하였다. 필드형 스포츠 경기에서 직면하게 되는 다양한 문제 상황의 해결을 위한 경기 기능의 활용, 공을 직접 처리하는 경우와 그렇지 않은 경우의 움직임, 공격과 수비 상황에서의 전략적 움직임 등을 이해하여 경기 수행 능력을 고도화하고, 이를 바탕으로 창의적인 경기 전략을 활용하여 경기를 수행하도록 한다.

- 성취기준 적용 시 고려 사항
  - 필드형 스포츠 영역은 스포츠 문화 전반을 이해하고 경험함으로써 평생 체육으로 활용될 능력과 태도의 기반을 다질 수 있도록 일상생활에서 쉽게 접할 수 있는 스포츠 활동을 선정하되, 특수교육 학생, 다문화 학생, 느린 학습자, 신체활동에 소극적인 학습자 등 다양한 학습자 및 학교 여건과 교내외 체육 시설 이용에 따른 안전사고를 예방할 수 있도록 교수·학습을 운영한다.
  - 필드형 스포츠 영역의 전반적인 경기 기능 및 전략과 경기 문화를 체험할 수 있도록 수업을 운영하며, 학습자가 익힌 경기 기능과 방법, 경기 전략을 정식 경기에 적용하고, 경기 운영, 심판법 등 영역형 스포츠 전반을 이해할 수 있도록 교수·학습을 운영한다.
  - 팀의 소통과 협력을 바탕으로 공동의 목표를 추구하고, 공격과 수비 상황에서 자신의 역할과 책임을 다해 동료를 믿고 배려하는 자세로 경기에 참여하며, 상대를 존중하고 예절을 지키면서 경기하는 과정을 통해 민주시민의 소양을 갖추도록 운영한다.
  - 일부 내용 요소를 평가하기보다는 경기상황에 맞게 경기 기능과 전략을 수행하는 능력, 필드형 스포츠 문화에 대한 이해력, 스포츠퍼슨십의 실천력 등 다양한 요소를 균형 있게 평가하고, 학습 결과와 학습 과정을 모두 평가한다.
  - 필드형 스포츠 문화에 대한 이해력은 지필 검사, 감상 및 분석 보고서, 포트폴리오 등을 활용하여 평가하고, 필드형 스포츠 경기 수행 능력은 개인별 경기 기능 평가와 경기를 통한 팀 경기 수행 능력 평가, 관찰기록을 통한 게임 수행 평가 등을 통해 평가하며, 스포츠퍼슨십의 실천력은 체크리스트, 일지, 관찰보고서 등을 활용하여 평가한다. 또한 학습자 스스로 장단점을 파악하고 자신의 학습을 개선하여 더욱 적극적으로 수업에 참여할 수 있도록 학습자가 평가의 주체가 되는 자기 평가나 동료 평가를 활용하여 평가할 수 있다.

◈ 고등학교 〈스포츠 생활2〉의 신체활동 예시

영역	신체활동 예시
네트형 스포츠	• 배구, 배드민턴, 테니스, 탁구, 족구 등
필드형 스포츠	• 야구, 소프트볼, 크리켓 등

③ 교수 · 학습 및 평가

㉠ 교수 · 학습

ⓐ 교수 · 학습의 방향

- 신체활동 역량의 지속적인 발달을 위한 교수 · 학습이 이루어지도록 이를 위해 중학교 <체육>에서 학습한 네트형 스포츠와 필드형 스포츠를 심화하여 학습할 수 있도록 다양한 수업 주제와 교수 · 학습 활동을 선정하고 조직한다.

- 학습자가 스포츠 경기 유형에 적합한 체력을 강화하고 더욱 고도화된 스포츠 경기 수행 능력을 기를 수 있도록 자기 주도적 학습을 위한 맞춤형 교수 · 학습과 신체활동의 시간적 · 공간적 확장을 위한 교수 · 학습이 이루어지도록 한다. 이를 위해 학습자의 수준을 고려하여 적절한 동기 유발 전략을 마련하고 과제 및 학습 자료, 시설과 기자재 등을 효율적으로 조직한다. 또한 가정 및 집 주변, 지역사회에서 신체활동을 지속해서 실천하고 고등학교 시기에 적절한 신체활동에 참여하고 즐기는 방법과 체육 관련 진로를 설계하도록 지도한다.

- 디지털 기술을 활용하여 효율적인 교수 · 학습이 이루어지도록 한다. 이를 위해 교육과정 운영의 전 과정에서 온 · 오프라인을 연계하고 다양한 디지털 매체를 활용함으로써 학습자의 신체활동 참여를 촉진하고 효율적인 학습 자료 관리가 가능하도록 지도한다.

- 창의성과 인성 함양을 위한 교수 · 학습이 이루어지도록 한다. 이를 위해 영역별 신체활동의 심동적, 정의적, 인지적 내용 요소를 균형 있게 학습할 수 있도록 직접 체험 활동과 함께 간접 체험 활동을 제공하고, 타 교과 및 범교과 학습 주제를 체육과 학습 내용과 융합하여 학습할 수 있도록 지도한다.

ⓑ 교수 · 학습 방법

- 교육과정에서 제시한 내용 영역과 영역별 성취기준을 반드시 지도한다. 내용 영역을 통합하여 계획을 수립할 경우, 각 영역의 내용 요소가 누락 되지 않아야 하며 영역 설정의 취지를 벗어나지 않는 범위 내에서 통합한다.

- 학습자가 스포츠 경기 유형에 적합한 체력을 강화하고 더욱 고도화된 스포츠 경기 수행 능력을 기를 수 있도록, 영역의 성취기준 달성에 충분한 지식과 활동 내용을 제공할 수 있는 신체활동 유형과 종목을 선정한다.

- 학기 초 단위 학교의 학사 일정을 바탕으로 수업 가능 일수와 시간을 파악하고, 수업 장소와 기상 요건 등을 고려하여 수업 활동을 계획한다.

- 학습자의 사전 학습 경험 및 특성을 고려하여 학습자 수준에 맞는 교수 · 학습 활동을 계획하고 운영한다. 교수 · 학습 운영에 적합한 시설과 용 · 기구의 수요를 파악하여 충분한 수량을 확보한다.

- 모든 학습자에게 자기 수준에 맞는 학습 기회를 평등하게 제공하도록 교수·학습 활동을 계획하고 운영한다. 특수교육 학생, 다문화 학생, 느린 학습자, 신체활동에 소극적인 학습자 등 다양한 학습자를 고려하여 학습자가 자신의 수준에 적합한 학습에 참여할 수 있도록 다양한 학습 과제를 제시한다.
- 최소 성취수준 보장을 위해 과목 출석률 및 학업성취율의 이수 조건을 고려하여 영역별 최소 성취수준과 학습량을 설정하고, 수준별 학습, 단계적 학습, 개별 학습과 심화 보충 학습 등이 가능하도록 학생 맞춤형 교수·학습 자료를 구성하며, 학습자가 다양한 방식과 역할로 수업에 참여할 수 있도록 교수·학습 활동을 계획하고 운영한다.

ⓛ 평가

ⓐ 평가의 방향

- 스포츠 경기 유형에 적합한 체력을 강화하고 더욱 고도화된 스포츠 경기 수행 능력을 기르기 위한 종합적 평가가 이루어지도록 한다. 네트형 스포츠와 필드형 스포츠의 지식과 기능의 습득, 가치와 태도의 실천 등을 종합적으로 평가할 수 있도록 실제 맥락에서의 수행 능력을 평가한다.
- 학습자의 학습과 성장 과정을 반영한 다면적 평가가 이루어지도록 한다. 학습 결과와 더불어 학습 과정에서 나타나는 학습자의 과제 수행 및 학습 특성의 변화를 평가하고 평가 방법 및 도구, 평가 주체를 다양화하며 학생 성장을 다면적으로 평가한다.
- 특수교육 학생, 다문화 학생, 느린 학습자 등 다양한 특성을 고려한 학습자 맞춤형 평가와 학습자의 수준과 흥미를 반영한 다양한 교수·학습 방법의 구안을 위해 진단평가 및 형성평가를 적극적으로 활용하고 최소 성취수준 보장을 위해 과정을 중시하는 평가가 이루어지도록 한다.

ⓑ 평가 방법

- 평가 범위는 교수·학습 활동을 통해 지도된 전 영역을 대상으로 하되, 내용 영역에 따라 평가 비중을 달리할 수 있다. 단, 평가 내용의 균형성을 고려하여 특정 영역에 편중되지 않도록 한다.
- 평가 내용에는 수업 목표와 학습 내용에 제시된 지식·이해, 과정·기능, 가치·태도 요소를 균형 있게 포함한다. 평가의 주체를 고려하여 평가 내용을 선정한다. 특히 동료 또는 자기 평가와 같이 학습자가 주체가 된 평가를 할 경우 구체적인 성취수준을 제공한다.

- 평가를 위한 성취기준 및 성취수준은 교육과정 성취기준과 단위 학교 수업 내용을 바탕으로 개발한다. 평가를 위한 성취기준은 교수·학습의 내용 및 방법을 고려하여 영역별 성취기준을 나누거나 통합할 수 있다.

- 성취수준은 점수화 및 등급화를 위한 기능의 단순 분류나 기록의 명시보다는 영역별 내용 요소에 따른 기능의 도달 정도를 구체적인 행동 수준으로 진술하고, 평가 등급(단계) 또한 양적 요소와 질적 요소를 모두 포함하여 수준에 맞게 진술한다.

- 평가 방법은 학습 목표 및 평가 목적에 적합하게 선정한다. 체육과 평가에서 활용되는 기존 평가 도구를 사용하거나 평가 내용에 적합한 도구를 개발하여 사용할 수 있다.

- 모둠별 학습 활동의 평가 시 개별 학습자의 역할 및 노력과 기여도를 평가하는 방안을 마련한다.

- 평가 결과는 교수·학습을 수정하고 보완하는 데 활용하며, 학습자와 학부모가 쉽게 이해하도록 구체적으로 재구성하여 안내한다.

- 평가 결과의 누가 기록 및 체계적인 관리, 결과 분석 등을 위해 디지털 도구를 활용할 수 있다.

최병식
전공체육

체육교육학 I

체육교육과정론

Chapter

04

체육과 교육과정의
의미와 본질

1 체육교과 정체성

1. 체육과는 '신체 활동 지식'(physical activity knowledge)을 전수하는 역할을 담당한다.

2. 체육과는 '신체 활동'(physical activity)을 매개로 하여 신체 활동 지식을 가르치는 교과이다.

3. 신체 활동에 포함되어 있는 명제적 지식과 실천적 지식을 함께 학습함으로써 교육의 결과로 건강 및 체력이 증진되고 사회성이나 도덕성 등이 발달되는 것이다.

◈ 교과별 교육 대상과 교육 내용

교과명	교과 매체(또는 교육 대상)	교과 내용
체육	신체 활동	신체 활동 지식
국어	우리나라 언어	국어 지식
수학	수(數)	수학적 지식
과학	자연 현상	과학적 지식
사회	사회 현상	사회적 지식
영어	영국의 언어	영어 지식

4. 신체 활동 지식은 무엇을 의미하는가?

(1) Wright에 따르면 전통적인 지식의 관점으로는 비록 신체 활동이 인지적 영역 발달에 유의함이나 의미 있는 정보를 제공하는 측면이 있더라도 체육 교과에서의 지식은 '지식'으로 설명될 수 없다고 본다. 이것은 명제적(또는 개념적) 지식으로 실천적(또는 방법적) 지식을 바라보기 때문이다.

(2) 이로 인해 결국 실천적 지식으로 정당화될 수 없게 되는 것이다. 따라서 실천적 지식은 명제적 지식과 관계없이 독립된 지식의 유형으로 정당화되어야 한다.

(3) 이 지식은 체육 교과에 내생(내재)된 지식이며, 이는 신체활동을 통해 얻어지고 구현된다. 어느 다른 교과도 이와 같은 지식의 형태를 다루고 있지는 않다. 즉, 체육 교과만이 가지고 있는 독특하면서 고유한 영역이다.

(4) 따라서 체육 교과는 독특한 지식 구조를 학생들에게 교육할 필요가 있으며, 이 독특한 지식 구조를 '신체 활동 지식'으로 규정할 수 있다. 체육 교과에서의 모든 신체 활동은 의도적인 인

간 행위의 부산물이며, 체육 교과는 학교 교육체제에서 지식을 체계적으로 전수하는 역할을 담당하고 있다. 즉, 체육 교과는 '신체 활동 지식'을 교육한다.

5. 체육의 주된 교육 내용인 신체 활동의 수행 장면을 외현적인 시각에서만 바라보는 경향이 많았다. 즉, 신체 활동 자체를 '신체 기능' 또는 '운동 기능'과 동일하게 생각하여 왔다.

⑴ 신체 활동의 수행 장면을 인지적 활동과 무관한 운동 기능 습득에 의한 것으로만 이해하는데서 기인한다.

⑵ 운동 기능과 신체 활동을 동일시하는 사람들에게 신체 활동은 인지적 또는 지적 활동과 거리가 먼 것임을 증명하는 결과를 가져오고 있다.

6. 몇몇 연구에 따르면, 신체 활동은 인지적 요소와 기능에 밀접한 관련이 있으며 신체 활동으로부터 습득하는 지식은 다른 교과에서 일반적으로 일컫는 지식과 다름을 주장한다.

⑴ Ross

'정신과 신체'가 하나이기 때문에 모든 의도적인 행위는 언어적이든 비언어적(신체적 반응 형태)이든 모든 사고 과정에 의거하여 이루어진다.

⑵ Mosston & Ashworth

신체를 정신과 대비시켜 바라보는 관점을 전환할 필요가 있다. 체육 교과에서 지식은 신체적(또는 움직임) 표현으로 나타난다.

⑶ Reid & Ross

지식은 단어 또는 신호로 표현될 뿐만 아니라, 행위로도 구현될 수 있다.

⑷ 운동 기능은 지식과 무관하지 않은 것이 아니라 운동 기능 자체가 지식일 수 있음을 의미한다. 즉, 기능을 습득하고 배우는 것 자체가 지식 활동 또는 인지 활동에 참여한다는 것을 의미한다.

⑸ 운동 기능 수행이 지적 능력을 보여주는 것뿐만 아니라 특별한 유형의 비언어적 사고와 추론 과정을 나타내는 것이라는 몇 가지 연구가 있다.

⑹ Wright는 체육 교과에서 지식의 유형을 '실천적 지식'(practical knowledge)이라고 부른다. 실천적 지식은 단순히 '할 수 있다'(can do)는 의미 그 이상이다.

⑺ Ross는 '신체 활동 지식'(physical action knowledge : PAK)이라고 명명하면서, 이는 지식이 활동(action)이라는 대리자를 통해 구현되는 것이라고 본다. 그러나 이 지식은 체육교과에서 큰 관심을 받아오지 못했다.

7. 체육과에서 주로 이루어지는 신체 활동 수행을 어떻게 바라보아야 할 것인가!

⑴ 신체 활동 지식을 습득하기 위해 학생들이 교실에 앉아서 교사의 설명을 듣거나 함께 토론하며 또한 운동장에서 달리고 뛰며, 공을 던지고 차며, 신체 활동 지식을 체험하여 내면화하고 행동으로 구현하기도 한다.

⑵ 타 교과에 비해 체육 교과는 신체 활동의 수행의 교육 비중이 상대적으로 클 뿐이며, 교육의 비중이 크다고 해서, 타 교과는 주지 교과이고, 체육과는 '기능 교과'라고 인식하는 것은 잘못된 관점이다. 체육과는 신체 활동 지식을 직접 몸으로 체득하고 구현하는 것일 뿐이다.

⑶ 따라서 체육 교과 내용도 '신체 활동에 공통적으로 내재되어 있는 지식'을 선별하여 체육교육학 내에서 모든 체육 교육자가 공유하고 합의함으로써 체육과 교육과정의 내용을 선정하고 조직할 수 있다고 본다.

8. 다음은 체육과 교육과정 내용을 선정하고 조직할 때 기초가 될 수 있는 신체 활동 지식의 구조에 대한 설명이다.

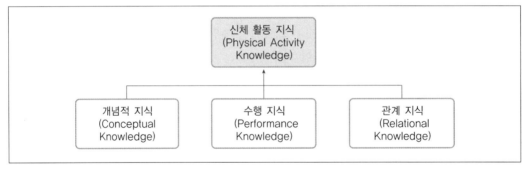

◈ 신체 활동 지식의 구조

⑴ **개념적 지식**

Wright가 제시한 '명제적 지식'이다.

⑵ **수행 지식**

'방법적 지식'이며, 농구 패스 방법, 농구 경기 방법, 농구 공격 방법 등에 관한 지식을 의미한다. 즉, 농구 패스 방법을 실제 운동 경기 상황에서 시연할 수 있는 지식을 말한다.

(3) 관계 지식

신체 활동을 바람직하게 수행하는데 필요한 자기 자신 및 타인에 대한 객관적 이해와 그것에 기초하여 행동하거나 대응할 수 있는 의지와 능력에 관한 지식을 의미한다. 예를 들면, 스포츠 경기에서 소속팀이 불리한 상황에 처했을 때 자기 자신을 스스로 통제할 수 있는 자기 조절에 관한 지식을 의미한다.

2 체육의 개념 변천

1. 신체의 교육

(1) 19세기 이전까지 체육 활동은 신체 단련을 목적으로 한 체조가 주를 이루었으며, '신체 단련' 혹은 '신체 훈련'이라고 불렸다. 19세기 초부터 신체와 교육이라는 두 단어의 합성어인 '체육'이라는 용어가 문헌에 나타나기 시작하였고, 20세기 초에 와서 그 사용이 일반화되었다.

(2) 당시에는 신체 발달 및 건강 위생을 목표로 하는 '신체의 교육'(education of the physical)이 체육 개념의 핵심을 이루었다. 신체의 교육은 본질주의의 영향을 받은 것으로, 신체 활동을 통해서 신체를 발달시키고, 건강을 유지하며, 운동 기능을 숙달하는데 그 목적을 두었다.

2. 신체를 통한 교육

(1) 1930년대에 접어들면서 체육이 단순한 건강 증진 프로그램이라는 인식에서 벗어나 교육적 의미의 체육으로 전환되면서, Williams 등이 주장한 '신체를 통한 교육'(education through the physical)이 체육의 지배적인 개념이 되었다.

(2) Williams는 체육의 목적으로 학생들이 민주 사회에 적응할 수 있는 경험과 인격의 형성, 자아 성취감 등을 제시하면서, 교육 내용도 종래의 딱딱한 체조보다는 놀이, 게임, 스포츠 등을 강조하였다.

(3) '신체육'(new physical education) 주창자들은 기존의 '건강한 인간'이라는 틀에서 벗어나 심동적, 인지적, 정의적 영역의 균형 잡힌 발달을 통한 '전인적 인간'의 형성이라는 종합적 체육관을 정립하였다. 발달 교육 모형은 이 철학에 근거를 둔 대표적인 체육 교육 방법이다.

3. 움직임 교육

(1) 1950년대에 이르러 Laban의 움직임 개념을 바탕으로 하여 '인간 움직임'(human movement) 철학이 등장하였다. '인간 움직임' 철학은 '신체를 통한 교육' 철학을 넘어서서 '체육 학문화 운동'(the disciplinary movement)으로 발전하였다.

(2) 움직임 교육의 관점에서 '체육 교육을 받은 사람은 사회생활에서 자신의 존재를 표현하고, 탐색하고, 발전시키고, 해석하는 방법으로서 자신의 잠재적 움직임 능력을 건설적으로 개발한 사람'이라고 정의할 수 있다. 움직임 교육은 특히 초등학교 체육에 큰 영향을 미쳤으며, 문제 해결법이나 탐구 학습법과 같은 학생 중심의 접근법을 주로 사용한다.

4. 인간주의 체육

(1) 1960년대와 70년대 유행했던 '인간주의 철학사조들'(humanistic philosophies)의 영향을 받아 Hellison은 아동의 정의적, 사회적 발달을 중시하는 '인간주의적 체육'을 제창하였다.

(2) 인간주의적 체육은 체육 수업을 통해 학생의 자기조절 능력과 책임감 있는 행동을 발달시키고 자아실현을 이루고자 하는 'TPSR'(Teaching for Personal and Social Responsibility) 모형으로 발전하였다.

5. 스포츠 교육

(1) 1980년대에 이르면서 다양한 철학적 관점을 반영한 체육 개념이 등장하였다. 그 중, Siedentop은 체육 활동이 '그 자체'로서 가치를 가져야 한다고 주장하면서 '놀이 교육'(play education)이라는 개념을 구체화시켰다. Siedentop은 놀이 교육의 개념을 발전시켜 '제도화된 경쟁적 놀이'인 스포츠를 체육의 주된 교과 내용으로 포함하는 '스포츠 교육'을 제창하였다.

(2) 스포츠 교육은 학생들에게 스포츠의 기능, 지식, 태도를 교육시켜서 학생들 스스로가 스포츠를 즐기고, 참여하며, 건전한 스포츠 문화에 적극적으로 공헌하는 사람이 되도록 하는데 목적을 둔다.

(3) 스포츠 교육은 '모든 학생들이 참여하는 스포츠'(sport for all)라는 철학을 바탕으로 체육 수업 중에 학생들이 자신의 능력에 적합한 토너먼트 형식의 스포츠 활동을 체험할 수 있도록 함으로써 스포츠의 활성화에 크게 기여하였다.

3 체육과 교육과정의 특성

1. 체육과 교육과정은 공식성을 가지고 있다.

(1) 체육과 교육과정은 거의 대부분 공식적 수준 체육과 교육과정에서 가장 크게 나타난다.

(2) 일반적으로 개인적 차원보다는 국가, 주, 지역구, 학교 등의 차원에서 개발, 편성, 운영되는 교육과정에 해당된다.

(3) 각 국가 또는 기관을 대표하는 다수 집단에 의해 공식적이고 합리적인 절차와 과정을 거쳐 개발 또는 운영되며, 일반적으로 문서 형태로 이루어지는 특징이 있다.

(4) 국가 수준의 체육과 교육과정, 16개 시·도 교육청 교육과정 편성·운영지침, 각 시·도 교육청의 실천중심 장학자료, 각 교육연수원의 연수 프로그램, 각 단위학교의 학교교육 계획서(체육과 교육과정 계획서), 국정(1종)체육 교과서, 검인정 체육 교과서(2종) 등이 있다.

2. 체육과 교육과정은 계획성을 가지고 있다.

(1) 체육과 교육과정은 본질적으로 미래 지향적인 교육의 계획을 담고 있다.

(2) 교육과정의 개발 및 운영기간에 따라 달라지는데, 1학기 또는 1년 계획, 또는 10년 또는 20년 향후 미래를 내다보고 이루어진다. 따라서 단기 계획과 장기 계획으로 구분하여 개발 또는 운영되는 특징이 있다.

(3) 단기 계획은 교사가 주로 활용하는 교수학습과정안, 단원계획서, 연간지도계획서, 학교 수준에서 만들어지는 1년 단위의 학교교육계획서 등이 포함되어 있다. 장기 계획은 국가 수준 또는 주 수준의 체육과 교육과정 등이 있다.

3. 체육과 교육과정은 의도성을 가지고 있다.

(1) 국가, 시·도 및 지역 교육청, 학교 또는 교사의 교육적 의도를 담고 있는 특성이 있다.

(2) 국가에서 의도하는 교육적 결과가 교육과정에 반영될 수 있고, 또한 교사가 교육적 철학과 관점에 의해 개인적으로 강조하는 내용이 반영될 수 있다.

(3) 단위 학교에서 학생들의 체력을 증진하고자 '1인 1기 운동'을 펼치는 것이 대표적인 사례이다.

4. 체육과 교육과정은 실천성을 지향하고 있다.

(1) 체육과 교육과정은 실천성을 지향하고 있으며, 국가 또는 주 수준의 교육과정은 각 국가 또는 각 주의 교육적 여건을 고려하여 최적의 상태로 실천될 수 있도록 개발되어 진다. 즉 전국의 모든 학교, 지리적 특성, 교원의 능력과 자질, 학습자의 요구, 교육 시설 등을 종합적으로 고려하여 일반적이고 보편적인 수준에서의 실천성을 담보하고 있다.

⑵ 따라서 우리나라에서 개발되는 국가 또는 시·도 교육청 수준에서 만들어지는 체육과 교육과정은 각 단위 학교나 수업에서 100% 실천될 수 없다. 이것은 다른 나라도 마찬가지이다.

⑶ 단위 학교에서 만들어지는 학교교육계획서 또는 교사 수준에서 만들어지는 교수학습과정안도 100% 완벽히 실천되는 경우는 거의 없다. 이처럼 모든 체육과 교육과정은 계획, 의도한 대로 실천되는 것은 불가능하다.

⑷ 체육과 교육과정의 실천은 본질적으로 지역사회, 학교, 교사, 학생, 환경, 시설, 학부모 등의 여러 가지 변수에 의해 좌우되는 속성을 가지고 있기 때문이다.

⑸ 그럼에도 불구하고 국가수준 체육과 교육과정에서부터 교사수준의 교수학습과정안까지 모든 체육과 교육과정의 개발과 운영은 실천성을 높이고자 하는 노력이 기울여지게 된다.

5. 체육과 교육과정은 잠재성을 가지고 있다.

⑴ 체육과 교육과정은 본질적으로 잠재성을 가지고 있다.

⑵ 국가 교육과정에서 계획하거나 의도하지 않았음에도 불구하고 교육과정이 운영되면서 학생들이 은연중에 배우게 되는 가치, 태도, 행동 양식과 같은 경험된 교육과정이다.

⑶ 교사가 수업 계획에 포함하지 않거나 의도하지 않았음에도 불구하고 학생들이 수업에서 잠재적으로 교육 경험을 가질 수 있다.

⑷ 잠재성은 공식성과 병행적 관계에 있기 때문에 긍정적인 교육 결과와 부정적인 교육 결과가 동시에 나타날 수 있다.

▪4▪ 체육과 교육과정의 개념과 유형

1. 체육과 교육과정의 개념

⑴ **체육과 교육과정의 넓은 의미**

① 학교 체제 속에서 학생들이 가지는 체육 교육에 관한 모든 경험을 의미한다.

② 학교 체제라는 의미는 학교 장소와 교육 시간에 구애받지 않으며, 학기 중 또는 방학 중에 학교 안과 학교 밖에서 학생들의 경험하는 모든 체육 활동을 의미한다.

③ 정규 체육 수업 활동, 체육 대회, 대교 경기 활동, 각종 스포츠동아리 활동, 야외 스포츠 체험활동, 체육과 방학 숙제 등

> 교육과정(curriculum)의 어원은 라틴어인 쿠레레(currere)에서 유래된 것으로, 쿠레레는 '경마장에서 말이 달리는 길'(course of race)을 의미한다.

⑵ 체육과 교육과정의 좁은 의미

① 체육 교육에서 의도한 학습 결과이다.

② 국가 수준, 학교 수준 혹은 교사 수준에서 학생들이 학습하기를 기대하는 체육 교육 행위의 결과이며, 교육 활동 보다는 학습 결과에 초점을 두며 계획보다는 결과를 중시한다.

③ 체력 증진 또는 운동 기술 습득 등

체육과 교육과정에 대한 다양한 정의	관점	예시
체육과 교육과정 문서 또는 체육 교과서	교육과정이 실재하는 구체적인 문서들	국가 체육과 교육과정 문서, 시·도 교육과정 편성운영지침, 체육 교과서 등
체육의 스코우프와 시퀀스	연속적인 학년 수준에 따라 배당하고, 공통적인 주제에 따라 묶여진 목표들의 행렬표	내용 체계표, 연간지도계획안 등의 범위와 계열성
체육 교과 또는 교육 내용	• 학교의 교과목 • 각 교과목의 교육 내용 개설된 강좌명 • 강의 요목	• 국어, 과학, 수학 등의 교과 목록 • 체육 교과의 교육 내용 • 현대사회와 스포츠 등
계획한 체육 교육 활동	사전에 계획된 일련의 활동 계획 또는 프로그램	체육과 연간지도계획서(또는 체육과 교육과정 계획서), 단원계획안, 교수학습과정안 등

2. 체육과 교육과정의 유형

⑴ 의도성

① 표면적 교육과정

교육 목적과 목표에 따라 분명하게 의도되고 계획된 실천으로 학습자들이 경험하는 공식적 교육과정이다. 교과서에 실린 내용이면서 교사들이 수업을 통해 표현한 것이 표면적 교육과정의 전형적인 예이다.

② 잠재적 교육과정

표면적 교육과정과 대비되는 개념으로, 교육과정에서 의도하거나 계획하지 않았으나 수업이나 학교의 관행으로 학생들이 배우는 가치, 태도, 행동양식과 같은 경험을 의미한다.

③ 영 교육과정

교육과정의 선택과 배제, 포괄과 제외의 산물이기 때문에 표면적 교육과정의 필연적 산물이다. 교육과정에서 가르쳐지지 않고 소홀히 취급되면서 금기시 되는 내용으로, 예를 들면 학교의 표면적 교육과정에서는 논리적 사고를 강조하는 반면 직관적 사고 또는 상상력 등은 소홀히 취급하는 경우가 많다.

(2) 교육의 진행과정

① 계획적 교육과정

교육과정 계획자나 교육 프로그램 제공자의 계획과 준비 측면이 강조되며, 교육부, 교육청, 학교, 학회 등에서 의도하고 계획된 사전 계획 중심의 교육과정이다.

② 실천적 교육과정

교사들이 수업을 설계하고 이를 실제로 구현한 교육과정으로 지역 및 학교의 교육여건, 교사, 학생 등의 사회적 맥락에 의해 영향을 받는 교육과정이다.

③ 경험적 교육과정

학생들이 실제로 경험하고 결과적으로 학습한 교육과정을 의미하며, 학생 개개인과 학습 환경에 많은 영향을 받는 교육과정이다.

(3) 체육과 교육과정의 적용 및 부과 방식

① 공통 필수 교육과정

모든 학생들에게 동일하게 제공되는 교육과정으로, 모든 학생들에게 요구되는 지식, 기능, 행동 양식 등으로 구성되는 것으로 초등학교와 중학교에 적용된다.

② 상이 선택 교육과정

일부 학생들에게 적용되는 교육과정으로, 학생의 적성, 소질, 진로, 흥미 등에 따라 서로 다른 계열 또는 과정, 교과, 과목 등을 선택하여 주로 고등학교에 적용된다.

(4) 의사결정 수준

① 국가 교육과정

교육과정의 보편성, 통일성, 기회 균등, 일정 수준의 교육 질 유지 등을 구현한다.

② 지역 교육과정

미국이나 호주에서처럼 지방 분권적인 정책을 가지고 있는 국가에서 주로 발견된다. 우리나라에서도 국가 교육과정 기준을 보다 구체적으로 실현하기 위하여 각 시·도 교육청에서 학교교육과정 편성·운영 지침을 마련하고, 지역 교육청에서는 교육과정 장학 자료를 개발한다.

③ 학교 교육과정

학교 수준에서 이루어지는 교육과정 결정과 실천의 산물이다. 학교장의 교육 철학 또는 목표에 따라 중점 교육 사업과 특색 교육 사업(예 1인 1기 운동, 체력 증진 프로그램 등)이 계획되고 실천된다.

④ 교실 교육과정

체육 교사를 중심으로 계획되고 실천되는 교과 교육과정, 학년 교육과정, 학급 교육과정으로 구분하여 이해할 수 있다.

기준	체육과 교육과정의 유형
의도성	표면적 교육과정(explicit curriculum)
	잠재적 교육과정(implicit, hidden, latent curriculum)
	영 교육과정(null curriculum)
교육의 진행 과정	계획한 교육과정(intended, planned curriculum)
	실천한 교육과정(implemented, enacted, practiced curriculum)
	경험한 교육과정(resulted, experienced, achieved curriculum)
교육과정의 적용 및 부과 방식	공통 필수 교육과정(common curriculum)
	상이 선택 교육과정(elective curriculum)
의사결정 수준	국가 교육과정(national curriculum)
	지역 교육과정(district curriculum)
	학교 교육과정(school curriculum)
	교실 교육과정(class curriculum)

최병식
전공체육

체육교육학 Ⅰ

체육교육과정론

Chapter

05

교육과정의
유형

05 교육과정의 유형

1 교육과정 유형 분류

1. 교육과정의 의미에 따른 분류(Zais)

(1) 학습 프로그램으로서의 교육과정

(2) 강좌 내용으로서의 교육과정

(3) 계획된 학습 경험으로서의 교육과정

(4) 학교의 지원 아래 학습자가 갖게 되는 경험으로서의 교육과정

(5) 일련의 의도된 학습 성과의 구조적 체계로서의 교육과정

(6) 교육 행위를 위한 계획으로서의 교육과정

2. 교육과정 결정 수준에 따른 분류

(1) **교육과정 유형 분류(김호권)**

① 공약된 목표로서의 교육과정(의도된 교육과정)

② 수업 속에 반영된 교육과정(전개된 교육과정)

③ 학습성과로서의 교육과정(실현된 교육과정)

(2) **교육과정 분류(김종서)**

① 국가 및 사회적 수준의 교육과정

② 교사 수준의 교육과정

③ 학생 수준의 교육과정

3. 교육과정의 영향에 따른 분류

(1) **교육과정 유형 분류(김봉수)**

① 표면적 교육과정

교육과정 개념 속에는 학교 교육이 일정한 원칙으로 달성해야 할 목표와 학습해야 할 내용을 체계적으로 결정하고 조직한, 즉 교육 실천 활동 계획의 제반 사항을 문서화한 의미가 포함된다.

② 잠재적 교육과정

학교나 교사가 의도하지도 않았다든가, 또는 교육과정이나 수업을 통해서 계획적으로 노력한 것은 아니었지만 학습자 각자가 각각의 사태에서 은연중에 학습자들에게 행동의 변화에 영향을 주는 요소가 있다. 이러한 요소를 포함하여 잠재적 교육과정이라 한다.

잠재적 교육과정의 정의
학교 교육을 통하여 학생들이 가지는 경험 중에서 종래 교육과정의 개념으로부터 통상 간과되어 온 경험을 가리키는 것이며, 이러한 경험은 학교의 전 사태와 관련되어 있고, 학교에서 의도한 바 없으나 발생하는, 그리고 쉽게 관찰되어지지도 않는 무형식의 학습 결과, 경험이라고 정의할 수 있다.

표면적 교육과정과 잠재적 교육과정
① 표면적 교육과정은 학교에 의하여 의도적으로 조직되고 가르쳐지는 반면에, 잠재적 교육과정은 학교에 의하여 의도되지 않았지만 학교생활을 하는 동안에 은연중에 배우게 된다.
② 표면적 교육과정은 단기적으로 배우며 어느 정도 일시적인 경향이 있는데 반하여, 잠재적 교육과정은 장기적·반복적으로 배우며 보다 항구성을 지니고 있다.
③ 표면적 교육과정이 주로 지적인 것과 관련이 있다면, 잠재적 교육과정은 주로 정의적 영역과 관련이 있다.
④ 표면적 교육과정이 주로 교과와 관련이 있다면, 잠재적 교육과정은 주로 학교의 문화 풍토와 관련이 있다.
⑤ 표면적 교육과정은 주로 교사의 지적, 기능적인 영향을 받으나, 잠재적 교육과정은 주로 교사의 인격적 감화를 받는다.
⑥ 표면적 교육과정과 잠재적 교육과정이 서로 조화되고 상보적인 관계에 있을 때 학생 행동에 강력한 영향을 미칠 수 있다.
⑦ 잠재적 교육과정을 찾아내어 이를 계획한다 하여도, 표면적 교육과정과 잠재적 교육과정의 구조는 변하지 않는다.
⑧ 표면적 교육과정 자체의 기능이 있다. 아무리 철저한 계획을 세워서 학생을 지도하여도 학생은 계획대로만 배우는 것은 아니다.

(2) 교육과정 유형 분류(이해명)

① 외현적 교육과정

학교가 지역 사회에 어떤 교육을 하겠다는 목표를 제시하는 것이다.

② 내현적 교육과정

학교라는 것이 차지하는 위치 때문에 자연적으로 이루어지는 교육과정이다. 학교는 다양한 방법의 교수를 통하여 부수적으로 얻어지는 결과나, 상벌제도, 조직 체계, 외형적 구조 등에 의해 총제적인 교육이 이루어지는 곳이다.

③ 영 교육과정

학교는 학생들에게 학교가 가르치는 것에 의해서 뿐만 아니라 학교가 가르치는 것을 소홀히 한 것에 의해서도 영향을 받는다. 즉, 학생들이 고려할 수 없는 사실들, 학생들이 알지 못하는 사실, 또는 그들이 활용할 수 없는 방법 등은 그들이 영위하는 생에 영향을 준다.

4. 개념 변천에 따른 유형 분류

(1) 교과 중심 교육과정

① 특징

ㄱ 문화유산의 전달이 주된 교육내용이다.

ㄴ 교사 중심 교육과정이다.

ㄷ 설명 위주의 교수법을 요구하는 경우가 많다.

ㄹ 한정된 교과 영역 안에서만 학습 활동이 이루어진다.

② 장점

ㄱ 학습을 조직하고 새로운 지식, 사실을 설명, 체계화하는 데 논리적이고 효율적인 방법이다.

ㄴ 지식 능력을 발전시키는 데 가장 적절하다.

ㄷ 구성이나 평가가 간단하고 쉽다.

③ 단점

ㄱ 학습을 세분화하고 단편화한다.

ㄴ 학생의 흥미, 능력, 필요가 무시되고 성인 사회의 요구를 강요한다.

ㄷ 사고력 등의 고등 정신 기능이 함양되기 어렵다.

④ 유형

ㄱ 분과 교육과정 : 개개 교과나 과목의 종적 체계는 있어도 교과나 과목 간 횡적 관련이 전혀 없이 조직된 교육과정이다.

ㄴ 상관 교육과정 : 두 개 또는 그 이상의 과목들을 서로 관련시켜 교과 영역을 무너뜨리지 않으면서 몇몇 교과의 공통 및 상관되는 문제만을 의식적으로 교수의 초점으로 삼는 형식이다.

ㄷ 융합 교육과정 : 상관 교육과정과 광역 교육과정의 과정에서 생긴 과도기적 형태로 각 교과목의 성질을 유지하면서 그 사이에 내용이나 성질면의 공통 요인을 추출하여 교과를 재조직하게 된다.

ㄹ 광역 교육과정 : 유사한 상관이 많은 교과들을 묶어서 교과의 종합 학습을 가능케 하기 위한 형식이다.

(2) 경험 중심 교육과정

① 특징

ㄱ 교과 활동 못지 않게 과외 활동을 중시한다.

ㄴ 생활인의 육성을 목표로 하고 있다.

ㄷ 아동 중심 교육을 강조한다.

ㄹ 전인 교육을 강조한다.

ㅁ 문제 해결력의 함양을 강조한다.

ㅂ 사회의 급격한 변화에 적응하는 인간을 육성코자 한다.

② 장점

ㄱ 개인차에 맞는 학습이 가능하다.

ㄴ 현실적이고 실제적인 생활 문제를 해결할 수 있는 능력을 길러준다.

ㄷ 학습자의 흥미와 필요가 중시되므로 자발적인 활동이 촉진된다.

③ 단점

ㄱ 교육과정 조직의 계열성이 문제된다.

ㄴ 체계적인 지식과 기능을 등한히 하기 쉽다.

ㄷ 교사의 자질이 낮으면 기초 기능의 저하를 가져온다.

④ 유형

ㄱ 현성 교육과정(생성 교육과정) : 학습자의 현재의 욕구와 경험을 중심으로 구성되어지는 것이다.

ㄴ 중핵 교육과정 : 중핵 교육과정은 교과 중심 교육과정의 약점인 분석적이고 단편적인 학습을 지양하고 각 교과를 밀접하게 관련시킴으로써 종합화하여 통합적인 학습으로 이끌어 갈 수 있다는 것과 사회적 필요가 중핵을 이루어서 교육과정의 구성에 중점이 되므로 궁극적으로는 사회 방향감을 고취시킬 수 있다는 점을 강조한다.

ㄷ 중핵 교육과정의 유형 : 교과 중심, 개인 중심, 사회 중심, 청소년의 필요 욕구 - 흥미를 중심으로 하는 중핵 교육과정이 있다.

(3) 학문 중심 교육과정

① 특징

ㄱ 교과내용은 지식의 구조를 핵심으로 조직한다.

ㄴ 나선형 교육과정이 되어야 한다.

ㄷ 탐구 과정을 중시한다.

② 장점

ㄱ 학문의 탐구 방법을 체득할 수 있다.

ⓛ 적게 가르쳐도 많이 활용되게 되어 있다.

ⓒ 내적 동기 유발을 이용해 적극적 참여를 이룰 수 있다.

ⓔ 여러 학문 분야의 기저에 있는 기본적인 원리를 가르칠 수 있다.

③ 단점

ⓐ 정의적 영역에 포함되는 것들이 소홀히 된다.

ⓛ 인적, 물적, 시간적 및 교육 제도적 여건의 정비가 어렵다.

ⓒ 교과의 기본 구조만을 지나치게 강조한 나머지 교과와 교과 사이의 통합이 어려워질 수 있다.

(4) 인간 중심 교육과정

① 인간주의적인 교사가 필요하다.

② 학교의 인간화를 위하여 노력한다.

③ 잠재적 교육과정을 표면적 교육과정과 똑같이, 경우에 따라서는 더 중시한다.

(5) 중핵 교육과정

① 특징

ⓐ 다양한 학습 경험을 활용한다.

ⓛ 학습 경험은 광범위한 단원 학습으로 조직된다.

ⓒ 목표가 광범위하고, 학습 시간은 보통 시간의 두 배 또는 그 이상으로 계획된다.

② 장점

ⓐ 광범위한 교육 목표의 달성을 가능케 한다.

ⓛ 문제 해결의 활용과 비판적 사고의 기술을 장려한다.

ⓒ 개인의 필요와 능력에 적합한 학습 환경을 마련해 준다.

ⓔ 여러 분야에 걸쳐 지식의 상호 관련성을 이해시키는 데 도움을 준다.

ⓜ 광범위한 단원 학습을 활용하고 협동적인 계획을 촉진함으로써 심리적으로 건전하다.

③ 단점

ⓐ 교사의 적절한 준비가 부족하다.

ⓛ 이론과 실제 사이의 편차를 피할 수 없다.

ⓒ 적절한 학습 지침서와 교수 자료가 부족하다.

ⓔ 지식 분야의 전문적인 요구가 중핵형의 발전을 저해한다.

2 수준별 교육과정

1. 수준별 교육과정 개념

(1) 수준별 교육과정이란 학생들의 수준에 적합한 교육을 실시하기 위하여 학생들의 수준, 능력, 흥미 등에 따라 서로 다른 교육과정을 제공하는 것을 말한다.

(2) 수준별 교육과정이란 교과별로 수준을 달리하여 학생 개개인의 학습 능력에 맞추어 학습할 수 있도록 한 개별화 교수·학습 형태의 일종이다. 이는 전통적인 일제식 수업, 획일화된 수업의 편제에서 탈피하여 학생들이 스스로 원하거나 자신의 수준에 맞는 내용을 학습할 수 있도록 하는 수업이다.

2. 수준별 체육수업

(1) 수준별 교육과정과 수준별 수업은 다른 개념이다. 수준별 수업은 학생들의 수준을 고려하여 교사가 학생 개개인에게 적합한 교육적 처치를 하는 수업을 의미한다.

(2) 수준별 교육과정이 '교육 내용의 차별화'를 통하여 학생들에게 적절한 학습 내용과 경험을 제공하고자 하는 접근이라면, 수준별 수업은 '수업 방식의 차별화'를 통해 학습자의 요구, 흥미, 능력에 적합한 교육을 제공하고자 하는 접근이라고 할 수 있다.

(3) 수준별 교육의 극대화를 위해서는 교육 내용과 방법의 차별화, 나아가서는 학습 환경의 차별화까지 고려하는 다양한 수준별 수업이 되어야 한다.

3. 수준별 체육수업의 구조

(1) 학생의 운동기능 수준에 근거한 수업구조

① 한 가지 과제 활동이 다양한 목표 수준을 가진 경우

㉠ 모든 학생이 동일한 학습내용의 과제에 참여하게 되지만 학생들은 자신의 능력에 기초하여 서로 다른 수준의 학습목표에 도전하게 된다.

㉡ 체육 교사가 가장 용이하게 사용할 수 있는 것으로, 학생들의 신체활동에 대한 흥미가 거의 유사하나 그들의 능력 수준이 명백히 다른 경우 매우 적합한 방식이다.

예 팔굽혀펴기라는 과제에 모두 참여하지만 몇 회를 실시하는지 다르게 목표를 설정할 수 있다.

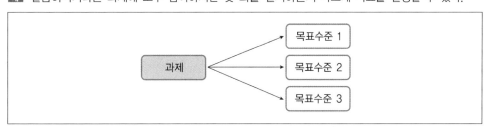

② 다양한 과제 수준이 한 가지 과제 활동 목표를 가진 경우

　㉠ 각 학생들은 학습 초기부터 자신의 능력에 적합한 수준에서 학습 과제에 참여하게 되지만 모든 학생들은 동일한 학습목표를 추구하게 된다.

　㉡ 학생들의 능력 차이가 분명하게 나지만, 성취하고자 하는 학습목표가 동일할 때 활용할 수 있는 유용한 방법이다.

　　예 모든 학생들이 비평행적 구조의 줄넘기 사례처럼 처음 시작하는 과제 수준이 다르지만 '줄을 성공적으로 넘는다'는 한 가지 동일한 학습목표를 가지게 된다.

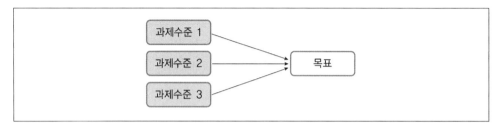

③ 다양한 과제 수준이 각각 목표 수준을 가진 경우

　㉠ 학생의 운동능력이 분명하게 차이가 날 경우 적합하다. 즉 학생 집단이 이질적으로 구성되어 있다면 처음부터 학습과정의 트랙을 달리할 수 있는 방법이다.

　㉡ 학급을 몇 개의 소집단으로 구분한 다음 유사한 과제로 구성된 활동에 참여하게 한다. 단 각 소집단이 참여하는 과제의 수준은 서로 다르다.

　　예 앞구르기, 다리 벌려 앞구르기, 뒤구르기, 다리 벌려 뒤구르기가 4개의 소집단에 제공될 수 있다. 앞구르기 집단은 8회 연속 구르기가 과제 목표 수준이 되며, 다리 벌려 앞구르기는 6회 연속, 뒤구르기는 6회 연속, 다리 벌려 뒤구르기는 2회 연속이 과제 목표 수준으로 제공될 수 있다.

(2) 학생의 흥미에 근거한 수업구조

① 다양한 과제 유형이 한 가지 목표를 가진 경우

　㉠ 학생들이 유사한 운동기능 수준을 가지고 있지만 신체활동에 대한 흥미가 서로 매우 다를 경우 적합하다.

　㉡ 학생들은 다양한 과제 활동에 참여하지만 동일한 과제 목표를 제시 받게 된다.

　　예 학생들에게 한 수업에서 축구, 배구, 농구를 제공할 수 있다. 이때 교사는 3번의 게임 중 1번 이상의 승리를 요구할 수 있다.

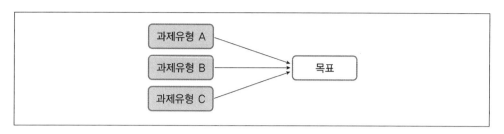

② 다양한 과제 유형이 각 목표 유형을 가진 경우

    ㉠ 학생들이 유사한 운동능력을 가지고 있지만 매우 상이한 흥미를 가진 학습에 적합하다.

    ㉡ 학생들에게 다양한 과제 활동이 주어지고 각 과제 활동은 고유한 과제 목표가 설정되어 있다.

        예 높이뛰기, 오래달리기, 해머던지기가 학생들에게 제공될 수 있고, 높이뛰기의 활동 목표는 1m 20cm 이고, 오래달리기는 5km거리를 완주하는 것이며, 던지기는 완벽한 해머던지기 동작을 숙달하는 것 이다.

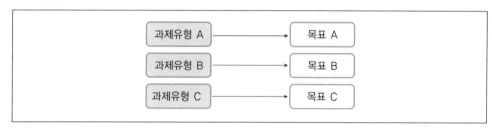

(3) **학생의 운동 기능과 흥미에 근거한 수업구조**

    ① 다양한 과제 유형이 각 목표 수준을 가진 경우

        ㉠ 혼성학습에 적합하다.

        ㉡ 학생들은 서로 다른 과제 활동에 참여하면서 제공된 각각의 과제 목표 수준에 도달해야 한다.

            예 남학생들에게 1000m 달리기나 1000m 걷기가 제공되고, 여학생들에게는 800m 달리기나 800m 걷 기가 제공된다. 이 때 다양한 과제 활동은 달리기와 걷기가 되며, 각 목표수준은 1000m와 800m가 된다.

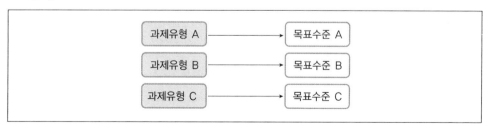

    ② 다양한 과제 수준이 다양한 목표 유형을 가진 경우

        ㉠ 학생의 운동기능 수준과 흥미 수준이 서로 매우 다른 학급에서 적합하다.

    ⓛ 학생들에게 다양한 과제 수준의 활동이 제공되고 각 과제 수준은 서로 다른 과제 활동 목표를 가지고 있다.

    예 테니스의 스트로크, 발리, 서비스가 학생들에게 제공될 수 있다. 스트로크에 참여하는 학생들은 10번의 시도 중 5번 이상을 포핸드나 백핸드를 활용하여 성공해야 하는 목표를 설정할 수 있고, 발리에 참여하는 학생들은 포핸드 발리와 백핸드 발리에 참여함으로써 각 그립의 차이를 분석하고 평가해야 하는 목표를 설정할 수 있다. 서비스에 참여하는 학생들은 5번의 시도 중 3번 이상 정확한 동작으로 서비스를 하는 목표를 설정할 수 있다.

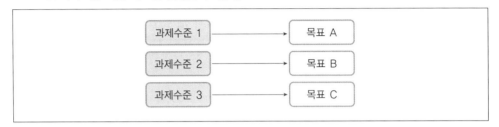

참고

학습 유형

1. Witkin의 학습유형

환경의존형	환경독립형
총체적으로 인지하고 경험한다.	분석적으로 인지하고 경험한다.
개념의 일반적인 특징들과 그 특징들의 관계성을 발견한다.	개념의 세부적인 특징들을 발견하고 독립적인 개념으로 받아들인다.
전체적인 개념에서 출발하여 부분을 보는 경향이 있다.	부분적인 개념으로 출발하여 전체를 보는 경향이 있다.
충동적이고 심사숙고적이지 못하며, 사회 환경에 매우 의존적이다.	자주적이고, 공정하며, 목표 지향적이다.
주위와 세상에 대해 관심을 가진다.	주위와 세상에 대한 냉철한 관심을 가지고 있다.
자신의 경험과 밀접한 관련이 있는 교재를 가장 잘 학습한다.	새로운 개념에 흥미를 느낀다.
타인들이 설정한 목적과 강화방법을 추구한다.	자기 스스로 설정한 목적과 강화방법을 가지고 있다.
사회적 강화와 비판에 영향을 쉽게 받는다.	비판에 덜 영향을 받는다.
혼자보다는 사람들과 같이 공부하는 것을 선호한다.	혼자서 공부하는 것을 선호한다.

- 개개인이 불확실한 정보나 익숙하지 않은 환경 속에서 인지적으로 반응하는 방식으로 분류한 것이다.
- 두 가지 유형을 각기 선호하는 학습자들의 학습능력에는 차이가 없지만 정보를 사용하는 방식의 차이가 있고, 한 학습자에게 두 가지 유형이 동시에 나타날 수도 있다.
- 환경의존형은 환경에 매우 민감하게 반응하고 총체적으로 정보를 인지하고 경험한다. 반면에 환경독립형은 분석형이라고도 불리며, 환경에 별로 영향을 받지 않는다.

2. Barbe와 Swassing의 학습유형

시각적 학습형	청각적 학습형	신체운동적 학습형
문자, 사물 시범을 보면서 학습한다.	타인이나 자신의 말을 들으면서 학습한다.	직접 해보거나 참여함으로써 학습한다.
얼굴을 기억하고 이름을 잊어버리며 메모를 한다.	이름을 잘 기억하고, 얼굴을 잊으며, 단어의 반복을 통해 잘 기억한다.	본 것이나 이야기했던 것보다 직접 해 본 것을 가장 잘 기억한다.
심사숙고적이다. 미리 계획을 세우고 적으면서 생각을 정리한다. 문제점들을 낱낱이 적는다.	문제점들을 외부로 공개하려는 경향이 있고, 말로서 해결하려고 한다.	충동적이다. 문제점 안에 직접 뛰어들고 신체활동에 참여하면서 해결점을 찾으려고 한다.
주위를 둘러보고 구조를 조사한다.	주위상황과 무엇을 할 것인가에 대해 이야기하기를 좋아한다.	만져보고, 느끼고, 조작하는 것을 좋아한다.
조용하며, 길게 얘기하지 않는다. 오랫동안의 이야기를 듣는 것이 힘들게 여겨진다.	듣는 것을 좋아하지만 이야기를 더 하고 싶어 한다. 설명이 매우 길고 반복적이다.	말하면서 움직인다. 잘 듣지 않는 편이다. 말하거나 들을 때 가깝게 선다. 세세한 구두설명에 쉽게 흥미를 잃는다.
'보자, 쳐다봐'라는 용어를 많이 사용한다.	'들어봐, 경청하라'라는 용어를 많이 사용한다.	'해보자, 움직여봐'라는 용어를 많이 사용한다.

- 정보를 조직화하고 환경과 상호작용하기 위해 사용하는 감각유형과 관련된 개념이다.
- 시각적 학습형은 정보나 물체를 읽고 보면서, 청각적 학습형은 이야기하거나 들으면서, 신체운동적 학습형은 학습 교재의 직접적인 조작과 참여를 통해서 가장 효과적으로 학습한다.

3. Dunn, Dunn, Price의 학습유형

⑴ 이들은 학생들이 학습을 하는데 선호하는 학습 유형 요소들(learning style elements)을 조사하여 학습자에게 맞는 교수·학습 방법을 개발하고자 하였다.

⑵ 환경, 사회, 정서, 신체, 심리와 같은 5가지 자극에 의해 학습 유형이 달라질 수 있음을 인식하고, 21개의 학습 유형 요소들을 소개하였다.

① 환경적 자극 : 소리, 밝기, 온도, 실내디자인

② 사회적 자극 : 혼자서 공부하기, 짝이나 친구와 함께 공부하기, 어른과 함께 공부하기, 다양하게 공부하기

③ 정서적 자극 : 학습동기, 끈기, 책임감, 정서구조

④ 신체적 자극 : (음악 등에 대한) 지각력, 간식, 시간(낮과 밤), 신체가동성

⑤ 심리적 자극 : 분석적인 것, 총체적인 것, 충동성, 사려분별, 뇌반구 영역

※ 학생들은 나름대로 좋아하는 학습 유형을 가지고 있다. 학습 유형은 학습자 개개인이 새로운 정보를 받아들이는 방식으로서, 학습 능력이나 지능과는 구분된다. 학습 유형은 학습 과정에서의 학습자의 개별성과 독자성을 말하는 것이다. 따라서 학습 유형간의 우열은 있을 수 없고 집단 특성이나 평균적이라는 개념과도 원칙적으로 구별되어야 한다.

최병식
전공체육

체육교육학 Ⅰ

체육교육과정론

체육교육과정의
개념과 사조

체육교육과정의 개념과 사조

1 체육교육과정의 이해

1. 체육 교육과정의 수준

(1) 이념적 수준

① 체육교육 활동은 체육교육 이념의 영향을 받아 실행된다. 이념적 수준에서의 체육교육과정은 체육교육에 관여하는 사람들이 가지고 있는 체육교육의 철학이나 근본 생각을 말한다. 무엇이 올바른 체육교육의 모습이며, 어떤 목적을 성취해야 하고 어떤 내용과 방법으로 그것을 실현하며, 올바른 평가의 방법은 무엇인가를 이론적이고, 논리적인 수준에서 체계적으로 다루는 활동과 그 결과물을 말한다.

② 이념적 수준에서 나타나는 체육 교육과정의 모습은 체육 교육과정 사조와 체육 교육과정 모형으로 나타난다.

③ 체육 교육과정 사조는 체육교육과정관, 체육교육(가치)관, 체육교육철학 등으로 불리기도 한다. 이 개념은 체육교육 목표, 내용, 방법, 평가 등에 관하여 가장 포괄적인 수준에서 어떠한 방향으로의 일관된 이론적 주장을 말한다. 교육철학분야에서 말하는 본질주의, 항존주의, 실용주의, 낭만주의 등의 사조와 같은 수준에서의 체육 교육과정에 관한 논의를 말한다. 그 동안 체육교육학자들에 의해 제시되고 널리 인정받아 온 체육 교육과정 사조들은 내용 숙달중심사조, 자아실현중심사조, 사회개혁중심사조, 학습과정중심사조, 생태통합중심사조의 5개 사조이다.

    ⊙ 내용 숙달 중심 사조

        ⓐ 누구나 배워야 하는 기초 지식과 기능의 습득과 완벽한 숙달을 강조하며, 체육의 세부 학문 영역의 기초 지식과 기본 운동종목의 숙련된 수행을 주된 목적으로 삼는다.

        ⓑ 주로 전통적으로 가르쳐오던 육상, 체조, 스포츠 등이 주된 교육내용으로, 권위적이고 일제식 수업방식이 효과적인 것으로 인정된다.

        ⓒ 평가는 객관적 방식으로 행해진다.

    ⓛ 자아 실현 중심 사조

        ⓐ 학생의 본래 타고난 성품과 자질을 최대한으로 실현시켜 주는 것을 목적으로 하며, 열린 교육을 통하여 감성과 정서의 개화를 추구한다.

        ⓑ 다양한 창작 활동과 재미있는 놀이 활동이 중요하게 여겨지며 학생의 자발적인 참여를 유도하는 개방된 지도방식이 선택된다.

        ⓒ 평가는 주관적 방식이 선호된다.

ⓒ 사회 개혁 중심 사조

ⓐ 개인 중심적 사고방식에서 벗어나 타인과 사회전체에 대한 책임의식을 강하게 느끼고 변화를 주도하는 의식과 실천력을 기르려고 한다.

ⓑ 보다 평등하고 올바른 모습의 체육활동이 이루어지며 소외되고 불이익을 받는 소수의 사람들이 동등한 기회와 대우를 받을 수 있도록 하는 방식으로 가르쳐진다.

ⓒ 다양한 종류의 체육 활동을 모두 포함시키려 하며 객관적, 주관적 방식의 평가가 모두 선호된다.

ⓓ 학습 과정 중심 사조

ⓐ 학생이 어떤 목표를 선택하건 간에 그것의 성취를 위해 필요한 학생의 논리적, 체계적, 비판적 사고 능력을 함양시켜주는 것을 목적으로 한다.

ⓑ 창의적인 수업방식을 택함으로써 학생들이 학습하는 방법을 배우도록 하며, 기존의 스포츠 종목에 얽매이지 않고 그것을 창의적으로 변형시키거나 새로운 활동들을 개발하도록 한다.

ⓒ 주관적 평가가 강조된다.

ⓔ 생태 통합 중심 사조

ⓐ 자신이 살고 있는 사회적 환경과 물리적 환경 속에서의 조화로운 생활을 지향하며, 이 두 가지 환경이 미래에는 보다 나은 상태가 되도록 적극적 노력을 기울이는 시민의 양성을 목적으로 한다.

ⓑ 다양한 학습내용과 방법의 균형을 중시하며 총체적 관점에서 평가를 바라본다.

④ 체육 교육과정 모형은 일반적이고 개괄적인 수준에서 진술된 체육 교육과정 사조를 바탕으로 학자들이 좀 더 구체화된 형태로 목적, 내용, 방법, 평가 등에 관해서 어떤 체계화된 방식으로 진술해 놓은 아이디어를 말한다. 그동안 체육 교육전문인에게 많은 호응을 얻었던 중등학교 체육 교육과정 모형들은 종합상자모형, 스포츠교육모형, 사회성모형, 체력중심모형, 개념중심모형, 게임중심모형 등이 있다.

⑵ **문서적 수준**

① 이념적 수준에서의 체육 교육과정이 주로 직전교사교육 기간 동안 이론적으로 배우고 체육교육 전문 서적에서 개괄적으로 접하는 것과는 달리, 현직에서 일하게 되면 문서적 수준의 체육 교육과정을 우선적으로 접하게 된다.

② 체육교과에서 무엇을 왜 어떻게 가르쳐야 하며 어떤 방식으로 평가해야 한다는 것에 대한 구체적인 실천 지침이 글로 명시화되어 있는 것이다. 실천적 수준에서의 체육교육과정은 이를 기준 삼아 실제의 체육수업을 실행해나가는 것이다. 문서적 수준에서의 체육교육과정의 모습은 일반적으로 체육교육과정(및 해설서)문서와 체육교과서(및 지도서)의 두 가지 형태로 드러난다.

③ 체육 교육과정 문서는 '고시형'과 '가이드형'으로 대별될 수 있다.
   ㉠ 고시형: 우리나라와 같이 국가 수준의 교육과정을 운영하는 나라에서 채택하는 방식으로 학교교육의 실천은 반드시 이 고시된 교육과정을 따라야 한다.
   ㉡ 가이드형: 국가교육과정을 채택하지 않고 교육자치제가 이루어지는 나라에서 군이나, 도, 또는 주별로 모범이 되는 교육과정 가이드를 제작하여 이를 실 예로 삼아 각 교육구별, 학교별로 교육이 다양하게 실현되게 한다.

(3) 실천적 수준

① 실천적 수준에서의 체육 교육과정은 문서적 수준에서 제시된 내용을 실지로 수업현장에서 학생들에게 전달하고 학습하도록 만드는 활동을 말한다. "학생들에게 제공되는 학습경험의 총체"라는 일반화된 정의는 이 실천적 수준에서의 교육과정의 모습을 주로 가르치는 것이라고 볼 수 있다.

② 실천적 수준에서의 체육 교육과정의 모습은 체육수업의 모습과 다른 것이 아니다. 이 수준에서의 체육 교육과정의 모습은 주로 체육교사가 교육내용을 어떻게 취급하며 어떻게 전달하는가를 통해서 드러난다.

③ 체육교과는 체육교사에 의해서 분리전달형과 통합탐구형의 두 가지 방식으로 취급되고 전달된다.
   ㉠ 분리전달형
      ⓐ 체육교사는 수업 중에 교육내용의 각 요소(기능, 지식, 태도)를 분리적인 것으로 취급하며, 시범과 설명을 통하여 학생에게 직접적으로 전달해서 주입시키려고 한다.
      ⓑ 운동기능은 기능대로, 하위학문적 기본개념은 개념대로, 태도는 태도대로 각각 따로 떨어 뜨려 나누어서 전달하는 방식을 택한다. 이론편, 실기편으로 나뉘어 있는 체육교과서의 내용조직방식이 이런 식으로 이루어져 있다.
      ⓒ 분리전달형 방식으로 이루어지는 체육 교육과정의 실천은 학생수가 많고 시설 기자재가 열악한 현실에서 효과성을 발휘한다. 그러나 체육 교육과정에서 추구하는 지덕체가 통합되는 방식의 체육수업이 이루어지지 못하도록 한다.
   ㉡ 통합탐구형
      ⓐ 이 수업에서는 체육교육내용의 3가지 요소 중 두 개 이상을 통합하여 학생들에게 가르친다.

ⓑ 지도방식도 단순하고 직접적인 전달을 지양하고 학생이 스스로 문제의식을 일으키고 그것을 실천을 통하여 해결할 수 있도록 탐구심을 불러일으키도록 한다.

ⓒ 개념과 기능, 개념과 태도, 기능과 태도 또는 개념, 기능, 태도를 한꺼번에 체험할 수 있도록 교육내용을 조직하고 학생들에게 제시한다.

ⓓ 실천적 수준에서의 체육 교육과정을 통합탐구형 방식으로 운영함으로써 지식, 기능, 성품이 조화롭게 화합된 학생의 교육이 보다 의미 있게 이루어질 수 있다.

2. 체육교육과정의 해석, 실천, 개선

체육교육과정에 관한 교사의 최우선의 관심은 실천적 수준이다. 실천적 수준에서 펼쳐지는 체육교육과정에서 교사가 담당하는 여러 가지 종류의 일 중에서 가장 중요한 것을 간추려낸다면 그것은 '해석', '실천', '개선'의 3가지 활동이다.

(1) 해석

① 교과서에 실린 내용을 먼저 이해하고 무엇을 가르쳐야 하는지를 파악한 후, 그것을 중심으로 그것보다 쉬운 활동과 어려운 활동을 구안해낸다.

② 이 과정에서 교사는 명시적으로 의식되지는 않지만, 체육교육과정에 기술된 목표와 내용에 관한 교사 자신의 개인적 해석이 가해진다. 이념적 수준에 대한 자신의 개인적 철학이나 사고가 반영된다.

③ 이 과정은 교과서의 교육내용을 적극적이고 창의적인 방식으로, 자신의 교육철학을 바탕으로 본인이 가지고 있는 모든 전문지식과 교양지식을 동원하여 새롭게 구성하고 재구성해내는 역동적인 과정이다.

(2) 실천

① 해석의 과정 이후에 체육교육과정의 실천이 이루어진다. 체육교육과정의 실행이 창의적 지도 과정이 되기 위해서는 교육내용에 대한 풀이에 더하여, 가르치는 학급 학생의 신체 발달적 특성, 이용 가능한 시설 및 용구의 종류와 수량, 남녀 학생의 비율, 학생의 운동능력 수준과 장애학생의 특성 등에 대한 파악이 이루어져야 한다.

② 이러한 사항들에 대한 파악이 이루어진 후, 실질적으로 시범을 정확히 보이고 설명을 분명히 할 수 있는 능력, 학생들의 통제와 관리를 효과적으로 할 수 있는 능력, 학생 개개인의 연습에 대한 날카로운 관찰을 통하여 올바른 피드백을 제공할 수 있는 능력 등등이 덧붙여져 체육 교육과정의 현장 실행이 펼쳐지게 된다.

③ 이 과정은 단순하고 기계적이고 타성적으로 이루어지는 과정이 아니라, 복잡하고 유기적이고 반성적으로 진행되는 과정임을 알 수 있다.

(3) 개선

① 체육교육과정의 해석과 실행을 이렇듯 구성적이고 반성적으로 간주하게 되면, 자연히 마지막 '개선' 과정이 절실히 요청되게 된다. 개선은 실천적 수준에 대한 참되고 적극적인 관여가 이루어졌을 때에만 요구되는 것이다.

② 체육교사가 행하는 교육내용에 대한 구성적 해석과 교육방법에 대한 반성적 실천은 자신의 이해능력과 자신의 실천능력의 결과에 대하여 평가해 볼 것을 강하게 요청한다. 이 평가는 실천적 수준에서의 체육교육과정의 개선을 위한 것이다.

③ 체육교사는 해석과 실천의 과정에서와 동일하게, 자신의 힘으로 개선을 주관해야 한다. 개선을 주관하되 비판적으로 해야 하며, 평가를 실시하되 경험적 자료를 수집해서 해야 한다. 내가 하는 일을 고치기 위해서는 내가 무엇을 어떻게 하고 있는지를 가시적으로 정확히 알아야 하는 것이 우선이기 때문이다. 체육교사는 자신의 수업을 '연구'해야 하는 것이다. 개선의 과정은 연구로 시작된다.

3. 체육 교사와 체육교육과정

(1) 이념적 수준에서 체육교육학자들이 어떤 체육교육과정 이론을 제시하여도, 문서적 수준에서 체육교육연구자들이 어떤 교육과정과 교과서를 만들어내어도, 체육교육과정이 학생들에게 의미 있게 경험되는 수준은 결국 실천적 수준에서 일 뿐이다. 그리고 체육교육과정이 실천적 수준에서 의미 있게 펼쳐질 수 있도록 해석하고 실행하고 개선하는 최종 수행자는 체육교사이다. 다소 극단적으로 말하여, 결국 체육교육과정은 체육교사이다.

(2) 체육교사는 체육 교육과정을 알고 체육 교육과정의 실현 정도는 자신의 능력수준에 비례한다는 것을 자각해야 한다. 마찬가지로 체육교육학자와 연구자도 체육 교육과정의 구현 정도는 체육교사의 능력 수준에 비례한다는 것을 인식하고, 체육 교육과정의 개발과 개선은 결국 체육교사의(해석, 실행, 개선능력의) 개발임을 깨달아야 한다.

2 체육교육과정 사조

1. 체육교육과정 개발의 고려 요인(체육교육과정의 가치 정향을 규정하는 수준, 체육과 교육과정의 의사결정에 영향을 미치는 요인)

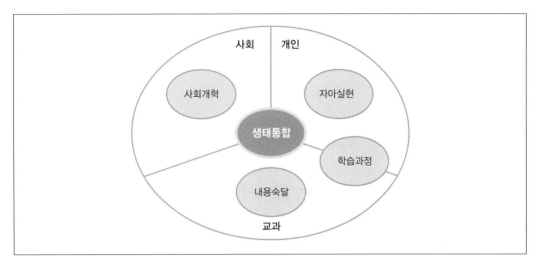

⬥ 3가지 결정축과 사조와의 관계

(1) 교과내용

교과내용은 교육과정의 핵심이 되는 요인이다. 신체 훈련, 운동 기능 습득, 체력 증진, 스포츠 과학, 인간의 움직임, 최근에는 신체 활동, 라이프 기술, 활동성, 뉴 스포츠 등이 중요한 교육내용으로 주장되고 있다. 어떤 교과 내용이 가장 가치 있느냐는 체육학자들 간에 다소 차이가 있고, 시대 또는 사회변화에 따라 중요도와 방향이 달라진다.

① 스포츠

체육 교육의 제 일차적 목표는 스포츠 종목에 만족할 수준으로 참가할 수 있는 운동 기능을 숙달하고, 체육 활동에 자발적으로 참가할 수 있는 태도를 기르는 것이다.

② 건강 관련 체력

체력 요소 증진이 체육의 목표로 간주된다. 특정 체력 요소 관련 목표들을 성취하기 위한 프로그램을 계획한다.

③ 인간 움직임

효과적이고, 효율적이며, 능수능란한 움직임에 목표를 둔다. 초등학교 체육 프로그램은 신체, 공간, 노력, 관계와 같은 움직임 교육의 4가지 개념을 강조하며, 중등학교 프로그램에서는 스포츠 종목의 생체 역학적 분석 등 체육학적 지식을 강조한다.

Chapter
06

(2) 학생(개인)의 발달

체육과 교육과정의 개발 또는 실행에서 학습자의 신체적, 정신적, 인지적, 정서적 발달 단계를 고려하고 체육 활동에 대한 요구와 흥미를 수렴하며 학습자에게 교육적으로 의미 있는 내용을 제공하여 왔고 이 노력은 계속될 것이다.

① 발달단계적 접근

학생의 발달 단계적 필요를 전문적으로 진단하고, 그 필요에 적합한 활동을 계열적으로 마련한다.

② 주체적 성장

학생은 자신의 목표를 설정하는 데, 스스로의 독자성을 개발하는 데, 그리고 자신의 학습을 이끌어가는 데 중요한 역할을 한다.

③ 개인적 의미

신체 활동에 참여함으로써 얻을 수 있는 다양한 의미 체계에 학생을 입문시킴으로써 인간의 잠재 가능성을 개발한다.

(3) 사회문화적 목표

사회적 관점에서 볼 때 교육과정의 주된 준거는 사회적 유용성이고 이 사회적 유용성도 시대와 사회적 변화에 따라 달라진다. 전통적으로 우리 사회에서 중요시 했던 국민의 건강 및 체력 증진이라는 사회적 요구를 포괄하면서 또 다른 사회적 요구인 여가교육, 스포츠 문화교육, 자기 관리, 도전 정신 등이 강조되고 있다.

① 기존 사회를 위한 준비

학교의 기능이 어린 세대를 사회의 완전한 시민으로 참여할 수 있도록 준비시키는 것이다. 이 관점은 평생스포츠, 무용, 운동 경기 등을 강조한다.

② 평등한 기회를 얻기 위한 사회 변화

이 관점은 대인적 유대 관계를 강조한다. 그리고 타인에 대한 의식을 높이고, 개인들이 할 수 있는 역할에 관심을 집중시키며, 소외되고 힘없는 사람들에 대한 인식을 강화하는데 목표를 둔다. 교육과정에는 성차별 제거, 장애 학생의 일반 학급 편입, 다문화 교육 증진 등을 위한 다양한 수업 전략들이 포함된다.

③ 사회제도의 혁신적 변화

이 관점은 학생들로 하여금 자신이 살고 있는 사회에 대한 비판적 분석을 할 수 있도록 하는 프로그램 개발을 주장한다. 체육수업을 받는 학생들은 기존의 관행적인 스포츠 활동과 행위들에 대하여 비판적 분석을 할 수 있도록 되어야 한다. 학생들은 기존의 지배적인 사회적 관행들에 대하여 도전할 수 있는 자신감과 힘을 가지도록 도움을 받아야 한다. 교육과정에는 여자 선수의 불평등한 대우에 대한 비판 등이 포함된다.

2. 체육교육과정의 5대 사조

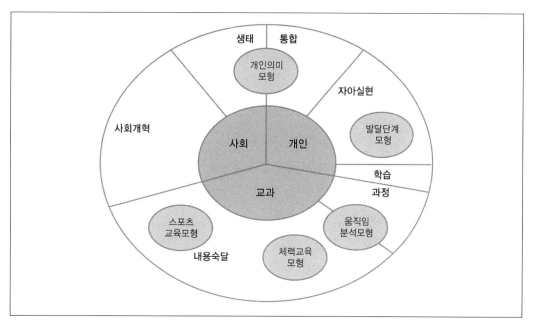

◢ 체육과 교육과정 가치 정향과 모형의 관계

(1) **교과 내용 숙달 사조**(내용 숙달 중심 사조) – 교과내용 중시

교과내용에 최우선을 두며 지식의 구조로 표현되는 교과 내용 숙달 가치 정향은 움직임 분석 모형, 학문 중심 모형, 스포츠 교육 모형 등에 영향을 주었다.

① 특징

㉠ 가장 전통적인 교육과정 사조로서 교육내용의 숙달, 중요한 지식의 습득, 또는 학문적 지식의 통합 등에 최우선을 둔다.

㉡ 학교의 역할은 한 세대에서 다음 세대로 문화적 유산을 전달해주는 것으로 간주한다.

㉢ 교육자의 역할은 학생들로 하여금 이 문화적 유산에 참여할 수 있는 도구와 자질을 습득하고 역사상 가장 훌륭한 지식들을 배우도록 도와주는 것이다.

㉣ 교과내용숙달에 최고의 가치를 두는 사람들은 가장 훌륭한 교과내용을 완전하게 숙달하는 것이 학교교육에서 얻을 수 있는 최고의 성과라고 주장한다.

㉤ 교과숙달 교육과정 사조에는 교육내용의 습득이 강조되고 있을 뿐만 아니라, 가장 가치있는 지식이 무엇인가에 관한 특정의 가정들 또한 반영되어 있다.

㉥ 1950년대부터 1970년대까지 '지식의 구조'의 개념으로 표현되었다.

㉦ 체육교육과정 개발 영역에 있어 현재 학문 지식 숙달 또는 교과 내용 숙달이 가장 지배적인 교육과정 사조이다.

㉧ 내용 선정에 있어 초등학교 움직임 교육과정 내에서건 중등학교 스포츠 교육의 교육과정 내에서건 기본 운동 기능의 중요성을 지속적으로 강조해 왔다.

② 내용 숙달 사조의 체육교사

　㉠ 교사는 운동기능, 스포츠, 움직임, 그리고 체력 요소를 상당히 강조한다. 수업의 초점을 '정확한' 또는 '효율적'인 운동수행에 많은 강조를 둔다. 교사는 설명, 시범, 연습 등을 통하여 운동 기능 습득을 최상화하려 하고, 이때 구체적인 피드백을 제공하고 학생의 동작을 수정해 나간다.

　㉡ 명령식, 연습식 수업 스타일로부터 문제 해결 및 자기 주도식 스타일에 이르는 다양한 수업 방법을 사용한다.

　㉢ 평가는 통상적으로 한 가지 기술 테스트 등 효과적 동작수행에 대한 아주 세분화된 개념 규정을 바탕으로 해서 이루어진다. 학생들은 명료한 평가 기준과 타당성 있는 평가 방법에 의거하여 평가받게 된다.

⑵ **자아 실현 사조**(자아 실현 중심 사조) − **개별학생 중시**

　개인의 우월성에 최우선을 두고 학생이 자신의 목적을 확인하고 특유성을 발전시키도록 하는 것을 목적으로 하는 자아 실현 가치 정향은 발달 단계 모형, 인간 중심 모형, 사회성 발달 모형 등에 영향을 주었다.

① 특징

　㉠ 자아실현적 관점에서 볼 때, 교육과정은 개개 학생의 주관의 성장과 자기관리능력의 개발을 목표로 해야 한다.

　㉡ 교육과정의 역할을 자아의 발견과 전인적 통합의 과정으로 간주했다. 따라서 학생 중심적이고 자율과 성장 중심적이다.

　㉢ 개인적 자율성과 주체성에 최고의 우선권을 부여한다.

　㉣ 교과 내용이나 사회적 이슈보다는 자기 개인 능력의 개발이 보다 중시된다.

　㉤ 교육과정 내용은 학생으로 하여금 자신의 자아를 확대하고, 능력의 한계를 넘어서고, 새로운 자아 개념을 획득하도록 도전심을 불러일으키도록 선정되고 구성된다.

② 자아 실현 사조의 체육교사

　㉠ 학생들이 자신감과 긍정적 자아 개념을 갖도록 하기 위하여 스포츠 종목을 많이 사용한다.

　㉡ 움직임, 스포츠, 체력 관련 학습 과제를 잘 조직하여 학생이 자신에 대한 이해, 목표 설정, 그리고 독자적 의사 결정을 잘하도록 조처한다.

　㉢ 이 가치 정향을 가지고 있는 교사는 학생들이 주체적으로 학습 목표를 수립하여 자신의 학습을 개척해 나갈 수 있도록 돕는 역할을 한다.

　㉣ 과제를 체계적으로 구조화하여 학생이 자기이해, 목표설정, 자기주도적 의사결정을 할 수 있는 기회를 제공한다.

　㉤ 학생들로 하여금 생각하게 하며, 자신의 동작에 대한 반성적 사고를 하게 하고, 실현 가능한 목표를 설정하게 하며, 목표를 성취할 수 있는 자신만의 계획을 점진적으로 수립할 수 있도록 한다. 평가 시에는 자신에 대한 이해와 성장이 강조된다.

(3) 사회 재건 사조(사회 개혁 중심 사조) - 사회 중시

개인의 욕구를 초월해 사회적 요구가 선행되는 사회 재건 가치 정향은 대부분의 교육과정 모형에 영향을 미쳤다.

① 특징

　㉠ 사회개혁적 관점에서 볼 때 사회의 필요는 개인의 필요에 선행한다. 만약 국가가 보다 많은 경제분석가, 유전과학자를 필요로 하면 학교교육과정은 이들의 양산에 필요한 교과영역의 교육을 강화하여야 한다.

　㉡ 학교는 미래에 대한 책임감을 지니고 있으며, 교육하는 이들은 보다 나은 사회를 창조하는데 학교교육이 공헌을 해야 한다고 생각한다.

　㉢ 사회 개혁 중심 가치관에 기초를 두고 만들어진 교육과정은 민주주의에의 참여, 지도 능력, 집단적 협동과 문제 해결의 과정 등을 강조하는 수업을 진행한다. 따라서 성차별, 가족 화목, 약물 복용과 남용, 지역감정 및 민족 감정 등의 문제에 관한 프로그램들이 계획된다.

　㉣ 학교는 현실과 이상 사이를 연결하는 다리의 역할을 해야 한다는 가정을 반영한다. 새로운 교육적 아이디어는 현실로부터 이상으로의 진행을 목적으로 구안된다.

　㉤ 사회 개혁주의적 체육교육인들은 '학교를 축소화된 형태의 사회'라고 간주하고 '스포츠는 축소화된 형태의 사회이다'라는 생각을 이와 관련시키려고 한다.

　㉥ 교육과정의 목표로 타인에 대한 존중과 사회적 인간관계의 개발 등과 관련 맺고 있는 사항을 중시한다.

② 사회 재건 중심 사조의 체육교사

　㉠ 교사는 집단 역동, 사회적 모델링, 의사 교환 능력, 가치명료화 등에 관한 지식과 기술을 갖고, 학교 사회에 영향을 미치는 경제적·사회적·정치적 요인들에 대하여 잘 알고 있어야 한다. 이를 바탕으로 기존의 교사·학생 관계에 의문을 제기하는 수업 방법을 사용한다. 이 교사는 성원간의 상호작용, 협동, 그리고 책임감을 고취시킬 목적으로 하는 체육교과관련 운동과제들을 능숙하게 구성해내는 능력을 가지고 있다.

　㉡ 학생들로 하여금 자신의 행동에 관하여 반성적으로 생각하게 하고 자신의 행동을 학급이나 사회의 기대 행동과 비교하며, 변화를 가져오도록 하는 개선책을 개발하도록 한다.

　㉢ 학생들이 불평등이 무엇인지 깨닫게 하고, 성인의 도움 없이 상황을 개선하거나 예방하는 방법을 가르쳐 주어야 한다.

(4) 학습 과정 사조(학습 과정 중심 사조) - 교과내용과 학생을 중시

학습의 결과보다 과정을 중시하는 학습 과정 가치 정향은 움직임 분석 모형, 학문 중심 모형, 개인 의미 모형 등에 영향을 주었다.

Chapter

06

① 특징

㉠ 학습 결과보다 배우는 과정을 중시하는 가치 정향이다.

㉡ 각 교과 영역에서 지식이 만들어지는 과정이 중요한 교육과정 관심사로 문제해결 학습에서 강조하는 '무엇을' 학습하는가와 '어떻게' 학습하는가를 강조한다.

㉢ 지식의 폭발적 증가는 학교교육과정이 모든 중요한 지식을 다 가르치는 것이 불가능하게 하고 있다. 따라서 학습을 지속시켜주는 '과정적 기술'들을 배우는 것이 점점 중요하게 되고 있다.

㉣ 문제해결기술은 계속해서 중요하게 취급되고 있다. 고급수준의 개념적 능력들이 지속적으로 필요로 되고 있으며 컴퓨터 관련능력이 새롭게 요청되고 있다. 문제해결능력은 물건을 포장하고 전시하는 것에 관련된 기술공학에서부터 정신에 관한 기술공학에 이르기까지 거의 전 영역에 관련되어 있다.

㉤ 이 교육과정 사조는 과학적 능력에 대한 관심은 물론이고 예술적 능력에 대한 관심도 가지고 있다. 또한 현대의 교육과정으로서 적합한 다양한 교과영역에서 특별하게 요구되는 학습 과정들에 대한 관심도 가지고 있다.

② 학습 과정 사조의 체육 교사

㉠ 기술, 스포츠, 그리고 체력의 학습을 어떻게 단계적으로 실행해 나가는가에 대해 명확히 이해하고 있다. 이들은 탐구 중심적인 방식으로 운동 문제를 구성할 수 있는 능력이 뛰어나다. 여러 가지 운동 문제들을 해결하는 다양한 방법을 탐색하도록 하는 수업기법을 가지고 있다.

㉡ 교사는 문제 상황을 분석하기 위해 지식을 어떻게 활용하며 해당 문제를 성공적으로 해결하기 위해 어떻게 행동해야 하는가를 학생들에게 가르친다.

㉢ 학생들은 주어진 과제의 핵심적 요소가 무엇인가에 초점을 맞추도록 고무되고, 교사는 학생이 계열적이고 체계적으로 능력을 개발해 나갈 수 있는 과제를 준비한다. 학생들은 학습 과정의 질을 기준으로 평가받는다.

⑸ **생태학적 통합 사조**(생태 통합 중심 사조) − **교과내용, 학생, 사회 모두 중시**

통합적 가치정향인 생태학적 통합 가치 정향은 개인 의미 모형에 영향을 주었다.

① 특징

㉠ 생태 통합 중심 사조는 교육과정 개발과 실행에서 교과내용, 학습자, 사회 모두를 고려한다. 즉 이 가치 정향에 의거하는 교육과정 개발자는 교과내용의 지식 체계, 학습자의 요구와 흥미, 사회적 요구를 균형 있게 반영하려고 한다.

㉡ 개인 의미의 발견 및 창조를 강조하며, 자아실현 중심 사조의 개념을 포함한다. 생태 통합 사조는 학생이 속한 특정한 공간과 시간 속에 위치한 환경 속에서 개인의 총체적 통합을 강조한다는 점에서 자아실현 사조의 한계를 극복한다.

ⓒ 한 개인은 그가 속한 생태계의 필수불가결한 한 부분이며, 주변 환경에 반응을 하며, 이와 동시에 자기가 속한 우주의 성격을 규정하는 존재로서 이해된다. 사람은 전 생물계의 한 부분이다. 자연환경이 이루어내는 생태계는 사람들에 의해서 존중 받아야 하며 보존되어야 한다. 인간은 그가 자연환경과 맺고 있는 생물학적 관계 속에서 이해되어야 하며, 그것이 다른 형태의 생명체에 미치는 효과와의 관계 속에서 이해되어야 한다.

ⓔ 세계는 그것을 이루는 모든 요소들 간의 상호의존관계로서 간주되어야 한다. 학교는 개개의 사람들을 이 하나의 세계 속에서 효과적으로 기능하며 삶을 사는 시민으로 성장하도록 만드는 책임을 맡고 있다. 세계시민으로서 사람은 한 개인으로서의 자신의 능력, 한 사회 내에서의 성취, 그리고 한 나라의 국민으로서의 자부심 등을 훨씬 뛰어넘어 전 인류의 미래를 위해 헌신하는 그러한 사람이다. 교육과정은 생물학적 환경은 물론 사회학적 환경까지도 포함하여 계획되고 실천된다.

ⓜ 미래 지향적 관점으로 학생 개개인의 교육은 미래를 창조하는 작업에 공헌하도록 계획된다. 질문을 제기할 수 있게 되며 동시에 비판적 질문들을 탐구할 수 있는 능력을 기르도록 의도된다. 학생들은 바람직한 인간의 미래에 대한 나름대로의 다양한 대안적 상상을 펼칠 수 있는 기술들을 습득한다. 교육과정은 학생들이 앞으로 자신이 살게 될 세상을 어느 정도는 창조할 수 있다는 관점을 가지고 만들어진다.

ⓗ 이 관점은 계획적인 사회변화가 필수적인 전략으로 여겨진다는 점에서 사회 개혁 중심 사조와 맥락을 같이 한다. 그러나 다차원적인 수준에서 이 문제를 바라본다는 점에서 다르다. 즉, 사회적 필요만이나 학생 개개인의 필요에만 모든 것을 맞추지 않는다.

ⓢ 이 사조는 전 인류적으로 서로 연결되어 있는 사회 속에서만 자신의 개체성을 인정받을 수 있는 개인의 성장을 목적으로 한다.

ⓞ 이 사조가 목표로 하는 이상은 하나의 총체적인 생태적 환경 속에서 생물적 환경과 사회적 환경이 하나로 균형을 이루어 통합되도록 하는 인류의 미래를 창조하는 것이다.

ⓩ 인간 각자의 개성을 근거로 한 자아실현 및 환경, 세계적 관심사 등에 가치를 갖는 통합적 가치 정향이다.

② 생태 통합 중심 사조의 체육 교사
　　ⓐ 학교를 개개의 요소가 다른 요소에 서로 영향을 주고받는 단일 생태 체계로 간주해 교육과정 내에서 사회, 학생, 교과가 조화롭게 균형을 이루도록 노력한다.
　　ⓑ 학습자의 특성을 고려해 목표나 내용, 수업 방식을 적용한다.
　　ⓒ 다양한 종목 및 내용에 광범위한 지식을 가지고 있으며, 특정 상황에서 학생들에게 필요한 활동을 선정할 수 있는 능력을 가지고 있다.
　　ⓓ 특정의 사회적, 생물적 맥락에서 학생들에게 필요한 내용을 능숙하게 선정한다.
　　ⓔ 교육과정 계획은 적절한 때에 적절한 학생에게 가장 올바른 내용을 찾아 전달하는 것을 중요하게 여긴다.
　　ⓕ 평가는 지식에 대한 총체적인 관점을 습득할 수 있는 방법으로 시행한다.

최병식
전공체육

체육교육학 Ⅰ

체육교육과정론

체육교육과정
모형

07 체육교육과정 모형

1 움직임 분석 모형

1. 배경 및 발전

(1) 움직임 분석 모형은 움직임 과정과 다양한 움직임을 능숙하게 수행할 수 있는 학생의 능력에 중점을 둔다.

(2) 움직임 분석의 개념은 1920년대와 1930년대에 제안되어 자연과학적 관점과 예술적 관점으로 움직임을 이해하는 것의 중요성을 강조하는 교육과정으로 발전했으며, 라반에 의해 구안된 개념틀을 토대로 하여 개발되었다.

(3) 초등학교 수준에서의 움직임 개념틀은 4가지 기본 질문을 바탕으로 하고 있다('내 몸은 어떤 동작을 하고 있는가?', '내 몸은 어느 방향으로 가고 있는가?', '내 몸은 그 동작을 어떻게 행하고 있는가?', '내 몸이 움직이면서 어떤 관계들이 생겨나는가?').

(4) 중등학교 수준에서는 움직임과 관련된 과학적 원리와 이론에 관해서 배운다.

(5) 움직임 분석 모형은 영국과 미국을 중심으로 개발되었다.

① 미국식 접근

㉠ 미국적 접근은 Ruth Glassow에 의하여 처음으로 시작되어 1930년대 동료인 도블러에 의해서 무용을 가르치는 수업에서 응용되고 변형되었다.

㉡ 도블러의 개념은 4개의 범주 또는 고려에 기초하고 있었다(구조적 고려, 역동적 고려, 정성적 고려, 율동적 분석).

㉢ 바레트는 유아의 체육교육을 위한 움직임 분석 모형을 개발하는데 있어 역동적 고려사항들이 중요한 역할을 했음을 지적하고 있다.

② 영국식 접근

㉠ 라반에 의해 시작되었다. 라반은 신체가 어떻게 움직이는가를 이해하는 핵심요소로서 움직임 구조를 강조하였다. 그는 움직임은 4가지 측면 또는 요소를 가지고 있는 것으로 이해했는데, 오늘날 이 4가지 요소는 각각 신체(body), 노력(effort), 공간(space), 관계(relationships)라는 명칭으로 불리고 있다.

㉡ 라반은 또한 움직임이 기본주제별로 개발되는 방식을 제안하였다. 각 주제는 순서적으로 또는 일직선상에 합쳐지거나 연결될 수 있는 다양한 변형들로 구성된다. 학생들이 이 주제들을 점차 이해해나감에 따라, 움직임의 4요소들(신체, 노력, 공간, 관계)간에 연결과 관계를 스스로 짓고 찾아내도록 한다.

(6) 바레트는 영국적 접근과 미국적 접근은 모두 현재 체육교육에서 이용되고 있는 다양한 종류의 움직임교육들에 영향을 미쳤다고 주장한다.

(7) 1960년대 초 이래로, 많은 체육교재들이 이론적 기저로서 '움직임의 구조' 개념을 활용하였다. 이 같은 관점을 수용하는 교육과정 모형들은 여러 스포츠 종목들에서 공통적으로 나타나는 움직임 개념들을 파악하고 이해하는 것에 초점을 맞춘다.

(8) 개념중심 교육과정은 4가지 공통점을 가지고 있다.

① 배우는 내용이 체육학 지식들과 직접적으로 관계되어 있다.

② 학생들은 체육학 지식으로부터 정보를 배운다.

③ 학생들은 질문을 묻고 교사가 제공한 문제에 대한 해답을 스스로 발견하도록 고무된다.

④ 학생들이 자신의 학습과 실행에 대한 책임을 감수하도록 점차적으로 교육받는다.

(9) 움직임 분석 모형은 여러 단원과 여러 학년을 거쳐 나타나는 움직임의 구조에 관련된 개념들에 초점을 맞춘다. 일단 학생들이 어떤 하나의 기본 개념을 이해하고 나면, 이 기본 개념을 여러 단원에 적용하고 확대한다. 학생들이 이 개념을 배우는 이유는 이것이 아주 여러 종류의 스포츠와 움직임 활동에서 지속적으로 나타나기 때문이다.

(10) 이 모형의 시각에서 보면 중등학교 수준에서 스포츠와 게임을 가르치는 것은 운동기술 몇 가지를 가르치고 토너먼트를 하는 것 이상을 의미한다. 학생들은 기본 개념들을 배우고 주변 환경요인에 따라 그것을 변형하고 적용한다.

(11) 서로 다른 스포츠 종목마다 특징을 가지고 있기 때문에 학생들은 보다 폭넓은 이해를 가질 수 있게 된다. 이를 통하여 다양한 상황에서 문제를 해결하는 데 필요한 지적 응용력을 연습할 수 있게 되는 것이다.

(12) 교사는 단원을 옮겨갈 때마다 학생들이 새로운 개념들에 대한 새로운 이해를 가질 수 있도록 돕는다.

2. 가치 정향

내용숙달 중심 사조를 바탕으로 학습과정 중심 사조와 자아실현 중심 사조를 수용한다.

3. 목적

(1) 체육학의 기본적 지식을 이해하는 것과 운동수행을 잘하는 능력을 중요한 교육과정의 목적으로 삼고 있다.

(2) 체육교육을 받은 사람은 효과적인 휴먼 무브먼트를 수행하고 이해하는 데 관련된 지식과 기능을 배운 사람을 의미한다. 이 사람은 신체활동을 중요하게 생각하도록 배운 사람이며, 자신과 타인의 신체적 능력을 존중하는 데 필요한 지식을 가지고 있는 사람이다. 이 사람은 어떤 결정을 내리고 문제를 해결하는 데 있어서 움직임에 관한 지식을 사용하는 방법을 배운 사람이다.

4. 내용

(1) 초등학교

① 신체, 노력, 공간, 관계의 4가지 요소를 중심으로 구성된다.

② 일반적으로 교육 게임, 교육 무용, 교육 체조의 3영역으로 나누어 단원을 구성하고 움직임 개념과 움직임 주제들을 이와 관련하여 개발한다.

(2) 중등학교

① 학문적 연구를 통해 얻어진 과학적 원리를 중심으로 내용을 구성한다.

② 학문 중심적 접근방식이나 '체육의 기초개념' 등과 같은 것들이 활용되고 있다.

③ 체육의 기초개념으로는 운동역학, 운동발달, 운동학습, 인문학, 사회심리학 영역에서 체육수업을 위한 과학적 원리들을 선별하여 다룬다.

5. 개념틀

(1) Laban의 움직임 개념틀

움직임(Movement) 개념틀	
요소	차원
신체 ·············· (내 몸이 무엇을 하고 있는가) ·············· 행위동작 신체부위의 동작 신체의 활동 신체의 모양	
노력 ·············· (내 몸이 어떻게 움직이고 있는가) ·············· 시간 중량 공간 흐름	

공간 ·· (내 몸이 어디로 움직이는가) ·· 구역
방향
수준
움직이는 길
움직이는 면
확장되는 공간

관계 ·· (어떠한 관계가 벌어지는가) ·· 신체부위
개인 및 그룹
기구 및 용구
기타

도블러의 개념틀
① 구조적 고려 : 체중 이동, 관절 가동 범위 관련 동작, 상체의 동작, 균형
② 역동적 고려 : 공간, 시간, 힘
③ 정성적 고려 : 느낌, 움직임, 역동성
④ 율동적 분석 : 박자, 강약, 시각적 표현

(2) 특징

① 움직임 분석 모형에 기초하여 만들어진 체육교육과정 모델들은 지식의 구조와 문제 해결을 위한 지식의 활용에 초점을 둔다.

② 지식의 활용에 초점을 맞추므로 문제 해결 학습이나 탐구 중심 지도를 강조한다.

③ 운동 관련 과제를 해결하는 데에 이론적 지식을 적용하는 것에 초점을 둔다.

6. 교사의 역할

(1) 개념적 지식의 전달

① 교사는 움직임의 구조와 과학적 원리에 대해 잘 알고 있어야 한다. 교사는 본인 스스로가 움직임을 잘 분석할 수 있어야 하며, 학생들이 움직임 개념과 원리를 사용하여 움직임을 분석할 수 있도록 가르쳐야 한다.

② 따라서 교사는 학생들이 배우고 있는 운동 기능의 가장 중요한 요소가 무엇인지를 깨닫도록 하며, 학생들이 각자의 운동 수행이 어떠했는지를 스스로 분석할 수 있도록 도와준다.

(2) 지식 활용을 돕는 과제의 개발

① 교사는 학생들로 하여금 체육학적 개념을 다양한 상황에 적용할 수 있는 능력을 기르도록 교육 과정을 구성해야 한다.

② 지식 활용을 자극하기 위한 2가지 교육과정 구성 방식은 다음과 같다.

    ㉠ 스포츠, 무용, 게임 활동 속에 움직임 개념과 과학적 원리들을 포함시킨다.

    ㉡ 움직임 주제를 기초로 한 단원을 활용하여 개념적 지식을 적용한다.

(3) 타 교과 영역과의 연계

① 교사는 학생들이 다른 교과 시간에 배운 내용을 연결시켜 이해할 수 있도록 도와야 한다.

② 즉, 운동 관련 학습 문제를 다른 교과 영역과 연계하고 확장시키는데 초점을 둔다.

(4) 발달 단계에 적합한 학습 과제의 준비

① 교사는 학생들이 현재 가지고 있는 신체적, 지적, 정서적 발달 단계에 적합한 형태로 개념적 지식과 활용 과제를 제시해야 한다.

② 학습 과제는 단순한 것부터 복잡한 것으로 단계적으로 순서 있게 구성되어야 한다.

7. 장점

(1) 움직임 교육은 초등학교의 체육에 커다란 영향을 끼쳤다.

(2) 체육 프로그램에서 모든 아동의 최대 참여와 개인차의 인정을 중시하게 된 것이 움직임 교육의 영향이다.

(3) 게임과 무용 및 체조의 내용을 상호 통합하기 위하여 노력했고 이들 분야의 프로그램 계열화를 위한 논리적 기초를 제공했다.

(4) 학생 중심 학습법을 채택하고 있다.

8. 단점

(1) 학생들은 개념 영역과 그들의 관계를 인지적으로 이해하는 데 많은 시간을 들인다.

(2) 신체 활동에 사용되는 시간이 적다.

(3) 움직임의 개념을 지나치게 강조하다 보면 신체 활동 자체를 무시하고 내용만을 관념화하기 쉽다.

(4) 문제 해결법이나 탐구 학습법에 지나치게 의존함으로써 수준 높은 운동 기술을 도외시한 평범한 운동 능력만을 습득케 된다.

9. 비판

(1) 운동과 움직임을 지나치게 '인지적 활동'으로 만드는 경향을 가지고 있다.

(2) 개념과 그들의 관계에 대하여 인지적으로 이해하는 것에 많은 시간을 소모한다.

(3) 체육수업시간에 운동기능과 개념적 지식을 동시에 배울 수 있는 충분한 시간이 주어져 있는지에 대해서는 의문을 제기하고 있다.

(4) 라반이 제시한 개념틀을 기반으로 하고 있는 많은 초등학교 교육과정이 너무 편협하게 '움직임'에만 초점을 맞추고 있다.

10. 비교(종합상자형 모형과의 비교)

(1) 체육교육을 위한 기본지식으로 체육학의 지식체계를 강조한다(스포츠가 교육내용으로 포함되기는 하지만, 주된 교육내용은 모든 스포츠와 기타 신체활동에 공통적으로 적용되는 주요 개념들이다. 학생들은 이 기본 개념을 배우고 새로운 단원을 배울 때마다 점점 그 내용을 넓히고 이해를 깊게 한다).

(2) 학생들은 자신의 공부에 대하여 스스로 책임을 지도록 격려 받으며 체육수업시간에 배운 개념적 지식들을 일상생활에 적용하도록 북돋움을 받는다.

(3) 체육수업을 다른 교과영역과 연결시키는 것은 학생들로 하여금 학교 교과들 간에 공통적으로 가르쳐지는 개념들 간에 연계를 찾도록 도와준다.

(4) 교육과정이 개념을 기초로 하여 개발되면, 한 단원에 속한 중요 개념들이 다음의 단원들에서 배우는 새로운 내용을 개발하는 토대를 제공해 준다.

(5) 이 모형은 매우 독특한 성격을 띠고는 있지만, 개념을 강조하는 다른 교육과정 접근법들과 유사한 성격을 많이 갖고 있다.

(6) 체력 모형에서처럼 이 모형은 체육학적 기초개념들을 바탕으로 하고 있고, 여러 단원과 학년에 걸치도록 내용을 구성할 수 있다.

(7) 종합상자형 모형에서는 각 내용들 간의 연계에 대한 언급 없이 배구, 야구, 소프트볼 등을 가르치는데, 개념이 강조되는 모형에서는 각 종목들 간의 연계성이 중요한 내용이 된다.

종합상자형 모형(the multiactivity model)
현재 우리나라 중등학교 체육교육과정과 같이 주어진 시간 내에 다양한 스포츠 종목들을 가능한 한 많이 가르치도록 구성한 교육과정

2 학문 중심 모형

1. 가치 정향

교과내용 숙달 가치 정향과 학습 과정 가치 정향의 기저로 설계되었다.

2. 목적

지식의 구조에 대한 이해 및 적용

3. 내용

체육의 학문적 토대로부터의 운동 수행 지식과 스포츠, 운동 등에 있어서의 경험과 수행 기술을 하나로 결합하는 것으로 내용을 구성한다.

4. 특징

(1) 중등학교에 초점을 두어 개발되었다. 자율학습 또는 문제해결 방법을 강조했다.

(2) 학습은 즐겁고도 내재적인 가치를 가지며, 학생들이 과거의 경험을 토대로 새로운 인식과 개념을 형성했다.

(3) 학문 중심 모형의 개념은 문제 해결 과정의 요소와 교과내용의 구조에 대한 설명체라 할 수 있다.

(4) 학습 주제의 문제를 해결하는 과정에서 기존의 지식을 활용하고 새로운 지식을 습득하며 이들 지식을 자신의 운동 수행에 적용할 수 있게 된다.

5. 장점

(1) 학생 중심 학습법을 채택했다.

(2) 자율 학습 혹은 문제 해결 학습을 강조한다.

(3) 문제 해결 방법을 실시하는 과정이나 실험실에서 교사와 학생간의 역할 및 행동의 변화가 요구된다.

(4) 교사가 운동 수행 기능을 완벽하게 숙달해야 하고 운동의 과학적 기초에 통달하여야 하며 그러한 과학적 지식을 학생들에게 적절히 가르칠 수 있는 능력을 갖추어야 효과적이다.

6. 단점

(1) 실험 처치를 포함하는 개념 단원을 도입함으로써 스포츠 활동과 놀이의 중요성을 외면하고 체육을 관념화시켰다.

(2) 학문 중심 모형의 교수법을 올바로 수행할 교사가 많지 않다.

3 스포츠 교육 모형

1. 가치 정향

교과내용 숙달 사조를 기반으로 설계되었다.

2. 목적

학생을 가장 완벽한 의미에서의 '스포츠인'으로 만드는 것을 목적으로 한다. 이를 위하여 학생이 운동 기능이 뛰어나고, 운동에 관해서 많은 것을 알며, 운동에 대한 사랑과 열정을 지닌 스포츠인으로 성장하도록 돕는다.

(1) 기능이 뛰어난 스포츠인

시합을 제대로 행할 수 있는 충분한 수준의 기능을 가지고 있으며, 각종 상황에서 어떤 전술이 적절한지를 이해하고 실지로 발휘할 수 있으며, 게임운영에 관해서 많은 것을 알고 있다.

(2) 지식이 풍부한 스포츠인

스포츠의 전통, 의식, 규칙 등을 이해하고 그것들의 가치를 중요하게 여기며, 좋은 스포츠 행동과 나쁜 스포츠 행동을 구별할 수 있다. 운동에 관해서 많이 아는 스포츠인은 또한 운동기능이 나아지도록 노력하며 좀 더 분별 있는 소비자로서 행동한다.

(3) 열정이 넘치는 스포츠인

스포츠 문화가 보존되고, 보호되고, 보다 나아지도록 스포츠에 참여하고 행동한다. 스포츠 문화의 한 구성원으로서 스포츠가 우리 동네, 우리나라, 그리고 국제적 수준에서 발전할 수 있도록 노력한다.

3. 내용

스포츠 교육프로그램은 학생의 심리적·신체적·인지적 수준에 발달 단계적으로 알맞은 프로그램을 마련한다.

(1) 신체적 측면

① 각 종목을 잘하는 데 필요한 알맞은 수준의 체력을 증진시키는 것을 포함한다.

② 학생은 토너먼트에 참가하기 위해 필요한 체력과 기능을 습득한다.

③ 규칙과 용·기구는 학생들의 능력에 맞추어 변형시킨다.

(2) 인지적 측면

① 스포츠 대회를 계획하고 운영하는 능력의 향상을 포함한다.

② 팀 결정, 대진표 및 시합 계획 짜기, 기록 작성 등과 같은 활동을 포함한다.

③ 시합 전략과 연습 전략을 분석하고 마련하는 능력을 개발한다.

④ 학생들이 점차 나아짐에 따라, 지도력 배양을 위한 기술을 개발한다.

⑤ 심판보기, 코치하기, 점수 매기기 등과 같이 스포츠 경기 대회를 하기 위한 활동을 수행하도록 배운다.

(3) 심리 사회적 측면

① 경기 기능과 전술을 향상시키기 위해서 경쟁을 활용한다.

② 학생들은 보다 훌륭한 참여자가 되기 위해서 각 종목에서 중요시하는 의례행사들이 무엇인가를 배운다.

③ 학생들이 팀워크와 페어플레이에 관한 합리적인 의사결정을 할 수 있는 능력을 강조한다.

④ 축제활동의 한 가지로 시합을 올바른 방식으로 하는 것을 배운다.

4. 개념틀

(1) Siedentop 등이 제시한 모형으로 놀이 이론에 바탕으로 두고 있다.

(2) Sport for All 개념을 강조하고 있기 때문에, 교육과정 개발자로 하여금 다양한 기능수준과 체력수준에 걸친 학생들 개개인에 적합한 단원과 수업계획을 준비하도록 요청한다.

(3) 스포츠 교육 프로그램은 학생의 심리적, 신체적, 인지적 수준에 발달 단계적으로 알맞은 프로그램을 마련한다.

(4) Siedentop은 심리사회적 측면의 중요한 목표중의 하나로서 경쟁의 역할을 강조하며, 경쟁은 스포츠의 본질적 특성 중 하나라고 말한다.

① 경쟁은 축제적 분위기, 전통, 의례 등과 함께 이루어져야 한다. 이것이 전통적인 체육 프로그램에서 스포츠를 가르칠 때 전혀 포함되지 않았던 특징이다.

② 경쟁은 또한 승리를 위해서 필요한 운동기능의 향상도 부추긴다.

③ 경쟁은 규칙, 기준, 판단, 그리고 이전의 운동기록 등에 의해서 그 방식이 결정되는데, 가장 일반적인 경쟁 방식은 '1대 1 대결'이다.

④ 상대방과 대적하는 '1대 1 대결' 방식의 경쟁은 축제적인 분위기를 통해 더욱 고조된다. 이러한 분위기와 경기방식이 스포츠를 하나의 문화적 행사로서 즐길 수 있도록 해준다.

놀이 교육 모형

- Callois에 의해 개발된 놀이 유형학에 근거를 둔다.
- Callois의 놀이 유형 분류 중 확률(alea)을 제외한 경쟁(agon), 의태(mimicry)의 범주에 해당하는 신체 활동을 포함한다.
- 프로그램 내용의 계열성은 "놀이 방식들은 자발적이고 비규칙적인 어린이 놀이인 '파이디아'로부터 많은 기능과 노력 및 정교함이 요구되는 규칙적이고 복잡한 놀이인 '루두스'에 이르는 연속체로 배열된다"고 하는 Callois의 주장에 의거하여 결정된다.

Siedentop의 스포츠 교육 모형을 개발하는 데 기초가 된 4가지 놀이 이론적 가정
• 스포츠는 다소 발달된 형태의 놀이이다.
• 스포츠는 우리 문화의 중요한 부분이다.
• 스포츠가 우리 문화의 중요한 한 부분이기 때문에 학생들은 학교 체육의 내용으로 스포츠를 반드시 배워야 한다.
• 스포츠에의 참여는 발달 단계에 맞추어 이루어져야 한다.

(5) 범위와 계열

① Siedentop 등은 범위와 계열상에 있어서는 단계적인 기술발달 수준을 확정하는 것에 중점을 둔다고 설명한다.

② '모두를 위한 스포츠'(sport for all)를 지향하는 AUSSIE SPORT 프로그램은 학생의 신체적·인지적·정의적 수준에 각각 맞추어 수정하고 변형한 22개 종목의 스포츠를 포함하고 있다. 각 종목은 변형되어 새로운 형태로 조직되는데, 이전에 배운 기술이 새로 배우는 기술과 연계성을 맺도록 계열적으로 조직된다.

③ 완성된 형태의 게임을 배우기 이전에 간이게임이 학생의 발달단계에 맞도록 변형되어 이용된다. 이전에 간이게임을 배운 경험이 있는 학생들은 좀더 복잡한 형태의 게임이나 완성된 형태의 게임을 시작할 수 있다.

④ 일반적으로 행해지고 있는 스포츠들은 좀더 가볍고 작은 사이즈의 용·기구를 가지고 다소 축소된 경기장에서 행하도록 변형해서 즐길 수 있다. 경기시간도 다소 짧게 하며, 경기규칙도 사정에 맞춰서 변경해서 새롭게 만들 수도 있다.

⑤ 단순한 과제에서 점점 복잡한 과제들로 진도가 발전되어 나가도록 계열적으로 준비하는 것도 스포츠 교육 모형의 핵심적인 특징이다. 진도가 분명하게 계열화되어 있으면 교사는 각 종목을 가르치는데 필요한 과제들을 잘 조직하는데 중요한 도움이 된다.

⑥ Sport for All 개념은 모든 학생들이 자신의 능력에 적합한 수준으로 스포츠에 참여해야 한다는 것을 기본 가정으로 하고 있다.

(6) 스포츠 교육 모형의 특징을 이루는 6가지 요소

요소	내용
스포츠 시즌	스포츠 시즌은 프리시즌(팀내 연습), 시즌(팀간 정규 시합), 포스트 시즌(결승전)으로 구성되며, 보통 8~12주 정도의 장시간으로 이루어져 있다.
팀 소속	모든 학생들은 각 팀의 구성원이 된다. 팀의 우승을 위해 필요한 기술 및 전략 연습을 실시한다. 소속팀은 한 번 정하면 시즌 내내 유지되지만 특별한 경우에는 '선수교환'이 가능하다.
대진표 경기 운영	각 팀이 어떤 상대와 시합하게 될 것인지를 미리 알고 준비할 수 있도록 공식대진표에 따라서 시합을 운영한다.

결승 행사	정규시즌이 끝나면 축제 형태의 결승 경기가 이루어진다. 최종리그전이나 토너먼트를 벌릴 수도 있다. 리그전은 최대 경기 횟수 면에서, 토너먼트는 서로 수준이 비슷한 팀끼리 경기를 붙일 수 있다는 점에서 장점이 있다.
기록 작성	시즌 중의 개인 및 팀의 각종 기록이 작성되어 보관된다. 이를 토대로 성적을 부여할 수 있다.
역할 분담	팀의 구성원은 주장, 감독, 심판, 기록원 등의 다양한 역할을 모두 경험한다.

5. 교사의 역할

(1) 스포츠에 대한 기능, 지식, 태도의 지도

이 모형에서의 교사역할은 내용숙달중심 교육과정 사조에서 지향하는 교사의 역할과 일치한다. 학생들에게 스포츠에 관련된 기초 지식과 기능을 가르쳐야 하며 운동 기술과 전술을 어떻게 행하는 것인가에 대한 실기, 규칙, 매너 등에 대한 이해가 포함된다.

(2) 발달 단계적으로 적합한 활동의 제공

체육교사는 교과내용을 체계적이고 발달 단계에 맞도록 전달해야 한다. 교사는 학생들의 신체적·인지적·정의적 능력이 충분히 반영되도록 각 종목을 변형하고 수정하여야 한다.

6. 장점

(1) 단원보다는 긴 시즌별로 종목을 가르치므로 학생들의 참여를 북돋아 줄 기회가 많이 제공된다.

(2) 실제 경기 방식이 다소 변형되기 때문에 운동 잘하는 학생은 물론 못하는 학생과 중간 수준의 학생들도 모두 능력과 노력에 맞는 형태로 시합에 참여할 수 있다.

(3) 낮은 운동 기능의 학생과 중간 수준의 학생들도 즐거움을 맛볼 수 있도록 변형과 수정을 가한 스포츠 활동을 제공함으로써 모든 학생들이 수업에 참여할 수 있는 기회를 마련한다.

7. 단점

(1) 새로운 문화 경향을 반영하는 새로운 형태의 종목들에 대하여 관심을 갖기보다는 기존에 유행하고 있는 종목들이 더욱 강화되도록 하는 경향을 가지고 있다.

(2) 경쟁을 강조하고 시즌 기간이 길다. 경쟁은 청소년에게 긍정적인 영향보다는 부정적인 영향을 더 많이 준다.

(3) 경쟁성을 띠지 않는 스포츠가 간과되고 있다.

4 체력 교육 모형

1. 개요

(1) '신체의 교육'에 바탕을 두고 있다.

(2) 체력 교육 모형은 내용 숙달 중심 사조에 근거하면서 교과내용을 강조하는 모형이다.

(3) 최근까지 체력 교육 모형을 주로 학생 개개인의 체력 향상에 초점을 두어 왔으나, 체력에 대한 개념이 확장되면서, 신체 활동이 건강하고 활기찬 삶에 필수적이고, 이를 위해서는 신체 활동과 건강과의 관련성에 대한 지식, 건강에 도움이 되는 신체 활동 기술, 운동의 중요성에 대한 인식 등이 필요하다는 점을 강조하고 있다. 이로 인해 최근 체력 교육 모형은 재평가 받고 있다.

2. 목적

(1) 학생의 체력을 향상시키는데 목적을 두고 있다.

(2) 체력 향상을 위한 체력 지식 습득, 체력 활동 기술 발달, 체력 운동의 생활화를 강조한다.

(3) 모형에서 추가하는 3가지 구체적인 목적은 다음과 같다.

　① 모든 학생들의 체력 수준 향상

　② 활기찬 미래의 라이프스타일을 준비할 수 있는 행동 변화 추구

　③ 종합 체력 또는 웰니스를 강조하는 건강 증진

3. 내용

(1) 건강체력요소(심폐지구력, 근력, 근지구력, 유연성 등)를 중심으로 내용을 구성한다.

(2) 체력은 인간 신체활동의 총체적인 능력을 의미한다. 체력에는 건강체력과 운동체력으로 나눌 수 있다.

(3) 체력 프로그램의 내용은 심폐지구력, 근력 및 근지구력, 유연성, 신체구성 등과 같은 건강체력 요인의 발달에 한정되어 있다. 이때 건강에 직접 도움이 되지 않는 신체활동은 체력 프로그램 에서 제외된다.

(4) 체력 프로그램은 특정 체력요소의 발달에 초점을 둔 주제 단원과 건강 증진을 위한 주제 단원 을 서로 결합하여 작성하는 경우가 많다. 체력 모형은 개인의 운동 수행 능력을 진단하고 개인 적인 욕구와 관심에 적합한 운동기술을 습득하며, 신체의 취약점을 교정하기 위한 개별 체력 프로그램을 개발한다.

Chapter 07

07

4. 개념틀

(1) 체력 모형의 기본 개념은 체력요소라고 볼 수 있다. 많은 체력 프로그램은 체육교육과정의 내용을 심폐기능, 신체 조성, 유연성, 근력과 같은 건강관련체력 요소의 발달에 한정하고 있다. 체력 교육 프로그램의 범위에는 이들 체력요소들이 운동에 의해 어떤 영향을 받는가에 대한 지식과 체력 요소 발달에 도움이 되는 신체 활동이 포함된다.

(2) 활기찬 라이프스타일에 관심이 많아지면서, 개념 틀은 운동 행동의 변화에 근간이 되는 심리적 요인(운동 참여 요인, 운동 효능감, 자아 동기유발 등)들을 포함하게 되었다.

(3) 개념틀에 운동 행동의 변화를 촉진하는 건강 체력의 생리적 요소와 심리적 요소 뿐만 아니라 사회·문화적 요소들도 포함하고 있다.

5. 교사의 역할

(1) 활동적인 신체 활동 프로그램을 제시한다.

① 교사는 학생들이 건강관련 체력요소 발달을 도모할 수 있는 프로그램을 제공해야 한다.

② 규칙적인 운동을 통하여 유연성, 근력과 근지구력 등도 함께 발달시켜야 한다.

③ 교사는 모든 학생들이 활발하게 신체활동에 참여하고 체력을 향상시킬 수 있는 충분한 수업시간이 확보되게 수업 내용을 작성한다.

(2) 건강한 라이프스타일 관리방법을 지도한다.

① 건강한 라이프스타일 관리를 지도하는 교사는 학생 개개인의 자기 책임감 발달에 필수적인 능력을 소유하고 있어야 한다.

② 학생들은 자기평가, 목표설정, 개인 운동 프로그램 계획 등의 학습 경험을 제공받아야 한다.

(3) 활기찬 라이프스타일에 필수적인 운동의 중요성을 강조한다.

① 체력 교육 모형의 기본 목적을 학생들이 성인이 된 후에도 활기찬 생활을 영위하는데 필수적인 운동을 지속적으로 참여하게 하는 것이다.

② 학생들이 지속적인 운동의 효과를 알게 하고, 바람직한 운동 행동을 습득할 수 있는 능력에 대한 확신을 갖게 해야 한다.

(4) 체력 검사 프로그램을 시행한다.

① 체력 교육 모형 프로그램을 사용하는 많은 체육교사들은 적어도 1년에 두 번은 건강관련 체력요소를 측정하기 위해 개발된 표준화된 체력검사 도구를 이용하여 체력검사를 실시해야 한다.

② 체력 검사의 목적은 학생들이 자신의 체력 수준을 파악하여 체력 향상을 위한 목표 설정에 도움을 주는데 있다.

③ 체력 검사 결과는 학생들을 동기유발 할 수 있고, 학부모에게 자녀의 성취도를 통보할 수 있으며 단위 학교 차원에서 프로그램의 성과를 판단할 수 있는 지표가 된다.

6. 장점

(1) 체력의 중요성을 강조하고 체력의 요소를 강조했다.

(2) 현대인에게 부족한 건강 체력의 중요성을 강조했다.

(3) 체육 교육내용 중 체력단련에 유용한 모형이다.

7. 단점

(1) 교육이 아닌 훈련이란 비판을 겨우 면하기는 하였으나 체력 프로그램의 초점이 너무 좁다.

(2) 체력의 관점에서 철학적 근거가 부족해 체육 프로그램의 일부로만 인정된다.

(3) 체력의 중요성이 인식되면서 학교체육에서 체력 요소의 발달을 강조하는 경향을 보이고 있다. 하지만 체력의 발달을 체육 프로그램의 유일한 목표로 삼고 있는 학교는 드물며, 전통적인 발달 교육 프로그램에 흡수 통합되는 경향을 보여 왔다.

(4) 교육적 의미를 갖고 있지만 철학적 근거 부족으로 많은 체육 교육자들이 모형으로 보기 보다는 체육 교육 프로그램의 부분 요소로 인식하고 있는 실정이다.

5 발달 단계 모형

발달 교육 모형에 인간 중심 모형이나 사회성 모형이 결합된 형태이다.

1. 배경

(1) 발달단계적 관점

① 발달단계 모형은 근대초기 교육 철학자들과 20세기 중반의 발달 심리학자들에 의해 그 기초가 다져졌으며, 듀이의 진보주의 교육사상이 최초의 토대를 제공해 주었다.

㉠ 듀이의 사상은 학생 개개인이 자신의 삶과 학교생활에서 내리는 자율적 선택을 중요시 하였다.

㉡ 듀이에 의하면 '민주주의'라는 상황 속에서 '반성적 사고'라는 수단을 사용하여 '성찰'이라는 목표를 얻을 때 최고의 성공 확률이 있다고 하였다.

② 매슬로우의 영향

　　㉠ 매슬로우는 사람들은 언제나 인간의 기본 욕구를 충족시키려고 한다고 가정하고, 자아
　　　실현의 욕구를 최상에 위치시킨 욕구의 발달 위계를 밝혀내었다.

　　㉡ 이 위계는 낮은 단계인 '음식과 주거의 욕구', '안전의 욕구', '소속의 욕구', '지위의 욕구'
　　　의 순서로 상승하면서 '자아실현의 욕구'를 최고의 단계로 구성되어 있다.

　　㉢ 각 단계별 욕구가 어느 정도 충족되면, 다음 단계의 욕구를 충족시키려 한다. 각 단계
　　　내에서와 각 단계 간에는 긴장이 존재한다.

　　㉣ 학생들이 목표를 설정하고 그것을 조금씩 성취해나감에 따라 발생하는 개인적 성장에
　　　초점을 맞춘다. 어떤 과제를 성취하게 되면 자존심과 자신감이 증폭된다. 교사는 학생
　　　이 자아실현 욕구를 충족하는 과정을 제대로 수행하도록 돕는 안내자나 협조자로서 역
　　　할을 한다.

③ 발달단계 중심 체육교육은 학생의 총체적·인간적·정서적 성장과 자기 자신과 타인에 대
　한 책임감의 함양을 강조한다.

(2) 발달의 주제

① 발달 단계 교육과정 모형은 인간의 성장과 발달 패턴에 기초하고 있다. 체육교육 분야에서
　는 학생의 성장과 발달에 초점을 맞춘 여러 유형의 교육과정 모델들이 개발되어 있다. 초등
　학교 수준에서는 Thompson과 Mann이 Project SEE라는 통합적 모델을 개발하였다.

　　㉠ 아동의 정신적·사회 정서적·신체적 발달의 단계를 나타내주는 분류표를 개념틀로 사
　　　용하여 개발이 이루어졌으며, 학생의 운동기능, 개성, 사회성 그리고 통합성을 개발하는
　　　것에 초점이 맞추어졌다.

　　㉡ '자기 자신', '움직임과 자기 자신', '움직임과 환경에의 적응' 등과 같은 주제들을 중심으
　　　로 단원이 만들어졌다.

② Hoffman은 '발달단계에 맞춘 학습주제'로 내용을 구성한 초등학교 교육과정을 개발하였다.
　이 모형은 정보와 방법(가르치는 이유와 가르치는 방법)과 내용(학습활동)을 통합함으로써
　학생의 발달을 가져오도록 한다.

③ Gallahue의 발달단계적 관점에서의 모형

　　㉠ 움직임기술의 발달을 특별히 강조하고 있다.

　　㉡ 인지적 영역과 정의적 영역도 모두 중요하게 취급되며, 기술단원(이동기술, 조작기술
　　　등)과 스포츠 단원(농구, 배구 등)에 함께 흡수되어 가르쳐진다.

　　㉢ 영역은 지각 운동적 영역, 창의적 영역, 포크댄스 및 스퀘어댄스 영역, 인지적 학습영역
　　　등으로 구성되어 있다.

④ 중등학교 체육수업을 위하여 개발된 발달단계 모델들은 인간주의적이고 책임감을 중시하
　는 경향을 띠고 있다. 초등학교 학생들보다 주체적 행동을 보다 많이 하며, 스스로 목표와
　활동을 선정하도록 격려되어진다.

⑤ Hellison의 모형에는 반성적 사고를 강조한 듀이의 아이디어가 반영되어 있다.

     ㉠ 도덕교육과 협동 등에 관련된 이론들로부터 주된 개념적 토대를 빌리고 있다.

     ㉡ 학생으로 하여금 자신의 신체와 생활에 대한 책임감을 느끼도록 함으로써 '자기 자신에 대한 책임감'과 '타인에 대한 책임감'을 가르치려고 한다.

     ㉢ 학생들은 타인의 권리, 느낌, 욕구들에 보다 민감해야 될 사회적 책임감을 가지고 있다는 것을 배운다.

     ㉣ 자기 자신과 다른 사람들에게 책임 있는 행동을 하며, 자신감과 목적의식을 뚜렷이 느끼도록 학생들을 가르친다.

     ㉤ 학생들은 자기 자신과 자신의 감정과 행동을 잘 통제하는 것을 배운다.

     ㉥ 수업활동에 참가하여 스스로를 잘 관리하여 자신이 할 일을 스스로 처리하도록 한다. 학생들은 타인을 돕고 잘 돌보는 것을 배운다.

     ㉦ 자기 자신과 타인에 대한 책임감을 증진시키기 위한 수단으로 스포츠와 운동 기능을 활용한다.

⑥ 각 모형들은 다양한 목표와 과제를 포함하고 있으나, 학생을 교육과정의 핵심으로 삼는 공통점이 있다. 학생은 지식을 학습하는 데 있어서 가장 핵심적인 주체가 된다. 교육과정은 학생의 정서적 태도와 사회적 관점을 학습의 핵심에 놓는다.

⑦ 대부분의 발달단계 모형들은 학생의 인지적, 심동적, 정의적 영역에 균형적이고 통합적인 관심을 둔다.

2. 가치 정향

자아실현 중심 사조의 기저로 설계되었다.

3. 목적

(1) 학생의 총체적 통합적 성격을 강조하며, 심동적·인지적·정의적 영역의 목표들을 통합하려고 한다.

(2) 궁극적으로 지향하는 체육교육을 받은 사람은 어떤 판단을 내리고 결정을 결행하는 데 있어서 자신감을 느끼는 사람(운동 기능을 숙달하고, 체력이 높으며, 자긍심이 높고, 자신을 잘 이해하고 있는 사람)이다.

4. 내용

(1) 초등학교 저학년

기본적 움직임 국면을 강조하며 이동, 비이동, 조작의 능력 중심으로 내용을 구성한다.

① 안정성 운동

힘의 작용 성질이 비정상적으로 놓여진 인체의 부분이거나 전체의 중력과 관련된 인체의 균형 유지 능력(굽히기, 비틀기, 돌기 등)

② 이동 운동

지상의 고정된 점에서 상대적으로 신체의 위치 변화(걷기, 달리기 등)

③ 조작 운동

손이나 발을 사용하여 목표물에 힘을 주거나 목표물로부터 힘을 흡수하는 것과 관련(던지기, 잡기 등)

(2) 초등학교 고학년/중등학교

스포츠 관련 움직임 국면을 강조하며 스포츠 기능과 이동, 비이동, 조작의 능력을 통합하는 내용으로 구성한다.

5. 개념틀

(I) Project SEE 모델: Thompson과 Mann의 교육 목표 분류표

① Thompson의 4가지 목표

능력의 발달	학생이 갖고 있는 기술, 지식, 성향들을 다른 사람과의 관계나 문제를 해결하는데 사용하도록 돕는다. 학생들이 자신이 가지고 있는 능력이 올바른 것으로 생각하도록, 그리고 스스로를 여러 가지 문제를 해결할 능력을 가지고 있는 것으로 생각하도록 돕는다.
개성의 발달	학생들이 스스로 판단하고, 좋아하는 것을 명확히 하고, 스스로 일을 시작하고, 실패를 두려워하지 않고, 문제해결을 위한 독자적인 전략을 마련하고, 지나치게 의존적으로 되지 않으면서 주어지는 도움을 받아들이는 자율적인 사람이 되도록 돕는다.
사회성의 발달	학생들이 다른 사람과 서로 관계를 맺고 잘 어울려서 외톨이가 되지 않는 능력을 기르도록 돕는다.
통합성의 발달	생각, 느낌, 기능 등이 모두 통합되도록 하는 사고체계를 발달시켜서 서로 관련이 없어 보이는 여러 가지 경험들을 종합할 수 있도록 돕는다.

② Thompson과 Mann의 교육 목표 분류표

심동적, 인지적, 정의적 영역간의 상호작용이 교육과정의 가장 중요한 요인으로 간주된다.

심동·정의적 분야	신념, 가치, 태도 그리고 운동 수행간의 상호 작용
심동·인지적 분야	지식, 인지적 과정 그리고 운동 수행간의 상호 작용

위의 두 분야에서 다시 4개의 주제 그룹으로 나누어지고 4개의 주제 그룹은 '자아', '움직임', '움직임과 자아', '움직임과 환경'이다.

(2) Hellison의 책임감 모델

1. 모험 단계	청소년기에로의 진입을 최초로 인식하는 단계
2. 참여 단계	몇 가지 신체 활동에 참여하는 단계
3. 자기 방향 설정 단계	개인적인 욕구를 충족시키기 위해 자신이 좋아하는 활동을 발전시켜 나가는 단계
4. 친사회적 행동 단계	도덕적 규범에로의 친사회적 행동 성향으로 나가는 단계
5. 통합 단계	일, 놀이, 친사회적 행동들을 개인 내에 통합할 줄 아는 단계

6. 교사의 역할

(1) 통합적 관점 유지

① 교사는 교육목표 분류표에서 파악한 인지적·정의적·심동적 영역간의 총체적 관계에 대해 잘 이해하고 있어야 한다.

② 교사는 학생이 전인으로 성장할 수 있도록 이 통합적 관계성을 수업과 단원계획 속에 잘 반영시켜야 한다.

(2) 적합한 환경의 조성

① 교사는 학생을 의사 결정 과정의 주체로 생각하고 학생의 흥미를 저해하는 방해물을 제거해 주며, 수업 환경 내에 각 학생이 최대의 개인적 성장을 얻을 수 있도록 촉진하거나 도와주어야 한다.

② 교사는 학생의 인지적·정의적·심동적 영역의 발달이 최대한 촉진되는 학습 환경을 조성한다.

(3) 개인적 적합성 고려

① 학생의 인지적·사회적·신체적 발달에 적합한 목표와 학습 과제를 제공한다.

② 학생의 운동발달 단계나 운동학습 수준에 알맞은 내용들을 마련하도록 해야 한다.

③ 학생들이 성취감을 맛볼 수 있도록 각 수준에 맞는 적절하고 실현 가능한 목표를 선택해야 한다.

(4) 책임 있는 행동의 개발

① 발달 단계 모형을 토대로 개발된 교육과정에서는 인지적 발달과 사회적 발달이 심동적 발달과 동등한 중요성을 갖는다.

② 교사는 학생들이 책임감 있는 행동을 배워가도록 도와주어야 한다.

7. 장점

(1) 가장 널리 알려져 있는 모형이다.

(2) 많은 체육 프로그램의 목표는 이 모형의 목표와 일치한다.

(3) 교수의 초점을 발달 단계적 주제에 맞추고 발달 단계의 개인차를 고려함으로써 많은 비난들을 수렴하려고 노력한다.

8. 단점

(1) 특정한 발달 목표에 직접적인 영향을 줄 수 있는 교육내용을 선정하는 데는 무관심하다.

(2) 지도 현장에서 개인차가 고려되지 못하는 교수 전략이 사용된다.

(3) 경기나 스포츠 활동에 참여하기만 하면 저절로 전체적 발달이 이루어질 것이라는 가정은 설득력이 없다.

9. 비판

(1) 자긍심과 책임의식을 가르치는 것이 체육의 일차적 목표가 될 수 없다.

(2) 운동발달 전문가들은 발달 단계 모형을 하나의 교육과정 모형 범주로 구분해서 독립시키는 것에 대하여 반대를 표명한다. 이들은 '모든' 모형이 반드시 발달 단계적 특성을 띠고 있어야 한다고 주장한다.

(3) 스포츠 교육 모형이나 움직임 분석 모형에서 스포츠와 움직임 동작을 가르칠 때 발달 단계적 특성을 고려하고 있다.

10. 비교

발달단계모형	종합상자모형
개별 학생을 강조한다.	전체 학생을 강조한다.
학생이 수업에 대한 의사결정권이 있다.	학생이 수업에 대한 의사결정권이 없다.
학생 개개인을 중심으로 과제를 개발한다.	연령 중심으로 과제를 개발한다.
수업 전 학생의 개인차를 고려하여 수업을 준비한다.	수업 후 학생의 개인차를 고려한다.

◎ Hellison의 책임감 모형

단계	단계별 행동 특징	교실	체육수업
4단계 배려	타인존중, 자기 책임감 부여, 자기 주도성 뿐만 아니라, 타인과의 협동, 후원, 관심, 돕기 등을 적용할 수 있게 된다.	숙제할 때나 공부시간에 친구 열심히 도와주기	잘못하는 친구 기꺼이 도와주거나 한 팀으로 운동하기
3단계 자기 책임	타인의 존중과 과제참여를 보여줄 뿐만 아니라, 교사의 직접적인 지도 없이 학습에 스스로 참여한다. 학생들은 자신의 요구에 따라 체육 프로그램을 스스로 계획하고 실행한다.	숙제로 내주지 않은 내용도 스스로 찾아서 하기	체육시간 이외의 기회를 찾아 새로운 기술을 스스로 배우기
2단계 참여	최소한의 타인 존중과 함께, 교사의 지도하에 참여 의지, 도전, 수용, 기술연습, 체력훈련 등을 보여준다.	교사의 설명을 잘 듣고 열심히 공부하기	불평 불만 없이 또는 빼지 않고 새로운 시도하기
1단계 통제	수업활동에 참여하지 않거나 과제완수 또는 향상을 보이지 않는다. 그러나 타인의 학습권과 교사의 교육권을 침해하지 않을 만큼 자기 자신을 통제할 수 있게 된다.	친구하고 말을 해도 되는 때가 언제인가를 알고 기다리기	연습을 하지만 항상 그런 것은 아님
0단계 무책임	타인을 전혀 고려하지 않고 자신의 행동에 대한 책임감을 부인한다.	교사가 설명할 때 친구와 이야기하기	용구를 선택할 때 다른 학생들을 밀어젖히기

단계	단계별 행동 특징
4단계 배려	타인존중, 자기 책임감 부여, 자기 주도성 뿐만 아니라 타인과의 협동, 후원, 관심, 돕기 등을 적용할 수 있게 된다.
3단계 자기 책임	타인의 존중과 과제 참여를 보여줄 뿐만 아니라, 교사의 직접적인 지도 없이 학습에 스스로 참여한다. 학생들은 자신의 요구에 따라 체육 교육 프로그램을 스스로 계획하고 실행한다.
2단계 참여	최소한의 타인 존중과 함께, 교사의 지도하에 참여의지, 도전수용, 기술 연습, 체력훈련 등을 보여준다.
1단계 통제	수업활동에 참여하지 않거나 과제완수 또는 향상을 보이지 않는다. 그러나 타인의 학습권과 교사의 교육권을 침해하지 않을 만큼 자기 자신을 통제할 수 있게 된다.
0단계 무책임	타인을 전혀 고려하지 않고 자신의 행동에 대한 책임감을 부인한다.

수준	특징	의사결정과 행동의 사례
5	전이	• 지역 사회 환경에서 타인 가르치기 • 집에서 개인적 체력 프로그램 실행하기 • 청소년 스포츠 코치로 자원하기 • 학교 밖에서 훌륭한 역할 본보기 되기

Chapter

07

4	돌봄과 배려	• 먼저 단정하지 않고 경청하고 대응하기 • 거드름 피우지 않고 돕기 • 타인의 요구와 감정을 인정
3	자기 방향 설정	• 교사 감독 없이 과제 완수 • 자기 평가 가능 • 자기 목표 설정 가능 • 부정적인 외부 영향에 대응 가능
2	참여와 노력	• 자기 동기 부여 있음 • 의무감이 없는 자발적 참여 • 열심히 시도하는 학습(실패하는 것도 좋음)
1	타인의 권리와 감정 존중	• 다른 사람을 방해하지 않고 참여하기 • 타인을 고려하면서 안전하게 참여하기 • 자기 통제 보임(기질, 언어) • 평화로운 갈등 해결 시도
0	무책임감	• 참여 의지 없음 • 어떠한 수준의 책임감도 수용할 의사 없음 • 자기 통제 능력 없음 • 다른 사람들을 방해하는 시도

6 인간 중심 모형

1. 가치 정향

자아실현 가치 정향의 기저로 설계되었다.

2. 목적

학생들이 자아·신체·세계와의 관계를 알도록 하고, 공동체 의식을 심어주고 적극적이고 명랑한 정신을 조장하도록 하는 것을 목적으로 한다.

3. 개념틀

Hellison의 사회성 발달 모형은 사회성 발달의 6단계(0~5단계) 또는 5단계(0~4)를 위계별로 개념화하여 제시하고 있다.

(1) **수준 0 : 무책임**

① 0수준 단계의 학습자들은 때로 활동에 참여하지 않으려 한다.

② 다른 학습자를 비난하고 실수를 하며, 타인을 비웃고 협박한다. 때로는 다른 학습자와 교사를 욕하기도 한다.

(2) 수준 1: 자제(자아조절)

① 학습자들은 수준 1단계에서 교사나 타인의 지도·감독 없이 타인을 방해하지 않는다.

② 학습자가 이 수준에 도달했을 때, 그들은 활동에 참여하기 시작하고 학습할 단계에 와 있다.

③ 자아 훈련의 기본적 수준을 나타내며 자신의 행동에 대한 책임을 받아들이는 시작 단계이다.

(3) 수준 2: 참여(개입)

① 수준 2단계에서 학습자들은 자아 조절만 하는 것이 아니고 여러 가지 활동에 기꺼이 참여한다. 체조를 하고, 게임을 하며, 기능을 연습한다.

② 여러 가지 활동에 참여함으로써 자연적으로 나타나는 도전감을 받아들이는 진전을 보여준다. 그리하여 새로운 기능을 학습하며 근력을 개선시킨다.

(4) 수준 3: 자기 책임감 부여

① 수준 3단계의 학습자들은 자기 자신의 의사 결정을 시작하는 단계이다. 즉, 자신의 프로그램을 계획하여 수행하는 것을 의미하며, 그러한 활동의 결과에 대하여 책무성을 진다.

② 학습자들은 이 단계를 자동적으로 성취하는 것이 아니라 자신의 행동에 대하여 생각하고, 계획을 세우며, 그 계획을 수행하고, 수정할 필요가 있으면 수정을 하고, 그들 자신의 행동에 대한 책무성을 가지고 행동적 기능을 습득하는 데 도움을 요구하는 단계이다.

(5) 수준 4: 관심

① 수준 4단계는 자아를 넘어선 행동을 하는 단계이다. 수준 3단계가 체육교육을 통하여 자신의 생활을 대응해 나가는 능력을 가진 단계라면, 4단계의 행동은 학습자들이 그들의 동료와 교사에게 반응하는 방법을 알고 시행하는 단계이다.

② 협동적이고, 동료 학습자에게는 관심을 표명하고, 남을 기꺼이 도와주며, 타인을 위하여 지원을 아끼지 않는다. 이 관심은 책무성의 성장의 단계로서 개념화 된다.

(6) 수준 5: 초월

① 수준 4단계의 행동 특성을 수행할 줄 아는 학습자는 학급에서 그들 자신뿐만 아니라 다른 학습자를 위하여 수업에서 받아들여지는 여러 가지 전략을 평가하고 제안하는 방법을 통하여 교사와 상호 작용 준비, 시작 준비가 되어 있다.

② 수준 5의 학습자는 함께 협동할 수 있도록 충분히 성장되었으며, 리더십의 책무성을 기꺼이 받아들일 수 있다.

참고

Hellison은 통합적 관점을 바탕으로 학생의 개인적·사회적 책임감을 개발하는 것에 초점을 두는 모델을 개발하였다. 이 모델에서는 교사가 학생들이 모형에서 추구하는 목표들에 대해서 이해하고, 경험하고, 결정을 내리고, 반성을 하도록 돕는다. 이 모델에서 체육 시간은 축소된 형태의 사회라고 간주되고 학생들은 이 축소된 사회의 일원으로 보아진다. 학생들은 각 단계에서 추구하는 목표들이 자신의 생활을 제대로 살아나가기 위해서 도움을 줄 수 있을 것인지를 스스로 판단한다.

Hellison이 이를 위한 몇 가지 방법들을 개발하였다.

① 이해하기: 학생들이 각 단계와 세부 목표를 이해하도록 한다.

② 경험하기: 학생들이 각 단계에서 장려하는 행동들을 실제로 실천하도록 한다.

③ 선택하기: 학생들이 각 단계 내에서 스스로 선택권을 행사할 기회를 준다.

④ 문제해결하기: 학급전체 토론이나 소그룹 토론 시간에 학생들이 체험하는 경험의 질에 직접적으로 영향을 미치는 문제를 해결할 때 활용된다.

⑤ 스스로 반성하기: 학생들이 수업에 참여하면서 동시에 자신의 행동과 행실에 대하여 신중하게 생각하도록 한다.

⑥ 상담하기: 학생과 교사의 대화 형태로 이루어진다. 이 시간은 강의나 설교가 이루어지는 시간이 아니다.

4. 장·단점

(1) 사회적 능력 향상을 목적으로 하며 특히 학습자 개개인의 책임감 있는 행동의 향상에 목적을 두며, 학습자 개개인의 기능 발달과 체력 향상도 포함한다.

(2) 사회성 발달은 6단계의 사회성 발달 수준을 포함하고 있으며, 모든 학습자가 사회성 발달 단계에 입문할 때 0수준의 단계를 반드시 거치는 것은 아니다. 사회성 발달 모형은 문제가 있는 사춘기의 학습자를 위한 단원으로서, 그리고 일반 학습자를 위한 기본적인 사회성 발달 코스로서 적용할 만하다.

(3) 다양하고 많은 종류의 활동들을 통하여 사회성 발달을 조장할 수 있으나, 사회성 발달 수준에서 구체화되어 있는 각 단계의 행동 특성의 향상을 위해서는 다양한 신체활동이 체계적으로 조직화되어 학습자들에게 제공되어야 한다.

모험 교육 모형(Siedentop, Mand, & Taggart)

5가지 핵심 주제
① 위험 ② 신뢰 ③ 협동 ④ 도전 ⑤ 문제 해결

7 개인 의미 추구 모형

1. 배경

(1) **목표 - 과정 개념틀**(the purpose-process Curriculum Framework : PPCF)

① PPCF는 1960년대와 1970년대 이루어진 미국체육학회 회원들의 학문적 교류를 통하여 탄생하게 되었다.

② PPCF에서 체육은 '개인적 목표를 성취하기 위하여 신체활동을 매개로 하는 개별화되고, 자기주도적인 학습'이라고 정의되어 있다.

(2) **Jewett은 PPCF가 다음과 같은 믿음 위에 기초하고 있음을 밝히고 있다.**

① 사람은 총체적·전인적 존재로서 계속적인 형성의 과정에 있으며 어떤 목적으로 무엇을 할 것인가를 스스로 정할 수 있다.

② 의미의 추구와 창조는 교육의 근본적 관심사이다.

③ 체육의 제 일차적 관심사는 환경과 상호작용하면서 운동하는 개인에 의한 의미의 추구이다.

④ 체육교육의 기본적 목표는 개인적 발달, 환경에의 적응, 그리고 타인과의 사회적 교류이다.

⑤ 배우는 방법을 배울 수 있는 학습과정 관련 능력은 반드시 습득해야 한다.

⑥ 현대의 체육 교육과정은 미래지향적이어야 한다.

⑦ 체육 교육과정의 목표 우선 순위의 결정, 내용의 선정 및 조직에 관한 결정은 학교 또는 지역수준에서 이루어진다.

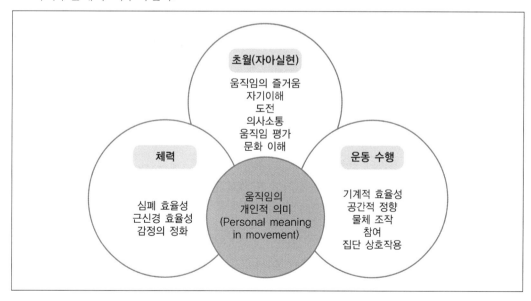

2. 가치 정향

인간 각자의 개성을 근거로 한 자아실현 및 생태학적 통합 중심 사조의 기저로 설계되었다.

3. 목적

전인적 발달, 사회적 책임 의식, 미래 지향적 세계 시민 의식 고취를 목표로 한다. 개인의 전인적 발달을 추구하며 자기 주변의 타인과 지역 주민을 위한 사회적 책임 의식, 그리고 이보다 한 걸음 더 나아가 세계 시민 의식을 갖도록 돕는다.

(1) 전인적 발달

① 운동 기능의 습득과 함께 학생의 인지적·정의적·사회적 개발에 초점을 맞추어 학생이 자신의 의미를 추구할 수 있도록 해야 한다.

② 개인의 발달에 있어서 한 가지 중요한 점은 자주적이며 자발적인 자질의 개발이다.

(2) 사회적 책임 의식

① 전인적 성장을 위해 사회적 기술을 배우고 다른 사람과 함께 잘 지내는 능력을 갖추어야 하며, 사회 환경에 대한 이해와 사회적 환경을 개선하는 데 적극적으로 참여하는 방법을 배워야 한다.

② 이 모형을 따른 교육과정에는 체육수업, 학교, 지역사회의 사회적 환경을 개선할 목적으로 준비한 실제 생활경험들이 포함된다.

(3) 미래 지향적 세계 시민 의식

① 개인의미추구 모형에서는 개인의 전인적 발달을 추구한다. 이와 함께 사회적 책임의식의 개발을 추구하고, 더 나아가 청소년들로 하여금 세계 시민의식을 갖도록 돕는다.

② 사람들끼리 서로 의존하며 서로 교류하는 세계 사회 속에서 잘 살고, 세계 사회에 효과적으로 공헌하는 능력을 갖추어야 한다.

4. 내용

(1) 목표 영역과 과정 영역의 2영역 모두에 기초하여 내용을 체계화하였다.
일반적으로 목표 영역 중 선정된 몇 개의 목표 개념을 중심으로 조직되며, 이때 학생에게 어떤 의미를 제공할 수 있는가를 기준으로 선정한다.

(2) 단원 구성 방식

① 주제 중심 단원 구성(유산소성 체력, 야외 스포츠, 민속 무용 등)방식을 중심으로 스포츠 종목이나 무용 활동을 가르치는 방식

② 특정 목표(물체의 투사, 단체정신의 함양, 동작의 감상 등)를 중심으로 스포츠 종목이나 무용 활동을 가르치는 방식

5. 개념틀

Jewett & Mullan이 체계화한 목표 과정 중심 교육과정 개념틀(PPCF)은 '움직임 목표 개념 체계'와 '움직임 과정 범주 체계'로 구성되어 있다.

(1) 목표 영역

개인적 발달, 환경의 극복, 사회적 상호 작용이라는 3가지 핵심 개념으로 이루어진다.

① 개인적 발달

나는 나의 잠재력을 실현하기 위해 움직인다.

㉠ 생리적 효율성: 나는 신체 기능을 유지하고 개발시키기 위해 움직인다.

ⓐ 심폐지구력 효율성: 나는 순환계 및 호흡계 기능을 발달시키고 유지하기 위해 움직인다.

ⓑ 역학적 효율성: 나는 동작의 범위와 효율성을 발달시키고 유지하기 위해 움직인다.

ⓒ 근신경 효율성: 나는 운동 능력을 발달시키고 유지하기 위해 움직인다.

㉡ 심리적 건강: 나는 나의 완전통합을 위해 움직인다.

ⓐ 움직임의 즐거움: 나는 움직임의 즐거움을 내부 또는 외부로부터 얻기 위해 움직인다.

ⓑ 자기 이해: 나는 자신에 대한 지식을 얻기 위해 움직인다.

ⓒ 자아 인식: 나는 자기 이미지와 자기효능감을 높이기 위해 움직인다.

ⓓ 감정의 정화: 나는 긴장과 좌절을 해소하기 위해 움직인다.

ⓔ 도전: 나는 나의 용기와 대담성을 시험하기 위해 움직인다.

② 환경의 극복

나는 내 주변 환경에 적응하고 통제하기 위해 움직인다.

㉠ 공간 지각: 나는 3차원 공간에서 자유롭게 이동하기 위해 움직인다.

ⓐ 인지: 나는 공간에서 신체에 대한 인식과 위치를 명확히 하기 위해 움직인다.

ⓑ 이동: 나는 나를 다양한 방식으로 이동하기 위해 움직인다.

ⓒ 관계: 나는 주변 환경에서 물체 및 타인과 관련하여 신체 위치를 조정하기 위해 움직인다.

㉡ 물체의 조작: 나는 물체에 자극을 주거나 물체의 힘을 흡수하기 위해 움직인다.

ⓐ 중량 조절: 나는 중량을 받치거나 저항하거나 이동시키기 위해 움직인다.

ⓑ 물체 투사: 나는 물체에 힘과 방향을 주어 던지기 위해 움직인다.

ⓒ 물체 수용: 나는 물체의 힘을 감소시키거나 저지함으로써 날아오는 다양한 물체를 수용하기 위해 움직인다.

③ 사회적 상호작용

나는 타인과 관련을 맺기 위해 움직인다.

ⓐ 의사소통 : 나는 타인과 함께 감정이나 사상을 공유하기 위해 움직인다.

    ⓐ 표현 : 나는 타인에게 자신의 감정과 사상을 전달하기 위해 움직인다.

    ⓑ 명료화 : 나는 타인과의 의사소통의 의미를 더욱 명료화하기 위해 움직인다.

    ⓒ 모방 : 나는 자신에게 유리한 전략적 상황을 만들기 위해 움직인다.

ⓛ 집단간 상호작용 : 나는 타인과 조화를 이루며 살아가기 위해 움직인다.

    ⓐ 팀워크 : 나는 집단의 공동 목표를 추구하는 데 협력하기 위해 움직인다.

    ⓑ 경쟁 : 나는 타인과 경쟁하는데 있어 능력을 검증하기 위해 움직인다.

    ⓒ 리더십 : 나는 공동 목표를 달성하기 위해 집단 구성원들에게 동기 부여하거나 영향력을 행사하기 위해 움직인다.

ⓒ 문화적 참여 : 나는 사회의 중요한 부분을 구성하는 움직임 활동에 참가하기 위해 움직인다.

    ⓐ 참여 : 나는 사회의 움직임 활동에 참여할 수 있는 능력을 발달시키기 위해 움직인다.

    ⓑ 움직임 감상 : 나는 스포츠 및 움직임에 대한 지식을 갖추고 감상하며 표현하기 위해 움직인다.

    ⓒ 다문화 이해 : 나는 문화적 다양성을 이해하고 존중하며 감상하기 위해 움직인다.

핵심 개념	주요 개념	개념 요소		
개인적 발달	생리적 효율성	• 심폐효율성	• 역학적 효율성	• 근신경 효율성
	심리적 안정성	• 움직임의 즐거움 • 도전	• 자기 이해 • 자아 인식	• 감정의 정화
환경의 극복	공간적 정향	• 인지	• 이동	• 관계
	물체 조작	• 중량 조절	• 물체 투사	• 물체 수용
사회적 상호 작용	의사소통	• 표현	• 명료화	• 모방
	집단 상호 작용	• 협동심	• 경쟁	• 리더쉽
	문화적 참여	• 참여	• 움직임 감상	• 다문화 이해

(2) 과정 영역

기본적 움직임(지각화, 유형화), 응용적 움직임(적용화, 세련화), 창조적 움직임(다양화, 즉흥화, 구성화)으로 구성된다.

① 기본적 움직임은 특정적이면서 효과적인 운동 유형의 발달을 촉진하는 움직임 과정으로 전형적인 탐색 작용이다.

② 응용적 움직임은 능숙한 움직임을 조직, 세련, 실행화 하는 과정으로 특정 움직임 과제를 해결하기 위해 운동 지각 능력을 조작하는데 목적이 있다.

③ 창조적 움직임은 학습자의 개인적 목적에 따라 움직임을 창조하고 개발하는 것으로 발견, 통합, 추상, 이상화, 구성 등의 목적을 가지고 있다.

기본적 움직임	지각화	움직이는 동안 신체 관련성과 자아를 인지하는 것. 이 인지는 신체의 위치나 운동 행동에 따라 검증된다. 수행자가 체중의 균형과 사지의 움직임을 감지한다는 점에서 감각적이며 규명, 인지, 분별을 통해 인지적으로 검증된다.
	유형화	움직임 유형과 기술을 성취하기 위해 신체 부위를 연속적이면서 조화로운 방식으로 패턴을 보이면서 사용하는 것. 이 과정은 이전에 보았거나 경험했던 운동기억과 수행에 좌우된다.
응용적 움직임	적용화	부과된 과제의 요구에 부응하기 위해 유형화된 움직임을 변형하는 것. 이 과정은 특정 움직임을 다른 상황에서 수행하기 위한 변형하는 것을 포함한다.
	세련화	공간적-시간적 관련성을 맺으면서 움직임 유형 또는 기술을 유연하고 효과적으로 수행할 수 있는 조절 능력을 획득하는 것. 이 과정은 복잡한 운동 상황에서 정확하고 자동화된 운동 수행을 성취하는데 목적이 있다.
창조적 움직임	다양화	개별적으로 운동 수행을 독특한 방식으로 고안하고 구성하는 것. 그러나 이 개별적인 운동 수행 방식은 특정 움직임을 다양한 방식으로 수행하는데 한계가 있다. 또한 이 방식의 특징은 즉흥성과 상황성이기 때문에, 운동 수행 행동이 외부에서 요구되거나 미리 정해져 있는 것이 아니다.
	즉흥화	개별적으로 새로운 운동을 즉석에서 창안하거나 고안하는 것. 이 과정은 운동 수행자의 의도적인 사전 계획을 필요로 하지 않으나, 외적으로 구조화된 상황에 의해 촉발될 수 있다.
	구성화	학습한 움직임을 개인적으로 독특한 운동 설계방식과 결합하거나, 운동 수행자에게 새로운 움직임 유형을 고안하는 것. 수행자는 움직임 상황을 개인적으로 해석하여 창조적인 움직임 반응을 보여준다.

6. 교사의 역할

(1) 다양한 범주에 걸친 학습 기회의 제공

① 개인의미추구 모형의 주요 목적이 학생으로 하여금 자기 자신의 의미를 추구하도록 자극하고 지원하는 것이기 때문에, 교사는 학생들이 의미를 발견할 수 있도록 하는 잠재적 출처들을 분석하고 파악해 내는 기술을 개발해야 한다.

② 활동 내용은 학생에게 적합한 내용으로 선정되어야 하며, 각 학생들과 전체 학급 모두에 적합하도록 계열적으로 조직되어야 한다.

(2) 지지하는 분위기를 띤 학습 환경의 조성

① 개인의미추구 교육과정에서 학생을 성공적으로 인도하기 위해서는 교사는 개인적 의미를 추구하는 각각의 학생에 대하여 지지하고 지원하는 기술을 가지고 있어야 하는데, 이 기술에는 고도의 관찰 기술, 청취 기술, 수업 활동에서의 학생 반응을 이해하는 기술, 자아존중감을 높일 수 있는 긍정적인 피드백 제공 기술, 목표 성취를 위한 대안 활동에 관한 조언 등이 포함된다.

② 수업에서는 목표 설정, 학생의 발달 평가, 새로운 목표 설정을 포함하는 활동이 구성되어야 한다.

③ 지지하는 분위기를 띤 학습 환경을 만들기 위해서는 교사는 학생들에게 부정적인 영향을 미칠 요소들을 발견하고, 이 문제를 최소화시킬 수 있는 계획을 사전에 수립해야 한다.

⑶ 자주적이고 자발적인 태도의 개발

① 교사는 학생들이 학습하는 방법을 학습하도록 돕는 역할을 하며 스스로에게 책임감을 다하는 태도를 개발시켜야 한다.

② 교사는 학생으로 하여금 새로운 체육 활동에 도전하도록 격려하고, 운동 관련 문제를 해결하는데 운동 과정적 기술을 적용하도록 가르치고, 학생의 진전 상태에 관해서 함께 반성하고, 협동적으로 학습할 수 있는 기술을 습득하도록 도와야 한다.

⑷ 사회 변화에 대한 긍정적 태도의 함양

① 생태통합 가치 정향을 추구하는 교사는 미래 지향적이고 사회 변화에 개인이 공헌할 수 있다는 가능성을 믿고 있다.

② 각 사람은 타인과 협동하여 일함으로써 우리 모두가 처해 있는 환경을 향상시킬 수 있는 능력을 개발할 수 있으며, 이 과정은 학교 학급과 같은 소규모 집단에서 시작된다.

③ 소규모 집단에서 개발된 태도와 학습된 기술은 사람이 성정하고 바람직한 학습을 체험함에 따라 보다 넓은 지역사회로 적용할 수 있게 된다. 학생이 적극적이고 능력을 갖춘 사회의 일원이 될 수 있도록 교육해야 한다.

7. 장점

⑴ 교육과정의 이론화에 있어 많은 영향을 미쳤다.

⑵ 학생의 정서적 측면을 강조했다.

⑶ 움직임의 의미를 개인의 정서적 측면까지 확장시켰다.

⑷ 학생 중심의 수업 활동을 강조했다.

8. 단점

⑴ 모형의 실제 적용보다는 지나치게 이론화에 치중하고 있다.

⑵ 개념, 용어, 개념틀의 정의에 대한 명확성이 부족하다.⑶ 학문적 가치는 있을지 모르나, 실제 적용 가능성에 있어 많은 제약이 있다.

⑷ 교사들이 잘 알고 있는 실제 프로그램으로 구체화시키기가 쉽지 않다.

⑸ 교사들이 사용하기 어렵다.

◎ 교육과정 모형 비교

	발달 모형	인간 중심 모형	체력 모형	움직임 교육 모형	학문 중심 모형	스포츠 교육 모형	개인 의미 모형
기본 가정	• 개인차를 고려한 개인의 전인적 발달 • 개인의 최대 발달을 위한 기회 제공 • 학습 방법을 학습	• 개인의 독자성 • 지식보다는 감정을 더 중요시 함 • 학생 스스로 배워야 할 내용과 학습 방법을 결정	• 체육의 고유한 역할은 개인의 건강에 기여한다는 점	• 개인의 독자성 • 전인적 통합 • 움직임의 탐색을 통한 문제해결력 및 창의력 증진에 초점	• 지식의 경험적 학습 방법 • 학습의 방법을 배움 • 문제해결력 중시	• 놀이의 가치는 모든 의미의 근본 • 훌륭한 놀이는 교육을 필요로 함 • 스포츠는 문화의 중요 부분	• 전인적이며 목적적 인간 • 교육은 의미의 창조 • 개인적 학습은 특정한 사회적 맥락 내에서 구성 • 과정 기술이 필수적
목표	• 능력 • 개성 • 사회화 • 경험의 통합	• 자아-신체-세계와의 관계 • 지역 사회에 대한 의식 • 활동적이며 명랑한 정신	• 체력에 관한 지식 • 건강에 관련된 활동 • 규칙적인 운동	• 기술적으로 움직이게 함 • 움직임의 의미를 인식 • 움직임에 대한 지식	• 기술적으로 움직이게 함 • 움직임에 대한 지식 • 문제해결 능력	• 놀이환경에 사회화됨으로써 놀이하는 능력과 성향을 증진시킴	• 개인적 발달 • 환경에 대처하는 능력 • 사회적 상호작용
개념 틀	자아, 움직임, 움직임 속에서의 자아, 환경에 대한 움직임의 적응	모험, 참여, 자기 방향 설정, 친사회적 행동, 통합	체력과 관련된 건강의 구성요소	신체, 노력, 공간, 관계	학문의 구조	• 공식적 스포츠 경기 방식 • 스포츠의 특성	• 활동 참가 목표 영역 • 움직임 과정 범주 체계
프로그램 설계	발달적 주제	자아 인식과 책임 있는 선택의 확대	체력과 관련된 지식과 활동	게임, 무용, 체조 등과 같은 움직임 주제	활동과 통합된 개념	경쟁적이며 표현적인 활동	목적 및 과정과 관련된 학습 활동

최병식
전공체육

체육교육학 Ⅰ

체육교육과정론

체육교육과정의
통합적 접근

1 체육 교과 통합의 이론적 배경

1. 통합 교육과정의 의미와 통합적 체육

(1) 통합 교육과정의 의미

① 교육과정 통합은 통합이 이루어지는 '과정'을 말하며, 통합 교육과정은 통합이 이루어진 '결과'를 의미한다.

② 통합 교육과정이란, 교육과정 구성에 있어서 종전에 전통적으로 각 학문 또는 지식의 체계에 따라서 분화된 분절, 교과 중심으로 학습 경험을 선정하고 조직하던 것에서 탈피하여, 교과 간의 엄격한 울타리를 고려하지 않고 각 교과의 지식이나 경험을 필요한 대로 가져다 재구성하여 학생의 흥미중심, 문제중심으로 구성하는 것을 말한다.

(2) 통합적 체육

① 통합적 체육의 특징

　㉠ 통합적이라는 말은 체육교과 내에서의 통합과 체육교과와 타교과 간의 통합을 의미하는 것이다.

　㉡ 통합적 체육은 다음과 같은 특징을 지니고 있는 것으로 정의한다.

　　ⓐ **교과내 통합**: 체육학 세부 학문분야의 개념이 가르쳐지는 경우, 생각하는 사고 능력이나 함께 어울려 사는 사회적 기술을 가르치는 것을 의도적으로 목표하거나 그런 내용이 담겨진 경우

　　ⓑ **교과간 통합**: 다른 교과목의 내용이 체육수업에 포함된 경우, 체육 교과의 내용이 다른 수업에 사용된 경우

② 통합 방식

Vars	Jacobs		Fogarty	
• 연합형	• 독립형	• 평행형	• 단절형	• 연관형
• 혼합형	• 보완형	• 복합형	• 동심원형	• 계열형
• 중핵형	• 통합형	• 완성형	• 공유형	• 거미줄형
			• 통합형	• 직조형
			• 몰입형	• 네트워크형

2. 통합 교육과정의 설계 모형

통합 교육과정의 설계 모형을 망라한 것이 Forgarty의 10가지 유형이다. Forgarty는 교육과정 통합 유형을 3가지(단일 교과 내의 유형, 여러 교과간의 연계를 통한 유형, 학습자 내부 및 학습자 간의 연계를 통한 유형)로 구분하고 있다. 이 10가지 통합 설계 모형은 구조적 통합의 접근에서 경험적 통합의 접근으로 가면서 통합의 정도가 심화되는 분류이다. 단일 교과 내의 통합 방법에는 분절 모형, 연관 모형, 동심원 모형이 있고, 교과 간의 통합 방법으로는 계열 모형, 공유 모형, 거미줄 모형, 실로 꿴 모형, 통합 모형이 있다. 학습자들 간의 통합에는 몰입 모형, 네트워크 모형이 있다. 이 중에서 실로 꿴 모형, 통합 모형, 몰입 모형, 네트워크 모형은 교사와 학생 모두에게 통합 수준이 높아 실제로 활용되기 어렵다.

(1) 단일 교과 내 통합방법

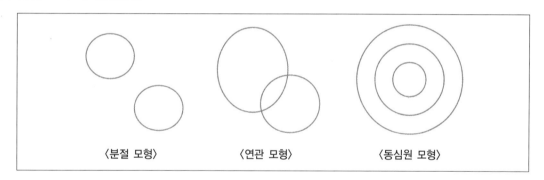

〈분절 모형〉　　　　〈연관 모형〉　　　　〈동심원 모형〉

① 분절 모형(fragmented model)

　㉠ 교육과정의 통합 정도가 낮은 유형으로, 전통적인 교과에 기반을 두는 통합 설계모형이다.

　㉡ 분절 모형은 개별 교과에 대한 명확한 지식과 견해들을 제공하고, 지식의 계열성을 높게 유지할 수 있다는 장점이 있다.

　㉢ 그러나 각 교과들의 내용을 서로 관련짓고 유사한 개념들을 통합하는 일을 학습자가 스스로 해야 한다는 단점을 가지고 있다.

② 연관 모형(connected model)

　㉠ 이 모형은 개별 교과들이 여전히 분리되어 있지만, 각 교과 영역 안에서 주제, 개념, 기능 등을 그와 관련된 다른 주제, 개념, 기능들에 연결하는 형태를 취한다.

ⓛ 즉, 각 교과 영역 내에서 교과 내용의 주제와 개념, 아이디어와 학습 방법 등이 서로 밀접하게 관련되도록 내용을 통합하는 방식이다. 예를 들면 체육의 높이뛰기를 가르칠 때 수학의 측정 또는 과학의 무게 중심 등과 관련시키는 예가 해당된다.

ⓒ 장점은 학습자가 한 측면만 공부할 뿐만 아니라 머릿속에 큰 그림을 그릴 수 있게 되며, 핵심 개념이 학습자 속에 내면화되면서 오랫동안 발전해 나갈 수 있다는 점이다.

ⓔ 그러나 교과 내용의 통합 정도가 특정 교과들 사이에서만 이루어지므로 다양한 교과들이 서로 관련되어 있지 못하며 그에 따라 폭 넓은 통합의 경험을 하지 못하는 단점이 있다.

③ 동심원형(nested model)

ㄱ 각 교과 영역 안에서 교사가 사회적 기능, 사고 기능, 특정한 내용에 관한 기능 등의 여러 개의 기능들을 동시에 학습할 때 활용되는 모형이다. 즉 학습내용에 사고 기능과 협동 기능을 동시에 다루고자 하는 교사들에게 가장 적합한 모형이다.

ⓛ 예를 들면 체육과의 경우, 인지적 기능(지식), 심동적 기능(기술), 정의적 기능(태도)이 함께 지도되는 사례에 해당된다. 농구 단원을 지도할 때 전술 이해(인지적 기능), 공격 전술 수행과 습득(심동적 기능), 팀워크(정의적 기능)를 동시에 달성하는 경우가 해당된다.

ⓒ 동심원형의 장점은 학생들의 학습이 풍부해지고 강화된다는 것이다.

ⓔ 단점은 교사들의 주의 깊은 교육 계획이 없으면 학생들은 많은 학습 내용 중 무엇이 중요한지 정확하게 파악하지 못할 가능성이 있다는 점이다.

(2) 여러 교과 간 통합 방법

① 계열 모형(sequenced model)

ㄱ 이 모형에서는 여러 교과에서 비슷한 단원을 다룰 때 여러 교과에서 다루는 주제의 순서를 재배열함으로서 비슷한 단원들을 이어서 혹은 병렬적으로 가르친다. 예를 들면, 체육시간에 손기정 선수의 생애를 다룬 소설을 다루는 시기에, 사회(국사)에서는 일제시대의 사회문화 현상을 가르치는 경우가 해당된다.

ⓛ 계열 모형은 여러 교과의 내용을 자연스럽게 관련지어 가르칠 수 있다는 장점이 있다. 이 경우 학생들을 여러 교과의 내용을 자연스럽게 학습하면서 그 결과로 하나의 주제를 여러 관점에서 이해할 수 있게 되며 학습 전이가 쉽게 이루어질 수 있다.

ⓒ 단점은 타 교과 교사와 협력해야 하므로 교사 혼자서 자기 마음대로 순서를 정하지 못하는 측면이 있다. 관련된 교과 영역을 담당하는 여러 교사와 계속 협력하는 과정에서 여러 어려움이 따른다.

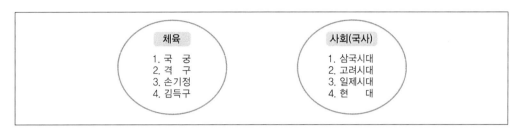

⊙ 계열 모형

② 공유 모형(shared model)

　㉠ 한 가지 유사한 기능이나 개념을 통하여 2개 이상의 교과 영역 내용을 통합하는 방법이다. 내용을 조직하는 기준 요소로 여러 교과에 걸쳐 중복되는 개념이나 아이디어를 활용한다. 각 교과목에서 일반적으로 가르쳐 온 핵심 지식이나 기능, 태도에 초점을 맞추어 단원 계획을 작성한다.

　㉡ 예를 들면, 기술·가정과 체육 과목은 영양, 비만, 운동의 중요성 등의 공통 개념을 가지고 '건강한 생활' 단원을 구성할 수 있다. 이 방법은 단순히 다른 교과에서 가르치는 것을 단순히 연결시키는 것 보다 훨씬 더 복잡하다. 또한 교과 간을 연결하는 개념을 찾는 방식에서 주제 중심 접근과는 근본적으로 다르다.

　㉢ 공유 모형은 교과 간에 공유하는 요소로부터 공통 개념을 찾는 것이고, 주제중심 교육과정은 각 교과의 밖에서 선정한 주제를 가지고 있는 여러 학문을 연결하는 것이다. 따라서 이 모형에서는 '교사들 사이에서 어떤 공유된 개념을 가르칠 것인가?'에 대한 합의가 이루어져야 한다.

　㉣ 공유 모형의 장점은 광역화된 교과(사회나 과학)를 완전히 통합하는 모형의 전 단계로 이용할 수 있다는 것이다.

　㉤ 단점은 교사들 간의 유연성과 타협이 필요하며, 두 교과가 공유하고 있는 실제 내용 뿐만 아니라 개념, 기능, 태도까지 탐구해야 하는 부담이 발생한다.

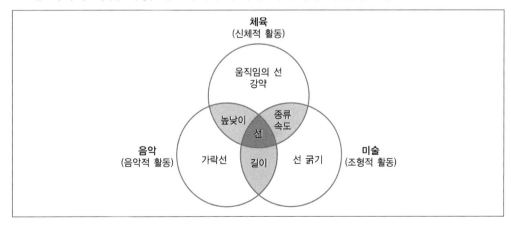

⊙ 공유 모형

③ 거미줄 모형(webbed model)

　㉠ 이 모형은 주제를 중심으로 교과를 통합하는 접근 방식이다. 즉 거미줄 모형은 다양한 학습 내용들이 하나의 주제를 중심으로 재구성됨으로써 전체를 볼 수 있는 광범위한 안목을 제공하는 모형이다.

　㉡ 이 모형에서는 교과 내용을 다양한 주제로부터 개념, 소주제, 아이디어 등을 추출하여 구성한다. 예를 들면, 여러 교과를 가르치는 교사들이 구성된 팀이 '국제 이해'라는 주제를 선정하였다면, 국어과에서는 다른 나라의 학생들과의 펜팔 교류를 위해 편지쓰기를 하고, 사회과에서는 정치 시간에 국제 정치 동향에 대해 공부하며, 음악과에서는 세계 여러 나라의 음악을 감상하며, 체육 시간에는 외국의 민속 스포츠를 배우는 시간을 가질 수 있다.

　㉢ 이 모형에서 주제를 선정할 때는 교사들이 모여서 대화를 통해 다양한 아이디어를 제시해야 한다. 통합 주제는 좋은 렌즈와 같아야 한다. 즉 좋은 렌즈는 광범위하게 적용되고 여러 영역에 걸쳐 관련성을 가지며 근본적인 패턴을 밝혀주고 유사성과 차이점을 드러낼 수 있다.

　㉣ 장점은 학생들에게 많은 학습 흥미를 불러일으킬 수 있다는 장점이 있고 또 경험이 풍부한 교사는 물론이고 경험이 적은 교사도 쉽게 활용할 수 있다. 학생들은 여러 가지 다양한 활동과 아이디어들이 어떻게 관련되는지 쉽게 알 수 있으며, 기존의 내용을 새로운 시각에서 바라볼 수 있는 안목을 가질 수 있다.

　㉤ 그러나 이 모형에서는 주제 선정과 관련된 어려움이 존재한다. 선정된 주제가 피상적이거나 인위적이어서 의미 없는 학습 단원을 만들 수도 있기 때문에, 교과의 고유한 논리적이고 필수적 계열과 영역을 손상시키지 않도록 한다.

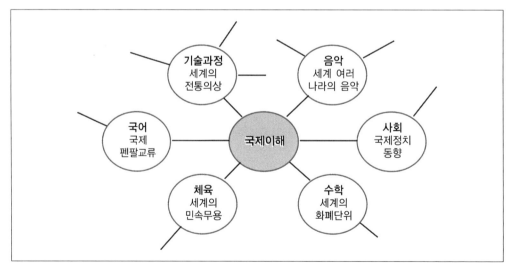

◈ 거미줄 모형

3. 교과 내 통합

Fogarty는 한 교과 내에서의 통합을 교과내용(학문적 개념), 사회적 능력(정의적 영역), 사고하는 기능 등 3개 영역에서 고려하였다.

(1) 운동 기능과 학문적 개념의 통합

① 체육학의 이론적 지식을 초등학교와 중등학교 체육에 통합하는 아이디어를 주장하고 구체적 방법을 제시하는 사람들은 예전부터 있어 왔다.

② 이러한 관점은 개념중심 모형 또는 학문중심 모형이라고 불리고 있다. 운동 생리학으로부터 학문적 지식을 가져와 현장에 적용하는 것은 초·중·고등학교 체육수준에서 체력 증진을 가르치는 영역에서 쉽게 가능할 것으로 생각되었다.

③ 초·중·고등학교 체육수업이 그동안 체력증진, 에어로빅스 등의 기초적 지식에 관한 내용을 포함하는 등의 진전이 이루어지기는 했으나, 다른 하위영역의 지식이 학교 체육 수업분야에 적용되는 작업은 아직 적극적으로 이루어지지 않고 있다.

(2) 운동 기능과 지적 기능의 통합

① 운동 기능과 문제 해결력이나 비판적 사고 같은 지적 기능을 통합시키려는 노력이다.

② 최근 체육을 활용하여 직접적으로 생각하는 능력을 키워 주려는 시도가 늘고 있다. 가르치는 교수 기능의 한 가지로(예 개방형 질문하기), 스포츠와 게임을 가르치는 방법의 하나로(예 게임 전술 파악), 개념 중심 교육과정의 한 부분으로(예 체력 프로그램의 지식이나 움직임 문제 해결) 각광을 받고 있다.

③ McBride는 체육수업에서 비판적 사고를 가르칠 수 있는 적합한 방법을 찾아야 한다고 주장하며, 체육 내에서 그리고 다른 교과로 비판적 사고능력이 전이될 수 있는가의 문제를 다루고 있다.

④ 게임할 때 학생들의 사고 능력을 길러주는 체육교육과정 모형으로 이해 중심 게임 수업이 있다.
  ㉠ 이해 중심 게임 모형은 게임 전술을 강조하는 모형이다.
  ㉡ 범주는 여러 가지로 나눌 수 있으나 침범형, 네트형, 필드형, 타겟형의 4개 범주가 일반적이다.
  ㉢ 각 범주별로 학생들은 적용할 수 있는 공격 및 수비 전술을 배우고, 그 범주 내의 다른 종목에 전이하도록 한다.

(3) 운동 기능과 정의적 영역의 통합

① 체육교과는 팀워크, 협동, 페어플레이 등과 같은 사회적 목표와 함께 자기존중감, 자신감 등과 같은 자아개발의 목표들도 성취한다고 주장해왔다.

② 사회성 관련 자질과 자아 개발을 의도적으로 성취하려고 하는 2가지 체육 교과 교육 모형은 Hellison의 사회적 책임감 모형과 모험 교육 모형이다.

    ㉠ Hellison의 책임감 모델은 단계 0에서 4까지 5단계로 이루어지며, 문제 학생과 비행 청소년을 대상으로 개발되었으나 여러 학교들에서 일반 체육교과를 위해서 채택, 활용되고 있다.

    ㉡ 모험 교육 모형은 학생의 자신감을 증진시키고, 단체 내에서 서로를 돕는 정신을 높이며, 자기 자신에 대한 긍정적 이미지를 갖고 다른 사람들과의 관계를 돈독히 하는 등의 목표를 실현하기 위해서 여러 가지 다양한 개인 운동과 단체 운동이 활용되고 있다(5가지 핵심 주제: 위험, 신뢰, 협동, 도전, 문제해결).

◈ Fogarty의 교과 내 통합 방식

접속형 통합	한 영역의 내용을 다른 영역의 내용과 단순한 수준에서 보안하거나 덧붙일 때 사용하는 단순한 통합 방식이다. **예** 농구 시간에 패스를 가르칠 때 패스에 관련된 운동생리학과 생체역학적 지식을 간단하게 덧붙인다.
공유형 통합	두 개 이상의 영역에 걸친 다소 복잡한 연결이 강조된다. **예** 농구 패스를 가르칠 때 각각의 패스가 현장에서 실질적으로 어떠한 상황에서 활용될 수 있는지를 학생들로 하여금 스스로 개발해내도록 하거나 연습을 하는 과정에서 스스로 스포츠맨쉽의 발휘를 할 수 있도록 유도한다.
혼합형 통합	두 개 이상의 영역에서 나온 내용을 복잡하게 통합시키는 전략을 사용한다. **예** 체육교사와 학생들은 몇 개의 팀으로 나누어 농구에서 상대방을 이길 수 있는 시합 전술을 개발하도록 하거나, 스포츠가 어떠한 역사적 변천과정을 거쳐서 현재와 같은 발전을 이루어냈는가를 조사하여 발표하도록 하고, 실제 경기를 관람하면서 특정 팀을 응원한 느낌을 기술해서 내도록 하며, 농구가 유행하는 나라들과 그렇지 않은 나라들의 문화적, 경제적 차이점들에 대해서 조사하고 그 원인을 밝히도록 한다.

◈ Mohnsen의 운동기능과 이론적 개념들을 통합시키는 세 가지 방식

혼합형 통합	실기 중심으로 이루어지는 교육과정을 운영하며, 수업이 마칠 때까지 지속적으로 이론적 개념을 통합시킨다. 어떤 개념은 한 단원에서 다 가르치고, 또 어떤 개념은 여러 단원에 걸쳐 가르칠 수 있다. **예** 배구 서브를 가르칠 때 포물선과 관련된 운동역학적 원리들을 가르친다.
할당형 통합	한 운동 종목을 배우는 가운데 한 번이나 두 번 정도의 수업시간을 개념적 내용을 배우는 것에 할애한다. **예** 운동 생리학적 개념들을 가르칠 때 일주일에 한 시간은 이론을 가르치는 것에 할당한다. 오래달리기가 유산소활동인 이유로 심폐순환계 관련 개념들을 가르치며, 체조의 경우에는 유연성 관련 개념들을 지도한다.
분리형 통합	이론적 개념을 완전히 수업의 독립된 한 단원으로 분리해 가르치는 것이다. 이럴 경우 중심이 되는 내용은 운동기능이 아니라, 이론적 개념이다. 물론 운동기능이 완전히 소외되는 것은 아니다. **예** 포물선에 관한 개념을 던지기, 차기, 때리기 등 여러 동작에서 설명하면서, 이해를 돕기 위해 실제적인 활동을 포함시킬 수 있다.

4. 교과 간 통합

(1) 체육 수업에 타교과 내용을 통합하기

① 산수에서 계산 능력을 통합시킬 때 시합에서 점수를 계산하는 것과 심장 박동을 계산하는 것과 운동 구역을 측정하는 것을 활용한다.

② 체력 단원을 가르치는 체육 수업에서 추정, 예측, 그래프 등과 같은 수학 개념들을 가르치는 방법을 활용한다.

③ 과학에서 가져오는 많은 내용들은 운동 역학을 기초로 하고 있다. 투사체의 비행궤도, 지레, 뉴튼의 운동법칙 등의 개념들이 활발히 활용되고 있다.

(2) 체육 교과내용을 다른 교과에 통합시키기

① 스포츠와 관련된 내용을 읽고 쓰도록 함으로써 언어 능력을 향상시킨다.

② 역사상 서로 다른 시대나 다른 나라들의 게임이나 무용을 활용한다.

③ 야외활동교육에서 체육활동을 대상으로 소비적 활동과 비소비적 활동을 가르침으로써 야외활동에 관한 도덕적 내용을 가르친다.

(3) 교과 간 통합의 방식

Fogarty의 열 가지 통합 방식 중 체육 교과의 경우 접속형, 공유형, 동업형의 세 가지 방식이 가장 효과적으로 활용될 수 있다.

① 접속형 통합 방식

㉠ 동시에 가르치도록 주제나 단원의 내용을 배열한다.

㉡ 체육 교과에서 다루는 기능, 주제, 그리고 개념들이 학습 활동의 주된 대상이 되며, 다른 교과에서 가지고 온 내용은 체육 학습 내용을 보완, 강화, 확장하는데 이용된다.

㉢ 장점

ⓐ 체육교사의 진도 전개 속도에 맞춰서 스스로 조절할 수 있다.

ⓑ 가르치고 싶은 내용을 자의적으로 선정할 수 있다.

㉢ 필요한 시간에 스스로 계획을 세울 수 있다.

---◇ **접속형 통합 방식** ◇---

• 새로운 기능이나 개념, 또는 토픽을 소개할 때, 그 내용을 보다 자세히 설명하고 알려주기 위해서 다른 교과의 내용을 이용할 수 있다.

> **예** 초등학생에게 점프 기술을 위한 올바른 기술을 알려줄 때는 점프 동작을 설명하기 위해서 스프링이 어떻게 작동하는지에 대한 과학적 원리를 이용할 수 있다. 점프 동작을 설명하기 위해서 통통 튀는 스프링을 언급할 경우에는 통합적 방법을 적용하는 것이 아니라 단순히 심상 이미지를 활용하는 것이다. 과학 과목에서 다루어지는 스프링의 과학적 작동 원리를 학생들에게 제시할 때, 심상 이미지에서 통합적 수업의 수준으로 발전하는 것이다.

- 학생들의 흥미를 유발시키고. 배울 내용이 학생 각자에게 얼마나 유용한지를 납득시키기 위해서 접속형 모형을 활용할 수 있다.

  > **예** 중학교 1학년 줄넘기 단원 초반에 학급 학생들로 하여금 줄넘기를 배울 때 겪는 즐거움과 낙담이 담겨져 있는 시를 하나 읽어 오게 한다. 교사는 시를 활용함으로써 국어 교과와 체육 교과를 연결 짓는 것이다.

- 다른 교과 영역에서 다루는 기능 하나를 적용함으로써 접속형 통합 방식으로 수업을 효과적으로 할 수 있게 된다.

  > **예** 지금 막 초등학교 저학생이 제자리멀리뛰기를 배웠다. 이 학생들은 얼마나 멀리 점프했는가를 알아보기 위해서 수학에서 배운 측정 방법을 활용할 수 있다.

- 다른 교과 영역에서 다루는 내용을 보완하고 발전시키기 위해서 체육 교과의 내용을 이용할 수 있다.

  > **예** 체조 수업에서 사용되는 여러 가지 어휘들을 활용하여 초등학교 학생들로 하여금 글짓기를 하도록 할 수 있다.

② 공유형 통합 방식

㉠ 한 가지 유사한 기능이나 개념을 통하여 두 개 이상의 교과영역 내용을 통합하는 방법으로 내용을 조직하는 기준요소로 여러 교과에 걸쳐 중복되는 개념이나 아이디어들을 활용한다.

㉡ 각 과목에서 일반적으로 가르쳐오던 핵심 지식이나 기능, 태도에 초점을 맞추어 단원 계획을 작성한다.

㉢ 공유하는 내용이 무엇이 될 것인가에 대하여 교사들 간에 합의가 이루어져야 하며, 언제 그것을 가르칠 것인가에 대해서도 합의가 이루어져야 한다. 이 합의된 공유 내용은 각 교과에서 동일한 시간대에 가르칠 수도 있고, 한 과목에서의 진도가 약간 정도 빨리 이루어질 수도 있다. 이 새로이 공유된 내용을 수업 진도에 맞추기 위해서 수업진도의 순서를 재조정해야 될 경우도 있다.

㉣ 장점: 학생들은 한 내용이 어떻게 여러 교과목에 두루 걸쳐 다루어지게 되는가를 이해하게 된다.

---◇ **공유형 통합 방식** ◇---

- 다른 교사와 협조하는 법을 배우는 계기가 될 수 있다. 학기 중에 다른 교사들과 함께 무엇을 공통 내용으로 선정하며, 그것을 어떻게 가르칠 것인가에 대하여 회의한다. 내용이 선정되면, 비슷한 시기에 그 내용을 가르치기 위하여 진도를 맞추는 시간 계획을 세운다.

  > **예** 사회 교과에서는 각기 떨어진 여러 지역 사회가 서로 어떻게 힘을 합치는가에 관해 배우며, 다른 반의 아이들과 숙제를 도와주고 도움 받기 위한 네트워크를 구축한다. 이와 동시에 체육 수업 시간에는 팀워크에 관해 배우면서 팀의 결속을 공고히 하는 활동에 참여한다. 이 두 교과에서 공통적으로 다루는 주제는 "사람들은 주어진 과제를 성취하기 위해서 어떻게 서로 도우며 힘을 합치는가"이다.

- 선정된 내용을 발전시킨다. 여러 명의 교사들이 한 학년 전체나 학교 전체 학생들을 대상으로 한 가지 포괄적인 주제나 내용을 선정한다. 각 교과목 교사들은 그 주제에 관련된 각기 다른 여러 측면들에 관해서 가르칠 방법을 찾는다. 이 주제를 가르치는 데 있어서 모든 교과목이 동등하게 중요시 될 필요는 없다.

> **예** "변화"를 주제로 하는 경우를 들어보자. 과학 과목에서는 계절의 변화를 공부한다. 미술 과목에서는 조각품을 이해하는 관점의 변화가 어떻게 조각품을 관람하는 방법을 변화시키는가를 공부한다. 국어 과목에서는 서로 다른 독자를 위하여 동일한 내용을 다른 문체로 변화시키면서 써보는 것을 공부한다. 체육 과목에서는 지난 100여 년간 야구가 어떻게 변화했는가를 공부한다.
>
> • 한 과목에서 다루어지고 있는 내용을 선정하여 그것을 다루지 않는 다른 과목과 공유한다.
>
> **예** "직업"이란 주제는 일반적으로 사회 과목에서 다루어지고 체육 과목에서는 잘 다루어지지 않는다. 통합적 방법을 사용함으로써 체육 과목에서 배우지 않던 내용들을 새롭게 배울 수 있다.

③ 동업형 통합 방식

  ㉠ 두 개 또는 그 이상의 과목을 동등하게 제공한 것이다.

  ㉡ 여러 과목들에서 선정한 기능, 토픽, 그리고 개념들이 서로 혼합되어서, 이 과목 모든 영역에서 동시에 학습이 이루어지게 된다.

  ㉢ 수업은 협동적으로 이루어지게 되며, 주로 팀티칭 형식으로 수행된다. 동일한 학급에서 한꺼번에 가르치게 되며, 서로 합의가 이루어진 교과목 내용을 전달하기 위하여 협동적으로 수업을 하게 된다.

  ㉣ 사고하는 기술과 타인과 어울리는 태도를 모든 교과목에 걸쳐 짜 넣는 종합적 교육내용 조직 방식이다.

  ㉤ 예를 들어, 국어(언어지능), 수학(논리지능), 음악(음악지능), 체육(운동지능) 등의 과목에 다중지능의 개념을 모두 활용할 수 있다.

  ㉥ 이 모형을 실현하기 위해서는 계획이 체계적으로 이루어져야 하며, 가르칠 내용에 대한 합의를 보려는 의지가 있어야 하고, 이런 방식으로 수업을 하기 위한 시간을 찾아내야 하며, 각 교과목간에 어떤 방식으로 서로 연관을 맺고 있는가를 밝혀내려는 노력이 기울어져야 한다.

  ㉦ 장점 : 학생들로 하여금 모든 교과목들이 서로 유기적으로 통합된 상태에서 보다 나은 배움을 얻을 수 있도록 한다.

---◇ **동업형 통합 방식** ◇---

• 통상적으로는 서로 구분되어 가르쳐졌을 교과목들 간의 상호 관계를 이해할 수 있다. 학생들이 다른 맥락에 자기가 가진 지식들을 응용할 기회를 얻음으로써, 배운 내용에 대한 보다 완전한 이해를 할 수 있고 보일 수 있다.

> **예** 수학에서 배운 분수의 개념을 배드민턴 스트로크 동작의 정확한 역학을 가르치는 데에 활용할 수 있다. 스트로크 동작 중 백스윙 자세를 원의 몇 분의 몇으로 설명하거나, 분수를 활용해서 서브 성공 횟수를 카운트할 수 있다. 이런 수업을 하기 전에, 두 교과목 교사들은 가르칠 내용에 대하여 정보를 제공하고, 합의된 내용을 가르치는 새로운 방법을 머리를 맞대고 만들어내야 한다.

• 학생들로 하여금 새로운 관점을 가지고 배울 수 있도록 교육과정을 재구성, 재조직할 수 있는 기회를 제공한다.

> **예** "패턴"이란 주제를 가르칠 경우, 체육교사와 음악 교사가 패턴에 대한 학생의 이해를 높이는 학습 활동을 함께 개발한다. 이 두 교사는 학습 활동의 초점으로 ABA구조 또는 3변형을 선정한다. 트위스트, 스트레칭과 같은 방식으로 동작 패턴을 구성하고 이와 함께 ABA형태로 음악을 작곡한다.

Chapter

08

- 통합활동을 더욱 촉진시킬 수 있다. 이러한 형태의 수업활동은 전 교사진은 물론이고 학생과 기타 다른 인력들의 완전한 몰입을 요청한다.

> **예** 학교 전체가 어떤 특정한 주제를 진흥시키기로 하고, 그것에 모든 학습활동을 집중 한다. 교사, 학생 등 학교의 모든 식구들이 모든 교과목에 걸쳐 그 주제와 관련된 학습활동을 개발하고 놀이, 음식, 복장 등을 통해서 직접 체험한다.

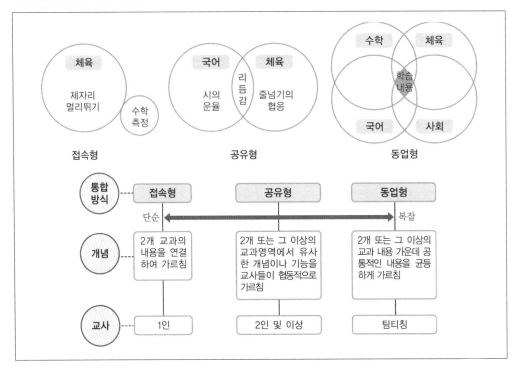

◉ 체육교과 통합 방식

2 통합적 체육수업

1. 통합적 체육 수업 지도 방안

(1) 체육 교수학습 과정에 대한 구성주의적 관점을 기반으로 한다.

① 통합적 체육교육은 현재 학교체육의 실천관행을 근원적 수준에서 재검토하는 "교육 철학적 차원"에서의 노력이다.

㉠ 체육교사는 통합적 체육수업 지도방법을 몇 가지 수업 요령을 익히는 것으로 제한시켜 이해하고 받아들여서는 곤란하다.

㉡ 통합적 방식으로 체육수업을 지도하겠다는 것은 자신의 고정관념과 실천체계를 전면적으로 재검토하는 것이다.

ⓒ 단순히 행동수준에서의 변화가 아니라 교육철학 수준에서의 변화가 함께 이루어져야 체육 수업의 실천이 통합적 방식으로 실현될 수 있다.

② 체육의 교수학습 과정, 즉 체육적 지식과 태도를 전수하고 학습하는 과정은 구성주의적 성격을 갖는다.

ⓐ 교수학습과정이 체육교사는 가르치고 학생은 배우는 일방적 과정이 아니다. 체육교사와 학생은 서로 배우며, 함께 가르친다.

ⓑ 체육교사와 학생은 체육활동을 이해하고 내면화하고 적용하는 과정을 함께 만들어 간다.

ⓒ 교사와 학생 간에, 때로는 학생과 학생 간에 교육내용을 구성적으로 가르치고 학습하면서 학생 스스로가 교육목표를 성취해나가는 것이다.

ⓓ 교수학습 과정의 주체는 체육교사가 아니라 학생(또는 교사와 학생 모두)이라는 것이다.

③ 가르치는 것이 결국에는 배움을 얻어내기 위한 활동이건대, 학생이 목적이요 주체가 되지 않는 가르침은 배움을 얻는 데 실패할 뿐이다. 혹시, 그런 과정으로 얻은 배움은 학생의 입장에서 볼 때, 온전한 내 것이 아닌 소외된 배움, 잠시 머물다 떠나갈 배움에 그칠 뿐이다.

④ 체육교사는 확고하고도 분명하게 이 사실을 이해하고 내면화하고 있어야 한다. 이런 철저한 이해로부터 일관되고 지속적인 수업행동이 실천될 수 있기 때문이다.

ⓐ 배움의 과정에 있어서 학생이 결정적 역할을 한다는 것

ⓑ 가르침은 학생의 능동적 학습참여를 불러일으키기 위한 보조적 활동이라는 것

ⓒ 학생은 자신의 학습 성취를 이룰 수 있는 가능성과 의지를 가지고 있다는 것

ⓓ 교사는 이 가능성과 의지가 개발되고 유지될 수 있도록 끊임없는 지원과 환경을 조성하는 조력자라는 것

⑤ 체육 교수학습 과정의 구성주의적 성격, 그리고 체육교사와 학생의 역할과 능력에 대한 명확한 이해 없이는 통합적 체육수업을 시작하고, 유지하고, 전파시켜 나갈 수 없다.

(2) 학생이 학습 능력을 스스로 활용하고 계발할 수 있도록 한다.

① 체육 교수학습 과정이 구성적으로 이루어진다는 것은 학생이 자신의 학습 과정을 스스로의 힘으로 만들어 나간다는 것을 의미한다. 체육교사가 해야 될 일은 학생으로 하여금 자신의 학습능력을 스스로 계발할 수 있도록 만드는 일이다.

② 체육교사가 활용하는 통합적 수업 방법은 학생의 자발적 학습 능력을 향상시키는 것이어야 한다.

ⓐ 자발적 학습능력이란 기억력, 수집력, 이해력, 해석력, 분석력, 종합력, 평가력 등 학생이 가진 총체적 인식능력으로서의 사고력, 창의력, 상상력을 말한다.

ⓛ 사고력, 창의력, 상상력은 지식과 기능과 태도가 하나로 뭉쳐져서 표현되는 인간의 총체적 인식능력이다.

ⓒ 총체적 인식능력을 통하여 학생은 스스로의 학습을 실행하고 계속 유지해나갈 수 있게 된다.

ⓔ 이 능력의 습득이 체육수업의 관건이며 통합적 체육수업의 최종 지향점이 바로, 이 총체적 인식능력으로서의 "학생의 학습능력"이다.

③ 학생의 학습 능력의 개발은 네 가지 방향으로 진행됨으로써 이루어진다.

ⓐ 이전 지식(지식, 기능, 태도를 종합적으로 포함하는 의미에서의 지식)과 능력의 활성화이다.

ⓐ 새로운 학습은 학생이 이미 지니고 있는 지식과의 연관 속에서 구성되기 때문에 학생은 자신의 이전 경험과 이해를 적극적으로 활용하는 능력을 갖추게 됨으로써 보다 더 잘 배우게 된다.

ⓑ 교육내용으로 배우게 될 다음 주제에 대하여 학생들이 잘 알고 있는지를 직접적으로 질문하는 것이 효과적이다.

> **예** 축구 패스 기능이 시합 시 전술적인 상황에서 어떻게 적용될 수 있는지 물어 보고, 현재 벌어지고 있는 각종 대회를 시청해서 그런 상황을 조사하도록 한다. 또는 어떤 현상이나 사건의 중요 요인들에 대해 소그룹으로 토의하게 한다.

ⓒ 새로운 지식을 획득하고 이해하는 것이다.

ⓐ 이전 지식을 활성화시키는 자극제로서 새로운 지식이 제공되면 이것을 전체적 인식구조 속에서 받아들여 조절하고 동화시킴으로써 이해하게 된다. 이 과정은 부분과 전체의 관계로 이해할 수 있다.

ⓑ 새로운 지식이라는 부분이 하나의 전체를 이루고 있는 기존의 인식구조 속으로 동화와 조절을 통해 받아들여짐으로써, 다시 새로운 인식구조, 즉 새로운 전체가 만들어지는 것이다.

ⓒ 부분은 전체가 되고, 전체는 부분을 통하여 새로운 전체로 변하는 것이다.

> **예** 통합적 주제 영역과 그 하부수준에 있는 세부교과영역의 관계가 바로 이 같은 전체와 부분의 관계에 해당한다. 이를 위해서 체육교사는 학생들이 전체와 부분의 관련성을 간접적으로 파악할 수 있도록 해주는 학습경험을 마련하고 학습 환경을 조성해준다.

ⓒ 지식을 활용하는 것이다.

ⓐ 이전 지식을 활성화하고 새로운 지식을 획득하게 되면, 그것을 다양한 상황에 적용하고 실제적으로 활용함으로써 학생의 학습능력이 확인되고 향상되게 된다.

ⓑ 당면하게 되는 문제를 해결하는 것을 통하여 학생의 문제해결능력이 증진되는 것이다. 이를 위하여 체육교사는 학생들에게 이러한 학습능력을 활용할 수 있도록 다양한 학습 과제들을 개발하고 준비해서 제시해준다.

> **예** 시합상황의 시뮬레이션을 통하여 그 상황에 어떤 지식과 기능과 태도를 적용해야 하는가를 심
> 사숙고하게 함으로써 학생의 문제해결력을 적용하도록 할 수 있다. 프로젝트를 현재 사회적 문
> 제가 되고 있는 스포츠이슈를 팀별로 현장 조사하고 구체적 원인과 가능한 해결책을 마련하는
> 프로젝트를 수행하게 할 수도 있다.

    ② 새로운 지식을 창조하는 것이다.

        ⓐ 학생의 학습능력 개발의 최종지점이라고 할 수 있는 상태로서, 오로지 구성주의적
          관점에서만 가능한 사고방식이다. 전통적 체육 수업관에서는 상상할 수 없었던 생
          각이다.

        ⓑ 이 과정을 통해 학생들로 하여금 기존의 모든 체육적 지식과 실천에 대해서 비판적
          태도를 갖도록 하고, 이것들에 대한 자기 나름대로의 대안적 지식, 실천, 태도를 만
          들어내도록 한다.

        ⓒ 학생은 이러한 과정을 통해서 자기 자신의 학습을 주체적으로 통제할 수 있는 자기
          주도적 학습능력을 갖추게 되는 것이다.

        ⓓ 체육교사는 학생들에게 기존의 통념이나 관행들에 대한 비판적 검토 기회를 제공하
          고 그 대안을 찾도록 자극해야 한다.

>   **예** 높이뛰기의 포스베리 기술이나 스노보드의 개발에 관한 이야기를 제공하고, 새로운 운동기술이
>   나 게임의 아이디어들을 찾아보도록 유도한다.

(3) 토론 중심적, 체험 중심적, 활용 중심적 수업 방법을 활용한다.

    ① 학생의 자기 주도적 학습 능력을 신장시키는 최적의 방법은 학생으로 하여금 학습의 과정
      에 "몰입"되도록 만드는 것이다.

    ② 교육내용과 교육과정에 대한 전체적 몰입을 유도하기 위해 학습 과정이 토론 중심적, 발표
      중심적, 체험 중심적, 활용 중심적, 개발 중심적 성격을 띠어야만 한다.

    ③ 통합주제와 세부내용에 대하여 서로가 토론하여 보다 나은 의견으로 만들어나가고, 체육현
      장을 체험하고 조사함으로써 얻은 느낌과 지식을 발표하여 서로 공유하는 것, 기존의 관례
      와 통념들에 대한 체계적이고 비판적인 재검토를 통하여 새로운 관점을 개척해 내고 새로
      운 실천 방안들을 만들어내는 것, 이런 학습중심적, 경험중심적 과정들이야말로 교수학습
      과정을 구성적인 것으로 만드는 것이다.

    ④ 체육교수학습 과정을 학생의 전신체적, 전인식적 몰입을 유도하는 참여의 과정으로 만들
      수 있는 가장 훌륭한 수업방식 중 하나가 바로 "과제 중심적 수업"이다.

        ㉠ 교사는 다양한 종류의 학습과제들을 개발하거나 준비해서 수업 시 강의나 시범과 함께
          적절하게 활용할 수 있다.

        ㉡ 학생들은 수업이전이나 도중이나 이후에 이와 같은 과제들을 개별적, 단체적으로 수행
          함으로써 통합적으로 조직된 교육내용을 보다 효과적으로 학습할 수 있게 된다.

⑤ 대안적 과제의 예

ㄱ 글쓰기 과제 : 이슈 에세이, 조사연구, 일지(일기), (현장)느낌 적기

ㄴ 말하기 과제 : 대화, 토론, 발표, 즉석답변

ㄷ 행하기 과제 : 시뮬레이션, 변형 및 개발, 축소 실제게임

(4) 협동적인 학습을 조장하는 수업 방법을 활용한다.

① 체육 교수학습이 구성적으로 일어난다는 것은 그것이 사회적 성격을 가지고 있다는 것을 의미한다. 즉 가르치고 배우는 일은 체육교사와 학생간의 적극적이고 양방향적인 상호작용 과정으로 이루어진다는 것이다.

② 수업이 사회적 맥락 속에서 구성되고 형성되는 것이라면, 사회적 맥락을 이루고 있는 요소 간의 조화가 절대적으로 필요하다.

③ 체육교사와 학생의 협동적 교수학습을 돕는 수업방식은 절대적으로 체육교사의 의지와 노력에 좌우된다.

④ 다양한 형태의 협동적 학습과제를 개발하고, 협동적 학습방식을 채택해야 한다.

(5) 통합적 수업의 객관적 차원과 주관적 차원의 역동적 균형을 유지한다.

① 수업은 과학적이면서 예술적이다. 통합적 체육 수업도 과학적 측면과 예술적 측면을 가지고 있다.

② 통합적 체육수업도 과학적 측면과 예술적 측면을 가지고 이루어진다. 즉 체계적이고 이성적으로 실현이 가능한 경우도 있지만, 그렇지 못하고 비체계적이고 비합리적으로 전개되는 경우도 있다.

③ 체육교수학습이라는 활동 자체가 지닌 구성주의적 성격이 역동적 균형을 가정하며, 체육교수학습의 현장이 지닌 현실성이 중용적 절충을 요구한다.

④ 학생을 전인으로 만들어주는 체·지·덕을 하나로 체험하도록 만들어주는 통합적 체육수업은 강한 방법과 부드러운 방법의 과학적이면서도 예술적인 운용, 바로 그것을 통해서 이루어진다는 것을 깨닫게 해준다.

2. 하나로 수업 모형(통합적 체육수업모형)

(1) 기본적 가정과 목표

① 하나로 수업은 체·지·덕이 하나로 통합되는 것을 의도하는 체육수업이다.

② 하나로 수업에서 '하나로' 만들고자 하는 4가지

ㄱ 기능과 지식과 태도를 하나로!(그리하여 전인이 되도록)

ㄴ 하기, 읽기, 쓰기, 보기, 듣기를 하나로!(그리하여 온몸과 마음으로 겪는 수업이 되도록)

ⓒ 학교수업과 일상생활을 하나로!(그리하여 삶의 체육이 되도록)

ⓔ 서로 다른 사람들을 하나로!(그리하여 모두를 위한 체육이 되도록)

③ 4가지 측면을 하나로 만듦으로써 학생의 인성을 함양시키는 전인교육으로서 중등학교 체육이 되도록 의도하는 것이다.

④ 우리가 행하는 운동이란 '안쪽 측면'과 '바깥쪽 측면'으로 이루어져 있다.

ⓐ 바깥쪽 측면은 각종 기본 기술, 전술, 그리고 실지로 게임하는 방법, 규칙 등으로 이루어진 차원으로서 '운동을 하는 것'과 직접적으로 관련이 있다.

ⓑ 안쪽 측면은 우리가 통상적으로 체험하지 못하는 차원으로서, 운동의 정신, 전통 그리고 안목 등이 관여하는 측면이다. 안쪽 측면은 초보자들에게 간혹 운이 좋을 때만 맛볼 수 있는 그런 '보이지 않고 생각하지 못하는 차원'이다.

ⓒ 운동은 이렇게 눈에 보이고 몸으로 체험하는 '기법적 차원'과 눈에 보이지 않고 마음으로 느끼는 '심법적 차원'이 동시에 하나로 혼재해 있는 것이다.

⑤ 기법적 차원과 심법적 차원은 운동에 하나의 형태로 들어 있어 언제나 동시에 우리들에게 체험되고 느껴지지만, 우리의 사고와 지각양식은 특별한 주의를 기울여야만 심법적 차원에 대하여 지각할 수 있다.

ⓐ 기법적 차원은 우리의 일상적 사고와 지각양식의 그물에 쉽게 걸려들지만, 심법적 차원은 각별한 노력과 주의를 요청한다.

ⓑ 심법적 차원에 대한 자각능력을 키우기 위해서는 운동을 잘해야 하는 것은 물론이고 그것을 잘 알아야 한다. 그리고 운동을 잘하고 잘 알기 위해서는 과학적 지식과 인문적 지식의 도움이 절대적이다.

⑥ 운동을 잘하기 위해서는 과학적 지식이 필요하고, 운동을 잘 알기 위해서는 인문적 지식이 요구된다. 운동의 심법적 차원에 대한 인식과 체험이 있을 경우에만 운동은 인성에 영향을 미칠 수 있다.

⑵ 수업활동과 학습과제의 종류

① 운동의 기술과 전술을 습득하고 게임을 잘하기 위해서 맛보아야 하는 활동과 운동의 전통과 정신을 내면화하고 안목을 획득하기 위해서 겪어내야 하는 과제들을 모두 체험해 보아야 한다.

② 직접체험활동이란 운동을 잘하는 것(기능, 전술, 게임)과 관련을 맺는다.

ⓐ 운동의 기법적 차원에 대한 경험을 맛보도록 함으로써 운동기능을 향상시키는 효과를 가져다준다.

   ⓒ 수업활동 및 학습과제: 전통적 방식과 창의적 방식의 기술연습과 전술연습을 하도록 하는 것, 실지 게임을 해보도록 하는 것, 반성일지를 작성하도록 하는 것, 동작을 분석하도록 해보는 것, 규칙준수와 기본예의를 지키도록 하는 것, 운동생리학·스포츠심리학·운동역학 지식을 활용하도록 하는 것 등

  ③ 간접체험활동은 운동을 잘 아는 것(안목, 정신, 전통)과 관련을 맺는다.

   ㉠ 운동의 심법적 차원에 대한 체험을 해보도록 함으로써, 그 운동의 정신세계 속으로 입문하도록 이끈다.

   ⓒ 간접체험활동으로 활용될 수 있는 활동들은 원칙상 무제한적으로 지도하는 이의 창의력에 전적으로 의존한다.

   ⓒ 수업활동 및 학습과제: 예술, 문학, 역사, 철학, 종교와 관련된 인문적 지식을 활용하거나, 운동에 담겨진 이 같은 인문적 측면을 경험하도록 하는 활동들이 도움이 된다. 운동에 연관된 음악을 감상하도록 하거나, 스포츠 관련 소설이나 시를 읽고 독후감을 써오도록 하는 것 등

(3) 수업활동과 학습과제의 조직

  ① 직접체험활동과 간접체험활동은 지도하는 사람의 의도와 상황에 따라 적절하게 혼용하여 실행한다.

  ② 이 활동들은 다양한 방식으로 조직되어 학생들로 하여금 실행하도록 할 수 있다.

   ㉠ 전통적 방식: 그날 배울 기술의 시범과 설명이 주어지고 학습활동에 대한 학생의 연습이 뒤따른다.

   ⓒ 탐구적 방식: 교사와 학생, 학생과 학생 간에 문답으로 학습과제를 연습하고 해결해 나간다.

   ⓒ 과제식 방식: 동시에 다양한 학습과제들을 여러 개의 스테이션으로 나누어 순환적으로 이동하며 연습한다.

   ㉣ 협동학습 및 동료수업 방식: 학생들이 서로 힘을 합쳐 도와주고 도움 받으며 학습 과제를 연습해 나간다.

   ㉤ 게임 중심 또는 스포츠 교육방식: 변형되거나 완성된 형태의 시합을 통해 전술을 발휘하거나, 운동경기가 진행되는 방식으로 실제 게임을 즐기도록 한다.

(4) 평가방식

  학생이 운동의 안과 밖, 기법적 차원과 심법적 차원을 하나로, 동시에 체험했는지 하지 않았는지, 그리고 그 정도는 어느 정도인지를 알아내기 위한 평가는 크게 두 가지 방식(더하기식, 곱하기식)으로 이루어질 수 있다.

① 더하기식 평가

낱낱의 과제들을 수행한 정도를 합하여 총점을 만들어 내는 것이다. 기능, 지식, 태도를 독립적으로 평가하고 그것들을 최종적으로 더해서 합산한다.

> **예** 운동기능은 비디오로 개인기술 발휘와 시합기능을 녹화한다. 태도는 평소 시합이나 연습시의 행실, 반성일지의 내용들을 참조한다. 지식은 반성일지의 동작 분석이나 경기 참관기나 독후감 등을 분석한다.

② 곱하기식 평가

하나의 활동 속에서 학생의 체험 정도를 모두 찾아내 평가하는 것이다.

> **예** 학생들로 하여금 실제 시합을 시켜본다. 시합을 하는 시시각각의 상황에서 보여 주는 각종 기술의 발휘 정도를 파악하고, 전술을 펼치고 경기를 운영하는 방식을 통하여 인지적 측면을 가늠하며, 팀 동료와 상대방에 대한 태도와 행실을 통하여 태도적 측면을 파악한다. 그리고 이런 것들을 하나로 종합하여 기법적 차원과 심법적 차원에의 숙달 정도를 가늠한다.

3 교육과정 개선

1. 교육과정 개선의 관점

Sparkes는 교육과정 개선 과정을 바라보는 세 가지 관점을 밝혀냈다. 기능적 관점, 생태적 관점, 문화적 관점은 교육 개선에 있어서 참가자의 역할에 관해서 서로 다른 견해를 제시한다. 각 관점에서는 학교 위계 내의 다른 사람들에게 권력과 가치를 부여하며, 이에 따라 교육 개선 과정에 대한 서로 다른 사고방식을 제공한다.

(1) 기능적 관점

① 기능적 관점에 따르면 교육과정의 개편은 소규모의 전문가들로 이루어진, 고등 교육 기관이나 정부 산하 연구기관에서 시작된다. 이들은 체계적인 연구를 수행하고, 이를 바탕으로 교육과정 자료집을 주의 깊게 개발한 후, 이를 학교에 보급한다.

② 교사들이 교육과정 자료집에서 상세히 제시한 지침들을 그대로 따라야 한다는 점이 가정이 되어 있다.

③ 기능적 접근에서는 교육과정 개편의 최종 산물로 어떤 내용과 지식을 제공할 것인지에 초점을 둔다. 학생들과 사회를 위해 가장 가치 있다고 판단되는 지식을 규정하고 조직한 후, 학생들이 숙달할 수 있는 점진적 단계로 가공해서 제시한다.

④ Kirk는 역사적으로 볼 때, 기능적 관점에서 기초해서 시작되고 전개된 교육과정 개편은 성공하지 못했다고 지적한다. 특히, 교육과정을 만드는 외부전문가들이 교육과정개발의 과정에서 현직교사를 제외시키려고 하면 실제적인 현장의 변화가 일어날 수 있는 여지는 줄어들게 된다.

⑤ Hammond는 기능적 관점에서는 교사를 지식의 단순 전달자로 간주한다고 주장한다. 교사 개개인이 지니고 있는 개인적 신념, 가치관, 기술, 지식은 교과내용을 전달하는 일에 전혀 관련이 없는 것으로 간주된다.

⑥ 저항 이론에 따르면 교사는 학생들에게 많은 도움이 되지 않는다고 생각하거나 자신들의 개인적 또는 직업적 삶에 원치 않는 스트레스를 주는 변화에 대해서는 의식적으로 저항한다.

(2) 생태적 관점

① 생태적 관점은 안정과 변화를 위한 동일한 원천으로 교육 환경의 복잡성에 초점을 둔다.

② 교사는 능동적으로 교육과정에 관한 의사 결정에 참여하고 변화를 시작하는 주도 세력이다. 이 과정에서 교사는 단독으로 다른 요인들과의 관련성 없이 일하는 것이 아니라 이들은 교육과정과 수업에 관한 의사 결정을 제약하는 다양한 요인들(시간표, 다양성, 학생수)을 함께 고려하여 처리해야 한다.

③ 생태적 접근의 지지자들은 교사들이 자신의 수업 환경뿐만 아니라, 보다 더 큰 맥락인 학교의 정치적, 경제적 체제와 관련되어 있다고 가정하여 교사는 단지 지식의 전달자에 머무르지 않고, 프로그램의 개편과 변화에 직접적으로 영향을 미친다.

④ 생태적 접근에 따르면, 교사는 수업 중 교육과정 측면의 문제와 수업 관리적 측면의 문제들을 잘 조정해야 할 책임을 지고 있다.

⑤ 교사들은 자신의 새로운 교육과정 개선안들을 받아들여 적용시키려는 노력을 지속적으로 펼친다.

(3) 문화적 관점

① 문화적 관점도 교사를 변화의 중심에 위치시킨다. 문화적 관점의 지지자들은 교육개선의 주된 참여자로서의 교사에게 미치는 교육개선의 영향력에 초점을 둔다.

② 문화적 접근은 공유된 의미와 이해로 이루어진 하나의 문화 속에서 일어나는 교육과정의 변화에 초점을 둔다. 교육개선이란 학생들의 학습이 보다 잘 이루어질 수 있는 장소로 학교를 틀 지어나가기 위해서 행하는 관여자들 간의 상호작용적 판단과 결과로 간주한다.

③ Heckman은 문화적 접근에서 본 학교의 목적은 "자기 쇄신"에 있다고 주장한다. 따라서 변화의 초점은 변화의 과정과 개념에 대한 교사들의 의식을 바꾸는 것이다. 교사들이 자신이 하고 있는 일을 왜 하는지를 스스로 이해하는데 강조점이 두어진다.

④ 문화적 관점에서는 교육의 과정에 관한 공통의 지식과 의미체계가 있고, 이를 통하여 사람들은 상호 이해의 문화를 형성한다는 점을 가정한다.

⑤ Glickman이 학교쇄신에 필요한, 의사결정이 함께 이루어지는 문화를 형성하도록 도움을 줄 수 있는 6가지 원칙을 제시하였다.

　㉠ 학습은 능동적인 과정이어야 한다.

　㉡ 학습은 개인적인 작업이면서 동시에 협동적인 작업이 되어야 한다.

　㉢ 학습은 목표 지향적이어야 하며 실제 생활과 관련되어야만 한다.

　㉣ 학습은 개별화되어야만 한다.

　㉤ 학습은 문서화할 수 있고, 진단이 가능해야 하며, 반성적이어야 한다.

　㉥ 학습은 편안하고 호감이 가는 물리적 환경과 후원이 가득하고 존중해주는 정서적 분위기 속에서 이루어져야 한다.

2. 교육과정개선 전략

(1) 하향식 개선 전략

① 이 접근은 전면적 교육과정 개선에 효과적인 접근이다. 하향식접근의 주된 장점은 재정적 지원과 추진력과 관련된 것이다.

② 하향식 개선방식은 비용이 많이 소요되고, 교육과정 개발의 초기 단계에 교사를 포함시키지 않으며, 교사들을 변화의 과정에서 주체 세력이 아닌 개선을 위해 그때만 필요한 수단적 존재로 전락시킨다.

③ 하향식 개선은 교사들이 교실에서 주인의식을 갖지 못하면 성공할 수 없다.

(2) 상향식 개선 전략

① 교사에 의해 시작되고 수업 현장의 문제와 직접적으로 관련되어 있다. 이 전략은 교사가 자기 수업현장에서 특정한 사태나 상황에 맞추어 마련한 것이기 때문에 효과적이다.

② 상향식 전략은 '교육과정은 반성적 실천이다'라는 입장을 반영하는데, 이는 교사가 가르치는 학생들을 이해하고 그 이해를 바탕으로 자신이 가르치는 내용을 활용하기 때문이다. 복잡하게 이루어진 수업과 학교의 사회적 조건 내에서 개선안이 마련되고 준비된다.

③ 상향식 전략은 생태적 관점을 반영하는 경우가 종종 있다. 교사들은 학급과 학교의 생태적 체제에 맞도록 교육과정 개선을 조정한다. 교육과정 개선이 체육교사들에 의하여 계획되기 때문에 교육과정에 관한 의사결정을 내릴 때 그들의 가치관이 반영된다.

④ 학교를 재구성해야 하는 대대적인 변화가 필요할 경우에는 이 접근이 어렵다.

최병식 개정판
전공체육

체육교육과정론 　체육교육학 I

초판인쇄 | 2024. 1. 25. 　**초판발행** | 2024. 1. 30. 　**편저자** | 최병식

표지디자인 | 박문각 디자인팀 　**발행인** | 박 용 　**발행처** | (주)박문각출판

등록 | 2015년 4월 29일 제2015-000104호

주소 | 06654 서울특별시 서초구 효령로 283 서경 B/D 　**팩스** | (02)584-2927

전화 | 교재 주문 (02)3489-9400, 동영상 문의 (02)3489-9500

저자와의
협의하에
인지생략

정가 26,000원

ISBN 979-11-6987-756-5